赶上时代

THE GREAT CATCH-UP
HISTORY OF CHINA'S ECONOMIC DEVELOPMENT: FROM 1949 TO 2019

新中国
70年经济发展轨迹

中共中央党校（国家行政学院）经济学教研部　著

人民出版社

编 委 会

编委会主任：韩保江

编委会副主任：董小君　王小广　曹　立　张　青
　　　　　　　陈启清　李怀义

编委会成员（按姓氏拼音排列）：

　　　　　　蔡志兵　陈宇学　郭　威　郭兆辉

　　　　　　惠双民　李江涛　李　蕾　李　鹏

　　　　　　梁　朋　石红秀　汪　彬　杨　振

　　　　　　张慧君　张　开　邹一南

目 录
CONTENTS

序　言

新中国 70 年创造经济发展"奇迹"的奥秘

1949 年新中国成立，中国人民在中国共产党的领导下，经过艰苦卓绝的新民主主义革命，推翻了帝国主义、封建主义和官僚资本主义"三座大山"，在政治上成为国家和社会的主人，获得自由和解放。但在经济上，"一穷二白"的落后状况难以在短时期内得到改变，当时中国的经济水平，不要说与同时期资本主义发达国家和苏联无法相比，就是与国情相近的印度之间也有很大的差距。根据联合国地区组织的统计，1949 年中国的人均国民收入仅为 27 美元，还远不及印度的 57 美元的一半。[①]1954 年 6 月，毛泽东忧虑地说："现在我们能造什么？能造桌子椅子，能造茶碗茶壶，能种粮食，还能磨成面粉，还能造纸，但是，一辆汽车、一架飞机、一辆坦克、一辆拖拉机都不能造。"[②]新中国成立 70 年来，特别是改革开放以来，工业化快速推进，经济高速发展，经济总量跃升至世界第二，制造业规模跃居世界第一，成为世界第一贸易大国，贡献了世界经济增长 30% 的动力源，创造了世界经济发展史上无与伦比的"中国奇迹"，其奥秘何在？

一、坚持中国共产党的领导，是经济发展"奇迹"的政治保障

美国经济学家米尔顿·弗里德曼（Milton Friedman）曾经说过，谁能正确解释中国的改革和发展，谁就能获得诺贝尔经济学奖。对此，美国著名学者塞缪

---

① 中共中央党史研究室：《中国共产党的九十年——社会主义革命和建设时期》，中共党史出版社、党建读物出版社 2016 年版，第 420 页。

② 《毛泽东文集》第六卷，人民出版社 1999 年版，第 329 页。

尔·亨廷顿或许为我们提供了一个有益的解释。他在《变化社会中的政治秩序》中提出，发展中国家的现代化会是一个充满动荡和激烈冲突的过程，一个具有现代化取向的政治组织则是推进现代化进程又保持其过程稳定的关键力量。[①] 就中国而言，这一关键力量无疑就是中国共产党。从新中国成立伊始提出建设"四个现代化"、构建独立自主、门类齐全的工业体系，到改革开放后工业化进程的高速推进，再到提出走新型工业化道路，以及新时代强调以"创新、协调、绿色、开放、共享"五大新发展理念统领经济社会发展全局，实现经济高质量发展，中国共产党总能够顺应时代潮流，为中国的工业化进程和经济发展指明方向。从动员集聚土地、资本、劳动、技术、管理等各种生产要素，到团结调动全国各族人民发展积极性，中国共产党总能够发挥其他政治力量不可替代的作用。对此，习近平总书记指出："我们党要带领十三亿多人民全面建成小康社会，必须适应、把握、引领经济发展新常态，创新党领导经济社会发展的观念、体制、方式方法，提高党把握方向、谋划全局、提出战略、制定政策、推进改革的能力，为发展航船定好向、掌好舵。"[②] 历史和现实一再证明，"办好中国的事情，关键在党。中国特色社会主义最本质的特征是中国共产党领导，中国特色社会主义制度的最大优势是中国共产党领导。坚持和完善党的领导，是党和国家的根本所在、命脉所在，是全国各族人民的利益所在、幸福所在。"[③] 中国共产党作为一个强有力的有为的政党，作为一个勇于自我革命的充满活力的政党，是 70 年来新中国快速推进工业化和实现经济持续快速发展的坚强政治保障。新中国成立 70 年来创造的无与伦比的经济发展的"奇迹"，更加充分地证明中国人民几十年传唱的"没有共产党，就没有新中国"这首歌中的"大道理"。

二、坚持社会主义道路，是经济发展"奇迹"的制度前提

早在新中国成立前夕，毛泽东就指出：我们应当"在革命胜利以后，迅速

---

① 转引自新华社：《世界眼中的"中国奇迹"》，新华网，2017 年 10 月 16 日。

② 习近平：《以新的发展理念引领发展，夺取全面建成小康社会决胜阶段的伟大胜利》，《十八大以来重要文献选编》（中），中央文献出版社 2016 年版，第 834 页。

③ 习近平：《在庆祝中国共产党成立 95 周年大会上的讲话》，人民出版社 2016 年版，第 22 页。

地恢复和发展生产，对付国外的帝国主义，使中国稳步地由农业国转变为工业国，把中国建设成一个伟大的社会主义国家"。① 邓小平强调："坚持社会主义，是中国一个很重要的问题。如果十亿人的中国走资本主义道路，对世界是个灾难，是把历史拉向后退，要倒退好多年。"② 不仅如此，他还认为："社会主义同资本主义比较，它的优越性就在于能做到全国一盘棋，集中力量，保证重点。"③ 作为社会主义基本经济制度的内在要求，公有制为主体为实现"全国一盘棋"提供了坚实的经济基础。人民民主专政的国体、人民代表大会制度的政体、中国共产党领导的多党合作和政治协商制度、民族区域自治制度以及基层群众自治制度，这样一整套制度确保了全国人民根本利益的一致性、体现了民主与集中的有机融合、能够使各级党政部门高效落实既定决策、避免了决策和执行过程中的利益纠葛和资源浪费。因此，邓小平指出："社会主义国家有个最大的优越性，就是干一件事情，一下决心，一做出决议，就立即执行，不受牵扯。我们说搞经济体制改革全国就能立即执行，我们决定建立经济特区就可以立即执行，没有那么多互相牵扯，议而不决，决而不行。就这个范围来说，我们的效率是高的，我讲的是总的效率。这方面是我们的优势，我们要保持这个优势，保证社会主义的优越性。"④ 纵观 70 年中国经济发展史，"全国一盘棋，集中力量办大事"的社会主义制度优越性是新中国快速推进工业化并取得巨大经济发展成就的重要保证。"一五"计划期间的"156 项工程"，1960 年的"两弹一星"试验成功，以及改革开放后的三峡工程、高速铁路、西电东送、南水北调、探月工程等重点项目，都是运用国家力量整合全社会资源在重点领域迅速取得突破，从而带动了整个国民经济的快速发展的。当前，世界正处在"百年未有之大变局"，我国要实现经济高质量发展所面临的困难和风险都将前所未有。我们要跨过阻碍我们高质量发展和现代化建设进程中的各种"沟坎"，仍要仰仗社会主义制度及其优势。习近平总书记指出："我们最大的优势是我国社会主义制度能够集中力量办大事。这是我们成就事业的重要法宝。过去我

---

① 《毛泽东选集》第四卷，人民出版社 1991 年版，第 1437 页。
② 《邓小平文选》第三卷，人民出版社 1993 年版，第 158 页。
③ 《邓小平文选》第三卷，人民出版社 1993 年版，第 16—17 页。
④ 《邓小平文选》第三卷，人民出版社 1993 年版，第 240 页。

们取得重大科技突破依靠这一法宝，今天我们推进科技创新跨越也要依靠这一法宝，形成社会主义市场经济条件下集中力量办大事的新机制。"①"要让市场在资源配置中起决定性作用，同时要更好发挥政府作用，加强统筹协调，大力开展协同创新，集中力量办大事，抓重大、抓尖端、抓基本，形成推进自主创新的强大合力。"②

三、坚持市场化改革方向，是经济发展"奇迹"的"关键一招"

习近平总书记指出："经济发展就是要提高资源尤其是稀缺资源的配置效率，以尽可能少的资源投入生产尽可能多的产品、获得尽可能大的效益。理论和实践都证明，市场配置资源是最有效率的形式。"③借助罗伯特·默顿·索洛（Robert Merton Solow）的经济增长模型，在市场经济条件下，探究中国工业化的快速推进和经济高速增长的根源，可以主要归因于高储蓄率引致的高资本形成率、质优价廉的人力资本，以及日益提高的全要素生产率，而上述要素效率改进的决定性因素在于市场化的制度创新。新中国成立 70 年来，随着中国的经济体制从僵化的集权计划经济体制向社会主义市场经济体制的转变，尤其是市场机制的作用从"基础性"到"决定性"，各种生产要素被配置到效率更高的部门，从而有力推动了中国工业化进程，为中国经济的高速增长注入了强大内生动力。

1. 高储蓄率引致的高资本形成率，为我国快速推进工业化和经济发展提供了雄厚的"物质资本"。中国人历来具有储蓄的传统，特别是改革开放后随着人均收入的增加储蓄率总体保持在较高水平，从 1978 年的 37.9%到 2010 年的最高峰 51.8%，达到同期世界平均储蓄率水平的 2 倍多。高储蓄率为工业化提供了充足的固定资本和流动资本，从而为资本有机构成提高创造了条件。1980—2018 年全社会固定资产投资总额年平均增速高达 20%，资本形成总额对 GDP 增长平均贡献 3.97 个百分点，成为驱动中国经济高速增长和快速工业

① 《习近平谈治国理政》第二卷，外文出版社 2017 年版，第 273 页。
② 《习近平谈治国理政》第一卷，外文出版社 2018 年版，第 126—127 页。
③ 《习近平谈治国理政》第一卷，外文出版社 2018 年版，第 77 页。

化的重要引擎。

2. 质优价廉的剩余劳动力大军，为我国加速推进工业化和经济高速增长提供了丰富的"人力资本"。一方面，人口拐点到来前的人口红利"滋养"中国的快速工业化和经济的高增长。无论是改革开放前还是改革开放后，中国大量的人口及农村剩余劳动力都在较长一段时间内形成了一定程度的"劳动力无限供给"，为中国经济的高速发展提供了较大人口红利并有力推动工业化进程。另一方面，实业企业家的"实业兴国"渴望和"官员企业家"的"为官一任，造福一方"的政绩冲动，合力促成中国工业化"加速"。实业企业家为追求经济利益最大化而敢于承担风险、勇于创新，从微观层面驱动着经济体制改革和工业化的加速推进；"官员企业家"则在中观和宏观层面引领和驱动着经济体制改革和工业化的加速推进，鼓励相关地方、部门横向竞争的"政治锦标赛"成为激励各级官员大胆创新、加快地方工业化进程的主要动因。

3. 不断提高的全要素生产率，为中国经济高速发展提供了"内在动力"。一方面，市场化的体制创新，为解放和发展生产力以及改进经济效率提供"稳定预期和制度激励"。随着改革开放的不断深化，我们对政府和市场关系的认识也随之实现了质的飞跃，市场从在资源配置中起"基础性作用"到起"决定性作用"，充分发挥价格机制、竞争机制的作用，通过建设服务型政府、法治型政府更好发挥政府作用，交易成本不断降低。同时，通过坚持和完善以公有制为主体，多种所有制经济共同发展的基本经济制度，不断深化国有企业改革，加快发展混合所有制经济，使市场主体的活力得到有效激发。另一方面，持续的技术创新，更直接地促进了社会生产力进步及技术对经济增长的贡献率。中国工业化的整个进程中，我们既坚持自力更生、自主创新，不断增加对教育经费和研发（R&D）经费的投入，同时也注重引进其他国家的先进技术，努力通过"干中学"实现知识增进、产业升级和经济增长。

四、坚持对外开放国策，是经济发展"奇迹"的关键路径

1949 年 9 月 29 日，中国人民政治协商会议第一届全体会议通过的起临时宪法作用的《中国人民政治协商会议共同纲领》明确把"内外交流"列为新中

国的一项基本国策。刚刚成立的新中国，作为一个"红色政权"，渴望国际社会的更多认可和尽可能多的外援。然而，由于以美国为首的西方资本主义国家对我国实行政治经济封锁，我国在政治经济上不得不实行向当时苏联"一边倒"的政策。尽管如此，毛泽东也并没有忽视与西方资本主义国家发展关系，强调要同西方资本主义国家恢复、发展贸易，争取他们来华投资。1950 年 3 月 10日，《中共中央关于中苏合股公司协定公布消除群众波动的指示》中指出："为了利用外国资本促进中国的工业化，某些事业的和外资合营及成立这种股份公司甚为必要，不独和苏联，和各新民主主义国家，甚至和某些资本主义国家还可能在适当条件下订立这种合营合同甚至租让合同。"①1956 年 4 月，毛泽东在《论十大关系》中鲜明地提出："我们的方针是，一切民族、一切国家的长处都要学，政治、经济、科学、技术、文学、艺术的一切真正好的东西都要学。"②1957 年，毛泽东在《关于正确处理人民内部矛盾的问题》中又说："一切国家的好经验我们都要学，不管是社会主义国家的，还是资本主义国家的，这一点是肯定的。"③后来，由于极左思想的影响，毛泽东的这些开放思想没有得到很好贯彻，为此也付出了沉重的代价。

　　1978 年改革开放以后，邓小平敏锐地察觉到经济全球化和和平发展的世界大趋势，并深刻吸取过去"左"的"自我封闭搞工业化"的教训，明确要继续把"对外开放"确立为我国的基本国策。邓小平指出："对外开放具有重要意义，任何一个国家要发展，孤立起来，闭关自守是不可能的，不加强国际交往，不引进发达国家的先进经验、先进科学技术和资金，是不可能的。"④"中国要谋求发展，摆脱贫穷和落后，就必须开放。"⑤因此，我国的对外开放、吸引外资的政策，"是一项长期持久的政策，本世纪内不能变，下个世纪内不能变，下个世纪前五十年也不能变。五十年以后中国同外国在经济上将更加紧密地联系起来。"⑥新中国成立 70 年来，中国经济高速发展历程充分证明，对外开放成就了中国今

---

① 《建国以来毛泽东文稿》第 3 册，中央文献出版社 1989 年版，第 615—616 页。
② 《毛泽东文集》第七卷，人民出版社 1999 年版，第 41 页。
③ 《毛泽东文集》第七卷，人民出版社 1999 年版，第 242 页。
④ 《邓小平文选》第三卷，人民出版社 1993 年版，第 117 页。
⑤ 《邓小平文选》第三卷，人民出版社 1993 年版，第 266 页。
⑥ 《邓小平思想年谱（1975—1997）》，中央文献出版社 1998 年版，第 308 页。

天的世界第二大经济体、世界第一制造业大国、世界第一贸易大国的地位和影响力。一方面，我们积极学习和利用国际上的先进管理经验、科学技术和资本，实行"拿来主义"。无论是"一五"计划时期苏联援建的"156 项工程"，还是党的十一届三中全会后的全面对外开放，我们始终坚持利用好国际国内"两种资源、两个市场"，深度参与国际资源配置，弥补国内资本和技术缺口，充分发挥比较优势，实现了后起国家的工业赶超和经济起飞。因此，习近平指出："党的十一届三中全会以来我国改革开放的成就充分证明，对外开放是推动我国经济社会发展的重要动力。"① 另一方面，我们充分借鉴欧美发达国家从"去工业化"到"再工业化"的经验教训，注重实体经济与虚拟经济、制造业与服务业的协调发展，避免经济"脱实向虚"和产业"空心化"，始终把发展先进制造业和实体经济作为工业化的主要任务。当前，欧美发达国家纷纷实施"再工业化"战略，加强对先进制造业前瞻性布局，抢占未来产业竞争制高点，对此我们要始终利用好成就中国高速发展奇迹的"国际能量"，"中国开放的大门不会关闭，只会越开越大。"②

五、坚持发展理念创新，是经济发展"奇迹"的理论先导

习近平总书记指出："理念是行动的先导，一定的发展实践都是由一定的发展理念来引领的。发展理念是否对头，从根本上决定着发展成效乃至成败。"③ 新中国成立 70 年来经济高速发展的成功经验充分印证了这一重要论断。从新中国成立那天起，我们就把实现工业化、加快经济发展、赶超西方资本主义国家作为自己的发展目标。1954 年 6 月 14 日，毛泽东在关于《中华人民共和国宪法草案》的讲话中说："我们是一个六亿人口的大国，要实现社会主义工业化，要实现农业的社会主义化、机械化……"④1956 年 8 月 30 日，毛泽东又在

---

① 《习近平谈治国理政》第二卷，外文出版社 2017 年版，第 504 页。
② 习近平：《决胜全面建成小康社会　夺取新时代中国特色社会主义伟大胜利——在中国共产党第十九次全国代表大会上的报告》，人民出版社 2017 年版，第 34 页。
③ 《十八大以来重要文献选编》（中），中央文献出版社 2016 年版，第 826 页。
④ 《毛泽东文集》第六卷，人民出版社 1999 年版，第 329 页。

中国共产党第八次全国代表大会预备会议上的讲话中强调："你有那么多人，你有那么一块大地方，资源那么丰富，又听说搞了社会主义，据说具有优越性，结果你搞了五六十年还不能超过美国，你像个什么样子呢？那就要从地球上开除你的球籍！"①1958 年 5 月，中国共产党第八次全国代表大会第二次全体会议根据毛泽东的创议，通过的"鼓足干劲，力争上游，多快好省地建设社会主义"的社会主义建设总路线，是我国社会主义建设史上经济发展观的一次历史性飞跃。虽然后来在工业化进程中犯了"急躁冒进"的错误，但这种忧患意识和赶超理念一直成为我们实现工业化和加快经济发展的"初心"和动力。

改革开放以来，我们紧紧围绕实现现代化的发展使命，紧紧扭住经济建设这个中心工作，不断创新发展理念，并自觉用新发展理念来指导我国工业化和现代化发展进程。反思十年"文化大革命"的发展挫折，邓小平鲜明地指出："我们是社会主义国家，社会主义制度优越性的根本表现，就是能够允许社会生产力以旧社会所没有的速度迅速发展，使人民不断增长的物质文化生活需要能够逐步得到满足。按照历史唯物主义的观点来讲，正确的政治领导的成果，归根结底要表现在社会生产力的发展上，人民物质文化生活的改善上。"②因此，"发展才是硬道理。"③以江泽民同志为核心的党的第三代中央领导集体，高举邓小平理论的伟大旗帜，明确提出"发展是党执政兴国的第一要务"的重要论断。根据信息化时代的发展大势，提出了"坚持以信息化带动工业化，以工业化促进信息化，走出一条科技含量高、经济效益好、资源消耗低、环境污染少、人力资源优势得到充分发挥的新型工业化路子"④。以胡锦涛同志为总书记的党中央继续丰富和发展中国特色社会主义理论体系，又一次明确提出了"以人为本、全面协调可持续发展的科学发展观"。胡锦涛指出："树立和落实科学发展观，十分重要的一环就是要正确处理增长数量和质量、速度和效益的关系。增长是发展的基础，没有经济数量增长，没有物质财富积累，就谈不上发展。但是，增长并不简单等同于发展，如果单纯扩大数量，单纯追求速度，

---

① 《毛泽东文集》第七卷，人民出版社 1999 年版，第 89 页。
② 《邓小平文选》第二卷，人民出版社 1994 年版，第 128 页。
③ 《邓小平文选》第三卷，人民出版社 1993 年版，第 377 页。
④ 《江泽民文选》第三卷，人民出版社 2006 年版，第 545 页。

而不重视质量和效益，不重视经济、政治、文化协调发展，不重视人与自然的和谐，就会出现增长失调、从而最终制约发展的局面。"① 这就为走好新型工业化道路，从而实现又快又好的发展提供了思想引领。

党的十八大以来，以习近平同志为核心的党中央，进一步创新发展理念，创造性地提出了"创新、协调、绿色、开放、共享"的新发展理念。对此，习近平总书记指出："这五大发展理念不是凭空得来的，是我们在深刻总结国内外发展经验教训的基础上形成的，也是在深刻分析国内外发展大势的基础上形成的，集中反映了我们党对经济社会发展规律认识的深化，也是针对我国发展中的突出矛盾和问题提出来的。"②"这五大发展理念相互贯通、相互促进，是具有内在联系的集合体，要统一贯彻，不能顾此失彼，也不能相互替代。哪一个发展理念贯彻不到位，发展进程都会受到影响。全党同志一定要提高统一贯彻五大发展理念的能力和水平，不断开拓发展新境界。"③ 党的十九大又作出了"我国经济已由高速增长阶段转向高质量发展阶段"的重大判断，明确提出"建设现代化经济体系是跨越关口的迫切要求和我国发展的战略目标。"④ 这也标志着中国的经济正式进入高质量发展阶段，中国经济发展方式也开始了从"高速度"奇迹向"高质量"奇迹的战略性转变。

六、坚持战略与规划引领，是经济发展"奇迹"的重要方法

坚持用发展战略和五年计划（规划）来引领与保证中国经济始终沿着正确的目标前进，是新中国快速推进工业化和促进经济高速发展的基本做法，也是我们党领导工业化和现代化并取得巨大成就的"独门绝技"。一方面，发展战略及其目标能够为最广大的人民群众提供"宏伟愿景"，进而形成巨大的战略感召力和社会凝聚力，从而充分调动最广大人民群众的积极性和创造性。

---

① 《胡锦涛文选》第二卷，人民出版社 2016 年版，第 105 页。
② 《十八大以来重要文献选编》（中），中央文献出版社 2016 年版，第 825 页。
③ 《十八大以来重要文献选编》（中），中央文献出版社 2016 年版，第 827 页。
④ 习近平：《决胜全面建成小康社会　夺取新时代中国特色社会主义伟大胜利——在中国共产党第十九次全国代表大会上的报告》，人民出版社 2017 年版，第 30 页。

从 1954 年召开的第一届全国人民代表大会，第一次明确提出要实现工业、农业、交通运输业和国防的四个现代化的任务，到 1978 年党的十一届三中全会提出把党的工作重点从"以阶级斗争为纲"转移到现代化建设上来后提出的"三步走"战略，再到党的十九大提出的全面建成富强民主文明和谐美丽的社会主义现代化强国的"两个阶段"战略，都成了我国宏观资源配置和人民为之奋斗的方向引领和动力感召，从而为我国快速推进工业化和经济高速发展提供了强大的发展力量，产生了宏大的"规模效应"。另一方面，五年计划（规划）作为发展战略任务和远期目标的阶段性分解，不仅增强了战略任务和目标的"可见性"，而且增强了战略调整的"回旋性"，从而成为实现战略任务和远期目标的"实现形式"。新中国成立 70 年来快速推进工业化和经济高速发展的历史进程，实际上是十三个五年计划（规划）的加总过程，是通过一个又一个五年计划（规划）的实施"夯基垒台"完成的。

七、坚持依靠人民群众，是经济发展"奇迹"的根本力量

早在 1945 年 4 月，毛泽东就明确地讲："人民，只有人民，才是创造世界历史的动力。"[①] 如果说这是我们对人民群众在取得新民主主义革命胜利过程中的作用的认识，那么，纵观新中国成立 70 年来经济高速发展的历程，我们用几十年的实践走完了发达国家几百年走过的历程，靠的是始终尊重人民群众的首创精神，靠的是人民群众积极拥护与勇于参与，靠的是人民群众的敢于拼搏和伟大创造。"一五"时期，"'每一秒钟都为创造社会主义社会而劳动'——这种充满时代精神的口号，反映了五年计划的宏伟目标正在化为千百万职工的实际行动，鼓舞着中国工人阶级忘我地为实现社会主义工业化而奋斗。"因此，习近平认为，"社会主义是干出来的，就是靠着我们工人阶级的拼搏精神，埋头苦干、真抓实干，我们才能够实现一个又一个的伟大目标，取得一个又一个的丰硕成果。"[②]

---

① 《毛泽东选集》第三卷，人民出版社 1991 年版，第 1031 页。
② 《回访习近平总书记宁夏考察　"社会主义是干出来的"》，《人民日报》2016 年 7 月 23 日。

改革开放以来，中国经济体制的创新和经济的高速增长，更是离不开基层群众的首创精神和伟大创造，离不开乡镇企业和民营经济的 "异军突起" 和 "重生" 发展，离不开亿万 "农民工" 的 "离土离乡"，离不开 "大众创业，万众创新"。对此，邓小平说："农村搞家庭联产承包，这个发明权是农民的。农村改革中的好多东西，都是基层创造出来，我们把它拿来加工提高作为全国的指导。"① "乡镇企业容纳了百分之五十的农村剩余劳动力。那不是我们领导出的主意，而是基层农业单位和农民自己创造的。"② 习近平更是说："40 年来，中国人民勇于探索、真抓实干，凭着一股开拓创新的拼劲，一股自力更生的韧劲，把中国建成了世界第二大经济体，中国的面貌、中国人民的面貌发生了翻天覆地的变化。中国的今天，是中国人民干出来的！"③

（韩保江 撰写）

---

① 《邓小平文选》第三卷，人民出版社 1993 年版，第 382 页。
② 《邓小平文选》第三卷，人民出版社 1993 年版，第 252 页。
③ 习近平：《同舟共济创造美好未来——在亚太经合组织工商领导人峰会上的主旨演讲》，《人民日报》2018 年 11 月 18 日。

第一章

综合国力：从"百废待兴"走向"繁荣富强"

新中国成立 70 年来，在中国共产党的坚强领导下，全国各族人民团结一心、迎难而上、开拓进取、奋力前行，从封闭落后迈向开放进步，从计划经济迈向市场经济，从温饱不足迈向全面小康，从技术引进迈向自主创新，从积贫积弱迈向繁荣富强，创造了一个又一个人类发展史上的伟大奇迹，中华民族迎来了从站起来、富起来到强起来的伟大飞跃，为全面建成小康社会，全面建设中国特色社会主义现代化强国、实现中华民族伟大复兴的中国梦奠定了坚实的物质基础。

一、经济高速发展，综合国力空前雄厚

新中国成立 70 年来，我国国民经济整体上呈现加速赶超的鲜明特点，经济实力、政治影响力全面提升，实现了作为世界第二大经济体的飞跃，成为世界发展的"新火车头"。经过改革开放前和改革开放后两个三十年的经济发展，2010 年，按人民币现价计算，中国国内生产总值（GDP）达 39.97 万亿元，折美元为 5.88 万亿美元，首次超过日本（超出日本 4050 亿美元），成为全球第二大经济体。在国际上这被认为是中国重新崛起的标志，中国对世界经济发展的作用越来越重要，由此也引起了全世界的关注。2001 年，美国高盛公司首席经济师吉姆·奥尼尔（Jim O'Neill）首次提出"金砖四国"概念（俄罗斯、中国、巴西和印度的英文缩写为"BRICs"，正好与英文的"砖""Bricks"发音相似），特指新的投资机会集中在新崛起的四个新兴大国。其中，中国对全球发展的影响尤其令人瞩目。自此以后，关于世界经济形势和趋势的分析都突

出提到"中国影响"或"中国因素"。由此美国的中央银行美联储在决定其利率是否上升时，也开始把中国因素的影响考虑到其国内政策中，更加显示中国影响的深远。

首先，经过 70 年的快速发展，我国成为在世界经济中位次提升最显著的国家。长期的快速增长，使我国的经济规模不断扩大，占世界的比重和在世界经济中的位次显著上升，尤其是改革开放以来的 40 年中，我国经济总量由居世界第 9 位上升到世界第 2 位，已连续 9 年稳居世界第二大国，正在向世界第一大国迈进。1949 年，我国 GDP 规模仅为 123 亿美元，占全球的比重不足 1%，到 1978 年，经过 29 年艰苦的原始积累和快速发展，我国 GDP 达到 2138 亿美元，较 1949 年增长了 16 倍，占全球比重提升到 2.6%，居世界第 9 位。1952—1978 年间，我国 GDP 增速年均为 6.1%，高于同期的发达国家和绝大多数发展中国家。1978 年以后，我国进入改革开放、建立中国特色社会主义的新阶段，市场化取向的改革，极大地释放了社会生产力，GDP 增速长期保持世界第一，且持续时间最长。1979—2018 年间，我国不变价 GDP 增长了 36.8 倍，年均增长 9.4%，其中 1979—2011 年间是我国高增长时期，年均增长 9.9%，持续了 33 年。[①] 正是这种长时期的高速赶超，使我国经济总量不断迈上新台阶，在世界经济总量排位中的位次显著提升，成为如今仅次于美国的世界第二大经济体。1986 年，我国 GDP 第一次突破万亿元人民币大关，成为全球第八大经济体。到 1998 年，国内生产总值首次超过万亿美元，成为世界第七个突破万亿美元大关的国家。到 2000 年，中国经济总量达到 10 万亿元人民币，超过意大利，成为世界第六大经济体。随着 2001 年底我国正式加入世界贸易组织（WTO），经济增速进一步加快，经济总量在随后的十年间陆续超过法国、英国、德国和日本。其中，2005 年，我国经济总量超过了法国，成为世界第五；仅仅一年过后，又超越了英国，成为世界第四；再一年，即 2007 年，我国经济总量首次超过德国，成为世界第三大经济体；最重要的变化发生在 2010 年，我国取代日本成为世界第二大经济体。2008 年全球金融危机后，我国经济增速有显著下降，由高速增长阶段转向高质量发展阶段，但我国与世界经济或发达国

---

① 根据国家统计局编《中国统计摘要—2019》有关数据计算。

家经济的增速差并未变化，1979—2008 年中国经济一直比世界经济增速快 1 倍左右，比发达国家总体快 2 倍，金融危机后继续保持这一领先趋势，使得我国经济总量不断突破，2014 年我国 GDP 成功突破 10 万亿美元（为 10.48 万亿美元），2018 年上升到 13.6 万亿美元。我国经济总量由 1998 年的 1 万多亿美元到 2014 年突破 10 万亿美元，只用了 16 年时间，仅仅相当于美国所用时间的一半左右。我国经济总量与美国的差距在继续不断缩小。我国经济总量与美国经济总量的比重不断上升，1949 年仅占美国的 4.7%；1978 年为 6.4%；1996 年则突破 10%，达到 10.7%；2007 年和 2008 年分别突破 20% 和 30%；到 2012 年超过 50%；到 2014 年首次突破 60%，达到 60.2%；2018 年进一步上升到 66.3%。据多个权威机构［包括国际货币基金组织（IMF）、普华永道等］预测 2030 年以市场汇率计算中国的 GDP 有望超过美国，成为世界第一大经济体。[1]

其次，从长期趋势看，中国对全球经济增长的贡献率不断上升。从时间节点看，1978 年我国 GDP 规模仅占全球的 2.6%，到 2006 年提高到 5% 以上，达到 5.5%，2011 年则超过 10%，2018 年约占全球的 16%。40 年间，我国经济规模占全球的比重提高 13.4 个百分点。相对应的，美国占全球经济总量的比重逐步下降，1960 年美国占全球 GDP 的比重为 40%，2018 年降至 24% 左右。根据中国著名经济学家、世界银行前高级副行长林毅夫的计算，1980—2010 年间，中国对世界经济增长的拉动效应日益显著。具体而言，1980—1990 年间，对全球 GDP 增长贡献最大的五个国家依次为美国、日本、德国、英国、中国，它们对世界经济增长的贡献率依次约为 27%、20%、6%、6%、5%。1990—2000 年间，对全球 GDP 增长贡献最大的五个国家仍为上述五国，只不过其次序演变为美国、中国、日本、德国、英国，对应的贡献率依次为 37%、10%、8%、6%、5%。在此期间，中国对全球 GDP 增长的贡献率达到了 10%，并成为仅次于美国的全球第二大经济引擎。在 2000—2010 年间，对全球 GDP 增长贡献最大的五个国家发生了明显变化，依次为中国、美国、印度、韩国、巴西，它们的贡献率分别为 25%、21%、6%、4%、3%。[2] 随着

---

① 《普华永道：2030 年中国 GDP 将超美成头号经济大国》，参考消息网 2017 年 2 月 10 日。

② 金灿荣、王浩：《从多重视角看中国对世界经济的贡献》，《当代世界》2014 年第 3 期。

　　我国经济发展进入新时代，以习近平同志为核心的党中央，全面深化改革、全面扩大开放，以深化推进供给侧结构性改革为主线，着力实施创新驱动战略、区域协调发展战略等重大战略，释放更大的生产力，新的发展动能不断壮大，我国对世界的拉动进一步增强。最近几年，随着我国经济规模的不断扩大以及经济增速依然名列前茅，我国经济增长对世界增长的贡献率上升到 30% 左右，成为世界经济增长最大动力源。相比较而言，美国经济对世界经济增长的贡献率已经下降到 15.7%，未来还会继续下滑。从增量上来看，中国每年的增量相当于一个中等发达水平的国家。2018 年，我国经济增长所对应的增量超过 1.4 万亿美元，根据世界银行公布的该年全球数据[①]，这一增量大体上相当于西班牙和澳大利亚两国 2018 年全年 GDP 总量。鉴于此，英国广播公司对中国经济增长贡献有这样的评价：未来几年中国经济增速每年都会超过 6%，相对于全球依然低的增长来讲，中国对全球经济增长的贡献会比其他任何国家都大。

　　最后，人均国内生产总值（人均 GDP）不断提高，成功地由低收入国家跨入中等偏上收入国家行列，正在向中高收入国家水平迈进。看经济发展水平要看经济总量，更要看人均收入水平。我国经济总量长期高速增长必然带来人均收入的高增长，从而使我国的经济发展达到不断跨升，实现发展阶段的重大变化。1952—1978 年间，我国人均国内生产总值增长了 2.81 倍，年均 3.2%，增长尽管远高于民国时期的水平，但与发达国家相比并不占优势，城乡居民人均可支配收入增长更慢。因此人均收入水平的赶超从新中国成立到改革开放的 29 年间并未实现，主要原因是我国建国初期经济的高增长需要抵消人口高增长的影响，且要将更大的比例用于原始资本积累，因此，人们生活改善相对滞后。而改革开放以来这个局面发生了重大变化，党中央把经济社会发展的主要矛盾确定为人民日益增长的物质文化需要与落后的生产之间的矛盾，因而优先解决温饱问题，着力改善民生，使我国人均 GDP 增长显著加快。1978 年，我国人均 GDP 仅为 385 元人民币，到 2000 年超过了 1 万元，2015 年突破 5 万元，2018 年则达 64644 元。1979—2018 年间，我国人均 GDP 增长了 25.3 倍，年均

---

① 国家统计局编：《对外经贸跨越发展　开放水平全面提升——改革开放 40 年经济社会发展成就系列报告之三》，2018 年 8 月 30 日。

增长 8.4%。① 人均 GDP 的快速增长使我国经济发展水平不断迈上新台阶，经济发展出现重大的阶段性变化。人均 GDP 从新中国成立初期即 1949 年的 23 美元，上升到 1978 年的 156 美元之后，又先后迈上了两个台阶。第一个台阶是 2001 年，我国人均 GDP 超过 1000 美元，达到中低收入水平。之后经过短短的 7 年时间，即到 2008 年，我国人均 GDP 突破 3000 美元，达到中等收入水平，即迈上第二个阶。2015 年，我国人均 GDP 超过 8000 美元。预计 2020 年我国全面建成小康社会之时可达 1 万美元，达到中等偏上收入国家的水平。过去十多年，我国人均 GDP 在世界的排序不断上升，世界银行公布的世界各国和地区的排序，2009 年我国仍在 100 位之后，2018 年则上升到 74 位。② 从人均经济发展水平看，我国未来仍有巨大的发展空间。根据国际货币基金组织（IMF）最新发布的数据，2018 年我国人均 GDP 达到 9633 美元，相当于全球平均值的 84.7%，较 1978 年提升了 76.8 个百分点。与西方发达国家相比，我国人均 GDP 仅及它们的 1/7—1/5。如与美国相比，1978 年我国人均 GDP 仅占美国的 2.1%，2011 年上升到 11.3%，2017 年为 14.8%。如果我国人均 GDP 水平提升到了美国的一半，则要从目前的人均 GDP 近 1 万美元上升到近 3 万美元。我国经济发展的最大潜力在于消费，2016 年我国人均居民消费水平仅及美国的 7.9%③，大幅缩小与西方发达国家的消费差距，加快从投资型主导的经济向消费型主导的经济转变，不仅能显著改善我国居民的总体生活水平，提升人民的幸福感，而且对世界经济增长会产生巨大的新动能，是加快我国经济结构全面升级、使世界发展格局变化朝着更加有利于中国的方向发展的重要基础。

二、加速工业化，成为世界第一制造业大国

工业化和城镇化是驱动国家发展的两个重要引擎，是提升人民生活水平、实现国家现代化的必经之路。新中国成立 70 年来，我们在这两个方面取得了举世瞩目的成就，完成了从贫穷落后的农业大国向令人敬畏的世界工业大国的

---

① 根据国家统计局编《中国统计摘要—2019》和《中国统计年鉴—2018》有关数据计算。
② 彭亭决：《2018 世界各国 GDP 排名　中国排第 74 位》，见 www.chachaba.com，2018 年 7 月 25 日。
③ 根据国家统计局编《中国统计年鉴—2018》和美国有关统计数据计算。

历史转变。

中国现代化最主要的是工业化，站起来和富起来最根本的举措是加快原始资本积累、加快工业化。改革开放以来，我国工业化进一步加快发展，水平不断提高，成为世界第一制造大国之后，正在开启制造业强国的新征程，成为世界工业化进程的主导性力量。新中国成立伊始，我国工业基础极其薄弱，不仅同以美国为首的传统老工业强国差距巨大，即使与同为发展中国家的印度相比也表现出相当大的落后性。1950 年印度人均钢产量为 4 千克、美国为 538.3 千克，而中国 1952 年才 2.4 千克；1950 年印度人均发电量 10.9 千瓦时、美国是 2949 千瓦时，而中国 1952 年仅 2.8 千瓦时。如此巨大的差距表现出中国工业化初期的根基浅、底子薄。[1]

即便如此，我们早早确立大力发展工业、工业强国的路线方针。20 世纪50 年代在以苏联为首的东欧各国的援助之下，确定重工业优先战略，建设实施 156 个大型工业项目（实际完成 150 项），得益于这一外部帮助和内部的众志成城，我们将私有经济向国有经济转化的进程从计划的 15 年缩短到 5 年。1953—1957 年的第一个五年计划期间，当时工业年均增速高达 18%，其中即便是 1966—1976 年的"文革"期间工业生产仍以年均超过 10% 的速度增长。整个 1950—1977 年间中国工业的发展速度为 11.2%，[2] 仅次于日本（12.4%），远高于美国、苏联、德国、英国等国。我国在短短的 30 年内走完了西方发达国家上百年才走完的工业化道路，成为世界主要工业大国之一。

然而，改革开放之前的重工业发展战略同时造成了工业结构的严重失调。党的十一届三中全会以后，国家开始了一系列经济改革，工业发展开始注重以市场需求为导向，优先发展轻工业。从 1978 开始，我们的工业化大体经历了三个阶段，即劳动密集型产业主导发展阶段（1978—2000 年）、资本密集型产业主导发展阶段（2001—2014 年）、技术密集型产业主导发展阶段（2015 年至今），也即是三次战略调整。正是得益于每次契合时机的战略转型，我国在改革开放后 40 年的发展中逐渐成为工业第一大国、制造业第一大国。1978—

---

[1] 覃业祖：《中印历年粗钢产量比较（1949—2009）》，《中国、印度、巴西三国发电量（1949—1978）》。

[2] 国家统计局编：《中国工业统计年鉴—2018》有关数据计算。

2017 年间，工业增加值从 1621.5 亿元增加到 279997 亿元，[①] 按名义价格计算年均增长 14.1%，比同期 GDP 增速快 4.6 个百分点。工业增加值的比重长期保持在 40% 左右。过去 40 年中，中国成为世界工业化进程的主导性力量。主要表现在以下方面：

一是从历史进程看，中国对世界工业化的贡献由小到大。在 1850—1910 年间，欧美国家相继开始大规模工业化，世界工业总产值增长了近 6 倍，而同期的中国工业总产值仅增加了 1 倍。在 1910—1980 年间，工业化逐步扩散到亚、非、拉美等地区，世界的工业总产值增加了 12 倍，同期的中国也增加了 10 倍。[②] 早期远落后于世界，中期在加速追赶，但仍不及其他主要国家。到了最近 40 年，开始引领全球工业化。1980—2012 年间，世界的工业总产值仅仅增加了 2 倍，而中国却增加了 30 倍。从国际对比来看，1990 年我国制造业占全球的比重为 2.7%，居世界第九；到 2000 年上升到 6.0%，居世界第四；2007 年达到 13.2%，居世界第二；2010 年为 19.8%，跃居世界第一；2013 年，我国制造业产出占世界比重达到 20.8%。至 2018 年，我国已连续 9 年保持世界第一制造业大国地位。中国当前用低于世界 6% 的水资源和 9% 的耕地，生产出了接近全世界一半的主要工业品。

二是近半数的工业品产量位居世界第一。在联合国统计的 500 余种主要工业产品中，我国有 220 多种产量位居世界第一。2018 年，粗钢产量为 9.283 亿吨，是美国的 9.7 倍，占世界总产量的 51% 左右；水泥产量为 21.77 亿吨，占世界总产量的 55%，汽车产销量超过 2800 万辆，是美国的 1.6 倍，占全球的 29.6%，连续 10 年蝉联全球第一。[③] 我国还是世界上最大的船舶、高速列车、机器人、隧道、桥梁、高速公路、化纤、机械设备、计算机和手机的生产国，其中移动通信手持机和微型计算机设备从无到有，2018 年产量分别达到 17.9 亿台和 3.1 亿台，居世界首位。[④]

---

① 国家统计局编：《中国统计年鉴—2018》，中国统计出版社 2018 年版。

② 徐毅、巴斯·范鲁文：《中国工业的长期表现及其全球比较：1850—2012 年——以增加值核算为中心》，《中国经济史研究》2016 年第 1 期。

③ 国家统计局编：《中国统计年鉴—2018》，中国统计出版社 2018 年版。

④ 国家统计局编：《中国统计年鉴—2018》，中国统计出版社 2018 年版。

　　三是近年来，我国工业经济多个领域取得重大突破，发展质量优化提升，正朝着制造强国目标迈进。制造业是技术创新的主战场，是创新最集中最活跃的领域。经过多年的积累，我国工业领域技术创新经过模仿创新（引进消化吸收再创新）、集成创新、原始创新等多个阶段，创新要素在总量上逐步接近世界前列，在水平上与发达国家的差距正在逐步缩小，产业总体创新能力明显增强，正在由跟随式创新向引领式创新转型。2018 年，我国全社会 R&D 经费投入 19657 亿元，占 GDP 比重达 2.18%，是 2008 年 4616 亿元的 4.26 倍；按照汇率计算，我国 R&D 经费投入总量位居世界第二，投入强度在市场国家中居于领先地位。其中，规模以上工业企业研发支出 2017 年达 12013 亿元，比 2008 年增长 3.9 倍；企业研发投入强度从 2008 年的 0.61% 增加到 2017 年的 1.1% 左右。2017 年，规模以上工业企业共拥有科技机构 8.2 万个，比 2008 年增加了 3.16 倍；规模以上企业共申请专利 81.7 万件，是 2008 年的 4.7 倍。在创新驱动战略引领下，我国自主创新能力显著增强，部分关键领域技术水平位居世界前列。2017 年，高技术制造业和装备制造业增加值占规模以上工业增加值的比重分别为 12.7% 和 32.7%，分别比 2005 年提高 0.9 个和 4 个百分点。2015—2017 年，新能源汽车和工业机器人产量年均分别增长 45.5% 和 53.6%。[①] 与此同时，载人航天、探月工程、载人深潜、新支线飞机、大型液化天然气（LNG）船、高速轨道交通等领域技术取得突破性进展。特高压输变电设备、百万吨乙烯成套装备、风力发电设备、千万亿次超级计算机等装备产品技术水平已跃居世界前列。据联合国工业发展组织工业竞争力指数最新结果，我国已经成为全球最具工业竞争力的五个国家之一。

　　另外，决定我国现代化进程的另一重大因素是城镇化率不断提高，既为国内经济增长提供了重要的需求基础，也大大加快了世界城市化的进程，成为世界增长的新发动机。十多年前，诺贝尔经济学奖得主约瑟夫·斯蒂格利茨曾这样论述中国城镇化对世界的影响："中国的城市化和以美国为首的新技术革命，将成为影响人类 21 世纪的两件大事。"具体来看，我国城镇化可以大致分为改革开放以前和改革开放以后两个大的阶段。1978 年以前，由于各种政治

---

① 国家统计局编：《2018 年国民经济和社会发展统计公报》，2019 年 2 月 28 日。

原因和制度障碍，我国城镇化长期处于被压抑状态，城乡居民表现出强烈的二元特征。29 年间，城镇化率仅仅较 1949 年提升 7.28 个百分点，城镇化进程在这一期间严重滞后。改革开放以后，在农村经济体制改革、户籍制度改革等一系列政策推动下，城乡的界限慢慢被打破，逐步实现了由城乡分割向城乡一体化发展的转变，城镇化开始进入速度快、规模空前的发展阶段。1978 年中国城镇化率仅仅为 17.92%，到 2018 年，这一数字已经突破 50%，达到 59.58%，年均提高 1.04 个百分点，平均每年新增城镇常住人口 1647 万人。[1] 中国的城镇化远没有完成，未来中国的城镇化还有很大的发展潜力，预计未来二三十年间，中国还有 3 亿多人口将由农村劳动力持续向城镇转移，届时中国城镇化率将突破 70%，总规模将超过 10 亿人，这比目前发达国家总计人口还多。因此，中国城市化的完成将是世界城市化和现代化的最重要事件。中国的城市化有两个重要变化令人瞩目：一是中国城镇化率在 2011 年首次超过 50%，达到 51.3%，上一年即 2010 年为 49.9%。中国终于实现了由农业社会向工业社会和城市社会的重大转变。二是到 2015 年中国的城镇化率再提高到 56.1%，超过了世界平均城市化率，比世界平均水平约高 1.2 个百分点。[2] 目前我国城镇化速度继续表现出快于世界平均速度的趋势，这说明，世界新增城镇人口中，我国占了一半以上。因此，我们可以这样说，中国是过去 40 年以及未来相当长一段时间内世界城市化最活跃的国家，也是影响世界城市化进程最主要的力量，为世界城市化水平的提高及全球经济发展作出了巨大贡献。

三、发挥比较优势，成为世界第一贸易大国

自英国古典经济学家大卫·李嘉图提出比较优势论以来，世界许多国家，从发达国家到亚洲后发国家，先后为促进经济发展，采取外向型发展战略，并取得了显著的成功。长期以来，全球贸易增长速度持续快于经济增长速度，这促进了国际分工发展，又加速了全球工业化、现代化进程，贸易增长成为全球

---

[1]　国家统计局编：《中国统计摘要—2019》，中国统计出版社 2019 年版。

[2]　有关世界平均城镇化率数据来源于国家统计局编：《国际统计年鉴—2018》，中国统计出版社 2019 年版。

经济发展的重要发动机。从新中国成立 70 年来的对外贸易历程来看，其并不是一帆风顺的，过程中充满了艰难曲折。新中国成立早期，由于以美国为主导的国际政治对中国的排斥以及我国自身的对外政策过于保守，我们长期游离于世界经济之外，对外贸易发展严重滞后。1950 年，全年贸易进出口总额仅为 11.3 亿美元，占全球比重不足 2%，到 1978 年也不过 206.4 亿美元，排名世界第 32 位，占全球比重更是下降到不足 1%（0.78%）。改革开放以后，我国的对外贸易迎来重大转折，开始驶入快车道，贸易总量持续快速增长。2012 年，我国贸易进出口总额第一次超过美国，成为世界贸易第一大国。2018 年，我国进出口总额达到 4.62 万亿美元[1]，稳居世界第一。改革开放以来我国对外贸易的成就主要体现在以下两个方面：

一方面，改革开放 40 年间，贸易总量长期保持高速增长，由改革开放初期的居世界第 29 位上升到世界第一贸易大国。从近 40 年对外贸易的增长趋势来看，我国大体经历了三个阶段：第一阶段为加入 WTO 前的 1978—2000 年间，中国实行并坚持了改革开放的基本国策，对外贸易逐渐恢复，进入稳步高增长阶段。该阶段对外贸易总额年均增长 15.3%，先后突破 1000 亿美元、3000 亿美元、5000 亿美元大关，国际排名较 1978 年得到明显提升。改革开放初期，我国货物进出口占国际市场份额仅为 0.8%，在全球货物贸易中居世界第 29 位；到 2000 年，占世界比重提高到 3.4%，排全球第 7 位。第二阶段为 2001—2012 年，中国正式加入 WTO，进出口总额年均增长率提高到 20.2%，对外贸易进入加速期。在世界的排名逐步提高，货物贸易规模相继超越意大利、英国、法国、日本和德国。其中，2001 年超过意大利跃居全球第 6 位；2002 年超越英国排世界第 5 位，2003 年再超法国跃至第 4 位；2004 年的贸易规模首次突破万亿美元，超越日本上升为世界第 3 位；2007 年突破 20 万亿美元，成为全球第三个达到这一目标的国家；2009 年超过德国，居世界第 2 位，占世界比重达到 8.9%[2]；2012 年对外贸易总额达到 3.87 万亿美元[3]，占世界比重达 10.5%，首次超过美国，成为世界第一贸易大国。第三阶段为党的十八

---

[1] 国家统计局编：《中国统计摘要—2019》，中国统计出版社 2019 年版。

[2] 根据国家统计局编《中国统计年鉴—2018》和相关年份《国际统计年鉴》的数据计算。

[3] 国家统计局编：《中国统计年鉴—2018》，中国统计出版社 2018 年版。

大以后，我国进入对外贸易结构调整阶段，从偏重规模扩张向注重质量转变。2008 年全球金融危机影响持续深化，我国外贸结束了高增长阶段，进入"优进优出"提质增效新阶段。进出口总额呈现波动下降再逐步回升的过程，到2017 年基本恢复到党的十八大以前水平。但 2018 年以来，则开始遭受中美贸易摩擦升级的不利影响，外贸增长的不确定性增加。

另一方面，我国贸易方式与贸易结构不断优化，逐步由高增长阶段转向高质量发展阶段。首先，2008 年全球金融危机以后，我国的贸易方式发生了重大转变，逐步从加工贸易为主的贸易方式转向一般贸易为主的贸易方式。至2018 年，一般贸易占比已经达到 57.8%，而加工贸易相应下降到 29.0%。其次，我国的出口产品结构持续升级。改革开放之初，我国出口的产品结构主要以廉价的初级产品为主。1978 年初级产品出口占比达到 53.5%，超过工业制成品的比重。20 世纪 80 年代，以东部沿海地区为代表的改革开放先行区率先开展了以"三来一补"为主的加工贸易，大力发展劳动密集型的加工业，发挥我国的比较优势，实现了出口产品结构由初级为主向工业制成品为主的转变。到 1986 年，工业制成品出口比重开始超过初级产品，达到 63.6%；自 2001 年起，工业制成品的占比已经突破 90%，牢牢占据出口商品第一的主导位置；2018 年，工业制成品占出口比重已经达到 94.8%的历史最高值。最后，民营企业逐步壮大，已成为中国对外贸易主力军。2018 年，民营企业进出口占全国外贸出口比重达 39.7%，且民营企业的外贸质量在明显提高，所涉领域逐步向价值链的高端布局，如汽车制造、机床、电子产品等。

党的十八大以来，我国贸易增长进入调整期，呈现"优进优出"的新特点，并逐步向贸易强国跃升。首先，服务贸易进入快车道，成为推动我国新时期贸易增长和质量优化的新动力。服务贸易的发达是贸易强国的重要标志。与货物贸易相比，我国服务贸易发展相对滞后。1982—2017 年间，我国服务贸易进出口总额从 46.9 亿美元增加到 6957 亿美元，年均增长 15.4%，其中出口和进口年均分别增长 13.5%和 16.8%。[1] 尽管增速长期低于货物贸易，但由于远高于同期全球服务增长，使我国在全球服务贸易的地位明显提升。据世界贸

---

[1]　国家统计局贸易外经统计司编：《中国贸易外经统计年鉴—2018》，中国统计出版社 2018 年版。

易组织统计，我国服务贸易出口世界排名由 1982 年的第 28 位上升至 2017 年的第 5 位；服务贸易进口排名由第 40 位上升至第 2 位。近几年我国服务贸易增长迅速，自 2014 年起，我国已连续 4 年保持服务进出口全球第二大国地位。服务进出口额占世界比重上升至 6.6%，其中出口占比为 4.3%，进口占比达到 9.1%。[1] 服务业出口从以传统服务为主逐步转向以生产性服务和生活性服务业为主的发展模式，极大地提高了国家未来竞争力。其次，高新技术产品出口的不断上升，是我国由贸易大国向贸易强国转变的重要标志。1988 年，我国国家科委制定并出台旨在促进高技术、新技术研究成果商品化，推动高技术、新技术产业形成和发展的火炬计划，并于 1995 年正式宣布，决定实施科教兴国的战略。自此，高新技术产业成为我国未来发展的核心和支柱产业。其中 20 世纪 90 年代实现了由轻纺产品为主向机电产品为主的转变，进入 21 世纪以来，以电子和信息技术为代表的高新技术产品出口占比不断提高。到 2010 年之后，人工智能、大数据、5G 技术等高端制造在世界开始形成引领之势。高新技术产品占我国出口比重从 1985 年的 2%左右提高到目前的 28.8%。

四、自主创新，科技和国防能力显著增强

中华民族是勤劳智慧、善于创造的民族，在绵延 5000 多年的文明发展进程中，中华民族创造了闻名于世的科技成果。我们的先人在农、医、天、算等方面形成了系统化的知识体系，取得了以四大发明为代表的一大批发明创造。经过新中国成立以来特别是改革开放以来不懈努力，我国科技发展取得举世瞩目的伟大成就，科技整体能力持续提升，一些重要领域方向跻身世界先进行列，某些前沿方向开始进入并行、领跑阶段，正处于从量的积累向质的飞跃、点的突破向系统能力提升的重要时期。多复变函数论、陆相成油理论、人工合成牛胰岛素等成就，高温超导、中微子物理、量子反常霍尔效应、纳米科技、干细胞研究、肿瘤早期诊断标志物、人类基因组测序等基础科学突破，"两弹一星"、超级杂交水稻、汉字激光照排、高性能计算机、三峡工程、载人航天、

---

① 根据《中国外经贸易统计年鉴—2018》和相关年份《国际统计年鉴》数据整理。

探月工程、移动通信、量子通讯、北斗导航、载人深潜、高速铁路、航空母舰等工程技术成果，为我国成为一个有世界影响力的大国奠定了重要基础。

新中国成立后的三年经济恢复到第一个五年计划时期，我们大部分工业创新和先进技术都来源于苏联和东欧国家。1956 年 1 月，毛泽东同志等党和国家领导人以及 1300 多名领导干部，在中南海怀仁堂听取中国科学院 4 位学部主任关于国内外科技发展的报告，党中央向全党全国发出"向科学进军"的号召。其后 10 年，在各方共同努力下，我国建立了学科齐全的科学研究体系、工业技术体系、国防科技体系、地方科技体系，取得了一批重大科技成果。1966 年，中国第一颗装有核弹头的地地导弹飞行爆炸成功；1967 年，中国第一颗氢弹空爆试验成功；1970 年，中国第一颗人造地球卫星"东方红一号"发射成功。这一时期，中国第一批"红旗"高级轿车出厂；制成第一批 10 万千瓦水轮发电机组；在世界上第一次人工合成结晶牛胰岛素；第一艘万吨巨轮"东风"号建成；高速大型通用集成电路电子计算机研制成功。

1978 年，党中央召开全国科学大会，邓小平同志在大会上作出"科学技术是第一生产力"的重要论断，我国迎来"科学的春天"。1995 年，党中央、国务院召开全国科学技术大会，江泽民同志发表重要讲话，号召大力实施科教兴国战略，形成实施科教兴国战略热潮。2006 年，党中央、国务院再次召开全国科学技术大会，胡锦涛同志发表重要讲话，部署实施《国家中长期科学和技术发展规划纲要（2006—2020 年）》，动员全党全社会力量，为建设创新型国家而努力奋斗。2012 年，党中央、国务院召开全国科技创新大会，号召我国科技界奋力创新，为全面建成小康社会提供有力科技支撑。这一时期，我国在杂交水稻、高性能计算机、高温超导研究、稀土分离技术等方面都取得了重大突破，纳米科学、量子信息、生命科学等前沿领域的一批原始性创新成果在国际上产生了重要影响；化工、钢铁、铝材、聚合物材料、水泥、油气勘探开发、煤制烯烃等行业和领域中的一些关键科学问题的解决取得了显著的经济和社会效益。

党的十八大以来，在以习近平同志为核心的党中央坚强领导下，在全国科技界和社会各界的共同努力下，我国科技创新持续发力，加速赶超跨越，实现了历史性、整体性、格局性重大变化，重大创新成果竞相涌现，科技实力大幅增强，已成为具有全球影响力的科技大国。一是在实践中形成了习近平新时代中国特色社会主义科技创新思想，使科技创新的战略地位实现历史性跃升。二是科技创新水平加速迈向国际第一方阵，进入跟跑、并跑、领跑"三跑"并存、领跑并跑日益增多的历史性新阶段。三是科技创新有力支撑供给侧结构性改革，实现了全面融入、主动引领经济社会发展的历史性跨越。四是科技体制改革向系统纵深推进，科技管理格局实现了从研发管理向创新服务的历史性转变。五是科技创新力量由科研人员为主向全社会拓展，开创了"大众创业，万众创新"的历史性新局面。六是科技外交成为国家总体外交战略的重要组成部分，创新开放合作迈出主动布局的历史性步伐。

　　这一时期，我国科技创新能力显著提升，主要创新指标进入世界前列。2017 年，全社会研发支出达到 1.76 万亿元，比 2012 年增长 70.9%，仅次于美国，位居全球第二，占国内生产总值的比重达到 2.13%，已经接近经合组织国家平均水平，甚至超过了欧盟 15 国平均水平（2.1%）[1]。国际科技论文总量比 2012 年增长 70%，居世界第二；国际科技论文被引量首次超过德国、英国，跃居世界第二。[2] 发明专利申请量和授权量居世界第一，有效发明专利保有量居世界第三。根据世界知识产权组织公布的数据，2017 年中国通过《专利合作条约》途径提交的国际专利申请量达 4.9 万件，仅次于美国。[3] 有 10 家中国企业进入企业国际专利申请量前 50 位。[4] 全国技术合同成交额达 1.3 万亿元。[5] 全国高新技术企业总数超过 13.6 万家，研发投入占比超过全国的 50%，发明专利授权量占全国的 40%。[6]2017 年，有 113 家中国企业进入"2017 年全球创新 1000 强"榜单[7]，仅次于美国、日本，位居全球第三。世界知识产权组织 2018 年 7 月发布的"2018 年全球创新指数"排名中，中国由 2016 年的第 22

---

[1]　万钢：《国新办就科技工作进展与成就有关情况举行新闻发布会》，新华网，2018 年 2 月 26 日。

[2]　万钢：《2018 年全国科技工作会议在京召开》，科技部门户网站，2018 年 1 月 9 日。

[3]　张仲梁：《自主创新推动中国专利不断发展》，国家统计局官网，2018 年 4 月 6 日。

[4]　王欢：《中国 2017 年专利申请量升至全球第二，3 年内可能超美国成第一》，环球网，2018 年 3 月 22 日。

[5]　中华人民共和国科学技术部：《2017 年全国技术市场交易简报》，2018 年 2 月 11 日。

[6]　万钢：《2018 年全国科技工作会议在京召开》，科技部门户网站，2018 年 1 月 9 日。

[7]　《2017 年全球创新 1000 强榜单公布，中国企业终于杀进 10 强!》，见 https://www.sohu.com/a/ 202671964_505837。

名升至第 17 名。①

从太空到深海，中国这些"创新奇迹"让世人刮目相看。天宫遨游、蛟龙探海、天眼探空、悟空探秘、墨子传信、大飞机一飞冲天！随着创新驱动发展战略的大力实施，中国创新经历前所未有的"黄金时代"，干成了多件长期干不成的"大事"，让世界目光再次聚焦耀眼的"东方奇迹"。科技兴则民族兴，科技强则国家强。实现"两个一百年"奋斗目标，实现中华民族伟大复兴的中国梦，必须坚持走中国特色自主创新道路，面向世界科技前沿、面向经济主战场、面向国家重大需求，加快各领域科技创新，掌握全球科技竞争先机。在激烈的国际竞争中，人们相信，一个强劲的中国正携着无与伦比的创新实力蓄势待发；一个属于创新的时代正在孕育无限生机，自信的中国期待更多创新奇迹！

五、信息化、智能化快速推进，抢占上全球科技制高点

新产业革命是新科技革命的结果。历史经验表明，科技革命总是能够深刻改变世界发展格局。18 世纪出现了蒸汽机等重大发明，成就了第一次工业革命，开启了人类社会现代化进程。19 世纪，科学技术突飞猛进，催生了由机械化转向电气化的第二次工业革命。20 世纪前期，量子论、相对论的诞生形成了第二次科学革命，继而发生了信息科学、生命科学变革，基于新科学知识的重大技术突破层出不穷，引发了以航空、电子技术、核能、航天、计算机、互联网等为里程碑式的技术革命，极大地提高了人类认识自然、利用自然的能力和社会生产力水平。新中国成立以来特别是改革开放以来，我国充分利用新技术改造提升传统产业，大力发展新兴产业，科技与经济结合更加紧密，为经济社会发展发挥重要的支撑与引领作用，我国已经成为世界第一农业大国、第一制造业大国。农业方面，农业科技为我国解决粮食安全、食品安全、农民增收等问题发挥了重要作用，通过种植业、养殖业等自主创

---

① 世界知识产权组织（WIPO）、美国康奈尔大学、欧洲工商管理学院、2018 年全球创新指数知识伙伴：《2018 年全球创新指数报告（GII）》，2018 年 7 月 10 日。

新技术，使拥有 13.9 亿人口的国家成功告别了持续数千年的饥饿历史，告别了农民"交皇粮"的历史，也告别了"二牛抬杠"手工农业的历史，建成了世界农业科技强国、农业大国。工业方面，我国在引进、消化吸收、再创新方面取得了举世瞩目的成就，建立了世界上体系最完整、规模最大的工业体系，我国 500 多种工业产品的产量均居世界第一，告别了持续数百年的工业产品短缺的历史，工业产品出现全面过剩。2010 年我国制造业已经取代美国占据了 110 多年的制造业大国的地位，成为世界第一制造业大国。

党的十八大以来，面对新一轮科技革命和产业变革与我国加快转变经济发展方式形成的历史性交汇，党中央、国务院审时度势，加强战略谋划和前瞻部署，瞄准"两个一百年"奋斗目标，紧紧围绕推动新一代信息技术与制造技术深度融合发展这一主线，全面实施"中国制造 2025"和"互联网 +"行动，加快产业转型升级、提质增效、创新发展，开启制造强国和网络强国建设伟大征程，推动制造业数字化、网络化、智能化水平不断提升，使我国工业和信息化事业迈入了新时代，为经济社会发展、综合国力稳步提升提供了重要支撑，为实现"两个一百年"奋斗目标打下了坚实的基础。

高端装备创新发展取得重要突破。高端装备作为制造业的高端领域，体现了一国制造业的核心竞争能力。我国加快装备升级，启动高端装备创新工程，加快实施高档数控机床、"两机"、大飞机等国家科技重大专项，积极推动重大装备产业化，大国重器技术水平重大突破捷报频传。我国首颗地球同步轨道高分辨率对地观测遥感卫星"高分四号"发射入轨投入使用，北斗卫星导航区域系统全面建成投入运营，"神舟十一号"飞船与"天宫二号"成功交会对接，全球首颗量子卫星发射成功，C919 大型客机两次试飞均获成功，ARJ21 支线客机投入商业运营。载人深潜器（蛟龙号）、海底金属矿产勘探开发装备（蓝鲸一号）等进入世界第一梯队，自主研制的"海斗号"无人潜水器使我国成为继日、美之后第三个拥有研制万米级无人潜水器能力的国家，三峡升船机刷新世界纪录。多轴精密重型机床、400 马力无级变速拖拉机等产品跻身世界先进行列。拥有自主知识产权的高速动车机组，成为我国制造业发展的世界名片。语音识别、图像识别等技术已达国际先进水平，机器人本体优化设计及性能评估、高速高精度控制等技术取得积极进展，工业机器人产量约占全球的 1/4。

智能制造发展取得积极成效。制定了数字化工厂参考模型等一批关键标准，初步建立了智能制造标准体系架构，积极推进标准体系架构、标准路线图和标准制定等国际合作和互认。发布工业互联网体系架构，推动建设了一批面向航天、家电、机械重工等细分领域的工业互联网平台。经过持续努力，我国制造企业生产设备智能化改造步伐加快，综合集成水平持续提高，智能机器人、增材制造、可穿戴智能产品、移动智能终端等产业快速发展，大规模个性化定制在服装、家具等行业加快推广，协同研发制造在汽车、航空、航天等高端制造领域日益兴起。2016 年工业企业关键工序数控化率达到 45.4%，[①] 比2013 年提高 6.3 个百分点（可比口径），数字化生产设备联网率达到 38.2%。[②] 智能化改造后的制造企业在供应链协同、精益管理、精准制造、市场快速响应等方面的竞争优势不断扩大。服务型制造稳步推进，工业设计、融资租赁、节能服务、信息技术服务等生产性服务业逐步壮大。工程机械、电力设备、风机制造等行业服务型制造业务快速发展，全生命周期管理、融资租赁等业务日益成为企业利润的重要来源，部分企业服务业务收入超过总收入的 50%。

网络强国建设高速推进。新一代信息基础设施加快构建，深入实施宽带中国战略，持续推进网络提速降费，加快构建高速、移动、安全、泛在的新一代信息基础设施，建成了全球规模最大的 4G 网络。现代互联网经济加速崛起，随着网络提速降费和"互联网＋"行动的深入推进，互联网与经济社会各领域跨界融合和深度应用，云计算、大数据、移动互联网、物联网以及电子商务、移动支付、分享经济等新业态新模式快速发展。我国移动应用累计数量超过 800 万款，累计下载量超过 1.5 万亿次，应用数量和分发规模在全球领先。物联网产业链日益完善，已部署的机器到机器（M2M）终端数量突破 1 亿，成为全球最大 M2M 市场。2018 年全国电子商务交易额为 31.63 万亿元，比上年增长 8.5%。[③]2018 年中国移动支付交易规模达到 277 万亿元，[④] 中

---

① 中华人民共和国工业和信息化部：《信息化和工业化融合发展规划（2016—2020）》（工信部规〔2016〕333 号）。

② 中国互联网协会：《2016 年中国互联网产业综述与 2017 年发展趋势》，2017 年 1 月 6 日。

③ 《2018 年全国电商交易额增长 8.5%》，《中国信息报》网络版，2019 年 2 月 21 日。

④ 中国人民银行：《2018 年支付体系运行总体情况》，2019 年 3 月 18 日。

国移动支付行业发展领跑全球；分享经济爆发式增长，2018 年网约车日均使用量达到 2000 万人次，共享单车大约是 1000 万人次。[①] 新一代信息技术产业体系不断完善，具有自主知识产权的时分同步码分多址长期演进技术（TD-LTE-Advanced）成为 4G 国际主流标准之一，获得 2016 年国家科技进步奖特等奖。我国于 2013 年率先启动 5G 研发推进工作，5G 网络架构、灵活系统设计、编码方案等技术被国际标准采纳，我国 5G 产业已建立竞争优势，5G 中频段系统设备、终端芯片、智能手机处于全球产业第一梯队。2019 年 6 月 6 日，随着工业和信息化部正式发放 4 张 5G 商用牌照，我国正式进入 5G 时代，总部设在深圳的华为公司并已在全球 30 个国家获得了 46 个 5G 商用合同，5G 基站发货量超过 10 万个，居全球首位。量子通信技术处于全球领先地位。"神威·太湖之光"成为世界上首台峰值运算速度超过 10 亿亿次的超级计算机。集成电路系统级芯片（SoC）设计能力接近国际先进水平，16/14 纳米工艺研发取得重要进展，32/28 纳米制造工艺实现规模量产。高世代液晶面板生产迈向 10.5 代线。量子点电视、OLED 电视、激光电视等新技术新产品加速涌现。国产移动终端的操作系统（YunOS）开始从手机操作系统向万物互联操作系统转变，完成了大到汽车、家居，小到手机、手表的产品覆盖。

六、自觉平衡国际收支，外汇储备高居世界榜首

国家经济安全关乎国家政治稳定以及经济健康发展，是国家总体安全的基础。一般而言，经济安全是一种经济状态，包括经济主权安全、资源能源安全、金融安全、粮食安全、科技安全、产业与贸易安全等，即能有效抵御任何形式的重大外部和内部的经济侵害或威胁。经济安全的核心一是维护好自身的经济制度和相关法律，确保经济的可持续发展；二是强调抵御外界冲击、防范风险的能力。经济安全是国家安全的依托和基石，决定一国的政治安全和军事安全、国际地位和角色作用。当前，随着经济全球化的深入推进，各国经济、

---

① 李小鹏：《新闻办就深化供给侧结构性改革　推动交通运输高质量发展举行发布会》，中国网，2019 年 2 月 28 日。

贸易、金融等深度融合，彼此之间相互联系、相互渗透、相互依存、相互竞争，共同参与全球经济大循环。一方面这有利于各自发挥比较优势、提高社会生产力，促进经济增长；另一方面则也为各国带来许多的挑战和风险。因此，保持国家经济安全，成为应对当今复杂多变世界的重大挑战的一项重要战略任务。长期以来，我国在经济安全上主要取得了以下成就。

一是自觉平衡国际收支，国民经济稳定性不断增强。国际收支平衡是体现经济安全的重要方面。长期顺差会招致国际社会的指责，并会给人民币带来升值压力，影响出口；而长期逆差又会影响外汇储备，给汇率带来下行压力，造成资产缩水和资本外逃。因此，国际收支的长期平衡，有利于稳定汇率，维持经济的良性发展。改革开放以来，我国国际收支大体经历了三个阶段，即政府主导的管理平衡阶段（1978—2000 年）、返销式直接投资主导的非均衡扩张阶段（2000—2014 年）以及市场再平衡阶段（2014 年至今）[1]。从发展趋势来看，国际收支的基本方向与国家发展需求和发展阶段基本相适应。改革开放之初，我国资本项目和经常项目基本呈现方向的变化，彼此之间维持"一顺一逆"的格局。1982—1993 年的 12 年中，有 10 年经常收支与资本收支是顺差与逆差交错搭配的格局，只有两年出现了双顺差的情况。然而，1994 年以后，我国国际收支开始出现了结构性变化，即开始形成经常收支和资本收支双顺差的结构。1994—2000 年的 7 年中，资本收支有 6 年是顺差，只有 1 年出现了逆差，但是广义的资本收支仍有 4 年为逆差，其余 3 年为顺差。1994 以后，我国资本收支出现持续性顺差主要起因于外国直接投资的快速增长。外商直接投资的规模从此前年均 10 亿- 20 亿美元的规模一举上升到 300 亿—400 亿美元，由此确立了资本收支长期顺差的格局。[2] 随着加入 WTO 组织之后，我国对外经济进入高速发展时期。国际收支呈现经常项目顺差、资本项目顺差和外汇储备高增长的典型特征。这一阶段的国际收支不平衡的主要原因在于返销式直接投资的快速增长，这也是工业化过程中后发国谋求经济发展的必经过程。这种长期的国际收支非均衡扩张招致了国际舆论的广泛非议，为我国国际贸易增添了

① 周宇：《中国国际收支的结构性变化及其动因》，《世界经济研究》2018 年第 9 期。
② 国家统计局贸易外经统计司编：《中国贸易外经统计年鉴—2018》，中国统计出版社 2018 年版。

不少隐患。因此，2014 年以后，在市场主导下国际收支又逐渐向均衡状态回摆，经过 2015 年和 2016 年的调整，2017 年我国国际收支已经恢复到基本平衡和略有结余的状态。

二是外汇储备大幅提升，金融稳定性持续增增强。改革开放之初，我国外汇储备仅有 1.67 亿美元，占当年 GDP 比重不到 0.1%。到 2018 年，外汇储备已经超过 3 万亿美元，占 GDP 比重提升至 24.7%，年均增长达到 28.7%。其中，2006 年我国外汇储备首次突破万亿美元大关，并一举跃升到全球第一，一直保持至今。① 充足的外汇储备是过去二十年以来我国成功应对并度过几次全球性的金融危机的重要保障，显著提升了国家抵御外部金融风险的能力。

三是汇率市场化目标稳步推进，市场抵御风险能力显著增强。汇率市场化是实现高质量发展的必经阶段。在固定汇率下，国家承担了外汇波动的绝大部分风险，企业相对来说对汇率的风险缺乏考虑，因此也就没有应对汇率波动所带来的风险和挑战的能力。自 2005 年 7 月 21 日起，我国开始实行以市场供求为基础、参考一篮子货币进行调节、有管理的浮动汇率制度，就此打开了汇率市场化改革的序幕。尽管在金融危机后又回到钉住美元的固定汇率制，但不久之后又重新恢复并不断推进改革。目前来看，中国央行已基本上退出汇率的常态化干预，人民币汇率机制已经非常趋近于市场化形成机制，这使得市场在应对汇率波动时变得更加有经验，应对也变得更加从容。

七、迎接百年大变局，从积极参与者到战略塑造者

当今全球正处于百年未有之大变局中。世界格局因中国的崛起而巨变，世界经济政治因中国发挥战略性作用而更加稳定、多彩，并加快由单极世界向多极世界有序发展，中国的和平崛起，特别是中国制造和中国市场为世界创造了前所未有的发展机遇。

与百年前的大变局不同，这次的大变局，中国是"因变量"，甚至在不少方面是绝对的主导者。一百多年前，美国的经历与当今中国十分相似，美国成

---

① 国家统计局编：《中国统计年鉴—2018》，中国统计出版社 2018 年版。

为百年前之大变局的最重要的"因变量"。1901 年 9 月 14 日，西奥多·罗斯福成为美国总统，以反对"孤立主义"著称，在首次内阁会议上就要求尽快拿出扩建海军的计划、关税互惠协议和古巴独立的时间表，他执政的八年中，稳定并扩大了拉美后院，带领美国走出了美洲大陆，开启了真正的美国全球战略的新时代。而当时的中国，却处于世界格局的边缘，受尽西方列强的"欺凌"，中华民族沦落为半殖民地半封建的社会，中国人民受"三座大山"（帝国主义、封建主义、官僚资本主义）的压迫，经济陷入几千年的历史"低谷"。中国共产党领导全国各族人民，经过艰苦卓绝的革命斗争，推翻了"三座大山"，于 1949 年 10 月 1 日建立了中华人民共和国，从此中华民族终于从近代史上"站起来了"。经过 70 年、两大阶段的发展，中国加快了世界工业化、城市化的进程，中国使世界贸易和投资充满生气，工业和贸易先后上升为第一大国，经济总规模跃居世界第二，在 2008—2018 年间，中国经济增长对世界经济增长的贡献率首次超过美国，成为推动世界经济发展的主要发动机，世界发展格局因之发生前所未有的巨变。

影响战后西方主导的世界格局变化的第一个重大事件是新中国重返联合国，彰显中国作为发展中第一大国政治地位的重大提升。1971 年 10 月 25 日，中华人民共和国在联合国的一切合法权得到恢复，这是中国外交工作的一次重大突破，是第二次世界大战后世界格局开始发生重大变化的重要方面，对冷战的发展以及国际均势变化产生了十分深远的影响，为中国随后与西方关系缓和，特别是与美国的建交奠定了基础，是我国走出西方包围、最终走向全面开放的重要突破门，中国在社会主义建设时期之所以在国际经济政治上一边倒并不是我们的长久之策，而是被迫的，主要是由于西方冷战时代对社会主义国家全面封锁所致。中国重返联合国，不仅将不断地打破世界均势，使超级大国在联合国以及世界各种事务上为所欲为的行为有所牵制，而且更大的意义在于，中国以其巨大的潜力，成为广大发展中国家的最可靠的代言人，给世界发展更多机会和和平。自重返联合国后，中国在一些重大的关系和原则问题上，始终站在发展中国家一边，积极为它们伸张正义，坚定地维护发展中国家的利益，为它们争取应有的权利。因为中国是世界上最大的、联合国安理会常任理事国中唯一的发展中国家，在很多方面，中国与很多发展中国家有共同的遭遇，能深刻理解它们的需求。

改革开放政策的实施，使中国开始全面融入世界，并成为新兴经济体国家的领头羊，为世界发展的旧格局注入新动力，特别是中国加入 WTO 后，中国对全球发展格局的影响显著增强。1978 年以后，从创办经济特区，到沿海城市开放、沿边地区开放，再到在各地创建并扩大自贸区、试点发展自由港等，中国积极主动地对接世界经济，积极参与全球产业分工，形成自己的比较优势，并不断创造新优势。其中影响最为深远的是顺应新一轮全球化趋势，加入世界贸易组织（WTO），成为多边世界贸易组织的坚定捍卫者和建设性的推动者。2001 年 12 月我国正式加入 WTO，使中国以前所未有的开放胸襟拥抱世界，发展壮大自己，并为世界发展作出巨大贡献。向世界开放，统筹利用"两个市场、两种资源"，成为中国由"站起来"到"强起来"的必由之路。在前期深化经济体制改革和加入 WTO 的双重刺激下，2002 年我国经济进入建国以来经济增速最快、保持高速增长时间最长的中周期。2002—2008 年间，我国外贸出口额由 2001 年的 2662 亿美元增加到 2008 年的 14306.9 亿美元，年均增速高达 27.2%，工业增加值年均实际增长 12%。总供给和总需求的持续高速扩张，使得这一时期我国经济年均增速达到创纪录的 11%，比 1998—2001 年间快 2.9 个百分点，比 1978—2008 年间的长期均衡水平快 1.1 个百分点①。与之对应的，世界经济也进入超长的稳定繁荣期。

新时代，中国加快推进经济国际化水平，对外经济实现了从"请进来"向"走出去"的历史转变，且在全球经济治理体系改革和建设中发挥战略性作用。进入新时代以来，以习近平同志为核心的党中央提出了一系列的新理念新思想新战略，而对全球格局产生影响最大的是提出"一带一路"倡议。从"请进来"到"走出去"，积极有序推进"一带一路"建设，创建亚投行，构建人类命运共同体，深得相关国家的积极支持和密切合作。亚投行的成立以及"一带一路"建设项目大量实施，使相关国家获得了大量的新投资，基础设施得到加强，贸易便利化水平都得到明显提高。"一带一路"倡议深入推进，取得了多方面的显著成效，成为世界新秩序的活力源和稳定器。一是战略对接和政策沟通不断

---

① 根据国家统计局编《中国工业统计年鉴—2018》和《中国统计年鉴—2018》相关数据计算。

强化。至 2019 年 4 月下旬举办第二届"一带一路"国际合作高峰论坛之前，全球 150 个国家和国际组织与中国签署了"一带一路"合作文件。共建"一带一路"倡议及其核心理念被纳入联合国、二十国集团、亚太经合组织、上合组织等重要国际机制成果文件。中国与"一带一路"沿线 50 多个国家签署产能合作协议。"一带一路"倡议持续凝聚国际合作共识，在国际社会形成了共建"一带一路"的良好氛围。二是基础设施互联互通建设成效显著。一大批铁路、公路、航空和油气运输线路联通，极大地提升了中国与沿线国家的便利化水平。2018 年中欧班列开行数量突破 14000 列，为中欧双边市场开放打通了动脉。亚吉铁路开通运营，雅万高铁开工建设，中俄合作的亚马尔液化天然气项目三条生产线提前竣工，冰上丝路将穿越北极，巴基斯坦最大水电站首台机组实现并网发电，马尔代夫中马友谊大桥竣工，阿联酋阿布扎比码头、马来西亚关丹深水港码头正式开港。三是资金融通能力显著提升。中国通过亚投行、丝路基金、产业基金、地方基金以及与其他国家组建联合基金等，带动了西方国家和中东石油国的基金"跟投"，呈现"一带一路"多方共建的特点。截至 2018 年底，丝路基金签约了 19 个项目，承诺投资 70 亿美元，支持项目涉及总金额 800 亿美元①。2018 年亚投行扩员 9 个成员国，共达到 93 个成员国②。2018 年中国对沿线国家非金融类投资达 156.4 亿美元，同比增长 8.9%③。四是经贸投资合作显著加强，为世界发展作出了新的贡献。"一带一路"倡议提出 6 年来，中国同"一带一路"沿线国家贸易总额超过 6 万亿美元，对"一带一路"沿线国家直接投资超过 900 亿美元④，"六廊六路多国多港"的互联互通架构基本形成，一大批合作项目落地生根。"一带一路"国际合作的成功实践，为国际贸易和投资搭建了新平台，为世界经济增长开辟了新空间。6 年来，中国同"一带一路"沿线国家共建 82 个境外合作园区，上缴东道国税费 20 多亿美元，带动当地就业近 30 万人⑤，为各国民众带来了更便利生活条件、更良好营商环境、更

---

① 胡畔：《"一带一路"：六年硕果打下高质量发展基础》，《中国经济时报》2019 年 4 月 17 日。
② 亚洲基础设施投资银行官方网站。
③ 《商务部就 2018 年商务工作及运行情况举行新闻发布会》，中国网，2019 年 2 月 12 日。
④ 胡畔：《"一带一路"：六年硕果打下高质量发展基础》，《中国经济时报》2019 年 4 月 17 日。
⑤ 胡畔：《"一带一路"：六年硕果打下高质量发展基础》，《中国经济时报》2019 年 4 月 17 日。

多样发展机遇。

未来，潜力极为巨大的中国市场将为世界注入更大的发展动力，使世界格局向更加和谐优化的方向发展。

八、实施"一国两制"，祖国统一势不可挡

"一国两制"是中国共产党人对和平统一国家战略的重大创新。20世纪80年代，邓小平基于实事求是的思想路线和对港澳历史、现实的尊重，创造性地提出，在一国之下保留港澳原有的资本主义制度和生活方式，即"一国两制"。一国之下、两制并存的构想，是对马克思主义国家学说的重大创新，体现了中国共产党人勇于探索、善于创新的气魄，开创了一种史无前例的国家治理模式，丰富和发展了中国特色社会主义理论和实践。正是从这一构想出发，形成了中国对香港的十二条方针政策，奠定为中国的一项基本国策；正是依据"一国两制"方针，确立了中国宪法第三十一条；正是遵循这一方针，中国政府同英国谈判解决了香港回归问题，订立了《中英联合声明》，在附件一全文刊出了体现"一国两制"构想的方针政策。最为重要的，正是遵循"一国两制"的方针，全国人大根据宪法制定了香港基本法，奠定了依法治港的宪制基础，成为香港回归后澳门回归的基石。

历史已经并将继续证明，"一国两制"伟大构想是国家解决历史遗留领土问题最现实、最明智的政策选择，是治理回归后港澳的最佳制度安排，是国家利益和香港、澳门利益的最大公约数，是老一辈领导人留给我们的政治遗产中的一份瑰宝。

1997年和1999年，香港和澳门先后回归祖国，开启了和平统一国家的新征程。中国实行和平统一、"一国两制"，收回香港、澳门没有动用一枪一炮，没有出现重大社会动荡，无缝交接，平稳过渡，和平实现了从英国、葡萄牙殖民管治到回归祖国怀抱的历史变革，以最小代价铸就了国家统一大业的历史丰碑，树立了和平解决国际争端的典范，赢得了国际社会赞誉。

中央政府有效恢复行使主权，保障港澳社会实现平稳的政治转型，开创了治国理政的新篇章。实施"一国两制"，破天荒地对实行资本主义的港澳地

区恢复行使国家主权，成功确立和适应举世无双的特别行政区制度，把社会动荡减少到最低限度。严格依照宪法和基本法办事，有效行使对港澳的全面管治权。从负责与港澳相关的外交、防务到决定全国性法律在港澳的适用，从任命行政长官和政府高官到解释基本法，从发布政制发展的决定到启动经贸合作的重大举措，把"一国两制"实施纳入国家整体发展战略，倾力支持特区政府依法施政，促进港澳社会全面发展。

党的十八大以来，以习近平同志为核心的党中央总揽全局，针对新情况新问题阐述了一系列重大指导思想，为深入实施"一国两制"指明了方向。

一是明确将"一国两制"纳入国家"两个一百年"奋斗目标和实现中华民族伟大复兴的中国梦，香港、澳门融入中华命运共同体；强调"一国两制"根本宗旨不可分离的两个基本点；提出正确处理国家和港澳关系的"三个不可偏废"。

二是中央明确"坚定不移，全面准确"实施"一国两制"的八字方针；强调中央对港澳的全面管治权，坚持中央在实施"一国两制"中的主导作用；强调严格依照宪法和基本法办事，依法治理港澳；等等。

三是严格依照宪法和基本法办事，完善与基本法实施相关的制度和机制，这是全面准确贯彻"一国两制"方针、坚持依法治国与依法治港治澳相统一的必然要求；把维护中央对香港、澳门特别行政区全面管治权和保障特别行政区高度自治权有机结合起来。支持特别行政区政府和行政长官依法施政、积极作为，团结带领香港、澳门各界人士齐心协力谋发展、促和谐，保障和改善民生，有序推进民主，维护社会稳定，这是保持港澳长期繁荣稳定的关键点。特别行政区政府和行政长官履行维护国家主权、安全、发展利益的宪制责任，是坚守"一国"原则的集中体现。支持香港、澳门融入国家发展大局，全面推进内地同香港、澳门互利合作，是港澳发挥自身优势、与内地实现共同发展的必然选择。坚持爱国者为主体的"港人治港""澳人治澳"，发展壮大爱国爱港爱澳力量，增强香港、澳门同胞的国家意识和爱国精神，是确保"一国两制"正确实施、实现港澳长治久安的重要保障。

"一国两制"在港澳地区的成功实践，加快了中国的国家统一进程，且将极大地凝聚中华民族的复兴动力。祖国统一势不可挡。"一国两制"的成功实践，突破了一个国家只能有一种国体这一传统的理论，它允许在一个主权国家内部，实行两种不同的制度，实行两种不同的政权组织形式。推而广之，"一国两制"也是解决台湾问题，实现两岸统一大业的根本方式。我们相信，最终完成祖国统一大业还是要靠"一国两制"，即在中华人民共和国这个主权国家范围内实行两种制度，在一个中国的前提下，国家的主体坚持社会主义制度，同时在台湾保持原有的资本主义制度和生活方式长期不变，这既体现了实现祖国统一、维护国家主权的原则性，又充分考虑到台湾的历史和现实，体现了高度的灵活性。"一国两制"的伟大构想和实践，充分体现了中国人的特有智慧，必将为中华民族伟大复兴增添强大推进力。

（王小广、产健、樊亚宾 撰写）

第 二 章

人民生活：从"温饱不足"走向"全面小康"

中华人民共和国的成立标志着民族独立、人民解放任务的基本实现，为党团结带领全国人民通过努力奋斗创造美好生活提供了必要的条件。经过 70 年的发展，人民生活发生了翻天覆地的变化，从缺衣少食的普遍贫穷走向衣食无忧、就业充分、收入满意、社保可靠、环境优美的全面小康。

一、改革开放前：物资短缺与计划配给

新中国成立后，中国共产党领导全国人民，迅速治理了长期的战争创伤，在恢复国民经济的同时广泛开展民生建设。生产生活同时抓，两条腿走路，一方面走工业化道路，稳步提升生产力发展水平；另一方面部署了"提高人民的物质生活和文化生活水平"的任务[①]。社会主义改造完成后，我国建立起社会主义公有制体系，实现了全国性的全员就业。在城市，通过了《中华人民共和国劳动保险条例》，为工人职员提供包括养老、医疗、工伤在内的劳动保障。从新中国成立到"一五"计划顺利完成，极大地激发了人民短时间内改变国家"一穷二白"面貌的斗志，增强了改善人民生活的信心。然而，由于忽视经济规律、急于求成，"大跃进"运动和人民公社化运动使得经济发展受挫，城乡人民生活在较长时间内还处于温饱不足状态。

[①] 《建国以来国民经济和社会发展五年计划重要文件汇编》，中国民主法制出版社 2008 年版，第 726—735 页。

（一）提倡吃"九二米"和"八一面"

1950 年政务院第二十五次政务会议通过《关于改变粮食加工标准、增加食用粮食的决定》。该决定中指出：去年（1949 年）水旱成灾，造成某些地方粮食不足。为了克服此种困难，除从粮食富庶的地区调运粮食到灾区和城市以外，并切实改变粮食加工办法，制作标准米面，定名"九二米""八一面"。望全国各级人民政府、各人民团体普遍地提倡人人吃标准米、吃标准面，节约可能节约的粮食，以减少粮食供应的困难。各大、小城市的一切碾米工厂、乡村的碾米作坊和人民的舂米碾子，对所有糙米都只许碾一道，要保证每一百斤糙米至少出九十二斤米。各大小城市的一切面粉工厂、乡村的磨面作坊和人民的小磨房，要保证每一百斤麦子至少磨出八十一斤面粉。不论是公营的还是私营的工厂和作坊，今后一律要遵照执行，违者将予以处罚。

政务院的这一规定，就是在粮食供应短缺的情况下，从粮食加工环节挖潜力，增加口粮。按当时的测算，通过吃"九二米"和"八一面"，全国一年可以多供应粮食八亿斤，缓解各地春荒和夏荒时缺粮的困难。但是，粮食粗加工确实影响口感，有的群众接受不了。在政务院的决定中请求一切卫生工作者、医生、食品化学专家，根据科学的分析，说明标准米标准面的营养价值及对人身体的好处，并作广泛的宣传。一切文化艺术工作者，一切报纸、杂志、电影、戏剧、曲艺、广播台、通讯社，应向人民作广泛宣传。1950 年 5 月 13 日，《人民日报》刊登了《九二米和八一面的营养价值》一文：

1. 糙米中所含有的主要营养素，为蛋白质、脂肪、维生素以及无机盐类等，均较白米为多。

2. 糙米的加工次数愈多，营养成分的损失就愈甚。

再谈小麦，小麦中的营养成分，除去碳水化合物、脂肪、蛋白质等以外，其余主要的单位，要算各种维生素和磷、铁等物质了。小麦中的维生素 B1、维生素 B2 及烟碱酸（P—P 因子）以及铁质等，大部分集中在靠近麸皮的粉层里，就是以出粉率高于 81% 的面粉中为最多，而维生素 E，则过半数在胚芽内。

从营养的立场论，应以八五粉为最合理想，而养料则以全麦粉中的含量为最多。但现在为什么不提倡磨制八五粉或全麦面粉呢？这是因为政府顾及人民的习惯，一向在大都市食用白面粉的人，如立即改制八五粉或全麦面粉，一部分的消费者容或感觉不可口，而且因为面粉中粗纤维的增加，对肠胃的消化，或许难以立即适应，所以只限定八一面。

（二）发行粮票，开启票证时代

为了保证人民生活和国家建设所需要的粮食，稳定粮价，消灭粮食投机，进一步巩固工农联盟，特根据共同纲领第二十八条"凡属有关国家经济命脉和足以操纵国民生计的事业，均应由国家统一经营"的规定，决定在全国范围内有计划、有步骤地实行粮食的计划收购（简称"统购"）和计划供应（简称"统销"）。在城市，对机关、团体、学校、企业等的人员，可通过其组织，进行供应；对一般市民，可发给购粮证，凭证购买，或暂凭户口簿购买。

在票证时代，老百姓的吃、穿、用都需要凭票证购买。吃的除了各种粮票、油票外，还有猪牛羊肉票、鸡鸭鱼肉票、鸡鸭蛋票，食糖、豆制品甚至蔬菜也有票证。穿的除了各种布票外，还有化纤票、棉花票、汗衫票、背心票、布鞋票、棉胎票等等。日用品类的手帕、肥皂、手纸、洗衣粉、火柴、抹布、煤油票、自行车票、手表票等更是一票难求。各种票证五花八门，林林总总，大多数商品都是凭票供应的。

中国人对计划时期的生活记忆总是同票证联系在一起，记忆中有省吃俭用、精打细算的拮据和艰难，也有在物质贫乏中偶尔享受美好生活的温情与感动。中国作协名誉副主席丹增时隔半个多世纪，还清楚记得当年老师用粮票为他买糕点的故事。他深情地回忆[①]：

有一年学校组织全校汉语普通话比赛，在三千名学生中我得了第三名，原因是朗诵中卷舌发音不标准，老师有些失望。不久又进行全校汉语作文大赛，我获得第二名。老师拉着我的手走进学校门市部，掏出一

①　丹增：《我的汉语老师（我与新中国·庆祝中华人民共和国成立70周年）》，《人民日报》2019年5月27日。

斤粮票，买了一斤糕点，把一半分给我吃。在六十年代初，那算是最大的奖励。老师的一举一动鼓起了我的写作激情，就像鼓满船帆的风，激励着我不断远航。

二、改革开放起航：稳步迈向小康社会

"小康"一词原义是生活安乐，最早出自《诗·大雅·民劳》："民亦劳止，汔可小康"，意思是"老百姓的生活太苦了，也该稍稍得到安乐了"。表达了身处奴隶社会中的人们，对美好安定生活的向往。1979 年 12 月 6 日，邓小平同志在会见来访的日本首相大平正芳时提出，中国现代化所要达到的是小康状态。他曾经说："翻两番，国民生产总值人均达到八百美元，就是到本世纪末在中国建立一个小康社会。这个小康社会，叫做中国式的现代化。翻两番、小康社会、中国式的现代化，这些都是我们的新概念。"[1]

改革开放改变了我国城乡居民收入长期增长缓慢甚至停滞不前的状况。随着家庭联产承包责任制在全国的推行，城市经济体制改革的一系列措施出台，城乡居民收入水平和生活水平较改革开放前有了明显的提高。城镇居民人均可支配收入从 1978 年的 343 元增加到 1991 年的 1701 元，年均实际增长 6.0%；人均消费支出从 1978 年的 311 元增长到 1991 年的 1454 元，年均实际增长 5.5%。农村居民人均可支配收入从 1978 年的 134 元增加到 1991 年的 709 元，年均实际增长 9.3%；人均消费支出从 1978 年的 116 元增加到 1991 年的 620 元，年均实际增长 7.5%。[2] 以 1992 年邓小平南方谈话为标志，改革开放进入整体推进、全面攻坚的新阶段。各地非公有制经济迅速发展，城镇就业岗位明显增加，城镇居民收入较快增长。城镇居民人均可支配收入从 1992 年的 2027 元增长到 2000 年的 6256 元，年均实际增长 6.7%；人均消费支出从 1992 年的 1672 元增长到 2000 年的 5027 元，年均实际增长

---

① 《邓小平文选》第三卷，人民出版社 1993 年版，第 54 页。

② 国家统计局：《居民生活水平不断提高　消费质量明显改善——改革开放 40 年经济社会发展成就系列报告之四》，2018 年 8 月 31 日，见 http://www.stats.gov.cn/ztjc/ztfx/ggkf40n/201808/t20180831_1620079.html。

6.0%。[①] 应该说，改革开放为我国稳步迈向小康社会打开了大门。

（一）取消票证

党的十一届三中全会之后，从"计划经济为主，市场调节为辅"到"建立社会主义市场经济体制"，我国的工农业生产迸发出惊人活力，各类商品日益丰富。从 20 世纪 80 年代起，各种票证一一谢幕。广东省于 1992 年全面放开粮食价格。随后，浙江、江苏、安徽、福建、江西和上海也宣布粮食购销价格放开，取消粮票。到 1993 年底，全国 95% 以上的市县都完成了放开粮价的改革。这一年，也是中国确立社会主义市场经济体制改革目标的第一年。几年后，粮票等票据出现在各地的收藏市场，成为一种热门的收藏品。

（二）恩格尔系数显著下降

民以食为天，消费支出中食品支出比重（也叫恩格尔系数）是国际通用的衡量一个国家或地区人民生活水平高低的重要指标。改革开放以来，我国城乡居民恩格尔系数显著下降，人民生活水平明显提高。1978 年，农村家庭的恩格尔系数约为 67.7%，城镇家庭约为 57.5%，平均计算超过 60%。[②] 按照国际标准，人民的生活水平还比较低，温饱还没有解决。改革开放以来，随着国民经济的发展和居民整体收入水平的提高，农村家庭、城镇家庭的恩格尔系数都不断下降，城镇家庭 1996 年、农村家庭 2000 年先后下降到 50% 以下，显示此时的居民生活已温饱有余进入小康。

改革初期，伴随食物供给能力全面增强，在人均粮食消费量持续增长的同时，肉、蛋、水产品等各种主要食物的消费也都呈现不断增加的态势。居民的营养水平明显提高，膳食质量有所改善。20 世纪 80 年代中期以后，人均粮食直接消费量开始下降，动物性食物消费量开始快速增长。

---

① 国家统计局：《居民生活水平不断提高 消费质量明显改善——改革开放 40 年经济社会发展成就系列报告之四》，2018 年 8 月 31 日。
② 国家统计局：《居民生活水平不断提高 消费质量明显改善——改革开放 40 年经济社会发展成就系列报告之四》，2018 年 8 月 31 日。

（三）衣着从"保暖"到讲究"时髦"

盛世有华服，太平舞霓裳。改革开放前，由于生活水平的限制，人们的衣着不仅款式单一，而且色彩暗沉，其追求的主要是耐用和保暖。改革开放初期，随着物质慢慢丰富，出现了一种叫"的确良"的布料，因其鲜亮、挺括等特点曾风靡一时。到了 20 世纪 80 年代，更出现了喇叭裤等新时尚，也就是从那时起，穿衣观念开始发生变化，不再仅仅是为了保暖，而开始讲究时髦。

人们的注意力彻底被新兴的商品市场深深吸引，迫不及待想要像鱼投身于海洋一样投身其间。作家王朔在回忆当年时，就曾发出"世道变了"的感叹："我和我身上这身风靡一时令我骄傲的军装眼下成了过时货。正在跳舞的人们已经穿上了高跟鞋、喇叭裤、尼龙衫，烫了头发，手腕上带着电子表，大概还有人在说英语……我不再继续写入党申请书，也不再抢着打扫厕所替战友洗衣服表现自己多么努力地在学雷锋。我跟我们头儿说我有办法买到日本产的彩色电视机，揣着部队养海带挣出来的 3000 块钱去广东倒走私电器去了。"①

20 世纪 90 年代，人们在与世界名牌的初级对话中，学会了追逐"品牌"，慢慢拉近了中国高端服装与世界的距离。除了对品牌的追崇外，服装的大胆尺度也开始挑战中国人的眼球，穿衣打扮更为讲求个性和多变。逢年过节，人们不再去缝纫店做衣服，而是有了明确的买衣服地点——要么去服装市场，要么进品牌专卖店。

（四）耐用消费品升级换代

改革开放初期，手表、自行车和缝纫机成为部分居民家庭婚嫁必备的"三大件"。1979 年，城镇居民平均每百户拥有手表 204 只，自行车 113 辆，缝纫机 54.3 架；农村居民平均每百户拥有手表 27.8 只，自行车 36.2 辆，缝纫机 22.6 架。当时，电视机还属稀缺消费品，直到 1980 年，城镇居民平均每百户

---

① 《改革开放往事：喇叭裤和可口可乐的冲击波》，见 https://www.thepaper.cn/newsDetail_forward_2985366。

拥有黑白电视机 32.0 台，农村居民平均每百户仅有 0.4 台。[1]

20 世纪 80 年代到 90 年代，随着改革开放的深入推进，家庭耐用消费品开始向电气化迈进，居民家庭青睐的"三大件"变成了冰箱、洗衣机、彩色电视机。1989 年，城镇居民平均每百户拥有冰箱 36.5 台，洗衣机 76.2 台，黑白电视机 55.7 台，彩色电视机 51.5 台；农村居民平均每百户拥有冰箱 0.9 台，洗衣机 8.2 台，黑白电视机 33.9 台，彩色电视机仅有 3.6。90 年代末，城乡居民交通出行方式开始有了多种选择。1999 年，城镇居民平均每百户拥有摩托车 15.1 辆，家用汽车 0.34 辆；农村居民平均每百户拥有摩托车 16.5 辆。[2]

三、党的十八大以来：人民生活迈向全面小康

习近平总书记指出："保障和改善民生没有终点，只有连续不断的新起点，要采取针对性更强、覆盖面更大、作用更直接、效果更明显的举措，实实在在帮群众解难题、为群众增福祉、让群众享公平。要从实际出发，集中力量做好普惠性、基础性、兜底性民生建设，不断提高公共服务共建能力和共享水平，织密扎牢托底的民生保障网、消除隐患，确保人民群众安居乐业、社会秩序安定有序。"[3] 他强调，2020 年，我们将全面建成小康社会。全面建成小康社会，一个不能少；共同富裕路上，一个不能掉队。我们将举全党全国之力，坚决完成脱贫攻坚任务，确保兑现我们的承诺。我们要牢记人民对美好生活的向往就是我们的奋斗目标，坚持以人民为中心的发展思想，努力抓好保障和改善民生各项工作，不断增强人民的获得感、幸福感、安全感，不断推进全体人民共同富裕。我坚信，中国人民生活一定会一年更比一年好。[4]

---

[1] 国家统计局：《居民生活水平不断提高 消费质量明显改善——改革开放 40 年经济社会发展成就系列报告之四》，2018 年 8 月 31 日。

[2] 国家统计局：《居民生活水平不断提高 消费质量明显改善——改革开放 40 年经济社会发展成就系列报告之四》，2018 年 8 月 31 日。

[3] 《习近平谈治国理政》第二卷，外文出版社 2017 年版，第 362 页。

[4] 《新时代要有新气象更要有新作为 中国人民生活一定会一年更比一年好》，《人民日报》2017 年 10 月 26 日。

（一）脱贫攻坚取得决定性成就

党的十八大以来，以习近平同志为核心的党中央高度重视脱贫攻坚工作，举全党全社会之力，深入推进脱贫攻坚，取得了重大决定性成就。六年来，我国农村贫困人口从 2012 年底的 9899 万减少到 2018 年底的 1660 万，累计减少贫困人口 8239 万人，贫困发生率从 10.2% 下降到 1.7%，减少了将近 9 个百分点。[1] 创造了"每分钟脱贫 20 多人"的世界奇迹、历史奇迹。"两不愁三保障"，是贫困人口脱贫的基本要求和核心指标，是共产党人面向世界的铮铮誓言和郑重承诺——到 2020 年稳定实现农村贫困人口不愁吃、不愁穿，义务教育、基本医疗、住房安全有保障。脱贫攻坚的决定性成就最深刻的变化在于人，最实在的成果惠于人，兑现了当代中国共产党人对全国人民的承诺。脱贫攻坚的措施和办法落在实处：产业扶贫、教育扶贫、交通扶贫……全国 832 个贫困县，153 个已经宣布摘帽，284 个正在摘帽评估。习近平总书记说："咱们过去闹革命的时候，共产党是穷苦老百姓的党，就立志为老百姓翻身得解放去奋斗。如今，国家发展日新月异，我们回过头来看看，还有没有生活困难的老百姓？现在有条件了，更要帮助贫困群众过上好生活。全面小康路上一个也不能少，每一个贫困群众都要帮扶，这才是共产党。"[2]

（二）棚户区改造让上亿人喜迁新居

棚户区是危旧住房集中区的代名词。由于历史的原因，在我国一些城市、工矿、林区和垦区等形成了一定数量的棚户区。这些棚户区内的住房结构简易，房屋破损严重，居住条件简陋，供排水、供电、供热、道路、消防等公共设施不全，生活环境恶劣。居住在棚户区的居民，大多属于中低收入家庭，有不少是下岗失业人员、退休职工和低保户，其住房困难问题很难通过市场解决。

---

① 《党的十八大以来脱贫攻坚取得重大决定性成就》，见 http://www.gov.cn/xinwen/2019–02/20/content_5367135.htm。
② 杜尚泽、张晓松：《"这件事我要以钉钉子精神反反复复地去抓"——记习近平总书记在重庆专题调研脱贫攻坚》，《人民日报》2019 年 4 月 19 日。

在棚户区改造中，各地坚持政府主导、市场运作、群众参与的原则，调动多方面积极性。改造资金由政府适当补助，住户合理负担。国有工矿、煤矿、林区、垦区棚户区改造，企业也要安排一定的资金。针对城市、国有工矿、煤矿、林区、垦区等各类棚户区的不同特点，有关部门分别制定了相应的指导意见和管理办法，对各类棚户区改造工作进行分类指导。

在棚户区改造完成的地区，居民住房面积明显扩大，结构更加合理，房屋舒适度显著提升。棚户区居民的居住环境也明显改善。改造前，棚户区内道路、供气、供热、排水等基础设施简陋陈旧，环境极其恶劣；晴天尘土飞扬，雨天道路泥泞不堪；常常几百户使用一座公厕；许多地方垃圾遍地，堆积如山，污水横流，臭气冲天。改造后，棚户区居民住进了现代化的小区，环境优美，出行便利，水、气、热等配套基础设施一应俱全，彻底告别了原来恶劣的居住环境。2013—2018 年的五年中，棚户区住房改造 2600 多万套，农村危房改造 1700 多万户，上亿人喜迁新居。

（三）饮食从吃饱到吃健康

改革开放初期，城乡居民膳食结构单一，以主食消费为主。随着居民收入水平的提高、食品种类的丰富，城乡居民饮食更加注重营养，主食消费明显减少，膳食结构更趋合理，食品消费品质不断提高。城镇居民人均粮食消费量由 1978 年的 152 千克降到 2017 年的 110 千克，农村居民人均粮食消费量由 1978 年的 248 千克降到 2017 年的 155 千克。肉、禽、蛋、奶等动物性食品消费显著增加。城镇居民人均猪肉消费量由 1978 年的 13.7 千克上升到 2017 年的 20.6 千克，禽类由 1978 年的 1.0 千克上升到 9.7 千克，鲜蛋由 1978 年的 3.7 千克上升到 10.3 千克；农村居民人均猪肉消费量由 1978 年的 5.2 千克上升到 2017 年的 19.5 千克，禽类由 1978 年的 0.3 千克上升到 7.9 千克，蛋类由 1978 年的 0.8 千克上升到 8.7 千克。[①]

改革开放前，"吃得饱"是人们追求的目标，"油水儿"是餐桌上的奢侈品。

---

① 国家统计局：《居民生活水平不断提高 消费质量明显改善——改革开放 40 年经济社会发展成就系列报告之四》，2018 年 8 月 31 日。

随着老百姓兜儿里的钱多了，市场上的物资丰富了，吃饱的目标就逐渐被吃得健康所替代。人们开始思考如何才能够吃得健康。2009 年春晚姜昆在相声《我有点晕》中就有过这样的描述："三十年前，请客吃饭下馆子，要多点肉菜；现在点肉菜，要被埋怨，十个人九个脂肪肝，老吃肉菜干什么，上青菜，兔子吃什么，咱们吃什么。"中国营养学会发布《中国居民膳食指南（2016)》中建议多吃杂粮，增加全谷物摄入。所谓全谷物，是指未经精细化加工或虽经碾磨 / 粉碎 / 压片等处理仍保留了完整谷粒所具备的胚乳、胚芽、麸皮及其天然营养成分的谷物。在新中国成立之初，政府号召吃"九二米"和"八一面"是为了缓解粮食供应不足的压力，而新时代建议多吃全谷物则是为了增加 B 族维生素、矿物质和膳食纤维的摄入量不足，降低心血管疾病、2 型糖尿病、结直肠癌等与膳食相关的慢性病发病发生的风险。

改革开放初期，城乡居民在外饮食次数少、占比低，随着收入的提高和生活观念的转变，居民在外饮食比重明显上升。2017 年城镇居民人均饮食服务支出 1538 元，比 1993 年增长 15.7 倍，占食品烟酒支出的比重为 22.0％，比 1993 年提高 13.3 个百分点。2017 年，农村居民人均饮食服务支出 309 元，比 1985 年增长 65.9 倍，占食品烟酒支出的比重为 9.0％，比 1985 年提高 6.5 个百分点。[1]

（四）旅游出行成为时尚

根据文化和旅游部发布的统计数据，2018 年国内旅游人数 55.39 亿人次，比上年同期增长 10.8％。出境旅游总人数 14972 万人次，同比增长 14.7％；全年实现旅游总收入 5.97 万亿元，同比增长 10.5％。[2] 初步测算，全年全国旅游业对 GDP 的综合贡献为 9.94 万亿元，占 GDP 总量的 11.04％。[3] 旅游直接就业 2826 万人，旅游直接和间接就业 7991 万人，占全国就业总人口的 10.29％。[4]

---

[1] 国家统计局：《居民生活水平不断提高 消费质量明显改善——改革开放 40 年经济社会发展成就系列报告之四》，2018 年 8 月 31 日。
[2] 《中华人民共和国文化和旅游部 2018 年文化和旅游发展统计公报》。
[3] 罗珊珊：《出游热情高 消费动力足》，《人民日报》2019 年 5 月 20 日。
[4] 訾谦：《文化产业发展迎来新红利》，《光明日报》2019 年 3 月 17 日。

伴随着经济、生活水平的提高，人们越发追求精神享受，向往陶渊明笔下"采菊东篱下，悠然见南山"的诗意生活，拥有自然淳朴、风土各异、特色生活体验等优势的乡村旅游成为人们放松身心的选择之一。在旅游业快速发展的大背景下，乡村旅游这一新的旅游形态开始被越来越多人关注。中商产业研究院数据显示，2017 年中国乡村旅游接待游客 28 亿人次，占国内游客接待人次的 56%。①截至 2018 年 8 月，全国休闲农业与乡村旅游示范县（市 / 区）共 388 个、中国美丽休闲乡村 560 个。2018 年 10 月，国家发展改革委等 13 个部门联合印发《促进乡村旅游发展提质升级行动方案（2018 年—2020 年）》，提出"鼓励引导社会资本参与乡村旅游发展建设"，加大对乡村旅游发展的配套政策支持。2018 年 12 月，文化和旅游部、国家发展改革委等 17 部门联合发布《关于促进乡村旅游可持续发展的指导意见》，指出要优化乡村旅游环境，丰富乡村旅游产品，到 2022 年，实现乡村旅游服务水平全面提升，基本形成布局合理、类型多样、特色突出的乡村旅游发展格局。

乡村旅游迎来了良好的发展契机，各大旅行社也纷纷开辟新的乡村旅游产品，农家乐、民俗村、古村落、乡村度假村等特色产品层出不穷。途牛旅游网监测数据显示，2018 年，途牛网有关"乡村""农家乐""乡村度假"等关键词的搜索量相比 2017 年增长了 30%。与此同时，乡村旅游产品的咨询量、预订量也在持续上升。

《2018 年中国游客出境游大数据报告》显示，在过去的十年中，中国出境市场持续保持两位数，甚至 20% 以上的增长，成为全球最大的出境旅游客源国和旅游消费支出国。出境旅游已经从少数人的享受进入了大众的日常生活；不只是美丽风景，而且美好生活和时尚感正在引领旅游的未来；定制旅游将进入市场成熟期，个性化的需求会进一步突显。中国已经成为全球最大出境游客源国，随着居民收入平稳增长，消费能力逐渐提高，居民愿意花费更多成本在高品质的出游上。

游客不仅会选择东南亚等传统旅游目的地，还渴望到更为遥远和陌生的

① 中商产业研究院：《2018 年中国乡村旅游市场发展前景研究报告》，见 http://www.askci.com/news/chanye/20180803/1814191127762.shtml。

国度去体验不一样的生活。随着国家外交关系的发展和直航交通的便利，中国出境游客开始把目光转向了遥远的南美洲的阿根廷、墨西哥、巴西等。携程网的销售数据显示，2018 年阿根廷线路的人数增长了 166%，中国旅游者不仅选择阿根廷与南美国家的连游，还热衷阿根廷 + 南极的极地旅游产品。

（五）社会保障织就安全网

根据第五次全国人口普查结果显示：到 2000 年，我国 65 岁及以上的人口为 8811 万人，占总人口的 6.96%。[①] 我国已经进入老龄社会。随着医疗卫生水平提高、人均寿命延长以及生育率下降影响，人口老龄化程度正在加速发展。经过多年努力，我国已经建立世界上规模最大的基本养老保险体系，2018 年末全国参加各项基本养老保险的总人数超过 9 亿人，一张覆盖全国的养老保险网络正在不断完善。城镇职工、城镇居民、农村居民都可以根据自身情况参加到相应的养老保险项目中，从制度设计层面来看，社会化的养老保险已经实现全覆盖。同时，随着城镇化进程的深入发展，乡村振兴战略的有序推进，各级政府正在努力缩小城市和农村居民的养老待遇差别，一些地区正在探索城乡居民养老保险一体化的制度安排。

党的十八大以来，养老保险制度改革进入深化和完善阶段，实行了机关事业单位养老保险制度改革、建立合理的基本养老金待遇调整机制、提高基本养老金统筹层次、开展基本养老保险基金投资运营、促进多层次养老保障体系建设等等。特别是实施了企业职工基本养老保险基金中央调剂制度，这一举措一方面能够帮助养老保险基金当期收支失衡的地区缓解资金压力，另一方面也为最终实现基本养老金的全国统筹打下基础。2018 年，中央调剂基金预算总额将达到 6000 亿元左右，其中一些基金收支失衡地区从中受益的资金约有 1600 亿元，[②] 可以缓解中西部地区和老工业基地省份养老金支付压力。为确保退休人员基本养老金的发放，我国不断加大对基本养老保险的财政投入。据统计，1998—2018 年中央财政对企业职工基本养老保险基金的补助资金累计

---

① 国家统计局：《第五次人口普查数据》，见 http://www.stats.gov.cn/tjsj/pcsj/rkpc/dwcrkpcsj/。

② 金维刚：《我国养老保险制度能够可持续发展》，《人民日报》2019 年 5 月 21 日。

达到 3.5 万亿元。2019 年，中央财政预算对企业职工基本养老保险补助资金将达到 5000 多亿元[①]。2019 年，基本养老金的企业和机关事业单位退休人员提高基本养老金水平，总体调整水平为 2018 年退休人员月人均基本养老金的 5% 左右。

完善多层次多支柱的养老保障体系始终是应对人口老龄化的根本之策。我国养老保障制度建设从一开始就提出了多层次的改革目标，除建立了与本人和用人单位缴费挂钩的基本社会养老保险，同时鼓励企业年金和职业年金发展，政府对城乡居民参加社会养老保险提供财政补贴。社会养老保险在养老保险体系建设中"单兵突进"的问题正在得到解决，补充养老保险和商业保险发展不断提速。根据国务院办公厅印发的《关于加快发展商业养老保险的若干意见》，到 2020 年，商业养老保险成为个人和家庭商业养老保障计划的主要承担者、企业发起的商业养老保障计划的重要提供者、社会养老保障市场化运作的积极参与者、养老服务业健康发展的有力促进者、金融安全和经济增长的稳定支持者。

（李蕾 撰写）

---

① 李心萍：《社保基金平稳运行有保障》，《人民日报》2019 年 7 月 20 日。

第 三 章

经济体制：从"计划经济"走向"市场经济"

从计划经济走向市场经济，逐步建立起社会主义市场经济体制，是新中国成立 70 年来经济发展的重大成就，更是 70 年来新中国不断解放和发展社会生产力，不断创造经济发展"奇迹"的制度根源。

一、苏联榜样与计划经济

长久的战乱与动荡使得中国人民极度渴望和平与发展，迫切从农业国转向工业国，正式开启工业化的征程。1949—1957 年这一时期可分为两个阶段，第一个阶段是国民经济恢复时期，第二个阶段是社会主义改造时期，即为第一个五年计划时期。在国内外严峻局势下，我国实施了重工业优先发展的战略计划，对农业、手工业和资本主义工商业进行了社会主义改造。自此之后，我国经济结构和阶级关系发生根本性转变，通过社会主义改造形成了相对集中的计划经济体制。

（一）国民经济恢复时期

建国初期面临的任务十分艰巨复杂。一方面，阶级斗争十分尖锐，国民党反动派还有一百多万军队盘踞在西南、华南的部分省区和台湾等沿海岛屿，残留在大陆的三百多万土匪、特务、反动党团骨干等反革命势力还在疯狂进行破坏活动，在广大新解放区地主阶级尚未被打倒，农民仍然受着封建势力的压迫和剥削。帝国主义继续坚持对华敌视态度，采取军事包围、经济封锁等手段，妄图把新中国扼死在摇篮里。另一方面，国民经济亟待恢复，由于帝国主义和国民党反动派的掠夺，加上长期战争的破坏，旧中国留下的是个千疮百孔的烂摊子。[①] 成立初期的新中国是一个典型的落后农业国，在 1949 年中国的国民收入总额中，只有 12.6% 来自工业，68.4% 来自农业；到 1952 年，在第一产业中就业的人员占中国总经济活动人口的比例高达 83.5%，在第二产业中就业的人员所占的比重仅有 7.4%。除了原煤、纺织等工业还稍有基础外，新中国成立之初，几乎在工业生产的各个领域都乏善可陈。[②]

首先，我国以没收官僚资本为主，建立国营经济休系，为国民经济恢复打下物质基础。1927 年以蒋介石为首的国民党军阀统治建立以后，官僚资本也随之开始形成。它和国家政权结合在一起，成为国家垄断资本主义，垄断了全国的经济命脉。抗日战争以后，官僚资本发展到了最高峰。它接受了日德意法西斯在我国的财产，集中了价值大约 100 亿至 200 亿美元的财富，使蒋宋孔陈四大家族的官僚资本占有了旧中国资本主义经济的 80% 以上的资本。他们不仅控制了重工业、轻工业，而且还控制了交通运输业和贸易。因此，只有没收官僚资本，才能摧毁国民党统治的经济基础的主要部分，只有没收官僚资本，才能掌握国家的经济命脉，为国民经济的恢复打下基础。随着解放战争的胜利进军，我们就开始了没收官僚资本的工作。到 1949 年底，全国共没收官僚资本工业农业 2858 个，拥有职工 129 万人，还没收了"四行二局"（即中央银行、中国农民银行、中国银行、交通银行，中央信托局和邮政储金汇业局），以及属国民党省市系统的银行 2400 多家，十几个垄断性的贸易公司，及蒋介石国民党政府所属全部交通运输企业。[③] 接着，人民政府又对被没收的官僚资本企业进行民主改革和生产改革，使这些企业成为新型的国营企业。这样，便为恢复国民经济打下良好的物质基础。同时，我国大力进行土地改革，到 1952 年 9 月止，除新疆、西藏等部分少数民族聚居地区外，凡解放区都进行了上地改革。土地改革的完成，彻底摧毁了封建地主经济剥削制度，使农民成为土地的主人，调动了他们革命和建设的积极性。

其次，我国积极调整财经政策，把人、财、物统一到中央。建国初期，

① 张寿春：《建国初期迅速恢复国民经济的重要启迪》，《党史研究与教学》1994 年第 5 期。
② 郑有贵主编：《中华人民共和国经济史（1949—2012）》，当代中国出版社 2016 年版，第 8 页。
③ 骆美玲、丁云本：《建国初期国民经济的恢复工作》，《历史教学》1988 年第 1 期。

不仅物资奇缺，财政十分困难，而且财经制度也十分混乱，中央只抓了统一支出而未抓住统一收入，公粮、财政等收入均在县、市以及省的手里，而支出则大部分由中央财政中开支。因此，中央财政十分困难，1949 年财政赤字率竟高达 66.7%。为了弥补严重赤字，国家不得不增加货币发行量。而增加货币发行量又造成了币值下跌、市场波动、投机盛行。许多不法商人乘机囤积居奇、哄抬物价，给国家经济生活造成了严重混乱。为了扭转这一不利局面，中央人民政府先抓了财经制度的整顿。1950 年 3 月，政务院发布了《关于统一国家财政经济工作的决定》。统一了财政经济管理，把税收统归中央；统一了全国的物资调度，并把调度权也收归为中央；统一了全国的现金管理。规定：一切军政机关和公营企业的现金除留若干近期使用外，一律存入国家银行。经过这些调整，便改变了新中国成立初期的混乱状态，弥补了财政赤字。中国人民银行存款总额 1950 年 9 月比 1949 年 12 月增加了 16 倍以上。[①]

再次，我国积极打击少部分资产阶级的不法活动，特别是上海地区所出现的投机倒把、囤积居奇活动，极大地阻碍国民经济的恢复工作。从 1949 年 4 月到 1950 年 2 月，全国接连刮起四次物价大涨风。物价飞涨不仅使经济陷于混乱，而且搞得人心惶惶、政治不稳。物价暴涨虽有多方面的原因，但主要原因是部分资产阶级作乱。上海是物价上涨风的风口。解放不久，陈毅同志在一次会上警告投机商说："我们诚恳劝告你们洗手不干！"，"这样下去，上海人民就会要求我这个当市长的采取断然措施，人民政府反对不教而诛，但假如教而不信，一意孤行，鼓勿谓言之不预了。"但他们根本不听。经中央批准，1949 年 6 月 10 日上午 10 时，上海军管会派出两营部队和 400 名便衣公安人员，包抄了证券大楼，逮捕了几百名金银和外币的投机分子。金银和外币是他们投机的主要对象，是物价波动的晴雨表。经过这一打击，金银外币的投机活动基本上被制止了。但是，资产阶级并不信服，他们说，靠枪杆子不算真本领。从此，投机资本转向粮食和纱布，继续兴风作浪，哄抬物价。为了反击投机资本的猖狂进攻，中央在陈云同志主持下，部署了全国性的统一行动。这次斗争用的是经济手段。经过充分准备，国家掌握了足够的粮食

---

① 骆美玲、丁云本：《建国初期国民经济的恢复工作》，《历史教学》1988 年第 1 期。

和纱布，从 11 月 25 日起，全国各大城市一致按国家牌价大抛售。26 日物价就降下来了。这一行动给了投机资本以毁灭性打击，相当一批投机资本家破产。上海工商界头面人物反映："中央此次不用政治力量，而能稳住物价，给上海工商界一个教训"。"六月银元风潮，中共用政治力量压下去，此次则用经济力量就能稳住，是上海工商界所料不到的。"1950 年 3 月，物价趋于稳定。毛泽东同志说，稳定物价的意义不在淮海战役胜利之下。政府同资产阶级的这场较量就是七届二中全会所说的限制和反限制的斗争。经过这场斗争，资本家看到，不服从国家政策法令是行不通的。这就为进一步利用限制和改造资本主义创造了有利条件。①

（二）社会主义改造时期

社会主义改造时期处在第一个五年计划期间。第一个五年计划是根据党在过渡时期的总路线和总任务制定的，以实现社会主义工业化为中心。从中华人民共和国成立到社会主义改造基本完成，这是一个过渡时期。党在这个过渡时期的总路线和总任务，就是要在一个相当长的时期内，基本上实现国家工业化和对农业、手工业、资本主义工商业的社会主义改造。根据党在过渡时期的总路线，中国要逐步实现国家的工业化。1951 年国民经济开始恢复，我国东北地区在基本建设、工业等方面已经逐步实行计划管理。1951 年 2 月 28 日，毛泽东在中共中央政治局扩大会议上提出"三年准备，十年计划经济建设"的思想，决定自 1953 年起实施第一个五年计划，要求着手进行五年计划的编制工作。1953 年 6 月 15 日，毛泽东在中央政治局扩大会议上讲道："党在过渡时期的总路线和总任务，是要在十年到十五年或者更多一些时间内，基本上完成国家工业化和对农业、手工业、资本主义工商业的社会主义改造。这条总路线是照耀我们各项工作的灯塔，不要脱离这条总路线，脱离了就要发生'左'倾或右倾的错误。"②"一五"计划从 1951 年初开始酝酿，至 1955 年 2 月基本定案，历时 4 年多，共编制了五次。

---

① 骆美玲、丁云本：《建国初期国民经济的恢复工作》，《历史教学》1988 年第 1 期。
② 《建国以来毛泽东文稿》第 4 册，中央文献出版社 1990 年版，第 301 页。

　　1956 年，中央宣布提前完成了计划规定的任务。1953 年底，鞍山钢铁公司大型轧钢厂等三大工程建成投产；1956 年，中国第一个生产载重汽车的工厂长春第一汽车制造厂生产出第一辆汽车，中国第一个飞机制造厂试制成功第一架喷气式飞机，中国第一个制造机床的工厂沈阳第一机床厂建成投产；1957 年，武汉长江大桥建成，连接了长江南北的交通。1957 年，全国生产钢535 万吨，原煤 1.3 亿吨，粮食 1.95 亿吨。"一五"时期我国社会总产值平均每年增长 11.3%，工农业产值平均每年增长 11.1%，其中农业为 4.5%、工业为 18%（其中轻工业 12.9%，重工业 25.4%）。在工农业总产值中，工业总产值的比重由 1949 年的 30% 上升到 1957 年的 56.7%，经济结构发生很大变化，为我国工业化奠定了初步基础。五年中，工业全员劳动生产率增长 52.1%，农业劳动生产率增长 11.9%，工业物质消耗降低 2.3%，每百元产值提供利润17.1 元；国民收入平均每年增长 8.9%。同时，完成了对农业、手工业和资本主义工商业的社会主义改造，为生产力发展创造了更有利的条件。到 1957 年底，各项经济建设指标，一般都大幅度超额完成，特别是工业和交通运输业喜报频传，川藏、青藏、新藏公路修到"世界屋脊"，密切了祖国内地同边疆的联系，也便利了经济文化的交流。毛泽东在 1955 年时就曾指出："人类的发展有了几十万年，在中国这个地方，直到现在方才取得按照计划发展自己经济和文化的条件，自从取得了这个条件，我国的经济面貌就将一年一年地起变化。每一个五年将有一个较大的变化，积几个五年将有一个更人的变化。"[1]

　　同时，我国加快对农业、手工业和资本主义工商业的改造进程，提前完成了三大改造任务。首先，在农业社会主义改造方面，1951 年底，全国参加户主合作组织的农户共 2100.2 万户，占农户总数的 19.2%。在这些农户中，参加互助组的为 2100 万户，共组成 467.75 万个互助组；参加初级社的为 1588 户，共组成 129 个初级社；高级社仅有一个，共有 30 户农民。[2] 到 1956 年 3 月，参加高级社的农民已达 6000 万户，年底则达到 1074.2 万户，占入社农户总数的90% 以上。[3] 其次，在手工业社会主义改造方面，新中国成立以后，手工业生产

---

① 《我国发展国民经济的第一个五年计划》，《新长征》2015 年第 11 期。
② 武力主编：《中华人民共和国经济史》，中国经济出版社 1999 年版，第 272 页。
③ 武力主编：《中华人民共和国经济史》，中国经济出版社 1999 年版，第 279 页。

在国民经济中仍然占有相当大的比重，据 1952 年的统计，全国手工业从业人员为 736.4 万人，加上兼营手工业生产的农民，约为 2000 万人，其产值为 73.17 亿元，占工业总产值的 21.36%，占工农业总产值的 8.84%。[1] 到 1956 年底，全国组织起来的手工业合作社（组）经过调整变为 9.91 万个，社（组）员也达到 509.1 万人，占归口手工业部门改造人员的比重达到 92%。[2] 再次，在手工业社会主义改造方面，1952 年，公私合营的工业企业有 997 户，产值占全国工业产值的 5%，但其资本额已占公私合营和私营工业全部资本的 24.5%。[3] 到 1956 年底，全国私营工业户数的 99%，私营商业户数的 82.2%，分别纳入了公私合营或合作社。除西藏等少数民族地区外，全国基本上实现了全行业公私合营。[4]

从市场和计划的作用变化看，新中国成立前后，市场在资源配置中起过主要作用。在 1949 年 9 月中国人民政治协商会议制定的起临时宪法作用的《中国人民政治协商会议共同纲领》中，规定五种经济成分并存，分工合作，各得其所。与此相适应，规定了公私兼顾、劳资两利、城乡互助、内外交流的"四面八方"工作方针。这是一种市场经济体制下的工作方针。从 1950 年起，一些实际工作措施，使许多要素退出市场，市场经济逐渐萎缩。"一五"期间的 1953 年至 1956 年是市场经济体制转向计划经济体制的关键时期，亦即后者代替前者和二者并存的时期。在 1953 年至 1955 年，市场和计划共同发挥作用，市场仍起着主要作用，但计划的作用日益扩大。此时的体制是市场经济加计划的结构。"一五"计划的推行标志着以计划经济取代市场经济的目标的确立，即以计划取代市场成为资源配置的基本手段。1953 年，实施农产品统购统销制度，个体农民和私营工商业同市场的联系被割裂。随着 1956 年对生产资料私有制的社会主义改造和"一五"计划的主要指标的基本完成，形成了高度集中的宏观经济管理体系、指令性计划为主的经济调节体系以及政企合一的企业模式。各类市场，如生产资料市场、商品市场、金融市场萎缩和变形，劳动力市场完全消失，市场已基本失去资源配置的功能。这样于 1956 年底，中国实

[1] 龚关主编：《中华人民共和国经济史》，经济管理出版社 2010 年版，第 46 页。
[2] 中华全国手工业合作总社：《手工业合作化后的主要任务》，财政经济出版社 1958 年版，第 5 页。
[3] 苏星：《新中国经济史》，中共中央党校出版社 1999 年版，第 166 页。
[4] 龚关主编：《中华人民共和国经济史》，经济管理出版社 2010 年版，第 55 页。

现了经济计划化。计划经济体制与市场经济体制并存的"双轨制"格局被计划经济体制(即计划经济加市场的体制结构)的"单轨制"取代。最终形成计划经济体制一统天下的格局。国民经济中虽然也存在市场,但这个市场已失去资源配置功能和作为经济体制的独立品格,它已沦为计划经济体制的附庸。[①]

二、计划经济没搞成功

社会主义改造完成之后,为加快经济发展,赶超发达国家的科技水平,社会主义建设总路线、"大跃进"运动和人民公社化运动被喻为"三面红旗"。这"三面红旗",曾一度被看作为一条可以取得成功的建设社会主义的新路。然而,由于对社会主义发展规律认识存在一定的局限性,经济建设的"大跃进"运动使国民经济出现大幅度下滑,产业结构出现严重失调。为克服严重困难。在"调整、巩固、充实、提高"的八字方针指导下,中国经济开始逐渐恢复。然而,浩荡十年的"文化大革命"又阻碍了中国经济的良好发展趋势,国家经济指导思想出现动摇,生产秩序遭到严重破坏。

(一)社会主义建设总路线

社会主义建设总路线这一思想的酝酿生发,可以说从毛泽东同志在党的八届三中全会上重新提出"多、快、好、省"这一口号便已初现端倪。毛泽东在党的八届三中全会闭幕会上,公开对"反冒进"进行批评,提议要恢复"多、快、好、省"的口号。随后,毛泽东就此亲自为《人民日报》起草了一篇社论,他在社论中指出:"在去年秋天以后的一段时间里,在某些部门、某些单位、某些干部中间刮起了一股风,居然把多快好省的方针刮掉了。"[②]1958 年,中共中央工作会议在成都召开,会上毛泽东同志评论道:"反冒进是非马克思主义的,冒进是马克思主义的,反冒进没有摆对一个指

---

① 陈勇勤、和旭超:《"一五"计划与 50 年代共和国经济》,《甘肃省经济管理干部学院学报》2002 年第 1 期。

② 中共中央党史研究室:《中国共产党历史》(第二卷·1949—1978)上册,中共党史出版社 2011 年版,第 464 页。

头与九个指头的关系。不弄清这个比例关系就是资产阶级的方法。"①

在党的八大二次会议上，刘少奇代表党中央作了工作报告。刘少奇同志在报告中着重阐述了社会主义建设总路线的方式、方法以及基本点等问题。刘少奇在报告中提到的"三个并举"建设方针得到了毛泽东同志"两条腿走路"的积极评价，它们分别是："在重工业优先发展的条件下，工业和农业同时并举；在集中领导、全面规划、分工协作的条件下，中央工业和地方工业同时并举，大型企业和中小型企业同时并举"。②面对党内外各界人士对社会主义建设总路线的提出所持猜疑和困惑，刘少奇向全党上下进行了耐心而又细致的说明，他说："建设速度问题，是社会主义革命胜利后摆在我们面前的最重要的问题。"③的确，新中国成立初期，在帝国主义经济封锁、政治孤立、军事威胁的险恶国际环境下，在一穷二白、一贫如洗、百废待兴、问题丛生的国内社会现实基础上，我们没有别的办法可供选择，唯有通过尽可能快的建设速度来发展自己，才能巩固新生的人民民主政权和社会主义改造的胜利果实。毛泽东认为，"多快好省是从哪里来的？就是因为群众里头出现了多快好省，工厂、农村、商店、机关、学校、军队里都出现了多快好省。这是积累了许多经验形成的，有苏联的经验，也有中国多少年的经验"④。

回顾和反思社会主义建设的历程，社会主义建设总路线的提出和实践，实质上是反映了党和人民对改变当时经济社会落后面貌的热切愿望，同时也体现了党和人民对社会主义建设的探索性思考。但是，由于它是在批判当时"反冒进"的历史过程中在"冒进"的思想指导下形成的，也就必然存在着严重的认识不足，过于片面地强调了国民经济的发展速度，极端夸大了人民群众的主观能动性，严重忽视了社会主义建设的客观规律。总路线实质上是速度不断加快的总路线，正如当年的《人民日报》："用最高的速度来发展我国的社会生产力，

---

① 丛进：《1949—1989 年的中国：曲折发展的岁月》，河南人民出版社 1989 年版，第 112 页。

② 中共中央党史研究室：《中国共产党历史》（第二卷·1949—1978）上册，中共党史出版社 2011 年版，第 466 页。

③ 中共中央党史研究室：《中国共产党历史》（第二卷·1949—1978）上册，中共党史出版社 2011 年版，第 467 页。

④ 中共中央党史研究室：《中国共产党历史》（第二卷·1949—1978）上册，中共党史出版社 2011 年版，第 467—468 页。

实现国家工业现代化和农业现代化，是总路线的基本精神。"① 部分学者认为恰恰是源于上述这些缺憾和不足带来了后续探索建设自己的社会主义道路过程中的失误和挫折，也正是基于正反两方面的经验总结和教训吸取，才有了党的十一届三中全会以后中国特色社会主义道路的成功推进。②

（二）"大跃进"运动

"跃进"一词真正以党报党刊的面目进入人们的视野是在 1957 年 10 月 27 日，中共中央机关报《人民日报》发表的《建设社会主义农村的伟大纲领》社论中。该社论认为农业和农村的各方面工作都有"实现一个巨大的跃进"的必要和可能。

1958 年，毛泽东在多地先后主持召开了数次重要会议，对发起"大跃进"运动提出了相应的任务、指标、口号和方法。例如，在南宁会议上，毛泽东在南宁会议上猛烈批评了分散主义，再次严厉批评了"反冒进"，"反冒进给群众泄了气，泼了一瓢冷水，搞得群众灰溜溜的，使我们的工作受到很大的损失。"③ 除此之外，还有最高国务会议第十四次会议、中央政治局扩大会议、成都会议等。在上述会议基础上，党形成了探索建设自己的社会主义道路的重要文献——《工作方法六十条（草案）》，其核心是解决党领导经济建设的方法问题。1958 年 5 月 5 日至 23 日，党的八大二次会议正式召开，党的八大二次会议先后通过了社会主义建设总路线，超过英国的 15 年发展计划，"苦干三年，基本改变面貌"等政策和口号，这些政策和口号充分表明党的八大二次会议实质上拉开了全国范围内全面"大跃进"运动的大幕。从此，轰轰烈烈的"大跃进"运动在全国各条战线上全面铺开，党在"左"倾错误思想指导下探索建设自己的社会主义道路也渐行渐远。④ 关于"二五"计划，以钢产量为例，1958 年 2

---

① 人民日报社论：《力争高速度》，《人民日报》1958 年 6 月 21 日。
② 岳鹏：《中国共产党对中国特色社会主义道路的艰辛探索：1958—1965》，《成都大学学报（社会科学版）》2016 年第 5 期。
③ 中共中央党史研究室：《中国共产党历史》（第二卷·1949—1978）上册，中共党史出版社 2011 年版，第 474 页。
④ 岳鹏：《中国共产党对中国特色社会主义道路的艰辛探索：1958—1965》，《成都大学学报（社会科学版）》2016 年第 5 期。

月，第一届全国人大五次会议批准关于 1958 年度的国民经济计划，钢产量指标为 624 万吨。同年 5 月，党的八大二次会议提出 1958 年钢产量要超过 710 万吨。6 月，经济计划部门向中央提出"两年超过英国"的报告，其中 1958 年钢产量为 1000 万吨。最终，同年钢产量定为翻一番，即为 1100 万吨（后定为 1070 万吨）。[1]

为了达到农业增长的目的，我国采取的方式主要是"土地大翻身"和高度密植。"土地大翻身"是中央要求各地区在今后两三年内必须把一切可能深耕的土地全部深耕一遍，并且每三年再轮流深耕一次，深耕标准是一尺以上，土层太薄的要在两三年内"借客土"把土层加厚到一尺以上。高度密植，如某些省区曾要求每亩晚稻苑数增加到 4 万、5 万或者更多。从 6 月开始，各地大放农业高产"卫星"，例如，《人民日报》报道：在 9 月 18 日，广西省环江县红旗人民公社"发射"的中稻高产"卫星"，亩产高达 13 万多斤。《人民日报》为了配合"大跃进"的宣传需要进行大力宣传："人有多大胆，地有多大产"；"没有万斤的思想，就没有万斤的收获"；"地产是人的胆决定了的"；"我国粮食增产多少，是能够由我国人民按照自由的需要来决定了"；"只要我们需要，要生产多少就可以生产多少粮食出来。"[2] 同农业一样，大炼钢铁放"高产卫星"。中共中央确定 10 月 15 日至 21 日为"钢铁生产高产周"，根据《人民日报》报道，在这一周内钢的平均日产量比以前增加了 303%，其中钢的最高日产量曾达到 10 万多吨，生铁的最高日产量曾达到 37 万多吨。[3]

（三）人民公社化运动

由于农业发展所需要的兴修水利、积造肥料和改良土壤等任务庞杂，而小型农业合作社人口单薄、分布零散、骨干薄弱，为了在一定程度上增强集体协作的力量，一些地方便出现了广大农民纷纷自发要求并小社为大社的呼声，这引起了毛泽东同志和党中央的高度重视，随后党中央在调研分析基础上出台了有关小型的农业合作社适当地合并为大社的相关意见。

---

[1] 武力主编：《中华人民共和国经济史》，中国经济出版社 1999 年版，第 423 页。
[2] 龚关主编：《中华人民共和国经济史》，经济管理出版社 2010 年版，第 84—85 页。
[3] 龚关主编：《中华人民共和国经济史》，经济管理出版社 2010 年版，第 86 页。

正是在这一历史背景下，党中央和毛泽东同志认为人民公社化运动的群众基础已经形成，遂于 1958 年 8 月召开的北戴河会议正式决定在广大农村地区推行人民公社化运动。在把人民公社的地位和作用无限拔高的过程中，逐渐认为"共产主义在我国的实现，已经不是什么遥远将来的事情了，我们应该积极地运用人民公社的形式，摸索出一条过渡到共产主义的具体途径。"正是在这样的思想认识下，农村人民公社化运动迅即进入了高潮。更令人叹为观止的是，人民公社化运动不仅在农村是这样的热火朝天，建立人民公社也迅速波及了全国大中小城市，城市人民公社也犹如雨后春笋般涌现。在这样盲目跟风的社会风气下，无论是在农村还是在城市所建立的人民公社暴露出的规模偏大、管理困难、平均主义和大锅饭现象比较严重等问题。人民公社化运动带来了"一大二公"的典型特征，这里的"大"主要指人民公社的规模大，"公"主要指生产资料公有化程度普遍偏高。1958 年 9 月底，全国已基本实现人民公社化，据统计，全国建起人民公社 233973 个，加入农户 12200 多万户，占总农户的 90.4%。到 11 月初，参加公社的农户已占全国农户总数的 99.1%。人民公社规模很大，全国平均 28.5 个农业社合并成一个人民公社，平均每个公社有农户 6100 余户，其中 1 万至 2 万户的大社有 532 个，2 万户以上的公社有 51 个。人民公社既是一种经济组织，也是一级政权结构，它不但负责农业产生，而且对工、商、学、兵等进行统一管理，实行组织军事化、行动战斗化、生活集体化，大搞公共食堂，实行工资制和供给制相结合的分配制度。甚至部分地区制定和宣布了各自实现共产主义的计划，例如山东省范县负责人在万人大会上宣布：1960 年过渡到共产主义。人民公社化运动是一次远远超出生产力发展阶段的生产关系的转变，带有浓厚的空想社会主义色彩，给国民经济带来非常不利的影响。[①] 在经济管理体制上，中央过度下放经济管理权、计划管理权、基本建设项目审批权、财权、税收权、劳动管理权等各种权利，然而由于放权局限在单一公有制与计划经济范围内，没有向企业真正放权，导致了宏观经济管理上的极度混乱。

我国应充分认识到尊重不以人们意志为转移的客观规律的极端重要性，认识到社会主义初级阶段这一不可逾越的必然发展阶段的长期性，认识到党在

---

① 龚关主编：《中华人民共和国经济史》，经济管理出版社 2010 年版，第 87 页。

艰辛探索基础上最终形成的中国特色社会主义理论的科学性，在新时期治国理政中以史为鉴，就是我们对老一辈革命家艰辛探索的最好告慰。[①]

（四）国民经济调整的"八字方针"

"调整、巩固、充实、提高"的调整国民经济八字方针，是 20 世纪 60 年代初期李富春等人在对当时严重困难的国民经济实行全面调整的背景下提出的。1958 年以来，由于"大跃进"、人民公社化运动、"反右倾"斗争以及自然灾害等因素，造成了新中国成立以来国民经济最为困难的时期。国民经济出现了严重的不平衡，具体表现在：首先是工农业不平衡，农业落后于工业，而农业内部又有以粮食为中心挤掉农副产品的问题。重工业畸形发展，从 1957 年到 1960 年，产值增长 2.3 倍，而农业产量却下降 22.8%，农副产品产量急剧下降，农民的劳动生产积极性受到极大的挫伤。[②]

1961 年 1 月 14 日至 18 日，中共中央在北京举行第八届九中全会，着重听取和讨论了李富春所作的《关于安排 1961 年国民经济计划的意见》。李富春提出，国民经济经过了三年"大跃进"，出现了新的不平衡和新的问题。这就需要我们从 1961 年起，在两三年内实行"调整、巩固、充实、提高"的八字方针，即调整各个部门之间已经变化了的相互关系，巩固生产力和生产关系在发展和变革中获得的重大成果，充实新发展起来的一些事业。[③] 全会通过了这个《意见》，并在会议公报中正式向全党和全国人民宣布：从 1961 年起对国民经济实行"调整、巩固、充实、提高"的八字方针。"八字方针"的基本内容是：调整国民经济各部门的比例关系，主要是农轻重、工业内部、生产与基建、积累与消费等比例关系；巩固已经取得的经济建设成果；充实那些以工业品为原料的轻工业和手工业品的生产，发展塑料、化纤等新兴工业；提高产品质量，改善企业管理，提高劳动生产率。"八字方针"的中心是调整，即适当调整农业、

① 岳鹏：《中国共产党对中国特色社会主义道路的艰辛探索：1958—1965》，《成都大学学报（社会科学版）》2016 年第 5 期。
② 曾长秋、彭帅：《李富春的社会主义经济建设思想与调整国民经济的八字方针》，《孝感学院学报》2002 年第 4 期。
③ 中共中央文献研究室编：《建国以来重要文献选编》（第十四册），中央文献出版社 1997 年版，第 30 页。

轻工业和重工业的相互关系，生产和基本建设的相互关系，经济和文教事业、国防事业的相互关系，积累和消费的相互关系，以及财政、信贷和物资的相互关系。在当时的情况下，实行国民经济的调整，不但要调整各种相互关系，理顺整个国民经济，更重要的是要调整经济建设的速度和规模，使之与农业相适应，把国民经济调整到以农业为基础的轨道上来。国民经济经过五年的调整，在 1965 年，全国工农业总产值为 1984 亿元，其中农业总产值 590 亿元，工业总产值 1394 亿元。与 1957 年相比，工农业总产值增长 59%，农业增长 10%，工业增长 98%。[①] 在经济管理体制上，中央再次集中工业经济管理权，调整了人民公社的规模，明确规定"一乡一社""三级所有，队为基础"等制度，制止了部分地区"包产到户"的做法。

"调整、巩固、充实、提高"的八字方针，是针对我国当时的具体情况提出来的。我国当时出现了严重的经济困难，主要是由于在"大跃进"运动和人民公社化运动中盲目追求高指标、高速度造成的。因此，贯彻"八字方针"必须做到：降低指标，降低速度，压缩规模。也就是说，应该退的就坚决退，必须退够的就坚决退够。但是，我们不能把"八字方针"看成只是退却的消极方针。周恩来不止一次地强调，如果把调整的方针看成是消极的方针，认为调整就是简单的削减、后退，因而丧失了前进的信心，甚至在不该后退的地方也盲目地后退，在应该前进的地方也不敢前进，那就是错误的。[②]

(五)"文化大革命"

在调整时期，党的八届十中全会还是没有放过对"包产到户"的批判，在"文化大革命"中，更是把农民的少量自留地、家庭副业、城镇自负盈亏的个体手工业、小商贩、开放的某些自由市场统统认为是"复辟资本主义"，发动了在生产关系上的再一次"大跃进"。1967 年，在林彪、江青反革命集团的煽动下，大刮集体所有制转全民所有制的歪风，搞所有制的"升级""过渡"。有些地方将城镇的手工业、运输业、建筑业合作社以及合作商店大砍大伐，保留

---

① 武力主编：《中华人民共和国经济史》，中国经济出版社 1999 年版，第 612—615 页。
② 曾长秋、彭帅：《李富春的社会主义经济建设思想与调整国民经济的八字方针》，《孝感学院学报》2002 年第 4 期。

下来的也推行国营经济的一套管理制度。这样在强制扩社并队、轻率改变核算单位的过程中，集体经济和市场产品又一次遭到破坏。同时，"文化大革命"造成交通运输受阻和企业停工停产等严重生产问题，1967 年 11 月，全国 32 座大型高炉已有 14 座停产，4 套大型轧机有 2 套停开，29 套成品轧机有 14 套停开。①1970 年 2 月，全国计划工作会议决定把全国分为 10 个协作区，要求地方各自为战，自成体系。因而在客观上要求把管理经济、企业的权力以及相应的财权、物权和投资权更多地下放与地方。3 月 5 日，根据《中华人民共和国国民经济和社会发展第四个五年计划纲要（草案）》的精神，拟定了《关于国务院工业、交通各部直属企业下放地方管理的通知（草案）》，开始了一场急促的放权运动。在很短的时间内将包括大庆油田、长春汽车厂、吉林化学工业公司等关系国计民生的大型骨干企业在内的 2600 多个中央直属企业、事业和建设单位不加区别地下放到各省、自治区、直辖市管理，有的又层层下放到专区、市、县。除了投资加强对内地和西部的三线建设以改善工业布局和保障国家安全外，这种体制的安排有点类似于战争条件下的分区体制，地方对企业的控制有了更多的空间，此前对给予企业自主权的探索被尘封了。

1970 年以后，中央政府开展了一场向地方放权为中心的经济体制改革。在整个经济体制的变动中，对税收制度、银行信贷制度以及劳动工资制度也进行了某些改变，其特点也就是尽力简化经济制度。税制上的单一化大大削弱了税收这一重要经济杠杆对经济的调节作用，税收管理权的一再下放，导致政出多门，管理混乱，并减少了中央财政收入；简化利率，降低利率水平的直接后果就是使利息对经济的调节作用被进一步削弱；对"两种劳动制度"的批判以及地方用人权的扩大，使全民所有制企业职工在 1970 年至 1972 年间净增 1200 多万人。单一的固定工制度既不利于生产效率的提高，也增加了政府安排就业的压力。工资制度上的单一化使分配上的平均主义有了新的发展。最后表现在对先前体制变动某些成功经验的态度上。1975 年，邓小平恢复工作，对经济实施全面整顿，特别是对运输业、钢铁、农业等，经济发展出现一定起

---

① 柳随年、吴群敢主编：《中国社会主义经济简史（一九四九——一九八三）》，黑龙江人民出版社 1985 年版，第 356—361 页。

色，逐步转向恢复状态。然而，由于遭到"批邓、反击右倾翻案风"运动的破坏，1976 年，经济又再次陷入停滞状态。

总而言之，"文化大革命"时期的经济体制变动遵循其固有的制度逻辑，使"大跃进"时期的"左"倾错误和原有体制上的弊端，不仅没有被克服，反而有所发展。[①] 尽管在部分领域和经济上有所发展，但就整体而言，国民经济遭受了重大损失，经济发展十分缓慢，1967 年、1968 年社会总产值出现严重倒退，经济效益大幅下降，国民经济比例关系出现失调，如积累与消费的比例、农轻重的比例等等，人民生活水平难以保证、出现下滑。由于"文化大革命"所造成的停工、停产等直接经济损失与间接经济损失是难以计量的，有关学者估算，如果没有"文化大革命"，到 1993 年人均资本相应的数值将会是实际值的 1.08—1.12 倍。[②]

（六）改革开放抉择与发展商品经济

1976 年，"四人帮"反革命集团正式被粉碎，中国经济体制面临着"向何处去"的历史大转折。继续走"老路"还是敢于走新路这一关键性、全局性问题摆在了中国人民面前。最终，我国经济从拨乱反正走向改革开放，提出了"有计划的商品经济"，全面推进经济体制改革，对国民经济进行全面整顿。

1978 年 12 月，党的十一届三中全会作出"将全党的工作的着重点应该从 1979 年转移到社会主义现代化建设上来"的决策。党的工作重心的转移，进一步提升了经济建设投资的热度，国民经济的重大比例关系在 1979 年第一季度进一步失调。针对这种局面，1979 年 3 月，陈云在中央政治局会议上指出："现在比例失调的情况相当严重。基本建设项目大的一千七百多个，小的几万个。赶快下决心，搞不了的，丢掉一批就是了。搞起来，没有燃料、动力，没有原料、材料，还不是白搞。"[③] 比例失调与经济体制的关系不可分割，同年 11 月 26 日，邓小平在会见美国不列颠百科全书出版公司编委会副主席弗兰克·吉布尼等时，他说："社会主义为什么不可以搞市场经济，这个不能说

---

① 朱耀斌：《"文革"时期经济体制变动的逻辑嬗变》，《黄冈师范学院学报》2004 年第 1 期。

② ［美］邹至庄：《中国经济转型》，中国人民大学出版社 2006 年版，第 145 页。

③ 《陈云文选》（第三卷），人民出版社 1995 年版，第 253 页。

是资本主义。我们是计划经济为主，也结合市场经济，但这是社会主义的市场经济。"①1980年初夏，在薛暮桥等人的主持下，国务院体制改革办公室提交给中央一份《关于经济体制改革的初步意见》，提出我国现阶段的社会主义经济是生产资料公有制占优势，多种经济成分并存的商品经济，必须充分发挥市场调节的作用等观点。这份意见超出了放权让利式改革的框框，实质是要建立一种以市场为基础的经济体系。正如薛暮桥自己评价说："这个《初步意见》可以说是我国市场取向改革的第一个纲领性草案。"②在1980年9月各省、自治区、直辖市党委第一书记会议上，这份意见受到中央的高度赞扬。然而，社会主义同商品货币关系相排斥、同市场经济本质上不相容的认识，此时在理论上仍居主导地位，也由于1980年的经济形势不利于推行大的改革举措，中央再次强调了"计划经济为主，市场调节为辅"的改革原则；计划经济和市场经济结合，以计划经济为主，在计划经济的前提下，搞点市场经济作补充，不是小补充，而是大补充③。

　　1982年9月，党的十二大正式确立"计划经济为主，市场调节为辅"的经济建设和改革原则。十二大指出："我国在公有制基础上实行计划经济。有计划的生产和流通，是我国国民经济的主体。同时，允许对于部分产品的生产和流通不作计划，由市场来调节，也就是说，根据不同时期的具体情况，由国家统一计划划出一定的范围，由价值规律自发地起调节作用。这一部分是有计划生产和流通的补充，是从属的、次要的，但又是必需的、有益的。"④ 十二大还特别强调："这几年我们对经济体制实行了一些改革，扩大了企业在计划管理方面的权限，注意发挥市场调节的作用，方向是正确的，收效也很明显。但是，由于有些改革措施不配套，相应的管理工作没有跟上，因而削弱和妨害国家统一计划的现象有所滋长。这是不利于国民经济正常发展的。今后，要继续注意发挥市场调节的作用，但决不能忽视和放松国家计划的统一领导。"⑤ 对中央计

---

① 《邓小平文选》第二卷，人民出版社1994年版，第236页。
② 《薛暮桥回忆录》，天津人民出版社2006年版，第277页。
③ 《李先念年谱》，中央文献出版社2011年版，第13页。
④ 《十二大以来重要文献选编》（上），人民出版社1986年版，第18页。
⑤ 《十二大以来重要文献选编》（上），人民出版社1986年版，第22页。

划在经济中重要性的强调，从理论和政策上否决了薛暮桥的意见。

1984 年 10 月，党的十二届三中全会做出《中共中央关于经济体制改革的决定》，突破了把商品经济同资本主义等同起来、同社会主义和计划经济对立起来的传统观念，确认社会主义计划经济"是在公有制基础上的有计划的商品经济。商品经济的充分发展，是社会经济发展的不可逾越的阶段"[1]。与"有计划的商品经济"相适应，确定了"建立自觉运用价值规律的计划体制，发展社会主义商品经济"的新方针。同时，它确认"计划经济不等于指令性计划为主"；"要有步骤地适当缩小指令性计划的范围，适当扩大指导性计划的范围"；指令性计划和指导性计划都"必须运用价值规律"。显然，这是一个与"计划经济为主，市场调节为辅"有所不同、以市场调节机制为基础的新体制。正如邓小平所说，这个决定讲了一些"我们老祖宗没有说过的话，有些新话"，"过去我们不可能写出这样的文件，没有前几年的实践不可能写出这样的文件。写出来，也很不容易通过，会被看作'异端'"[2]。经济体制改革迎来了全面实施的良机。[3]

1987 年 2 月 6 日，党的十三大之前，邓小平在同几位中央负责人谈话时提出，"不要再讲计划经济为主了"[4]。所以，党的十三大就没有再讲谁为主，而提出了"社会主义有计划商品经济的体制，应该是计划与市场内在统一的体制"；还提出"国家调节市场，市场引导企业"[5]，把国家、市场、企业三者关系的重点，放在市场方面。因此，计划与市场的关系，就从党的十二大时以计划经济为主，市场调节为辅，到党的十三大转为计划与市场平起平坐，并且逐渐把重点向商品经济市场经济的方面倾斜。1989 年"政治风波"之后，情况有所变化。鉴于当时政治经济形势，邓小平在 6 月 9 日讲话中将计划与市场关系的提法，调回到"以后还是计划经济与市场调节相结合"[6]，即党的十二大时的提法。这个

---

[1] 《十二大以来重要文献选编》（中），人民出版社 1986 年版，第 568 页。

[2] 《邓小平文选》第三卷，人民出版社 1993 年版，第 91 页。

[3] 闫茂旭：《改革开放初期中国共产党关于调整、改革和经济增长的探索（上）》，《上海党史与党建》2018 年第 3 期。

[4] 中共中央文献研究室编：《邓小平年谱（一九七五——一九九七）》（下），中央文献出版社 2004 年版，第 1168 页。

[5] 《十三大以来重要文献选编》（上），人民出版社 1991 年版，第 26、27 页。

[6] 中共中央文献研究室编：《邓小平年谱（一九七五——一九九七）》（下），中央文献出版社 2004 年版，第 1280 页。

提法，一直用到 1992 年党的十四大。因此，在一段时间内，我们的经济工作也转到更多地用中央行政权力来管理经济，市场调节方面稍微差了一些。①

在整体经济调整中，改革扩大了微观主体的生产经营自主权。在农村改革领域，中央肯定了安徽凤阳县小岗村农民的首创精神，从"包产到户""包干到户"到家庭联产承包责任制的产生，到 1984 年，实行包干到户的家庭联产承包责任制发展到生产队总数的"96.6%"。这一阶段废除了人民公社制度，提倡政社分设，建立乡镇政府与村委会，到 1984 年底，全国农村基层组织政社分开的有 91171 个，尚未分开的人民公社还剩下 249 个，基本完成了农村人民公社经济体制的改革任务。在城市改革领域，中央进一步扩大企业自主经营权，推行经济责任制，对国有企业推进"利改税""拨改贷"等改革，完善企业承包经营责任制，在一定程度上激发了企业主体活力。随着改革推进，我国各种经济成分在工业总产值中的比重也逐渐发生变化，国有企业从 1978 年的 77.6% 下降到 1987 年的 59.7%，集体企业从 1978 年的 22.4% 上升到 1987 年的 34.6%，私营和外资企业等其他企业从 1978 年的零基础上升到 1987 年的 5.7%。②

三、从商品经济到市场经济

1992 年初，邓小平在南方谈话中鲜明指出："计划多一点还是市场多一点，不是社会主义与资本主义的本质区别。计划经济不等于社会主义，资本主义也有计划；市场经济不等于资本主义，社会主义也有市场。计划和市场都是经济手段"③。从而明确了计划与市场不是划分社会制度的标志，而是社会主义和资本主义都可以利用的经济手段。从此将人们的认识统一到从经济手段而不是从社会制度上看待计划和市场。

江泽民依据邓小平"计划与市场两种手段都可以用"的南方谈话精神，于 1992 年 6 月 9 日在中央党校作了题为"关于在我国建立社会主义市场经济体制"

① 刘国光：《回顾改革开放 30 年：计划与市场关系的变革》，《财贸经济》2008 年第 11 期。
② 龚关主编：《中华人民共和国经济史》，经济管理出版社 2010 年版，第 195 页。
③ 《邓小平文选》第三卷，人民出版社 1993 年版，第 373 页。

的讲话。他说:"加快经济体制改革的根本任务,就是要尽快建立社会主义的新经济体制。而建立新经济体制的一个关键问题,是要正确认识计划和市场问题及其相互关系,就是要在国家宏观调控下,更加重视和发挥市场在资源配置中的作用。"[1] 江泽民指出,"经过学习邓小平同志的重要谈话,在对计划和市场、建立新经济体制问题的认识上又有了一些新的提法。大体上有这么几种:一是建立计划与市场相结合的社会主义商品经济体制,二是建立社会主义有计划的市场经济休制,三是建立社会主义的市场经济体制。"[2]他说:"我个人的看法,比较倾向于使用'社会主义市场经济体制'这个提法。有计划的商品经济,也就是有计划的市场经济。社会主义经济从一开始就是有计划的,这在人们的脑子里和认识上一直是清楚的,不会因为提法中不出现'有计划'三个字,就发生是不是取消了计划性的疑问。而且,前面已讲到资本主义经济也并不是无计划。所以,我觉得使用'社会主义市场经济体制'是可以为大多数干部群众所接受的。虽然这是我个人的看法,但也与中央一些同志交换过意见,大家基本上是赞成的。当然,这还不是定论。不管党的十四大报告中最后确定哪一种提法,都需要阐明我国社会主义的新经济体制的主要特征。"[3]

1992 年 10 月,党的十四大正式召开,江泽民指出:"我国经济体制改革的目标是建立社会主义市场经济体制,以利于进一步解放和发展生产力。我们要建立的社会主义市场经济体制,就是要使市场在社会主义国家宏观调控下对资源配置起基础性作用,使经济活动遵循价值规律的要求,适应供求关系的变化;通过价格杠杆和竞争机制的功能,把资源配置到效益较好的环节中去,并给企业以压力和动力,实现优胜劣汰;运用市场对各种经济信号反应比较灵敏的优点,促进生产和需求的及时协调。同时也要看到市场有其自身的弱点和消极方面,必须加强和改善国家对经济的宏观调控。我们要大力发展全国的统一市场,进一步扩大市场的作用,并依据客观规律的要求,运用好经济政策、经济法规、计划指导和必要的行政管理,引导市场健康发展。"[4]1993 年 11 月,

---

① 中共中央文献研究室:《改革开放三十年重要文献选编》,中央文献出版社 2008 年版,第 644 页。
② 中共中央文献研究室:《改革开放三十年重要文献选编》,中央文献出版社 2008 年版,第 646 页。
③ 中共中央文献研究室:《改革开放三十年重要文献选编》,中央文献出版社 2008 年版,第 647 页。
④ 《江泽民文选》第一卷,人民出版社 2006 年版,第 226—227 页。

党的十四届三中全会通过的《中共中央关于建立社会主义市场经济体制若干问题的决定》，提出了中国社会主义市场经济体制的具体内容，即从现代企业制度、分配制度、社会保障制度、市场体系、宏观调控体系等五个方面明确阐述了社会主义市场经济体制的基本框架，要求转变政府管理经济的职能，建立以间接手段为主的完善的宏观调控体系，保证国民经济健康运行。党的十四届三中全会到党的十六大召开期间，中国经济体制改革按照十四届三中全会确立的社会主义市场经济体制框架整体推进，发展要素市场，大力推进国有企业、价格体系、财税、金融等重点领域改革，相应改变了政府对经济的管理方式，增强了市场在资源配置中的基础性作用，完成了由计划经济向市场经济转型的任务，基本建立起了社会主义市场经济体制的基本框架。

这一期间，政府大力解决国有企业亏损、国有资产流失问题，减少国有企业数量，增加国有企业利润。1998 年，我国国有企业数量共计 64737 个，利润总额仅达 525.14 亿元。到 2001 年，我国国有企业数量减少至 46767 个，利润总额上升至 2388.56 元。个体、私营企业发展十分迅速，"下海"成为一时热词，不少体制内人员辞去公职投身于商海之中。1992 年底，全国城乡共有个体工商户 1533.9 万家，登记注册的私营企业共有 13.9 万家。到 1997 年，全国个体工商户达到 2850 万家，私营企业达到 96 万家。到 2002 年，全国私营企业户数超过了集体企业，一跃成为中国企业群体中的第一大群体。乡镇企业异军突起，吸收了广大农村剩余劳动力，1996 年底，乡镇企业个数已达 2336 万个，吸纳农村劳动力达 1.35 亿人，完成增加值 17659 亿元。然而，20 世纪 90 年代后期，乡镇企业出现增长速度放慢、效益下滑等问题。[①]

同时，我国加大对外开放力度，积极融入全球经济。根据邓小平的对外开放设想，中央确定了分地区、分阶段、分层次推进对外开放的战略，提出了"四沿战略"。1979 年至 1980 年，利用靠近港澳的区位优势，中央批准设立了深圳、珠海、汕头、厦门等 4 个经济特区，1988 年又批准成立了海南经济特区，这些特区成为当时吸引港澳台资的主阵地。1984 年，中央又批准 14 个沿海城

---

① 萧国亮、隋福民：《中华人民共和国经济史（1949—2010）》，北京大学出版社 2011 年版，第 251—254 页。

市成为经济特区，形成了中国沿海地区从南到北的对外开放格局。围绕经济特区建设，中国不断加大引进外资和国外先进技术、先进管理理念的力度，经济建设突飞猛进。1990 年以后，我国对外贸易呈现出规模迅速扩大、水平稳步提升的状态。一是对外开放规模迅速扩大。一方面，吸引外资速度加快。1992 年吸引外资 110 亿美元，1993 年吸引外资 250 亿美元，至 2001 年吸引外资 469 亿美元，成为仅次于美国的全球第二大吸引外商直接投资国；另一方面，外资企业规模迅速壮大。到世纪之交，中国先后批准的外商投资企业数量已经超过 35 万家，合同外资金额超过 6000 亿美元。外商投资领域涉及一二三产业的各个行业，其中又以第二产业为主，占比约为 73%。外资企业规模的壮大，成就了中国对外贸易的蓬勃发展。中国在人力成本、原材料及环境等方面都有着极大的比较优势，众多外资企业在中国沿海地区投资建厂，推动着中国加工贸易的迅速崛起。截至 2000 年，中国加工贸易额达到 2032 亿美元，而伴随中国加工贸易发展，中国制造成为中国对外出口的名片。二是对外开放水平稳步提升。一方面，先进技术引进成绩斐然。在引进外资渠道方面，除了传统的银行外汇贷款和现汇外，政府贷款、国际金融组织贷款、混合贷款以及吸引外商独资、中外合资等方式大量出现。在引进方式方面，除了常用的成套设备引进方式外，许可证贸易、技术咨询服务、合作生产等也成为技术引进的重要手段。1994 年开始取消了延续 40 多年的外贸指令性计划，代之以指导性计划。[①] 截至 1999 年，中国签订的技术引进合同累计达 34507 项，金额超过 1200 亿美元，进口来源超过 50 个国家和地区。另一方面，中国在世界上的地位明显提升。2000 年，中国在世界贸易中的排名从第 32 位迅速攀升至第 9 位。以贸易对象国为例，1990 年，与中国有贸易关系的国家和地区只有 130 余个，到 2000 年这一数字增至 228 个，全球绝大多数国家和地区都成为中国贸易对象。[②] 2001 年，中国正式加入世贸组织，成为其第 143 个成员国，有利于中国发展国际贸易环境、吸收外国投资和促进国际市场接轨，享受发展中缔约方的优惠待遇，标志着中国对外开放进入新的阶段，融入经济全球化的进程进一步加快。

---

① 萧国亮、隋福民：《中华人民共和国经济史（1949—2010）》，北京大学出版社 2011 年版，第 263 页。

② 曹迪：《建国以来中国对外开放研究》，《价格月刊》2019 年第 4 期。

四、社会主义市场经济体制日臻完善

党的十六大报告指出，全面建设小康社会，最根本的是坚持以经济建设为中心，不断解放和发展社会生产力。根据世界经济科技发展新趋势和我国经济发展新阶段的要求，本世纪前 20 年经济建设和改革的主要任务是，完善社会主义市场经济体制，推动经济结构战略性调整，基本实现工业化，大力推进信息化，加快建设现代化，保持国民经济持续快速健康发展，不断提高人民生活水平。

根据党的十六大提出的任务和战略部署，2003 年 10 月，党的十六届三中全会通过了《中共中央关于完善社会主义市场经济体制若干问题的决定》，该决定提出完善社会主义市场经济体制，要坚持社会主义市场经济的改革方向，要按照"五个统筹"的新要求，更大程度地发挥市场在资源配置中的基础性作用，以此来更好完善社会主义市场经济体制，标志着中国经济体制改革从初步建立社会主义市场经济体制进入完善社会主义市场经济体制的新时期。党的十六届三中全会通过的《决定》，初步总结了十余年来我国社会主义市场经济体制改革的经验与教训，开启了以科学发展观为指导来完善社会主义市场经济体制的新思路，是完善社会主义市场经济体制的纲领性文献。此后，政府对于"市场在资源配置中的基础性作用"的认识在不断深化，从党的十七大"从制度上更好发挥市场在资源配置中的基础性作用"，到党的十八大"更大程度更广范围发挥市场在资源配置中的基础性作用"。政府对市场管理的范围在缩小、力度在提高、准确度在加强，将主要精力都投向市场体系的建设。

党的十六大以来，我国坚持和完善基本经济制度。首先，根据党的十六大提出的"两个毫不动摇"的主要思想，我国不断深化国有企业改革，放开私营经济发展领域，鼓励非公经济发展，截止到 2012 年末，私营企业、个体企业的城镇就业人员达 13200 万人，比 2002 年增加了 8932 万人。非公经济的发展，不仅为中国经济快速发展作出了重大贡献，也成为缓解城镇就业压力，吸纳农村富余劳动力的重要途径。其次，我国进一步健全市场体系，消除市场封锁和地方保护，促进商品要素在全国范围内自由流动和充分竞争，生产要素市场化程度不断提高。2012 年末，全国企业劳动合同签订率达 88.4%，全国农民工总量达到 26261 万人，其中外出农民工 16366 万人。再次，我国坚持"以人为本"的科学发展观，强调节能减排和环境保护，注重经济发展质量和效益，引导社会投资方向，抑制无序竞争和盲目重复建设。最后，我国建立城乡一体化发展的体制机制，完善农村土地制度，推进集体林权制度改革，推进以农村税费改革为主要内容的农村综合改革，推进农产品流通市场体系改革。2005 年，第十届全国人大常委会第十九次会议通过了关于自 2006 年 1 月起废止《农业税征收条例》的决定，涉及农业税、牧业税、农业特产税、牲畜屠宰税全部取消，9 亿农民彻底告别了自古以来的"皇粮国税"，农民每年减负达 1335 亿元。①

我国进一步深化财税、金融、投资体制改革，健全宏观调控体系，特别是金融体制改革。我国不断完善资本市场与金融市场建设，企业直接融资比例进一步加大，境内上市公司数由 2003 年的 1287 家提高到 2007 年的 1550 家，股票筹资额由 2003 年的 1357.8 亿元提高到 8680.2 亿元，企业债发行额也由 2003 年的 358 亿元增加到 5059 亿元。②

同时，进入 21 世纪后，中国在部分领域积极推进产品价格形成机制改革，坚持市场化方向，提高市场化程度。首先是放开煤炭价格，实现由市场调节。深化成品油价格改革，到 2012 年成品油价格已与国际市场原油价格间接接轨，2013 年 3 月又将调价周期由原来的 22 个工作日缩短至 10 个工作日，并取消调整幅度限制，但设置了成品油价格调控的上下限（上限为每桶 130 美元，下限为每桶 40 美元）。深化天然气价格改革，建立天然气价格与可替代能源价格挂钩的动态调整机制，实现了非居民用天然气存量气与增量气价格并轨。放开直供用户天然气价格后，占消费总量 80% 的非居民用气门站价格已由市场主导形成。逐步提高一直严重偏低的水价，调整水资源费、排污费和污水处理费。③

---

① 郑有贵主编：《中华人民共和国经济史（1949—2012）》，当代中国出版社 2016 年版，第 266 页。

② 萧国亮、隋福民：《中华人民共和国经济史（1949—2010）》，北京大学出版社 2011 年版，第 294 页。

③ 张卓元：《中国经济四十年市场化改革的回顾》，《经济与管理研究》2018 年第 3 期。

党的十八大以来，中国特色社会主义进入了新时代，计划（或政府、党）与市场的关系成为经济体制改革的核心问题，能够起到影响全面深化改革的关键性作用。我国既注重市场在资源配置中的决定性作用，又重视党对经济工作的集中统一领导，特别是发挥好我国特色宏观调控的作用。

经过上一阶段的改革，我国社会主义市场经济体制逐步走向完善，然而还存在不少问题与矛盾。习近平指出："经过20多年实践，我国社会主义市场经济体制已经初步建立，但仍存在不少问题，主要是市场秩序不规范，以不正当手段谋取经济利益的现象广泛存在；生产要素市场发展滞后，要素闲置和大量有效需求得不到满足并存；市场规则不统一，部门保护主义和地方保护主义大量存在；市场竞争不充分，阻碍优胜劣汰和结构调整；等等。这些问题不解决好，完善的社会主义市场经济体制是难以形成的"[1]。2013年，党的十八届三中全会通过的《中共中央关于全面深化改革若干重大问题的决定》提出："经济体制改革是全面深化改革的重点，核心问题是处理好政府和市场的关系，使市场在资源配置中起决定性作用和更好发挥政府作用。"[2]

从党的十四大提出使市场在资源配置中起基础性作用以来，党的十五大、党的十六大、党的十七大、党的十八大都沿用了相同的提法，党的十八届三中全会把"基础性"改成了"决定性"。这一创新性提法，反映了中国共产党对社会主义市场经济规律认识的进一步深化，是重大的理论创新。明确"市场在资源配置中起决定性作用"，是以习近平同志为核心的党中央总结改革开放以来经济社会发展实践和社会主义市场经济体制改革历史经验作出的重大理论创新。市场在资源配置中起决定性作用，进一步确立了未来市场经济体制改革的努力方向和原则要求，意味着要减少政府对微观经济活动的直接干预，把市场机制能有效调节的经济活动交给市场，让市场在所有能够发挥作用的领域都充分发挥作用，推动资源配置实现效益最大化和效率最优化。党的十八大以来，我国不断深化经济体制改革，取得了一系列显著成就。首先，我国继续深化国有企业改革，促进多种所有制经济平等发展。混合所有制改革稳妥推进，关键

---

[1]　《习近平谈治国理政》，外文出版社2014年版，第76页。

[2]　《十八大以来重要文献选编》（上），中央文献出版社2014年版，第513页。

领域取得突破，结构调整继续深入，国有资本布局不断优化，分类改革扎实推进，监管体制有效强化，民营经济环境改善，产权保护逐步完善。其次，我国坚持市场决定作用，推进重要领域价格改革。价格改革紧紧围绕使市场在资源配置中发挥决定性作用和更好发挥政府作用展开，逐步放开重要商品与服务价格，健全市场定价机制，优化价格调节机制，推进垄断行业改革，完善政府定价目录，健全价格法律法规体系。再次，我国深化要素市场改革，创造公平竞争体制环境。我国不断完善多层级资本市场体系，增强实体经济发展活力，稳妥推进土地制度改革，破除户籍制度壁垒，健全知识产权保护机制，推进技术市场建设。创新开放型经济体制，促进内外部经济平衡发展。最后，我国推进涉外投融资体制改革，提升国际间资源配置能力，完善对外贸易政策，促进进出口优质平衡发展，有序推进自贸区建设和"一带一路"，形成开放型经济新格局。[①]

党的十九大根据中国特色社会主义进入新时代和建设现代化经济体系的新要求，提出："加快完善社会主义市场经济体制。经济体制改革必须以完善产权制度和要素市场化配置为重点，实现产权有效激励、要素自由流动、价格反应灵活、竞争公平有序、企业优胜劣汰。"[②]关于完善产权制度，改革开放40年来，中国现代产权制度的主体框架初步确立，但是改革的深度和广度依然不够，对自然资源产权、知识产权、债券和股权等特殊资产的产权界定和保护仍存在短板，且这些问题均亟待解决。当前中国经济体制改革进入"深水区"，生产力的进一步发展和社会主义市场经济体制的完善面临众多制度性障碍：一是政府对部分稀缺资源的垄断性配置和行政审批等特权导致资源配置不当，降低了资源配置效率，因而迫切需要进行政府体制改革，明确资源的产权归属。二是在国有企业建立现代企业制度、国有资产管理体制改革、"三农"问题改革的过程中存在产权不清、资产所有者虚置、责任主体缺位等问题，因而造成政企不分、国有资产大量流失和"三农"问题得不到彻底解决。三是在分配制度方面，产权界定不清导致劳动力、资本、土地等要素收入分配不公，造成居

---

① 谌利民等：《党的十八大以来经济体制改革进展报告》，《中国改革报》2018 年 12 月 19 日。

② 习近平：《决胜全面建成小康社会　夺取新时代中国特色社会主义伟大胜利——在中国共产党第十九次全国代表大会上的报告》，人民出版社 2017 年版，第 33 页。

民收入差距不断增大。可见，当前的产权制度已不适应新时代发展的需要，因而亟须破除体制障碍，进行制度建设与体制创新，构建系统完备、科学规范、运行有效的体系来完善现代产权制度。关于要素市场化配置，改革开放40年来，市场配置资源机制在产品市场上的作用已经得到发挥，截至2016年，中国商品价格的市场化程度达到了97.01%，而资源、劳动力、技术和管理等生产要素市场发展相对滞后，市场化程度较低。①

　　同时，建立和完善社会主义市场经济体制，还必须重视发挥政府作用并加强党对经济工作的集中统一领导。习近平指出："我们是在中国共产党领导和社会主义制度的大前提下发展市场经济，什么时候都不能忘了'社会主义'这个定语。之所以说是社会主义市场经济，就是要坚持我们的制度优越性，有效防范资本主义市场经济的弊端。"② 因此，我国应坚持加强党对经济工作的集中统一领导，推进党的经济工作能力现代化，不断完善中国特色社会主义经济制度，构建中国特色现代国有企业制度。推进国家治理体系和治理能力现代化必然包括党的经济工作能力现代化，这是不断完善中国特色社会主义经济制度的必然要求。同时，我国应构建"亲"和"清"新型政商关系，善做驾驭政府和市场关系的行家里手，保证我国经济沿着正确方向发展，有效实现党对资本的驾驭、管理、引导和服务，防范官员与企业家结合，侵蚀人民根本利益。

（张开、王声啸 撰写）

---

① 任保平、吕春慧：《中国特色社会主义市场经济体制改革——改革开放四十年回顾与前瞻》，《东北财经大学学报》2018年第6期。

② 《习近平关于社会主义经济建设论述摘编》，中央文献出版社2017年版，第64页。

第 四 章

基本经济制度：从"一大二公"走向"混合多元"

新中国成立 70 年来，中国共产党领导全国人民推动经济社会制度巨大变革，走出一条有中国特色的社会主义经济发展道路，取得举世瞩目的辉煌发展成就。在这一历史进程中，如何有效推动所有制变革，形成符合中国国情的基本经济制度，是决定中国经济发展绩效的关键因素。

一、"一大二公"

1949 年，中华人民共和国的成立开辟了中国历史的新纪元，从此，中国洗雪被侵略被奴役的百年屈辱，实现了国家的独立自主，进而开启了追赶世界发达国家的现代化征程。新中国成立初期，国家实施新民主主义经济纲领，通过没收旧中国的官僚资本，确立了国营经济在国民经济中的领导地位，牢牢掌控国民经济命脉；在农村推行土地改革，废除封建土地所有制，实现"耕者有其田"的千年理想；在城市对民族资本主义工商业进行合理调整，促进国家财政经济状况的根本好转。在这一时期，中国形成了国营经济领导下，合作经济、公私合营经济、私人资本主义经济、个体经济并存的所有制格局。

新中国是在生产力水平极低的起点上推动国家现代化建设的，可谓"一穷二白"，百废待兴。新中国成立之初，根本没有完整的工业体系，大多数工业部门处于手工操作状态，工业品种类和数量极度稀少；农业生产基本以个体劳动为主、靠天吃饭，农村经济陷于破产边缘；交通运输、邮电通信极为落后，约有一半的县没有自动电话，有四分之一的县不通电报和长途电话；公路、铁路等基础设施发展严重滞后，许多地区处于十分闭塞状态；经济凋敝，商品严重匮乏，大多数人民处于忍饥挨饿状态。① 为了迅速扭转旧中国积贫积弱状态，早日建立一个繁荣富强的现代化国家，中国共产党于 1953 年提出过渡时期总路线，即逐步实现国家的社会主义工业化，并逐步实现国家对农业、手工业和资本主义工商业的社会主义改造。社会主义改造是一场重大的基本经济制度变革：在农村大力开展农业合作化运动，使农民逐步加入互助组和合作社；引导个体手工业者走合作化道路，把手工业劳动者的个体所有制转变为集体所有制；推进资本主义工商业的社会主义改造，将私人工商企业纳入公私合营的轨道。在 1953 年到 1956 年的四年间，社会主义改造不断加速，加上国营经济的快速发展，中国的生产资料所有制结构发生了根本性变化。1956 年同 1952 年相比，国营经济在国民收入中的比重由 19.1% 上升到 32.2%，合作经济由 1.5% 上升到 53.4%，公私合营经济由 0.7% 上升到 7.3%，个体经济由 71.8% 下降到 7.1%，资本主义经济由 6.9% 下降到接近于零。包括国营经济、合作经济和公私合营经济在内的公有制经济的比重合计达到 92.9%②，中国的所有制结构从以国营经济为领导、多种经济成分并存转变为以全民所有制和集体所有制为主要形式的单一公有制。

社会主义公有制的建立深刻体现了中国共产党为建立一个没有剥削和压迫、人人平等的美好社会的不懈追求，为社会主义制度在中国的牢固确立奠定坚实基础。依托公有制的有力支撑，中国能够发挥"全国一盘棋"和集中力量办大事的社会主义制度优势，顺利推进工业化并在较短时期内建立比较完整的现代国民经济体系，使得工农业生产迅速发展，人民生活得到明显改善。在实施第一个五年计划期间（1953—1957 年），在苏联的帮助下，国家着重进行了 156 项重点工程的建设，填补了中国工业的空白，为提高工业建设的自力更生能力，建立门类齐全的工业体系打下坚实基础。"一五"时期，工业总产值年均增长速度达到 18%，同时期美国工业的年均增长率为 2.8%，英国为 4.1%。农业生产有了很大发展，粮食产量明显提高，1957 年达到 19504.5 万吨，比 1952 年增长了 19.8%，比 1949 年增长了 71.1%。同时，人民生活明显改善，

① 谢春涛主编：《历史的轨迹：中国共产党为什么能?》，新世界出版社 2011 年版，第 27 页。

② 中共中央党史研究室：《中国共产党历史》（第二卷·1949—1978）上册，中共党史出版社 2011 年版，第 359—360 页。

全国居民平均消费水平比 1952 年提高 33%，市场商品增多，物价基本稳定。公共教育、医疗卫生体系初步建立，中国人口的预期寿命迅速提高，从 1949 年之前的 35 岁延长到 1957 年的 57 岁。[①]

同时也应看到，由于当时中国共产党对社会主义的认识存在局限性，加上受到苏联社会主义模式示范效应的影响，因而在推进所有制变革过程中出现了不少问题和矛盾。尤其是超越生产力水平和经济发展阶段的现实约束，过度拔高生产关系，片面强调"一大二公"，导致激励机制薄弱，经济效率低下，国民经济结构失衡，严重制约了生产力的发展。

在农村中，1958 年之后，受"大跃进"思想的影响，全国上下掀起建立人民公社的高潮。人民公社体制的突出特征体现为"一大二公"和"政社合一"。"大"指的是规模大，实行一乡一社，几千农户、几万人口合并为一个公社。"公"指的是生产资料高度公有化，除了农户自有生活资料外，所有生产资料归公社集体所有；公社内部采取贫富队拉平、平均分配；在公社内部推行"组织军事化、行动战斗化、生活集体化"，生产实行大兵团作战，公社进行统一经营、核算，兴办"公共食堂"，实行"吃饭不要钱"。[②] 公社实行"政社合一"的管理体制，即农村集体经济组织与乡政府合一，政府行使管理农村经营活动的权力。这种体制实际上是幻想在农村建立全民所有制，把人民公社作为向共产主义过渡的最好形式，但实践上却大大超越了农村的承受能力，严重挫伤了农民的积极性，使农业生产力遭到严重破坏。

在城镇中，公有制经济更是形成一统天下的格局，特别是大大小小的国营企业成为支撑计划经济体制运行的最重要的细胞组织。这些国营企业有的是由中央政府出资兴办的，有的是由地方政府出资兴办的，各级政府对企业实行直接经营管理，形成政企高度合一的局面。国营企业实际上成为政府的附属物，企业在"人财物""产供销"等各方面几乎没有自主权，丧失了独立的经济属性，企业既无必要，也不可能根据自身的利益和社会的需要作出资源最优配置的决策。受极左思潮的影响，物质利益激励受到广泛否定，国营企业管理

---

① 参见胡鞍钢：《中国政治经济史论（1949—1976）》，清华大学出版社 2006 年版，第 227 页。

② 程连升：《筚路蓝缕：计划经济在中国》，中共党史出版社 2016 年版，第 174 页。

人员和职工常常缺乏生产积极性，"企业吃国家的'大锅饭'，职工吃企业的大锅饭"成为普遍现象。[①]

为了铲除私有制因素，"割资本主义尾巴"，国家对城镇个体工商业采取了更加严厉的政策。修鞋、修车、裁缝、零售摊点等个体劳动在很多地方被取消，公私合营企业全部转变为国营企业，小商小贩被纳入国营商店的代购代销店，个体劳动者全部归入合作组或合作社，同时对个体劳动者的收入水平进行严格限制。全国基本取缔了自由市场和集市贸易，国营商业几乎控制了所有商品流通渠道。到 1975 年，全国个体商贩只剩下 8 万人，比 1964 年减少 85%。到 1976 年底，私营经济已经绝迹，个体经济也微乎其微，全国城镇个体工商业者只剩下 19 万人。[②] 这种试图彻底消灭私有制的极左的做法，既不符合客观经济发展规律，也违背了马克思主义基本原理，在实践中导致国民经济长期处于低效运行状态，生产供给严重短缺，人民生活水平长期得不到提高。

二、放生"非公"

1978 年，党的十一届三中全会的召开，使党和国家的工作重心从"以阶级斗争为纲"转移到社会主义现代化建设上来，开启了改革开放的历史进程。单一公有制格局被逐步突破，各种所有制经济成分在改革春风的沐浴下焕发出新的生机和活力。

率先发生在农村的自发改革试验，在高度集中的计划经济体制上撕开一个裂口，成为基本经济制度变革的先声。家庭联产承包责任制的推行，极大地调动了亿万农民的积极性、主动性和创造性，有力地促进了农业生产的快速增长和农产品供应的全面好转。这一"被饥饿逼出来的改革"不仅解决了困扰农村多年的饥荒问题，而且催生了从事商品生产经营的专业户。这些专业户大多采取一家一户的经营方式，主要从事某项农副业的专门生产和经营。他们一开

[①] 参见张文魁、袁东明：《中国经济改革 30 年·国有企业卷（1978—2008）》，重庆大学出版社 2008 年版，第 3 页。

[②] 参见庄聪生：《中国民营经济四十年：从零到"五六七八九"》，民主与建设出版社、湖南人民出版社 2018 年版，第 5 页。

始就以商品生产者的面貌出现，注重经济效益，充分利用零散的资金和劳动力，不断学习和掌握科学技术，发挥了农村各种能手的作用。专业户生产的农副产品大多面向市场，获得的收入高于一般农户，年收入可达千元，甚至万元以上，从而成为中国农村的第一批"万元户"。

1979 年 2 月，《人民日报》以《靠辛勤劳动过上富裕生活》为题报道了广东省中山县小榄公社埒西二大队第二生产队社员黄新文的事迹。黄新文1978 年靠参加生产队集体劳动所得和发展以养猪为主的家庭副业，全年总收入超过 1 万元，扣除成本后，纯收入为 5900 多元，这是新中国出现的第一个农民"万元户"。一时间，全国各地向黄新文请教致富经的人络绎不绝。1980 年 4 月 18 日，新华社播发的通讯《雁滩的春天》中提到，1979 年末，甘肃兰州雁滩公社社员李德祥，从队里分到 1 万元钱，社员们把他家称为"万元户""村里的高干"。1979 年 11 月 17 日，新华社又报道了山东临清八岔路镇赵汝兰一家种植棉纯收入达到 10239 元的事情，先后被国内外 50 余家新闻媒体转载采用。自此，"万元户"这一新名词在全国范围内流行起来，成为 20 世纪 80 年代最受关注的词汇之一。随着专业户规模的扩大，农村生产关系也进一步发生变化。在专业户中，有的已转化为个体经济，有的通过扩大资产投入和雇工数量，演变为私营经济，从而使农村从比较单一的集体经济转向以集体所有制为主、多种所有制并存的格局。①

伴随计划经济体制的松动，城镇个体经济也逐步获得发展空间。1978 年，国家停止了把城市青年下放农村的政策，在"文化大革命"期间下放到农村的青年返回城市，地方政府需要提供大量就业岗位吸收规模巨大的"待业青年"。据统计，1979 年上半年，全国需要安排的就业人数高达 2000 多万人。在如此严峻的就业形势下，打破原有的劳动就业体制，拓宽就业渠道，发展多种就业形式，成为国家政策调整的必然选择。②1979 年初，国务院转批了"文化大革命"以后的第一次全国工商局会议的报告。报告指出，为方便群众生活，允许

① 参见刘树成、吴太昌主编：《中国经济体制改革 30 年研究》，经济管理出版社 2008 年版，第365 页。
② 参见高德步主编：《中国民营经济史》，山西出版传媒集团、山西经济出版社 2014 年版，第61 页。

一部分有正式户口的闲散劳动力从事修理、服务等个体劳动，但不准雇工。在这种条件下，城乡非公有制经济开始复苏，并对改善市场供给发挥了很好的补充作用。

1979 年初夏的北京，在前门大栅栏附近的月亮湾出现了一处挂着"青年茶社"招牌的茶摊。20 多个年轻人在临时搭建的凉棚下吆喝着"大碗茶，2 分钱一碗"，卖茶的都是当时回城待业的知识青年。《北京日报》1979 年 7 月 31 日刊登了《本市六万多名待业青年走上工作岗位》一文，文中提到各城区近郊区广开门路，大力兴办街道集体生产服务事业，分批分期安排待业青年就业。截至当年 7 月 6 日，北京市已有 6.1 万多名待业青年走上工作岗位，卖大碗茶就是其中一种就业形式。① 在湖北武汉、安徽滁州、浙江义乌、福建石狮等地，还出现了形式多样的小商品市场。这些市场以个体商贩为主，主要销售一些花色品种多样的时令紧俏商品，由于进货渠道广、商品适销对路、价格灵活，这些小商品市场不仅深受当地人民群众的欢迎，而且还吸引着来自全国各地的商家前来交易，进而名扬全国。

通过发展个体经济，扩大就业，搞活经济的做法很快得到国家的认可。1980 年 12 月 11 日，19 岁的温州姑娘章华妹领到了一张由温州市工商行政管理局颁发的营业执照——工商证字第 10101 号。让人料想不到的是，这张用毛笔填写并附有照片的营业执照，成为中国第一张个体工商户营业执照。章华妹则成为"中国第一工商个体户②"。此后，中共中央和国务院又先后颁布了《关于广开门路，搞活经济，解决城镇就业问题的若干决定》等多个文件，鼓励城镇个体经济的发展，并给予相应的政策支持。1982 年，党的十二大报告指出："在农村和城市，都要鼓励劳动者个体经济在国家规定的范围内和工商行政管理下适当发展，作为公有制经济的必要的、有益的补充。只有多种经济形式的合理配置和发展，才能繁荣城乡经济，方便人民生活。"③ 同年 12 月修订的《中

① 参见庄聪生：《中国民营经济四十年：从零到"五六七八九"》，民主与建设出版社、湖南人民出版社 2018 年版，第 19—22 页。

② 庄聪生：《中国民营经济四十年：从零到"五六七八九"》，民主与建设出版社、湖南人民出版社 2018 年版，第 21—22 页。

③ 《十二大以来重要文献选编》（上），人民出版社 1986 年版，第 20—21 页。

华人民共和国宪法》第十一条规定："在法律规定范围内的城乡劳动者个体经济，是社会主义公有制经济的补充。国家保护个体经济的合法的权利和利益、国家通过行政管理，指导、帮助和监督个体经济。"这就使得个体经济的发展受到《宪法》的保护，取得了合法身份。

　　城乡个体经济的持续发展需要突破一系列政策层面的制约，首先碰到一个具体的政策问题就是，个体工商户扩大经营规模能不能雇请帮工？能雇多少？这在当时是一个敏感而又令人困惑的问题。1981 年 7 月《国务院关于城镇非农业个体经济若干政策性规定》指出：个体经营户必要时"可以请一至两个帮手；技术性较强或有特殊技艺的，可以带两三个最多不超过五个学徒"。从此，雇工在 8 个人以下或以上，就成为划分个体企业和私营企业的界限。但这个界限很快就被超越，各地出现了雇用十几个人、几十个人的雇工大户。这样一来，社会上便出现了怀疑和反对的声音——雇工超过了 8 个人不是成了资本家剥削个人了吗？社会主义国家难道允许出现资本主义经济？当时，有两个典型事例在全国引起巨大争论。1979 年，广东省高要县农民陈志雄承包了 8 亩鱼塘，辛苦一年，稍有所获。第二年，陈志雄扩大再生产，承包鱼塘 141 亩，夫妻俩忙不过来，只好雇请固定工 1 人，临时工 400 个工日。第三年，他继续扩大经营，承包面积达 497 亩，雇请固定工 5 人，临时工 1000 个工日。陈志雄雇工的问题引发了人们关于"雇工存不存在剥削"的争论，《人民日报》于 1981 年 5 月 29 日发表了《关于一场承包鱼塘的争论》一文，专门开辟专栏展开讨论。另一个事例是后来赫赫有名的"傻子瓜子"。在安徽芜湖，年广久因炒出风味独特的"傻子瓜子"而远近闻名，由于生意兴隆，也雇请了不少帮工。1979 年底，雇工 12 人，由于生意越做越大，到 1983 年，已经发展成雇工 100 多人的小工厂。于是，社会上的质疑之声也随之而来，有人认为年广久请雇工，是典型的资本主义；有人认为年广久雇工人数超过国家规定的范围，对国营、集体商业造成不利影响，应该限制其发展。

　　针对这种情况，1982 年中共中央政治局经过慎重研究，明确指出："这冲击不了社会主义，可以等一等，看一看。"1983 年 1 月 2 日，中共中央在《关于当前农村经济政策的若干问题》的"中央一号文件"中强调指出：对雇工大户或私营企业"不宜提倡，不要公开宣传，也不要急于取缔"。中央的"三不"政策尊重了实践，尊重了群众的创造和选择，实际上默认和保护了私营经济的萌芽和发展。[①]经过几年的观察和实践，人们对私营企业的认识逐步明确。1987 年初，中共中央肯定了私营经济的存在，提出了"允许存在、加强管理、兴利抑弊、逐步引导"的方针。1987 年 10 月，党的十三大报告明确指出："社会主义初级阶段的所有制结构应以公有制为主体。目前全民所有制以外的其他经济成分，不是发展得太多了，而是还很不够。对于城乡合作经济、个体经济和私营经济，都要继续鼓励它们发展。""实践证明，私营经济一定程度的发展，有利于促进生产，活跃市场，扩大就业，更好地满足人民多方面的生活需求，是公有制经济必要的和有益的补充"[②]。1988 年 4 月，第七届人大第一次会议通过《中华人民共和国宪法修正案》，明确规定："私营经济是社会主义公有制经济的补充。国家保护私营经济的合法的权利和利益，对私营经济实行引导、监督和管理。"[③]同年，各地工商行政管理机关开始办理私营企业的注册登记，从此，私营企业终于获得合法的"身份证"，可以名正言顺地发展了。

1992 年，邓小平同志南方谈话和党的十四大召开，使"改革的春风"再度吹遍大江南北，建立社会主义市场经济体制终于正式成为中国经济体制改革的目标。党的十四大明确指出，加快我国经济发展，必须进一步解放思想，加快改革开放的步伐，不要被一些姓"社"姓"资"的抽象争论束缚自己的思想和手脚。在所有制结构上，以公有制包括全民所有制和集体所有制经济为主体，个体经济、私营经济、外资经济为补充，多种经济成分长期共同发展，不同经济成分还可以自愿实行多种形式的联合经营。党的十四届三中全会进一步指出，在积极促进国有经济和集体经济发展的同时，鼓励个体、私营、外资经济发展；国家要为各种所有制经济平等参与市场竞争创造条件，对各类企业一视同仁。

随着改革开放的深化和国家一系列扶持政策的出台，中国的个体私营等非公有制经济进入快速发展的黄金时期。1993—1997 年间私营企业以年均 20 万户的速度在增长。从企业注册资金看，1995—1997 年，每年增加约 1000 亿

---

① 参见解红玲：《改革开放以来党的私营经济政策的演变》，《雁北师范学院学报》2007 年第 1 期。
② 《十三大以来重要文献选编》（上），人民出版社 1991 年版，第 31、32 页。
③ 《十三大以来重要文献选编》（上），人民出版社 1991 年版，第 216 页。

元，1998 年之后增速进一步加快。①20 世纪 90 年代初，个体私营经济的总产值只有 64 亿元，占国内生产总值的比重微不足道，只有 4.09%。到 1997 年时，个体私营经济产值已经上升至 8476 亿元，占国内生产总值的比重提高到 10.73%。到 2003 年，个体私营经济的产值进一步提高到 28842 亿元，占国内生产总值的比重突破了 20%。②基于个体私营经济的快速发展和所有制结构的巨大变化，1997 年召开的党的十五大正式提出"公有制为主体、多种所有制经济共同发展，是我国社会主义初级阶段的一项基本经济制度"。同时指出，"非公有制经济是我国社会主义市场经济的重要组成部分。对个体、私营等非公有制经济要继续鼓励、引导，使之健康发展。"这一新的论断标志着中国共产党对所有制结构的认识已经提升到基本制度层面，多种所有制经济共同发展正式作为国家的一项基本经济制度固定下来。非公经济不再是社会主义经济可有可无的"附属品"，也不再只起"补充"的作用，而是从"制度外"进入"制度内"，成为中国社会主义经济制度不可或缺的重要组成部分。

三、如何改革

在体制松动和非公有制经济萌动的同时，如何改革公有制经济，使其顺应时代发展，展现新的活力，则是经济体制改革的一个重要环节。在传统计划经济体制下，国家对企业统得太多、管得太死，国营企业成了政府的附属物，严重缺乏生机活力。因此，一位 20 世纪 80 年代初到访中国的日本经济学家小宫隆太郎指出，计划经济体制下的中国根本不存在企业。

1978 年以后，国家意识到高度集权的经济管理体制带来的弊病，开始对企业采取"放权让利"改革试验。1978 年 10 月，四川省把重庆钢铁公司、成都无缝钢管厂、宁江机床厂、四川化工厂、新都县氮肥厂和南充钢厂 6 家企业作为开展放权改革的试点，从增产节约计划入手，确定在增产增收的基

---

① 参见周立群、谢思全主编：《中国经济改革 30 年·民营经济卷（1978—2008）》，重庆大学出版社 2008 年版，第 58—59 页。

② 参见周立群、谢思全主编：《中国经济改革 30 年·民营经济卷（1978—2008）》，重庆大学出版社 2008 年版，第 72—73 页。

础上，企业可以提取一些利润留成，职工个人可以获得一定奖金。这一做法给企业松了绑，调动了企业和职工的生产积极性，仅一个季度就取得较好的效果。①1978年底，四川省在总结试点经验的基础上，制定了责、权、利相结合的14条扩权试点办法。四川扩权试点后，云南、北京等地也在国营企业中开始扩大自主权的改革试点。为了加强和统一领导，1979年7月，国务院下发《关于扩大国营工业企业经营管理自主权的若干规定》等5个文件，试点企业数量也进一步增加，经国务院批准，从1981年起，扩权试点在国营工业企业中全面展开。

　　1984年10月召开的党的十二届三中全会作出以城市为重点加快推进经济体制改革的重要战略抉择。在这次全会上通过了具有历史标志意义的《中共中央关于经济体制改革的决定》，明确提出"增强企业活力是经济体制改革的中心环节"，要改变把全民所有同国家机构直接经营企业混为一谈的局面，将所有权和经营权适当分开，实现"两权分离"。"两权分离"的提出，加上农村实行家庭联产承包责任制的成功经验，促使国家决定把实行承包经营责任制作为改革国营企业的重要方式。所谓"承包制"是指，在不改变企业所有权的前提下，由企业经营者与所有者代表（通常是政府主管部门）签订合约，确定在一个约定的承包期内上缴利税的基数，或按一定基数确定一个每年增长的幅度，企业完成上缴基数后剩余部分可以由企业留存用于扩大再生产和职工福利。②

　　谈到承包制，不得不提起"企业承包第一人"——马胜利的故事。马胜利原本是石家庄造纸厂的业务科科长。1984年，800多人的造纸厂已连续亏损三年，年初上级下达了实现17万元利润的目标，但上任不久的厂长迟迟不敢承诺下来。3月28日，马胜利在厂门口贴出一张题为《向新领导班子表决心》的"大字报"，提出由他来承包造纸厂，年底上缴利润70万元，工人工资翻番，"达不到目标，甘愿受法律制裁"。这一举动轰动了石家庄，半个月后，市里组织了160人的"答辩会"，在听了马胜利的演讲后，当场决定让他承包造纸厂。承包造纸厂后，马胜利主要在产品结构和销售激励上下了功夫，这些措施为一

---

①　参见董辅礽主编：《中华人民共和国经济史》下卷，经济科学出版社1999年版，第64—65页。

②　参见邵宁主编：《国有企业改革实录（1998—2008）》，经济科学出版社2014年版，第20—21页。

潭死水的工厂带来活力，仅承包第一个月，造纸厂就实现利润 21 万元，第一年承包期满，马胜利完成了 140 万元利润。经新闻报道宣传，"马承包"名扬全国。一时间，全国掀起"学习马胜利"的热潮。他的改革思路被总结成经验，承包制也被视为国营企业摆脱困境的灵丹妙药。①

在国家的大力推动下，到 1987 年底，全国 80% 以上的预算内国有企业试行了承包制，有些省市达到 85% 以上。总体上看，承包经营责任制的推行扭转了当时国营企业连续 20 个月利润下降的局面，确保了国家财政收入的稳定增长；企业的生产经营自主权得到逐步落实，企业可以放开手脚进行内部改革，一些企业还实行全员风险抵押承包，强化了职工的责任感，调动了生产者和经营者的积极性，企业效益明显提高。但是，承包制并非"一包就灵"，在承包制推行过程中也出现了一系列问题和矛盾：企业责权利不对称，国家缺乏必要的手段监管企业经营者，说是自负盈亏，实际上是包盈不包亏；企业为在承包期内获取更多利益，倾向于过度使用生产设备、对产品实施涨价等方式来获取短期利益，而不愿采取技术创新、新产品开发等有利于企业长期发展的措施。由于承包制并没有从根本上触动国有企业的体制弊端，产权关系不清、政企不分、缺乏有效激励和约束机制等问题并未从根本上得到解决。

国有企业在经历了放权让利、经济责任制、利改税、承包制等十多年改革探索后，终于走到产权改革和制度创新的"临门一脚"时刻。1993 年召开的党的十四届三中全会审议通过《中共中央关于建立社会主义市场经济体制若干问题的决定》，明确提出把建立现代企业制度作为国有企业改革的方向，并将这一现代企业制度基本特征用 16 个字加以概括："产权清晰、权责明确、政企分开、管理科学"。1994 年，国务院决定选择 100 户大中型国有企业实施现代企业制度试点。试点改革的内容主要包括：（一）完善企业法人制度，确保企业享有法人财产权和民事权利，并承担民事责任；（二）确定试点国有企业国有资产投资主体地位，企业根据自身条件和市场情况，独立支配企业法人财产；（三）确定试点企业的公司制组织形式，将全民所有制企业注册为公司制

---

① 参见吴晓波：《激荡三十年：中国企业 1978—2008》上，中信出版社、浙江人民出版社 2008 年版，第 187—188 页。

企业；（四）按照公司法建立健全企业组织结构，建立股东会、董事会、监事会等，各自行使职权；（五）改革试点企业的干部制度与人事制度，取消管理人员的国家干部身份，高级管理人员与董事会签订聘用合同，一般员工与企业签订合同，改变就业终身制和职位能上不能下的干部制度。[①] 建立现代企业制度改革目标的提出，标志着国有企业改革从过去的利益关系局部调整，转向按照建立社会主义市场经济的要求，全面系统地构建全新的企业制度，改革的方向和任务更为明晰。

在国有经济改革不断推进的同时，城乡集体经济改革的步伐也在不断加快，其中一个重要成果就是 20 世纪 80 年代"异军突起"的乡镇企业。邓小平曾指出"农村改革中，我们完全没有预料到的最大的收获，就是乡镇企业发展起来了，突然冒出搞多种行业，搞商品经济，搞各种小型企业，异军突起。这不是我们中央的功绩[②]"。乡镇企业起源于 20 世纪 50 年代后期农村人民公社和生产大队两级集体经济组织举办的社队企业，主要从事小钢铁、小水电、小机械修造、小化肥、小水泥等地方小工业的生产。1978 年以后，在改革开放春风的沐浴下，原来的社队企业获得了适宜的生长环境，进入一个全面大发展的时期。1979 年 9 月召开的党的十一届四中全会正式通过《中共中央关于加快农业发展若干问题的决定》，明确指出："社队企业要有一个大发展，逐步提高社队企业的收入占公社三级经济收入的比重。"决定还要求全国各级计划、工业、交通、基建、商业、供销、财政、银行、科技等部门，都要从物力、财力和技术上积极支持社队企业。1979 年 7 月，国务院还专门发布了支持社队企业发展的文件《关于发展社队企业若干问题的规定（试行草案）》，对社队企业的所有制、发展方针、经营范围、资金来源、劳动制度、劳动报酬、利润使用、利税政策等，作出明确规定。[③] 这些新的政策无疑为支持乡镇企业的发展提供了良好的外部发展环境。

在政策环境的有力支持下，乡镇企业呈现快速发展势头。乡镇企业从业

[①] 参见谢鲁江、刘解龙、曹虹剑：《国企改革 30 年（1978—2008）——走向市场经济的中国国有企业》，湖南人民出版社 2008 年版，第 172—173 页。

[②] 《邓小平文选》第三卷，人民出版社 1993 年版，第 238 页。

[③] 许经勇：《中国农村经济制度变迁六十年研究》，厦门大学出版社 2009 年版，第 104—105 页。

人员数量从 1978 年的 2800 万人增加到 1984 年的 3235 万人，总产值也相应从 492.9 亿元增加到 1016.7 亿元，增长了 1 倍多。[①]1985—1988 年又实现四年的大步跃进，1988 年，全国乡镇企业总产值达到 6495.7 亿元，年均增长率接近 40%。同时，乡镇企业的产业结构也发生重大变化，由"五小工业"[②] 发展到具有相当专业化和社会化程度的重工业和高新技术产业，并大踏步迈向第三产业。[③] 总之，乡镇企业发展之初主要发挥改善市场供应的"拾遗补阙"作用，但很快就成为全面开启乡村工业化进程的主导力量，进而成为"三分天下有其二"的国民经济重要组成部分，并成为推动 20 世纪 80—90 年代中国经济高速增长的重要力量。

由于各地所处的经济社会环境各不相同，因此形成了乡镇企业各具特色的发展模式。一是"苏南模式"，它泛指江苏省南部包括苏州、无锡和常州在内的 12 个县市在乡村工业发展上走出的一条独特道路。苏南模式的主要特征是，以集体经济为主体，以乡镇政府为主导，以乡镇工业为核心，以中心城市为依托，走农工副商贸协调发展的道路。二是"温州模式"，它的基本特征是以家庭企业为基础，以专业市场和小城镇为依托，以购销员为纽带，最终形成"小商品、大市场"的发展格局。三是"珠江模式"，这一模式的地域范围主要包括珠江流域以广州、深圳等为中心的 14 个市县，其主要特征体现为，凭借与香港毗邻的地缘优势大量吸引外资，普遍发展"三来一补"企业，形成前店后厂的格局，进而形成外向型乡镇企业体系。[④]

进入 20 世纪 90 年代中期以后，国有企业经营面临较大困难，企业亏损面日益扩大，其中亏损、虚盈实亏、盈利的企业各占 1/3。虽然经过多年改革，但国有企业数量过多、战线过长、分布领域太广的特征没有发生根本改变，这就导致企业的平均规模太小，竞争力不强，亏损严重。扭转这一困境的必然选择就是收缩国有经济的分布战线，有进有退，集中资源和力量从整体上和战略上搞活国有经济。1995 年，党的十四届五中全会通过《中共中央关于制定国

---

① 参见董辅礽主编：《中华人民共和国经济史》下卷，经济科学出版社 1999 年版，第 211 页。
② "五小工业"指的是小钢铁、小煤矿、小机械、小化肥、小水泥等地方小工业。
③ 参见董辅礽主编：《中华人民共和国经济史》下卷，经济科学出版社 1999 年版，第 212 页。
④ 根据互联网公开资料整理。

民经济和社会发展"九五"计划和 2010 年远景目标的建议》，决定对国有经济布局实施"抓大放小"的改革措施。所谓"抓大"，是指"重点抓好一批大型企业和企业集团，以资本为纽带，连接和带动一批企业的改组和发展，形成规模经济，充分发挥它们在国民经济中的骨干作用"；所谓"放小"，是指"采取改组、联合、兼并、股份合作制、租赁、承包经营和出售等形式，加快国有小企业改革改组步伐"。在实施"抓大放小"过程中，许多地区都在积极探索符合本地实际的改革方式，其中山东诸城的经验在全国范围引起广泛讨论。

1992 年，诸城市对 150 家市属独立核算企业进行了清产核资，结果发现：企业亏损面大，亏损额惊人，绝大部分企业负债率偏高，全市企业资产负债率达 85% 左右。为了走出困境，从 1992 年开始，时任诸城市市长的陈光提出，将诸城市 282 家国有企业和集体企业全部改制，其中 90% 以上的企业改成股份合作制，也就是将企业净资产卖给内部职工。15 个月内，基本全"卖给"了内部职工。诸城对国有企业实施的"放小"改革一时间轰动全国。香港的一家媒体由此把"陈卖光"的帽子扣在了他的头上。由于改革牵涉对国有资产的出售，因而招来各种质疑。有人认为把资产分拆卖给职工搞股份制，就是搞私有制；有人称陈光是"私有化的先锋""复辟资本主义的带头羊"。1996 年春，国家体改委、经贸委等 9 个部门组成联合调查组，对诸城的改革实践进行了调查。结果表明，诸城对国有企业采取的以股份制为主的改革取得很好的成效，尤其是对国企改革中普遍存在的难题进行了有益探索，做到了"国有资产不流失，银行债务不悬空，富余人员有出路"。调查报告列举了诸城改革的四大成效：一是企业转换了经营机制，实现自主经营、自负盈亏、自我发展和自我约束，企业经营效益明显好转；二是经济走上健康发展轨道，企业规模不断壮大，财政收入明显增加；三是公有制经济仍然发挥主导作用，国有资产总量不断增加；四是职工收入逐年增加，职工对股份制改造的效果普遍认可。[1]

"抓大放小"改革的实施表明，搞活国有企业不是搞活每一个企业，而是通过战略性重新配置国有资产，使整个国有经济具有活力。通过"抓大放小"，

---

[1] 参见彭森、陈立等：《中国经济体制改革重大事件》下，中国人民大学出版社 2008 年版，第 539 页。

一批国有大型企业可以集中优势资源，实现规模经济效应，不断提高竞争力，逐步走上做强做优做大的道路。同时，一大批国有小型企业通过多种方式改制也寻找到适合自身发展的具体形式，促进了经营机制的转换，逐步向"专、精、特、新"的方向发展，这样就初步形成大中小企业配套协作、相互促进的发展格局。①

四、坚持"两个毫不动摇"

随着改革开放的深入推进，公有制经济进一步发展壮大，国有企业改革稳步推进，个体、私营等非公有制经济也得到较快发展。2002 年，党的十六大明确提出坚持"两个毫不动摇"的重要论述，成为我国基本经济制度的重要理论创新。第一，必须毫不动摇地巩固和发展公有制经济。发展壮大国有经济，国有经济控制国民经济命脉，对于发挥社会主义制度的优越性，增强我国的经济实力、国防实力和民族凝聚力，具有关键性作用。集体经济是公有制经济的重要组成部分，对实现共同富裕具有重要作用。第二，必须毫不动摇地鼓励、支持和引导非公有制经济发展。个体、私营等各种形式的非公有制经济是社会主义市场经济的重要组成部分，对充分调动社会各方面的积极性、加快生产力发展具有重要作用。第三，坚持公有制为主体，促进非公有制经济发展，统一于社会主义现代化建设的进程中，不能把这两者对立起来。各种所有制经济完全可以在市场竞争中发挥各自优势，相互促进，共同发展。

（一）巩固和发展公有制经济

在巩固和发展公有制经济发展方面，一项重要改革举措就是国家进一步建立健全国有资产管理监督体制。2003 年 3 月，国务院成立国有资产监督管理委员会，其后，各省和地市两级人民政府相继成立了国资委。各级国资委根据本级人民政府授权，分别代表本级人民政府履行出资人职责。新的国有资产

---

① 参见彭森、陈立等：《中国经济体制改革重大事件》下，中国人民大学出版社 2008 年版，第 540 页。

监管体制明确了国有资产的监管主体，按照管人、管事、管资产相结合的原则实行对国有资产的统一监管，改变了原有监管体制权力分散导致的"九龙治水"局面，在一定程度上解决了长期困扰国资监管的出资人缺位问题，有利于加强对国有资产的统一监管，确保国有资产保值增值。

新的国有资产监管体制建立后的一个重大改革举措，就是推动中央直属大型国有企业进行优化重组，将其作为调整优化国有资产布局结构、提高企业核心竞争力、促进国有企业做强做大的一个重要抓手。从 2003 年 4 月到 2010 年 11 月，在时任国务院国资委主任的李荣融的主持下，央企重组大刀阔斧地展开，央企数量从 196 家下降到 122 家，有 74 家央企通过各种方式被重组整合，平均每年减少 10 家左右。[①] 国务院国资委在推进央企重组过程中，对重组方式进行了很多创新及探索，采取央企强强联合、优秀央企兼并弱势央企、科研院所并入产业集团、非主业资产剥离入其他央企等央企重组操作方式，同时探索了"诚通模式"和"国开投模式"，利用资产管理公司的模式来推进央企重组。央企重组在一定程度上起到优化国有资本布局、促进产业结构调整、提升企业竞争力的作用，尤其是涌现出一批跻身世界 500 强企业行列的具有国际竞争力的大型国有企业。伴随推动央企重组，国有企业实力明显壮大，国有经济呈现高歌猛进之势。

国有企业改革是中国经济体制改革的关键环节，也是社会主义与市场经济实现有机融合的关键环节。经过 30 多年实践和发展，国有企业改革又站到一个新的历史关头。党的十八大以来，以习近平同志为核心的党中央高度重视国有经济在我国国民经济发展中的重要作用，旗帜鲜明地表明我们党做强做优做大国有经济的坚定信心和决心，也指明了实现这一目标的必由路径。

2015 年 8 月，中共中央、国务院印发了《关于深化国有企业改革的指导意见》，拉开了新一轮国有企业改革的帷幕。改革主要从五个方面展开：一是根据功能定位的不同，对国有企业进行分类，实行分类改革、分类发展、分类监管。二是完善现代企业制度，推进公司制股份制改革，健全协调运转、有效制衡的公司法人治理结构，推行职业经理人制度，改革企业薪酬分配制度。三

---

① 参见郑海航、孟领：《中央企业重组的历史沿革及发展研究》，《财经问题研究》2011 年第 3 期。

是完善国有资产管理体制，以管资本为主加强国有资产监管改革，组建国有资本运营公司和投资公司。四是发展混合所有制经济，以促进国有企业转换经营机制，并实现各种所有制资本取长补短、相互促进、共同发展。五是加强和改进党对国有企业的领导，充分发挥国有企业党组织的政治核心作用，把党的领导同完善公司治理统一起来。

国有企业各项改革全面展开并稳步有序推进，国有企业整体实力不断壮大，综合竞争力明显增强。一是国有企业规模实力明显提升。到 2017 年底，全国国有资产总额达到 151.7 万元，是 1978 年的 209.7 倍，上缴税费总额约占全国财政收入的 1/4，增加值贡献约占全国 GDP 的 1/7。[①] 国有经济规模的不断扩大，为公有制主体地位的巩固奠定了坚实基础。二是国有经济的综合竞争力不断提高。到 2018 年，我国有 120 家企业（含港、澳、台企业）进入世界500 强，其中国有企业占 80%以上。国有企业在载人航天、探月工程、深海探测、高速铁路、特高压输变电、第四代移动通信等领域取得了一批具有世界先进水平的标志性重大科技创新成果。三是国有经济对经济社会的支撑作用进一步增强。长期以来，国有企业认真履行政治责任，承担社会责任，特别是积极参与脱贫攻坚和援疆、援藏、援青工作，有力促进了发展成果为更多人民群众所共享。随着"一带一路"建设，国有企业在基础设施建设、能源资源开发、国际产能合作等领域承担了一大批重大项目和标志性工程，使中国在国际舞台上的话语权不断提升。四是党对国有企业的领导得到不断加强。国有企业层层落实管党治党责任，进一步明确党组织在公司治理中的法定地位，全面推行党委（党组）书记和董事长"一肩挑"，进一步健全党建工作机构，充实加强党务工作力量；从严选拔管理企业领导人员，深入推进党风廉政建设和反腐败工作，为国有企业的健康发展营造风清气正的良好环境。[②] 总之，随着改革开放的不断深化，中国社会主义公有制的主体地位日益巩固，国有企业发展质量和经营效益大幅提升，资产规模不断扩大，国有经济的活力、控制力、影响力和

---

① 国务院国资委党委：《坚定不移做强做优做大国有企业——党的十八大以来国有企业改革发展的理论与实践》，《求是》2017 年第 12 期。

② 国务院国资委党委：《坚定不移做强做优做大国有企业——党的十八大以来国有企业改革发展的理论与实践》，《求是》2017 年第 12 期。

抗风险能力进一步增强，成为社会主义现代化建设的"顶梁柱"和"排头兵"。

（二）鼓励、支持和引导非公有制经济发展

进入 21 世纪以来，非公有制经济持续健康发展，非公有制经济的数量及其在国民经济中所占的比重稳步提高，在推动经济社会发展中的作用日益得到充分发挥。一是非公有制经济的产业结构不断优化，从纺织、服装、鞋帽、家具、玩具、箱包等劳动密集型产业向汽车零件、半导体器材、船舶、铝材、机电产品、高技术产品等资本密集型和技术密集型产业拓展，许多民营企业正在经历从低端制造业向高端制造业的转型升级。二是相继涌现出一批具有较强创新能力的民营高科技企业，如华为、联想、海尔、搜狐、新浪、百度、华旗、中星微、中兴、腾讯、联合基因、比亚迪等，一批创新型高素质人才也迅速成长为创新型企业家，成为行业的领军人物。[1] 三是民营企业的现代化程度和国际化程度大幅提升。不少民营企业经过内部改制和"二次创业"建立起现代企业制度，一大批民营企业走出国门，与国际知名跨国公司群雄逐鹿世界市场。

随着非公有制经济的发展，中国共产党对非公有制经济的重要作用的认识进一步加深，非公有制经济人士的社会地位、政治地位也在不断提升。在 2001 年 7 月 1 日召开的庆祝中国共产党成立八十周年大会上，江泽民发表了重要讲话，特别指出，改革开放以来，我国社会阶层构成发生了新的变化，出现了民营科技企业的创业人员和技术人员、受聘于外资企业的管理技术人员、个体户、私营企业主、中介组织的从业人员、自由职业人员等社会阶层。在党的路线方针政策指引下，这些新的社会阶层中的广大人员，通过诚实劳动和工作，通过合法经营，为社会主义社会的生产力和其他事业作出了贡献。他们与工人、农民、知识分子、干部和解放军指战员团结在一起，他们也是中国特色社会主义事业的建设者。[2] 2002 年召开的党的十六大重申了非公有制经济人士作为"中国特色社会主义事业的建设者"这一重要论断，非公有制经济不仅在

---

[1]　高德步主编：《中国民营经济史》，山西出版传媒集团、山西经济出版社 2014 年版，第 258—274 页。

[2]　张志勇：《中国往事 30 年：揭幕民营经济的中国式进程》，经济日报出版社 2009 年版，第 241 页。

经济层面而且在政治层面都获得了与其贡献相适应的认同。党的十六大通过的《关于〈中国共产党章程（修正案）〉的决议》规定："年满十八岁的中国工人、农民、军人、知识分子和其他社会阶层的先进分子，承认党的纲领和章程，愿意参加党的一个组织自并在其中积极工作、执行党的决议和按期交纳党费的，可以申请加入中国共产党。"这就为非公有制经济人士特别是私营企业主加入中国共产党提供了制度上的保障。

非公有制经济的持续健康发展，离不开良好的制度环境和市场环境的有力支持。2003 年 10 月，党的十六届三中全会通过《中共中央关于完善社会主义市场经济体制若干问题的决定》，在强调鼓励、支持和引导非公有制经济发展的同时，提出要建立健全"产权清晰、权责明确、保护严格、流转顺畅"的现代产权制度，依法保护各类产权，保障所有市场主体的平等法律地位和发展权利。2004 年 3 月，第十届全国人大第二次会议对宪法进行修订，明确规定"国家保护个体经济、私营经济等非公有制经济的合法的权利和利益。国家鼓励、支持和引导非公有制经济的发展，并对非公有制经济依法实行监督和管理"。这次修宪还首次规定："公民的合法私有财产不受侵犯"，"国家依照法律规定保护公民的私有产权和继承权"。这是中国在保护公民私有财产问题上取得的重大历史性突破，是宪法明确非公有制经济性质、确定非公有制经济地位、保护非公有制经济财产权利的重要基础性规定。

为进一步改善非公有制经济的市场准入环境，2005 年 3 月，国务院印发《关于鼓励支持和引导个体私营等非公有制经济发展的若干意见》，统称"非公经济 36 条"。这是我国首个促进非公有制经济发展的政府文件，全面系统地推出了促进非公有经济发展的 36 条政策规定，有力推动了民间投资的发展。2010 年 5 月，国务院出台了《关于鼓励和引导民间投资健康发展的若干意见》，被称为"新 36 条"。"新 36 条"把破除、拆除民间投资中存在的"玻璃门""弹簧门"等现象作为重点，进一步细化了有关放宽市场准入的政策规定，提出了鼓励民间资本进入的行业和领域的具体范围、途径方式、政策保障，不仅为民间投资指明了方向，而且大大加强了政策的可操作性和可执行力。两个"36 条"的相继出台，意味着中国对非公有制经济的扶持从分散性的政策支持逐步过渡到形成系统性的政策体系框架，有利于解决制约民营经济发展的行业准入问题和融资难题，对于推动民营企业转型升级，提高创新能力，实施"走出去"战略和提高国际竞争能力具有重要促进作用。

党的十八大以来，党和国家进一步出台一系列改革举措，重点在于强化对非公有制经济的产权保护，扫清制约非公有制经济发展的各种制度障碍，稳定民营企业家预期，促进民营经济转型升级与创新发展。党的十八届三中全会对促进非公有制经济健康发展高度重视，明确提出公有制经济和非公有制经济都是社会主义市场经济的重要组成部分，都是我国经济社会发展的重要基础。在重申"两个毫不动摇"的基础上，中央进一步提出两个"不可侵犯"的重要论断，即"公有制经济财产权不可侵犯，非公有制经济财产权同样不可侵犯"。在充分肯定非公有制经济促进国民经济发展重要作用的基础上，进一步强调坚持"权利平等、机会平等、规则平等"的原则，废除对非公有制经济各种形式的不合理规定，消除各种隐性壁垒。为了稳定民营企业的产权预期，遏制民间投资下滑的趋势，2016 年 11 月，中共中央、国务院印发了《关于完善产权保护制度依法保护产权的意见》。针对我国经济发展进程中存在的诸多产权保护薄弱的问题，明确提出坚持对不同所有制经济、不同类型的产权进行平等保护、全面保护、依法保护等原则，并相应提出完善产权保护的各项有针对性的举措。这是新中国成立以来，中共中央发出的第一份关于完善产权保护制度、依法保护产权的纲领性文件，在中国改革史上具有重要地位，对于增强人民群众财产财富安全感、增强社会信心、形成良好预期、增强各类经济主体创业创新动力、维护社会公平正义、保持经济社会持续健康发展和国家长治久安，具有极为重要的意义。2018 年 4 月，中央通过了《关于进一步激发和保护企业家精神的意见》，强调企业家是经济活动的重要主体，要弘扬企业家精神，发挥企业家示范作用，造就优秀企业家队伍。要营造依法保护企业家合法权益的法治环境，营造促进企业家公平竞争、诚信经营的市场环境，营造尊重和激励企业家干事创业的社会环境，这对于鼓励非公有制经济"安心经营、放心投资"同样具有重大而深远的意义。

作为贯彻中央完善和加强产权保护制度，纠正民营企业涉产权案件中的错案冤案的重要举措，2017 年 12 月 28 日，最高人民法院公布人民法院依法再审三起重大涉产权案件。这三起案件分别是：原审被告人张文中（物美控股集团有限公司原董事长)诈骗、单位行贿、挪用资金一案;原审被告人顾雏军(广东科龙电器股份有限公司、扬州科龙电器有限公司、顺德格林柯尔企业发展有限公司等企业的原董事长或法定代表人)虚报注册资本,违规披露、不披露重要信息,挪用资金一案;李美兰与陈家荣、许荣华确认股权转让协议无效纠纷一案,李美兰向江苏省高级人民法院提出申诉。2018 年 5 月 31 日,最高人民法院对原审被告人张文中诈骗、单位行贿、挪用资金再审一案公开宣判,撤销原审判决,改判张文中无罪。同时,改判同案原审被告人张伟春、同案原审被告单位物美集团无罪。张文中案件的改判,是人民法院落实党中央产权保护和企业家合法权益保护政策的一个"标杆"案件,充分体现了党中央依法平等保护各类所有制经济产权、保护民营企业产权的政策精神,体现了人民法院严格贯彻落实党中央全面依法治国战略,有错必纠、有错必改,依法保障公民的人身自由权和财产权,依法保障法人组织和非法人组织的财产权和其他合法权利,将进一步增强企业家的人身和财产财富安全感,使广大企业家能够安心经营、放心投资、专心创业。当然,要从根本上完善我国的产权保护制度,真正做到对各类所有制经济财产权利进行平等保护、严格保护,彻底避免涉财产权错案的发生,还有许多艰巨繁重的改革任务要完成。

针对近年来民营经济发展中面临的困境,以及社会上出现的一些否定、怀疑民营经济的言论,习近平总书记在 2018 年 11 月召开的民营企业座谈会上再次对民营经济在我国经济社会发展中的重要地位和作用,以及我们党对民营经济的态度和政策作出重要阐述:"非公有制经济在我国经济社会发展中的地位和作用没有变!我们毫不动摇鼓励、支持、引导非公有制经济发展的方针政策没有变!我们致力于为非公有制经济发展营造良好环境和提供更多机会的方针政策没有变!我国基本经济制度写入了宪法、党章,这是不会变的,也是不能变的。"[1]"民营经济是我国经济制度的内在要素,民营企业和民营企业家是我们自己人"[2],"我国民营经济只能壮大、不能弱化,不仅不能'离场',而且要走向更加广阔的舞台"[3]。在此基础上提出支持民营经济发展壮大的 6 个方面

---

① 习近平:《在民营企业座谈会上的讲话》,人民出版社 2018 年版,第 6 页。

② 习近平:《在民营企业座谈会上的讲话》,人民出版社 2018 年版,第 7 页。

③ 习近平:《在民营企业座谈会上的讲话》,人民出版社 2018 年版,第 7 页。

政策举措：减轻企业税费负担；解决民营企业融资难融资贵问题；营造公平竞争环境；完善政策执行方式；构建亲清新型政商关系；保护企业家人身和财产安全。习近平总书记的重要论述，表明了中国共产党毫不动摇鼓励、支持、引导非公有制经济发展的坚定决心和鲜明态度，为民营经济健康发展注入强大信心和动力。

总之，改革开放 40 年来，民营经济从小到大、从弱到强，不断发展壮大，已经成为我国经济制度的内在要素、社会主义市场经济的重要组成部分和经济社会发展的重要基础。截至 2017 年底，我国民营企业数量超过 2700 万家，个体工商户超过 6500 万户，注册资本超过 165 万亿元。概括起来说，民营经济具有"五六七八九"的特征，即贡献了 50％以上的税收，60％以上的国内生产总值，70％以上的技术创新成果，80％以上的城镇劳动就业，90％以上的企业数量。在世界 500 强企业中，我国民营企业由 2010 年的 1 家增加到 2018 年的 28 家。我国民营经济已经成为推动我国发展不可或缺的力量，成为创业就业的主要领域、技术创新的重要主体、国家税收的重要来源，为我国社会主义市场经济发展、政府职能转变、农村富余劳动力转移、国际市场开拓等发挥了重要作用。

五、大力发展混合所有制经济

改革开放以来，中国的所有制结构逐步调整，公有制经济和非公有制经济在发展经济、促进就业等方面的比重不断变化，多种所有制经济共同发展的格局不仅为社会主义市场经济体制的建立奠定了重要制度基础，而且为经济的持续快速发展创造了多元混合动力。在这种情况下，如何进一步探索基本经济制度的有效实现形式，是中国在全面深化改革与完善社会主义市场经济体制过程中面临的一个重大课题。在长期实践探索的基础上，中央决定将混合所有制经济作为基本经济制度的重要实现形式。所谓混合所有制经济是指，通过产权结构调整，不同所有制性质的产权主体多元投资、交叉渗透、相互融合而形成的企业组织形式。股份制是混合所有制的重要实现形式。在社会主义市场经济条件下积极发展混合所有制经济，不仅有利于改善国有企业、集体企业和非公有制企业的产权结构，促进现代企业制度的建立，而且有利于推动各类所有制企业产权的流动和重组，优化资源配置，实现效益最大化，进而促进各种所有制资本取长补短、相互促进、共同发展。

对发展混合所有制经济的探索始于 20 世纪 90 年代。1997 年召开的党的十五大首次使用了"混合所有制经济"这一提法，指出"要全面认识公有制经济的含义。公有制经济不仅包括国有经济和集体经济，还包括混合所有制经济中的国有成分和集体成分"。在此基础上强调，"公有制的实现形式可以而且应当多样化。一切反映社会化生产规律的经营方式和组织形式都可以大胆利用。要努力寻找能够极大促进生产力发展的公有制实现形式。"1999 年，党的十五届四中全会通过的《中共中央关于国有企业改革和发展若干重大问题的决定》指出，"国有大中型企业尤其是优势企业，宜于实行股份制的，要通过规范上市、中外合资和企业相互参股等形式，改为股份制企业，发展混合所有制经济。"从而将发展混合所有制经济作为国有企业改革的一种重要方式写入党的正式文件。随着社会主义市场经济体制的建立和不断完善，公有制经济和非公有制经济共同发展的格局不断巩固，混合所有制经济作为基本经济制度的重要实现形式也日益受到国家的重视，并不断推动其持续发展。2002 年召开的党的十六大明确指出，"除极少数必须由国家独资经营的企业外，积极推行股份制，发展混合所有制经济。"2003 年 10 月，党的十六届三中全会通过的《中共中央关于完善社会主义市场经济体制若干问题的决定》（以下简称《决定》），更加明确地提出要大力发展混合所有制经济。《决定》指出，"要适应经济市场化不断发展的趋势，进一步增强公有制经济的活力，大力发展国有资本、集体资本和非公有资本等参股的混合所有制经济，实现投资主体多元化，使股份制成为公有制的主要实现形式。"《决定》首次对混合所有制经济的内涵作出明确界定，并且提出了股份制作为公有制的主要实现形式，是对之前文件中提出的探索公有制多种有效实现形式的初步回答。

由于中央为发展混合所有制经济作出重要的政策"背书"，大批国有企业加入推进混合所有制改革的行列，民营企业也开始积极参与国有企业的改制。例如，2000 年 5 月，湖北武汉市委、市政府召开国有中小企业改制工作会，出台《关于促进中小型国有企业改制的若干实施意见》，提出在 2001 年底前，基本完成全市中小型国有企业的产权改革，国有资本全部退出或退出控股地位，企业转变为民营企业或混合所有制企业，职工改变国有企业职工身份。2002 年党的十六大之后，武汉市在中小型国有企业改制工作顺利推进的基础上，又启动大型国有企业改制的准备工作，决定从 2003 年起，用两年左右的时间，使 90% 的国有及国有控股企业，国有资本不再占控股地位；国有净资产总额占企业资产总额的比重，由 73% 下降到 20% 以下。这一时期，几乎所有省份都出台了类似的改革措施，希望在两三年或三五年之内基本完成本地国有企业的改制工作，其中相当一部分国有企业转变为混合所有制企业。大规模改制的启动，也使民营企业迅速卷入国有企业改制的浪潮中来。① 国家也对民营企业参与国有企业改制重组持支持态度。2005 年 2 月，国务院发布《关于鼓励支持和引导个体私营等非公有制经济发展的若干意见》，其中专门提到鼓励非公有制经济参与国有经济结构调整和国有企业重组。不少地方政府也专门出台文件，对民营企业参与国有企业改革、发展混合所有制经济加以鼓励。在政策的鼓励下，民营企业对参与国有企业改革倾注了高度热情，并成为参与发展混合所有制经济的重要力量。

党的十八大以来，混合所有制经济的发展进入一个新的阶段。2013 年召开的党的十八届三中全会明确提出，"国有资本、集体资本、非公有资本等交叉持股、相互融合的混合所有制经济，是社会主义基本经济制度的重要实现形式"，允许更多国有经济和其他所有制经济发展成为混合所有制经济。国有资本投资项目允许非国有资本参股。允许混合所有制经济实行企业员工持股，形成资本所有者和劳动者利益共同体。党的十八届三中全会把混合所有制经济提升为基本经济制度的重要实现形式，并强调要积极发展混合所有制经济，这是对多年来完善基本经济制度和深化国有企业改革的实践总结，也是中国共产党对于发展混合所有制经济一系列重要论断的新的发展，标志着党对坚持和完善基本经济制度的认识提升到一个新的水平。为贯彻落实中央关于积极发展混合

---

① 参见张文魁、袁东明：《中国经济改革 30 年·国有企业卷（1978—2008）》，重庆大学出版社 2008 年版，第 138—139 页。

所有制经济的精神，国务院相继发布了《关于国有企业发展混合所有制经济的意见》《关于鼓励和规范国有企业投资项目引入非国有资本的指导意见》《关于国有控股混合所有制企业开展员工持股试点的意见》等重要文件，积极稳妥推进国有企业混合所有制改革。

与以往发展混合所有制经济的实践相比，本轮混改具有自身的特点。一是强调混改的目的是为了促进国有企业转换经营机制，放大国有资本功能、提高国有资本配置和运行效率，实现各种所有制取长补短、相互促进、共同发展的目标。因此，发展混合所有制经济重在实效，不能"为混而混"，也不能"一混了之"。二是强调稳妥推进混合所有制经济改革。坚持因地施策、因业施策、因企施策，适宜独则独、适宜控则控、适宜参则参，不搞拉郎配、不搞全覆盖，不设时间表，成熟一个推进一个。[1] 依据上述原则，混合所有制经济改革主要从三个方面展开：一是分类推进混合所有制改革。对于主业处于充分竞争行业的商业类国有企业，主业处于关系国家安全、国民经济命脉行业的商业类国有企业，自然垄断行业的国有企业，以及公益类国有企业，采取不同的改革方式。其中，国有资本和非国有资本的持股比例也各不相同。二是分层推进国有企业混合所有制改革。引导在子公司层面有序推进混合所有制改革，探索在集团公司层面推进混合所有制改革，鼓励地方从实际出发稳妥开展混合所有制改革，确保改革依法合规、有序推进。三是鼓励各类资本参与国有企业混合所有制改革。鼓励集体资本、民营资本、外国资本等投资主体通过出资入股、收购股权、认购可转债、股权置换等多种方式，参与国有企业改制重组或国有控股上市公司增资扩股，发展混合所有制经济；探索实行混合所有制企业员工持股，员工持股主要采取增资扩股、出资新设等方式。[2]

在新一轮改革中，中国联通的混合所有制改革颇具代表性。中国联合通信公司成立于 1994 年，是中国第一家综合性电信运营公司，经过多年的发展，成为和中国移动、中国电信比肩的三大中国电信运营商之一。但随着电信市场

---

① 参见国务院国资委研究中心编著：《〈关于深化国有企业改革的指导意见〉百题问答》，中国经济出版社 2016 年版，第 151—152 页。

② 参见《国务院关于国有企业发展混合所有制经济的意见》，2015 年 9 月，见 http://www.gov.cn/zhengce/content/2015-09/24/content_10177.htm。

竞争的加剧，中国联通在市场占有率、营业收入、经营利润方面，与其他两家公司相比，均处于弱势地位。2016 年 9 月，经国家发展和改革委员会研究决定，中国联通成为六家首批实行混合所有制改革的央企之一。2017 年 8 月 16 日，中国联通混合所有制改革方案正式公布，主要包括两个方面的改革内容：一是通过积极引入战略投资者，优化企业的股权结构，降低国有股权比例，将部分公司股权释放给其他国有资本和非国有资本，实质性地推进混合所有制改革。其中最具特色的改革举措就是引入 14 家战略投资者，其中包括腾讯、百度、阿里巴巴和京东这四大民营互联网巨头。这些战略投资者资金实力雄厚，与联通自身业务具有较强互补性，不仅使得联通股权结构更加均衡，也有利于公司业务的拓展和竞争力的提升。二是以市场化为导向健全企业制度和公司治理机制，聚焦公司主业、创新商业模式，全面提高企业效率和竞争能力。实行员工持股，完善激励机制。在实施混改过程中，中国联通向机构臃肿、人浮于事等问题"开刀"，在"瘦身健体"上动真格。混改以来，公司总部部门减少33.3%，各级管理机构减少 25.7%；两年"压减"法人户数 26 家，累计减少27%。同时，引进创新人才近 3000 人，实施内部"双创"，把"要我干"变为"我要干"，选拔产生 1.7 万名"小 CEO"，完善激励机制，实行增量收益分享，提升了基层员工的获得感。[①]

　　经过一年多的实践，中国联通混合所有制改革初见成效。一是股权结构不断优化，中国联通第一大股东的股权已从 62% 下降到了 36.7%，不再持有51% 以上的股权，国有部分股权实现了多元化，使公司更加市场化。二是企业经营效益得到改善，2018 年，联通实现主营业务收入人民币 2637 亿元，同比增长 5.9%，税前利润 852 亿元，同比增长 4.3%。三是财务成本降低，负债率下降，全年资本开支继续得到有效控制为 449 亿元，资产负债率由 46.5% 下降至 41.5%。四是企业创新能力和有效供给能力明显增强，中国联通与互联网企业合作开发出一系列新商业模式，电信服务资费下降但客户明显增加。有主流媒体评价，混合所有制改革就像一条"鲇鱼"，正在激发出中国联通的自身活力，使其收入利润实现快速增长，盈利能力大幅改善，发展质量不断提升，

---

① 参见刘坤：《中国联通：混改"鲇鱼"效应激发新活力》，《光明日报》2018 年 10 月 20 日。

抗风险能力持续增强。①

　　总体上看，新一轮混合所有制改革积极稳步推进，并交出了一份"亮眼"的成绩单。一是参与混合所有制改革的企业数量不断增多，截至 2016 年底，中央企业实行混合所有制的企业数量占比为 68%，上市公司资产、营业收入和利润总额在央企整体中占比分别为 61.3%、62.8% 和 76.2%，国有资本功能不断放大。地方参与混合所有制改革的企业也占到了 47%。二是混合所有制改革的层级不断提升，改革正在从三级以下企业向三级、二级企业甚至企业集团层面提升。三是混合所有制改革涉及的领域范围不断扩展。除了在一般竞争领域推行混改外，目前在电力、石油、天然气、铁路、民航、电信、军工等重点行业已推动三批共 50 家中央企业开展混合所有制改革试点。2019 年，国务院国资委决定进一步推动第四批超过 100 户重点领域的国有企业进行混合所有制改革。

　　党的十九大的召开，标志着中国特色社会主义进入新时代，中国经济也由高速增长阶段转向高质量发展阶段，正处在转变发展方式、优化经济结构、转化增长动力的攻坚期。顺利跨越中国经济转型升级的重要关口，建设现代化经济体系，离不开公有制经济和非公有制经济的有力支撑，积极发展混合所有制经济无疑可以进一步促进各类所有制经济形成优势互补、相互支撑、协调发展的良好格局，从而为全面建设社会主义现代化强国构筑坚实的基本经济制度基础。

（张慧君　撰写）

---

① 参见刘坤：《中国联通：混改"鲇鱼"效应激发新活力》，《光明日报》2018 年 10 月 20 日。

第五章

市场体系：从"封闭割裂"走向"开放统一"

在新中国成立后的一段相当长的历史时期内，市场及商品交易模式被认为是"资本主义的温床"。在意识形态上，社会主义与市场被人为"割裂"开来，水火不相容。相应地，在经济战略和政策选择上，也出现了压制市场、条块分割、画地为牢的一系列制度安排。这些制度不仅排斥小商品生产，对城乡商贸流通实行计划安排，还限制劳动力跨区域流动和从事商贸活动。改革开放后，集市贸易陆续恢复，农产品"统购统销"制度取消，要素流动限制不断放宽，新的城市商贸流通业态不断涌现。为商品正名，为市场开路。居民生活消费从一切依靠计划分配的体系，顺利过渡到主要依靠市场交易为主的体系，商品自由选择范围大大拓展，新经营模式不断催生迭代，交易和支付方式发生翻天覆地的变化。商品市场建设取得巨大成就，生产要素市场化建设逐步深入，市场体系从"封闭割裂"迈向"开放统一"。

一、市场是"资本主义的温床"吗

在"一穷二白"的基础上成立新中国之后，如何在规模如此庞大的国家组织产供销体系，满足人民对基本生活的需要，成为摆在党和国家面前的重要难题。

（一）苏联生产组织方式的重要影响

新中国成立时，全世界范围内的资源配置主要有两种，一种是基于市场配置资源的西方模式，另一种是基于计划指令配置的苏联模式。

受苏联模式的影响，在很长一段时间，商品、市场等词汇，都和资本主义挂上了钩。事实上，如何用不同于西方资本主义世界的方式组织生活和生产，这也曾是摆在苏联面前的问题。1917 年，在十月革命爆发前，列宁在写作《国家与革命》过程中，有过一些组织新政权经济的构想：第一，如何组织生产。他的看法是，"全体公民都成为国家（武装工人）雇用的职员。全体公民都成了一个全民的、国家的'辛迪加'的职员和工人。"第二，如何分配收入。他认为，"生产资料已经不是个人的私有财产，它们已归全社会所有。社会的每个成员完成一定份额的社会必要劳动，就从社会领得一张凭证，证明他完成了多少劳动量。他根据这张凭证从消费品的社会储存中领取相应数量的产品。"① 简言之，列宁关于组织产供销的构想，主要是建立在生产资料公有制基础上的按劳分配。新中国成立后，中央在全国范围内组织了对于农业、资本主义工商业和手工业进行的社会主义改造②。

对如何用经济的手段巩固无产阶级专政，列宁有深刻的认识，他指出："小生产是经常地、每日每时地、自发地和大批地产生着资本主义和资产阶级的。"③ 在他看来，小生产无疑具有资本主义性质。受苏联影响，消灭小生产，在全国范围内组织由国家和计划控制的大生产，成为新中国成立后的经济策略，并先后采取以初级社、高级社、人民公社的做法逐步将个体纳入集体，将小生产纳入大生产体系。

（二）快速工业积累排斥市场交易

对刚刚成立的新中国来说，采取排斥商品、压制市场力量的做法，除了受苏联模式影响外，还有一个基于新中国国情的重要考量。若单纯从经济发展逻辑来看，在"一穷二白"——既无资本又缺技术——的基础上，发展以劳动密集型为主的轻工产业无疑是具有比较优势的。但出于国家安全和国防建设的

---

① 列宁：《国家消亡的经济基础》，载中共中央马克思恩格斯列宁斯大林著作编译局编：《列宁选集》第 3 卷，人民出版社 1995 年版，第 194 页。

② 其中，对于资本主义工商业的社会主义改造是"三大改造"的重点。1956 年底我国对农业、手工业和资本主义工商业的社会主义改造基本完成。

③ 列宁：《共产主义运动中的"左派"幼稚病》，载中共中央马克思恩格斯列宁斯大林著作编译局编：《列宁选集》第 4 卷，人民出版社 1995 年版，第 135 页。

考虑，新中国选择一条重化工业优先发展的道路。发展资本和技术密集的重化工业，就面临如何为大规模工业化实现资本积累的难题。利用内部资源，在工农业领域实行"剪刀差"，成为工业快速实现资本积累的重要策略选择。

工业资本积累难题，于是转化为如何对工农业生产进行统筹安排的制度选择问题。为从农业实现积累，新中国成立后，在全国范围内逐步开展了农业合作化和集体化。主要采取了如下几方面在今天看来是"排斥市场"的做法：

第一，对农产品实行"统购统销"。从 1951 年 1 月起，我国就实行了棉纱统购。1953 年 10 月 16 日，中共中央发出了《关于实行粮食的计划收购与计划供应的决议》[1]，11 月起就开始实行了粮食、植物油料统购统销，到 1954 年 9 月起又开始了棉布、棉花的统购。农产品"统购统销"体系，从此逐步建立起来。在流通领域分配这些稀缺资源，凭票供应成为基本特征。一直到 1985 年，"中央一号文件"作出取消农产品统购统销制度的决定，实行合同定购和市场收购，才明确取消了实施 30 多年之久的农产品统购统销政策。

第二，限制人员流动。对"人"这个重要的生产要素，逐步将其固定到一个生产组织中，限制人的自由流动。1958 年 1 月 9 日，《中华人民共和国户口登记条例》通过实施，城乡二元割裂管理的户籍制度开始走上历史舞台，产生了现代户籍制度中的"农村户口"，城乡之间不能自由迁移。

第三，主要以实物进行收入分配。在这个计划体系中，生产决策权归集体，生产生活物资全部由指令性计划进行调配，在分配中主要以实物分配为主，货币分配为辅助。从全国来看，直到 1975 年，实物分配占当时人均集体分配收入的比重仍高达 80%[2]。

至改革开放前，我国在所有制方面实行严格的生产资料公有制，不断消灭私有经济成分，认为市场就是"资本主义的温床"，试图割掉"资本主义的尾巴"。在人民公社体制下，取消了家庭副业[3]和农村集市贸易，并限制社员

---

① "计划收购"简称"统购"，"计划供应"简称"统销"。

② 参见梅德平：《60 年代调整后农村人民公社个人收入分配制度》，《西南师范大学学报（人文社会科学版）》2005 年第 1 期。

③ 20 世纪 60 年代，全国掀起了批判"三自一包"和"四大自由"的运动，将生产队的多种经营、农民从事的饲养、编织、采集、渔猎等家庭副业统统看作"资本主义尾巴"。

之间互通有无。在城市短缺经济中的工业生产靠计划指令，生活产品则主要凭票供应。

显然，在传统的意识形态和计划思维限制下，市场对外是封闭的，市场体系发育缺失基本的生存土壤。

二、集市贸易是社会主义经济的必要补充

新中国成立后的集市贸易经历了大起大落。先是在农村集体化和合作化运动中被取消，贸易仅仅通过供销体系这个狭窄的通道进行。在农村经济困难时期，自然灾害为集市贸易撬开了政策之门。不过，在"文化大革命"时期，集市贸易再次被全面取消。一直到改革开放初期，集市贸易才逐步恢复并被认为是社会主义市场经济的必要补充。

（一）为集市贸易"正名"

在大一统的计划经济体系下，打开市场之门，并非易事。社会主义改造完成后，在统购统销的计划体制下，国营商业是商品流通的唯一合法主体，供销合作社是城乡经济交流的一条主要渠道。在这条国营合法渠道之外的，统统被认为是"黑市"交易。自然灾害时期，为了缓解农村经济困难，1959 年中央在《关于组织农村集市贸易的指示》中曾提出，允许社员有"小自由"。1960 年强调"有领导有计划地恢复农村集市，活跃农村经济"。不过，20 世纪 70 年代，由于"左"的思潮影响，取消了集市贸易和个体工商户。农民私下交易剩余农产品，被当成"资本主义尾巴"。甚至，今天看起来是普通的商业交易，也被认为是投机倒把予以定罪打击。

时过境迁，家庭联产承包责任制推开后，农民种粮积极性大幅提高，农村供销合作社难以满足日益增加的粮食和其他农产品生产与流通的需要，打破"官办流通"体制的突破点到底在哪里？其实，非官方的流通一直暗地里存在。比如，在当时农民可以自己养鸡养鸭，但还不能超过规定的数量，超过了就是资本主义。农贸市场上买卖农副产品被认为具有资本主义性质，就算如此，农副产品交易也一直没有被彻底消灭掉，而是隐藏起来或明或暗地交易。在这样

的意识形态背景下，集市贸易想要有大突破，是很难的。一直到 1978 年，党的十一届三中全会为集市贸易正名："集市贸易是社会主义经济的必要补充部分，任何人不得乱加干涉。"这意味着，集贸市场正式合法恢复起来。

（二）集市贸易全面恢复

从 1979 年开始，全国就开始逐步恢复了粮食集市贸易。粮食集市贸易的正常运行，使农民不仅有了粮食生产的主动权，也取得了完成国家粮食征购任务后处理余粮的自主权。党的十一届四中全会通过的《中共中央关于加快农业发展若干问题的决定》提到"社队的多种经营是社会主义经济，社员自留地、自留畜、家庭副业和农村集市贸易是社会主义经济的附属和补充，决不允许把它们当作资本主义经济来批判和取缔"。普通商品集贸市场也逐步在全国各地得到恢复。

统购统销制度放松后，虽然允许多种渠道经营，但按照当时的规定，集贸市场① 只能开在城乡结合部，许多地方就选择了在城乡结合部开放农贸市场。但是因为距离消费者远，许多又被迫关闭了。1979 年 1 月 10 日，全国第一个城市集贸市场——辽宁沈阳北行集贸市场恢复开业。农民怀着喜悦的心情，肩挑、手提、车驮，带着自产剩余的农副产品。沈阳北行集贸市场的恢复开业为全国城乡集贸市场发展起到了示范作用②，城市市场对农民开放以后，遍布全国城乡的集贸市场重新恢复了生机。

农村集市贸易的活跃，得益于 20 世纪 80 年代初的几个"中央一号文件"。许多地方采取了多种办法筹措资金，在交通便利、人口密集的地方发展集贸市场。据统计，到 1983 年底，全国城乡集贸市场达 48003 个，比 1982 年增加 3228 个，交易额同比增长 15.6%③。1984 年武汉建立了第一家农产品批发市场——武汉皇经堂农产品批发市场。山东也几乎同时成立了寿光蔬菜批发市场。

---

① 集贸市场，在农村称为"集市贸易"，也有的地方简称"集"，在城镇则称为"农副产品市场"或"农贸市场"。

② 参见郭向野：《亲历全国第一个集贸市场恢复开业》，《人民日报》2009 年 9 月 18 日。

③ 参见贾常先：《集贸市场建设中的几个问题》，《北京商学院学报》1984 年第 4 期。

此时，集市贸易已经不仅仅是农民互通产品有无、调剂余缺，更成为城乡和地区之间进行商品交流的一条重要的补充渠道。集市贸易成交额占社会商品零售总额的比重不断提高。比如，根据廊坊的数据[①]，这一比例在 1978 年至 1980 年只是约占 5%，到了 1985 年这一比例跃升至 19%。一时间，集贸市场已经成为蔬菜、肉禽蛋、水产品、粮食制品、瓜菜等农副产品、副食品的流通渠道，成为城镇人民群众生活中的"大菜篮子"。

（三）商贸流通体制改革

集贸市场恢复之初，计划经济体制下庞大的供销合作社体系并没有被完全替代，而是顺势进行了体制改革，把农户这个主体吸收到流通体系当中。1982 年的"中央一号文件"提出了一个办法，鼓励各省、市、自治区可以选择一两个县就以下办法进行试验："基层供销社恢复合作商业性质，在自愿原则下扩大吸收生产队和农民入股，经营利润按股金和按交售农副产品数量分红，实行民主管理，把供销社的经营活动同农民的经济利益联系起来；县级供销社改为基层社的联合社；县联社和基层社都实行独立核算，自负盈亏，向国家交纳所得税的制度。"实际上，这是对传统计划流通体制的松动，即让农民利用国家控制的流通渠道实现农副产品的相对自由流通，国家又能够总体控制流通规模和结构。这时总体上的思路就是让农民能有更多收入，同时又尽可能降低流通成本。于是，该"中央一号文件"还提出"要有计划地试办和发展社队集体商业，如贸易货栈、联合供销经理部和农工商联合企业等等"，小规模的零售得到了较快发展。

生活资料关系民生，有相对自由的流通无疑重要。可更重要的是如何从生产资料流通体制再进行突破。1984 年，党的十二届三中全会通过《中共中央关于经济体制改革的决定》，确认我国经济是有计划的商品经济，更重要的是，这个决定将生产资料确认为商品，为生产资料加速进入市场流通打开了一扇窗。许多地方还构建了物资贸易中心，一般的生产资料可以自由购销，实行

---

① 参见中共河北省委党史研究室、中共廊坊市委党史研究室、中共廊坊市委农村工作部编：《新时期河北农村的变革（廊坊卷）》，中央文献出版社 1999 年版，第 154 页。

浮动价格，供需双方通过物资贸易中心直接洽谈业务①。

全面开放集市贸易后，集市贸易已不是原来意义上的初级集市贸易，已经发展成为包括一批批发市场、专业市场在内的市场机制比较健全的流通网络。集贸市场上的上市商品，已由单一的农副产品、手工业品向既有农副产品、手工业品，又有日用工业小商品、服装；既有生产资料，又有生产资料等多种商品转变②。从全国来看，1979 年农民通过集市出售的农副产品仅占总量的 15%，1989 年上升为 50%③。集市交易对于活跃城乡贸易、培育市场微观主体，起到至关重要的作用。

三、从百货商店到电商零售新业态

城市商业流通体系重构后，百货市场这种集商品于一体的业态曾风靡一时。随着市场不断开放，尤其是零售业对外资开放之后，各种新型经营业态和交易模式不断涌现。百货商店日渐式微，与此同时连锁超市、互联网零售却方兴未艾，彻底改变了人民的生活方式，中国也成为互联网时代零售业的引领者。

（一）百货商场大规模兴起

改革开放前，我国也曾以行政区为单位在全国范围内组建百货公司，这个流通体系延伸到乡镇的主要载体就是供销合作社。1952 年底，供销合作社组织就已经遍布广人农村，拥有 1.3 亿多名社员，入社社员占农户总数的 90% 以上。④ 供销合作社在全国形成了上下连接、纵横交错的全国性流通网络。

但在商品供应匮乏的年代，计划经济体制下的百货商店更像是国家的一个职能部门，商品不但经常缺乏而且种类非常有限。商品实行定量计划供应，并按照人口发行粮票、油票、布票等购买凭证。即便有钱，没有票也无法购买

---

① 参见陈丽芬：《我国农村流通体制改革 30 年回顾与展望》，《市场营销导刊》2008 年第 5 期。
② 参见张兴祥、韦犁：《独树一帜的流通渠道——改革开放中的集市贸易》，《经济研究参考》1992 年第 Z6 期。
③ 参见苍震华：《关于集市贸易发展的思考》，《党校科研信息》1992 年第 11 期。
④ 参见傅德宝：《中国供销合作社六十年》，《中华合作时报》2009 年 10 月 9 日。

商品，买东西还得靠托关系。

改革开放以来，城乡商贸流通不再"一统天下"，尤其是在官方话语体系中承认了商品经济之后，极大地激发了各类主体的生产积极性，居民的"米袋子"和"菜篮子"不断丰富，各类型商业主体不断涌现，居民的消费方式开始大转型。一方面是个体工商户的快速崛起，以章华妹、陈志雄、年广久、刘桂仙[①]等为代表的第一批个体工商户合法地位得到确立。1981 年 6 月，党的十一届六中全会通过的《中共中央关于建国以来党的若干历史问题的决议》，提出"个体经济是公有制经济的必要补充"。

另一方面是百货商场开始大规模兴起。随着生活资料工业逐渐恢复，以及各种票据供应限制[②]的解禁，20 世纪 80 年代初成为百货商场兴起的年代，无论是哪个城市都出现了不同规模的百货商场。百货商场如雨后春笋般崛起，货架上开始出现琳琅满目的商品，商场里的人也开始络绎不绝。

1986 年全国有 25 个大商场，17000 多个百货零售店。到 1990 年，短短几年时间内，全国新建的百货店数量就已经相当于过去多年的总数。不过，一直到 20 世纪 90 年代之前，我国的零售业主要是以国有大型百货为主体的单一业态。整个零售市场规模也非常小，1991 年全国零售额过亿元的百货商店只有 94 家，1992 年增加到 150 家，1993 年达到 291 家，1994 年和 1995 年分别达到 488 家和 624 家[③]。而年销售额在 10 亿元以上的大型百货商场也开始不断出现，1992 年至 1995 年分别有 2 家、7 家、10 家、21 家，不到 5 年时间内大型商场的数量增长超过了 10 倍。

（二）开放时代的零售新业态

20 世纪 90 年代初，连锁超市开始逐步替代历史悠久的百货商店柜台式零售。尤其是自 1992 年允许外资零售企业进入中国零售领域后，连锁超市迸

---

① 章华妹拿到了第一张个体工商户营业执照，陈志雄个人承包鱼塘，年广久炒卖"傻子瓜子"，刘桂仙在北京开了第一家私人经营的饭馆，都曾引起争议。

② 1984 年，深圳市在全国率先取消一切票证，粮食、猪肉、棉布、食油等商品敞开供应，价格放开。深圳人率先过上不用粮本、粮票的日子。1993 年，全国的票证供应时代正式结束。

③ 参见赵萍：《大型国有零售商业的困境与出路》，《财贸经济》1997 年第 6 期。

发，我国开始形成了百货、超市、便利店、专卖店等多种零售业态并存的格局，零售业进入大转型时代。随着电视的普及，90 年代中期还出现了电视直销的模式，鼎盛时期国内电视直销公司多达上千家，行业总收入在 90 年代末达到 200 多亿元。各地也竞争性发展多点布局、集中交易的商品交易市场。如图 5-1 所示，自 2000 年以后，亿元以上商品交易市场数量不断扩大，已经形成一个相对稳定的格局。到 2003 年时，批发零售业商品零售额达到 37693 亿元，比 1991 年增长 5.5 倍，年平均增长 15%；全国社会消费品零售总额达到 45842 亿元，比 1991 年增长了近 5 倍。

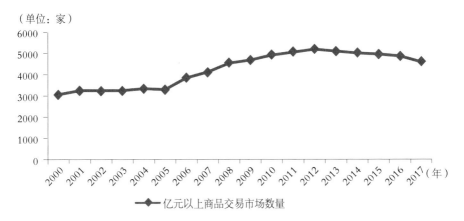

图 5-1　2000—2017 年以后亿元以上商品交易市场数量变化

数据来源：根据国家统计局数据整理。

对中国零售业形成较大冲击并带来重要机遇的，来自市场对外开放。根据中美关于中国加入 WTO 双边协议，中国开放农产品、零售、专业服务、影音产品、汽车、电信、银行、证券等八大市场。到 2004 年 12 月 11 日，中国零售业入世过渡期结束，零售领域实行全面开放。中国零售业态呈现百货店、超级市场、大型综合超市、便利店、仓储式商场、专业店、专卖店、购物中心等"百花齐放"的新格局，几乎包含了世界上所有的零售业态。

（三）互联网时代的新零售

20 世纪 90 年代末，我国开始出现了第一批电子购物网站。这种全新的依托互联网的电商模式，彻底改变了居民的消费习惯和支付习惯。它以数据为驱动，通过新科技发展和用户体验的升级，改造零售业态。

近年来网络购物规模不断扩大。截至 2018 年 12 月，我国网民规模达 8.29 亿人，网络购物用户规模达 6.10 亿人，占网民总体比例达 73.6%，其中手机网络购物用户规模高达 5.92 亿人。2018 年电子商务交易额为 31.63 万亿元，网络零售额超 9 万亿元。

居民在支付习惯上发生了重大变化，电子化网络支付成为主流。网络支付用户规模已达 6 亿人，手机网络支付用户规模达 5.83 亿人。网民在线下消费时使用手机网络支付的比例在 2018 年已达 67.2%。[①] 支付宝和微信支付已分别在 40 个以上国家和地区合规接入。在跨境支付方面，中国已经引领全球新趋势。

四、从商品市场到生产要素市场

我国市场体系建设，是以商品市场培育为起点的。随着社会主义市场经济体制不断改革与推进，我国市场体系建设大体上经历了从以商品市场建设为主，到以推进和加快要素市场建设为主的两大历史阶段[②]。商品市场是现代市场体系的基础，要素市场的培育、发展和扩大，是现代市场体系成熟和完善的重要标志。

（一）价格改革推动商品市场化建设

从我国市场体制建设来看，商品经济与资本主义的联系率先脱了钩。改革初期，农村商业、个体商业和城市供销系统都存在不同程度的变革，商品经济已经呼之欲出。但是对商品流通影响更大，更需要调整和转变的，是传统上对商品经济的认识。有计划的商品经济提出来之后，我国的物价和工资制度改革也全面展开。在城市放开了肉、鱼、禽、蛋、蔬菜、水果等副食品价格。

---

① 中国互联网络信息中心（CNNIC）：第 43 次《中国互联网络发展状况统计报告》，见 http://www.cac.gov.cn/2019-02/28/c_1124175677.htm。

② 参见陈甬军、张小军、庄尚文：《我国市场体系建设的历程》，载邹东涛主编：《发展和改革蓝皮书之中国经济发展和体制改革报告 No.1》，社会科学文献出版社 2008 年版，第 128 页。

商品流通体制改革，尤其是价格体制的改革，是紧随物质扩大生产之后最为迫切的事情。从 20 世纪 80 年代初开始，计划外商品的生产，已经随着各类承包制的推行逐步扩展开来。主管基础工业的部门逐渐放松了对原有计划配额制的严格管理，既给企业"计划内指标"，又有少量"计划外指标"。企业按计划外指标生产的产品，就可以不按照计划价格由指定企业收购，而可以在市场上按照形成的市价进行销售。但计划外商品的价格，并不是完全自主定价，计划外商品生产使用的生产资料，也不能像生产计划内产品那样享受低价，甚至在许多情况下，许多企业面临着计划外虽有生产权限，但无法购买计划外的生产资料的尴尬困境。如何能够满足计划外商品生产的需求？看来除了放开生产的权限，还需要对这些允许生产的产量以生产的激励，而突破口就在生产资料定价上。

1984 年，随着一场由中青年经济工作者参加的会议召开，"生产资料的价格双轨制"正式被推向高层决策者。而随着经济的发展和生产生活的需要，价格双轨制的弊端也逐步浮上水面，完成价格闯关、形成由价格来引导和配置资源的方式又是势在必行。1988 年第一次价格闯关在高通胀背景下草草收场，经过三年经济治理整顿之后，宏观经济为价格再次闯关打开了关键的改革窗口，1992 年价格顺利闯关。

到 1993 年春天，政府定价的比重已经很小了。在社会零售商品总额中，95% 已经放开；在农副产品收购总额中，90% 已经放开；在生产资料销售额中，85% 已经放开。就是西方市场经济国家，政府之间或间接管理的价格也有 20% 左右，中国放开价格的比重不比西方国家低。到 2017 年，商品市场中由市场定价的已占到 98% 以上。市场建设的薄弱环节重点，主要在于生产要素市场。

（二）土地权利进入市场交易

所有的生产经营活动，都离不开土地、劳动力、资本等要素投入。关键是，要素究竟以何种方式进入生产？要素市场化建设，对市场经济体系的完善至关重要。

首先是土地尤其是土地权利的市场化。改革开放之初，为满足基础设施建设需要，大量的建设用地取得形式非常单一，其基本模式是通过土地审批和无偿划拨。这种模式是在当时法律约束下的选择，根据我国第一部《宪法》的规定："任何组织或者个人不得侵占、买卖、出租或者以其他形式非法转让土地。"在根本大法的框架下，国有土地使用只有行政划拨的方式，别无选择。划拨的土地无偿使用，且没有规定使用期限，也不允许转让。直至改革开放初期，其他领域逐步放松计划管制，但国有土地使用仍严格延续了计划配置土地资源的方式。1979 年《中外合资经营企业法》规定"中国合营者的投资可包括为合营企业经营期间提供的场地使用权，如果场地使用权未作为中国合营者投资的一部分，合营企业应向中国政府缴纳使用费"。自此开始，才有了土地有偿使用，打破了无偿使用国有土地的制度体系。1982 年，深圳率先走出了一步，开始以城市土地的等级为标准，向土地使用者收取不同标准的使用费，土地批租制度开始逐步确立起来。这意味着全国土地使用制度有了重大改革，这是撬动土地要素市场化的关键一步。

1994 年开始，国有土地使用权的出让金全部留归地方，在一定程度上引起了"土地热"，政府垄断土地一级市场制度，为财政提供了可靠的支撑。自1999 年至 2016 年，全国土地出让总收入已经超过 31 万亿元，20 多年土地出让收入涨了 100 倍[①]。

2013 年，党的十八届三中全会提出建立城乡统一的建设用地市场。2014 年的"中央一号文件"正式提出了农村土地所有权、承包权、经营权"三权分置"的政策，也进一步提出要赋予农民对承包地的各项权能，允许农民的土地承包经营权向金融机构抵押、担保。2014 年 12 月，中央全面深化改革领导小组召开的第七次会议审议了《关于农村土地征收、集体经营性建设用地入市、宅基地制度改革试点工作的意见》，为新一轮土地制度变革具体的工作安排指明了方向。2015 年 8 月 24 日，国务院印发了《关于开展农村承包土地的经营权和农民住房财产权抵押贷款试点的指导意见》，明确提出要赋予土地承包经营权抵押融资功能，并建立健全抵押物处置机制和配套措施，进一步落实农村土地的用益物权，赋予农民更多的财产权利。这是一个重大的变革，标志着长期被

---

① 　根据财政部 1999—2016 年年度收支情况计算。

压抑的农村土地产权被赋予新的权能，有了财产收益的权利。

中央不断完善农民闲置宅基地和闲置农房政策，探索宅基地所有权、资格权、使用权"三权分置"，落实宅基地集体所有权，保障宅基地农户资格权和农民房屋财产权，适度放活宅基地和农民房屋使用权。

（三）放松管制培育劳动力市场

劳动力的市场化源于管制的放松。改革开放前，劳动力无法自由流动。[1]1980年，中央还曾要求压缩清退来自农村的计划外用工，并严格控制农村劳动力流入城镇。一直到1984年改革重点转向城市，乡镇企业有了更快速的发展，尤其是农村生产率大幅提高，劳动力的需求方和供给方都在寻找一个新的制度平衡，打破劳动力流动的城乡二元障碍呼之欲出。国家开始逐步允许农民进城，但仍要自筹资金、自理口粮。即使是这样的约束，在巨大的收入差距下，农村仍然转移出来大量劳动力。实行了30年的限制城乡人口流动的就业制度开始松动，在一定程度上也标志着劳动力这个要素开始向市场化转型，农村劳动力开始快速向城市转移。政府也允许农民从事长途运输和在本地市场之外销售其产品，农民第一次拥有在其家乡以外的地方进行商业活动合法的权利。据统计，到1989年，全国外出农民工已经达到3000多万人，第一次出现了"民工潮"。

1993年11月召开的党的十四届三中全会明确提出建立劳动力市场体系，这是我国第一次明确提出要培育和发展"劳动力市场"。农村转移劳动力占农村劳动力的比率不断上升。此后，跨行业、跨地区的职工人数变动率明显上升。

党的十八大以来，城乡劳动力流动过程中的最大障碍——户籍制度——有了重大突破。目前31个省份已经出台了关于户籍制度改革的方案，这些方案都共同指向一点，就是取消农业户口。可以说，从1958年至今，在我国存在了50多年的城里人和农村人的二元户籍将不复存在。特别是2013年《人力资源社会保障部关于加快推进人力资源市场整合的意见》的出台，使人才市场

---

① 关于改革开放前我国农村人口流动的政策，参见韩长赋：《改革开放前我国农村人口流动的简要回顾》，载《中国农民工的发展与终结》，中国人民大学出版社2007年版，第9页。

和劳动力市场的整合改革工作加快了步伐。随着城乡公共服务均等化的推进，依附于户籍的福利不断被剥离，劳动力市场化的制度性壁垒已经大大减低，功能多元健全、运行有序规范的人力资源市场体系基本形成。

（四）建立并完善现代资本市场

改革开放之前，我国的金融体系非常单一，只有中国人民银行一家。它既是裁判员又是运动员，一肩挑起宏观调控的重任，另一肩则为非独立决策的微观经济主体按照国家指令提供商业金融服务。具有典型的"全能银行"的特点，它既执行中央银行职能，掌管金融政策、发行货币、代理国库等，又办理一般银行的存款、贷款、汇兑等业务。

20 世纪 90 年代上半期和中期的金融体制改革，建立了符合市场经济需要的金融机构和金融市场基本框架，实现了政策性金融和商业性金融的分离，确立了中国人民银行的中央银行地位。国有专业银行进行了商业化改革。在汇率的决定机制上，汇率体制进行了重大改革，实行由市场供求决定的、单一的、有管理的浮动汇率制度，实现了人民币在经常项目下有条件可兑换。

1990 年上海证券交易所挂牌成立，成为中国资本市场发展的一个里程碑，也是我国改革开放的一个标志性事件。2004 年中小企业板成立，2009 年创业板成立，2013 年全国股转系统（新三板）成立，2019 年科创板成立。

党的十八大以来，我国多层次资本市场体系建设加快推进，基础制度不断夯实。服务于所在省级行政区域内中小微企业的私募股权市场——区域性股权市场——发展如火如荼。目前，区域性股权市场在全国已设立 40 家，挂牌企业 2.14 万家，还有超过 7.3 万家展示企业。[①] 如今，已经形成了一个比较完善、与中国经济发展相适应的风险资本市场体系。

五、从地方保护到全国统一大市场

市场建设是改革开放以后才有的概念。新中国成立后至改革开放前，经

---

① 参见曹凤岐：《中国资本市场的改革、创新与风险防范》，《金融论坛》2018 年第 9 期。

济管理体制改革主要围绕着中央及地方谁来管理，是按照"条条"管理还是按照"块块"管理等问题开展。"画地为牢"的地方保护主义盛行。

（一）"画地为牢"的市场分割体系

最初实施的"一五"计划，逐步形成集中统一由中央来管理，并且按照条条为主进行管理的体制。这种模式确实有助于集中财力保障重点项目建设，但是缺乏灵活性、集权过多的弊端很快就显现出来了。1957 年中央决定实行中央和地方的财政分权改革，以增加地方和企业的自主权，事关计划管理、基础设施建设的审批、财税等权限，不断下放给地方。分权改革的一个重要取向，主要是希望各地实现自求平衡，分别建立相对完整的工业体系。事与愿违，在财政分权过程中，各地为了尽量增加本地财政收入，纷纷上马见效快、价高利大的工业项目[1]，画地为牢的地区封锁现象开始出现。20 世纪 60 年代时，中央重新强调统一领导和中央集权的制度安排，"文化大革命"期间，出现了盲目权力下放的情形，经济体制改革出现了混乱。

直至改革开放前，政企不分、画地为牢、区域封锁以及条块分割的现象还是非常严重。一方面，地方对产品进行区域封锁和区域保护，用行政命令防止外地产品进入本地市场，保护本地产品的竞争力。同时，也限制本地资源流出。[2] 另一方面，地方对本地企业进行封锁和保护。限制企业到外地扩张投资，对本地企业实施更多的税收减免政策。在这种制度下，各地"羊毛大战""棉花大战""桑蚕大战"等此起彼伏。

1994 年分税制改革之后，财权上升事权下降，地方政府之间的竞争更加激烈[3]，也在一定程度上导致了竞争性的"盲目投资、重复建设"情况。在以 GDP 为考核指标的导向下，地方政府的最优策略就是大量吸引外资，创造 GDP、创造税收、带动就业。于是，在招商引资过程中，竞争性开展税收优惠、土地优惠，不利于全国统一市场建立。国务院发展研究中心"中国统一市

---

① 参见白明：《区域市场分割及其成因分析》，《时代金融》2007 年第 7 期。

② 参见陈甬军：《论中国地区市场封锁问题》，《经济学家》1992 年第 4 期。

③ 张五常在《中国的经济制度》一书中，生动描绘了分税制改革后地方政府之间的竞争如何促进经济发展、地方合约结构如何影响吸引外资的行为。

场建设"课题组调查发现①，地方最普遍使用的手段依次是：阻止外地产品进入的其他非正式无形限制、工商质检等方面的歧视、直接限制外地产品的销售数量、价格限制和地方补贴、对外来企业原材料投入方面的干预等。

（二）开放条件下构建全国统一大市场

改革开放之后，政企逐步分开，现代市场意义上的市场主体才真正出现，打破条块分割、统一市场监管、维护市场秩序，成为这个阶段全国统一市场构建的核心主题。

一方面，市场对外要统一。改革开放后，尤其是中国加入 WTO 之后，中国市场对外开放程度不断提升，外资利用水平和质量不断提高，中国企业"走出去"的步伐更加坚实，对外统一市场雏形基本显现。另一方面，市场对内也要统一。主要体现在区域经济一体化、打破行业垄断和地区封锁、统一市场交易法律制度体系等方面。

1. 以区域一体化促进地区统一市场形成

构建公平竞争、开放有序的区域性统一市场是国内统一市场形成的前提和基础。改革开放以来，已经形成京津冀、长三角、珠三角、粤港澳大湾区等系列区域经济一体化的新格局。这些地区应在形成全国统一市场过程中，按照优势互补、产业分工和共同富裕的原则率先建立区域性的统一市场。

2. 重点突破：打破行业垄断和地区封锁

行政性垄断是阻碍统一市场形成的重要因素，表现为行业垄断和地区垄断两方面。2013 年 11 月，党的十八届三中全会通过了《中共中央关于全面深化改革若干重大问题的决定》，指出："清理和废除妨碍全国统一市场和公平竞争的各种规定和做法"，"进一步破除各种形式的行政垄断"，"严禁和惩处各类违法实行优惠政策行为，反对地方保护"，就是要打破行政权力对统一市场进行的垄断和不合理干预。

在统一市场准入、统一市场监管、统一城乡建设用地市场、统一内外资

---

① 国务院发展研究中心"中国统一市场建设"课题组：《中国国内地方保护的调查报告——基于企业抽样调查的分析》，《经济研究参考》2004 年第 6 期。

法律法规等方方面面进行政策设计，有效地为统一市场构建提供了制度保障。统一市场准入，保证了各类市场主体的公平进入；统一市场监管，提供了公平的游戏规则和奖惩措施；统一城乡建设用地市场，恢复了土地资源按照市场稀缺进行配置的基本规律，为农民平等享受土地增值收益提供了保障；统一内外资法律法规，让外资企业和内资企业在统一的制度框架下竞争，为统一开放、竞争有序市场的建设提供了法律基础。

（三）规范市场交易和统一市场监管

改革开放初期，外资企业进入倒逼着我国从法律体系上完善监管，《中外合资经营企业法》等重要法律法规快速出台，为规范经济建设提供了重要的法制保障。1992 年确立建立社会主义市场经济体制目标后，为促进公平交易、保护正当竞争，我国在 1993 年就通过了《中华人民共和国反不正当竞争法》，用以规范市场微观主体的不正当竞争行为。与此同时，《产品质量法》《消费者权益保护法》《公司法》等系列法律，成为规范市场主体、调整市场行为的基础性法律。

从政府角度看，通过理顺市场监管体制、统筹市场监管职能，深化"放管服"改革，不断在全国范围统一市场监管。2014 年，国务院印发《关于促进市场公平竞争维护市场正常秩序的若干意见》，从放宽市场准入、强化市场行为监管、夯实监管信用基础、改进市场监管执法、改革监管执法体制、健全社会监督机制、完善监管执法保障以及加强组织领导 8 个方面提出了 30 条措施。2018 年，实行全国统一的市场准入负面清单制度。2019 年还将建立实时和定期调整相结合的市场准入负面清单动态调整机制，建立全国统一的清单代码体系。

为避免传统条块分割体制下市场监管多头管理、无人负责的情形，在2018 年的新一轮国务院机构改革中，还组建了有利于统一市场监管的国家市场监督管理总局，将国家工商行政管理总局的职责、国家质量监督检验检疫总局的职责、国家食品药品监督管理总局的职责、国家发展和改革委员会的价格监督检查与反垄断局执法职责、商务部的经营者集中反垄断执法职责以及国务院反垄断委员会办公室等职责进行充分整合。

　　改革开放后的这 40 年内，基本形成了以法律、行政法规、部门规章为主体、比较健全的市场监督管理法律体系，为市场交易行为的规范提供了基本准则。

（四）构建公平竞争的市场环境

　　公平竞争的市场环境，是构建全国统一大市场的制度基础。党的十八届四中全会提出[①]，"健全以公平为核心原则的产权保护制度，加强对各种所有制经济组织和自然人财产权的保护，清理有违公平的法律法规条款"。2016 年 6 月，国务院印发《关于在市场体系建设中建立公平竞争审查制度的意见》。2017 年 10 月，国家五部门联合印发《公平竞争审查制度实施细则（暂行）》。全国各级政府、各个部门在立法、政策制定中逐步建立了公平竞争审查制度。

　　各地在保护公平竞争方面，已经开展了实质性的行动。按照 2017 年 12 月出台的《2017—2018 年清理现行排除限制竞争政策措施的工作方案》，各地全面清理了有违平等保护各种所有制经济主体财产所有权、使用权、经营权、收益权等各类产权的规定，全面清理了不当限制企业生产经营、企业和居民不动产交易等民事主体财产权利行使的规定，全面清理了在市场准入、生产要素使用、财税金融投资价格等政策方面区别性、歧视性对待不同所有制经济主体的规定，不断完善产权保护制度、优化营商环境。

　　区域间、各地方政府间对市场主体竞相开放，竞争政策基础性地位确立，全国统一大市场形成的基础和前提也有了坚实的制度基础。

（杨振 撰写）

---

① 参见 2014 年 10 月 24 日中国共产党第十八届中央委员会第四次全体会议通过的《中共中央关于全面推进依法治国若干重大问题的决定》。

第六章

分配制度：从"平均主义"走向"共富共享"

收入分配制度作为所有制的"反面"，一头连着"生产与效率"，另一头连着"生活与公平"。新中国成立 70 年来，我国不断改革收入分配制度，从坚持按劳分配，到强调按劳分配与按生产要素分配相结合；从平均主义到让一部分人先富起来，再到强调先富带动后富，实现共同富裕，进而充分调动各类经济主体尤其是劳动者的积极性，因此，收入分配制度成为推动中国经济快速发展，创造中国发展奇迹的重要制度保障。

一、新中国成立初期：从按劳分配走向平均主义

新中国成立初期，百废待兴，在中国共产党的领导下，迅速恢复了国民经济，通过社会主义改造建立起社会主义基本经济制度，人民群众生活有了基本保障和结构性改善。因缺乏社会主义经济建设的经验，从 20 世纪 50 年代中期开始，我国社会主义分配制度从合理公平的按劳分配逐渐走向绝对平均主义，制约了国民经济增长和人民生活水平提高。

（一）1949—1952 年国民经济恢复时期，形成多种分配方式并存的分配关系，人民群众生产和生活开始好转

新中国成立后仅仅三年时间，我国国民经济就迅速恢复，形成了五种经济成分，即个体经济、合作社经济、私人资本主义经济、国营经济和国家资本主义经济。生产方式决定分配方式，我国工农业生产中也形成了自给自足、按劳分配和按生产要素分配等三种主要分配形式；在从事公共服务和管理的党政

机关和军队部门则实行供给制。

我国工农业生产的恢复性快速增长，人民收入和生活水平得到了较大程度改善。1949 年国民收入总额为 358 亿元，到 1952 年增至 589 亿元，三年的增速分别达到 19.0%、16.7% 和 22.3%。[①] 农村经过土地改革，农民无偿获得了 7 亿亩耕地，人均每年免除近 100 公斤粮食地租，农村高利贷被基本消灭，许多农民又分到了房屋、耕牛等生产生活资料，生产积极性得到了极大的激发和释放。1952 年农业总产值比 1949 年增长 48.5%，其中粮食产量超过解放前最高产量 9.27%，棉花产量超过一半以上。[②] 农民人均收入增长 30%，人均消费水平提高约 20%，食用油、肉、棉布的消费量提高 50% 左右。[③] 1952 年工业生产相比于 1949 年，增长 144.9%，年均增长 34.8%；城市就业人数显著增加，职工工资水平提高 70%。国营企业开始建立劳动保险制度，兴办起各类福利事业，职工实际生活水平改善程度大大超过工资收入的提高幅度。

1952 年我国国民经济大部分恢复到第二次世界大战前最高水平，但中国经济发展水平实际上很落后，仍然是一个以农业为主的国家，现代工业产值的比重只有 26%。在这样的生产力基础上，中国人民收入水平非常低，1952 年，我国人均国民年收入仅有 102.47 元，按当时美元价值计算，只有 42 美元，是美国的 1/42、苏联的 1/10、英国的 1/20、日本的 1/4.5[④]。

（二）1953—1957 年，我国建立起社会主义基本经济制度和计划经济体制，形成以按劳分配为主体比较合理的分配制度，人民群众收入和生活水平继续改善提高

1953 年，毛泽东在《关于党在过渡时期的总路线》中，提出"要在一个相当长的时期内，逐步实现国家的社会主义工业化，并逐步实现国家对农业、对手工业和对资本主义工商业的社会主义改造"。到 1956 年，我国社会主义改造取得了决定性胜利，社会主义生产资料的公有制全面建立，全民所有制和集

---

① 郑有贵主编：《中华人民共和国经济史（1949—2012）》，当代中国出版社 2016 年版，第 16 页。
② 苏星：《新中国经济史》（修订本），中共中央党校出版社 2007 年版，第 139 页。
③ 赵德馨：《中国近现代经济史（1949—1991）》（修订本），厦门大学出版社 2017 年版，第 51 页。
④ 赵德馨：《中国近现代经济史（1949—1991）》（修订本），厦门大学出版社 2017 年版，第 52 页。

体所有制在国民经济中占据绝对优势地位，苏联的计划经济体制模式在中国基本建立起来，我国开始实施以优先发展重工业为重点的"一五"计划。

优先发展重工业战略的实现需要提高积累率，降低消费率。我国"一五"计划实施过程中，确立的是"保证国家建设的前提下，适当地提高人民生活水平"的方针，较好地兼顾了人民当前利益与长远利益，基本上做到了生产和生活、投资和消费的平衡。在分配制度上，国营企业实行"八级工资制"，农村合作社实行工分制，党政机关和军队的供给制改成工资制。以 1956 年 6 月 16 日国务院发布的《关于工资改革的决定》为标志，我国在 20 世纪 50 年代初正式确立起职工工资分配制度。这一分配制度较好地贯彻了按劳分配原则，使按劳分配成为主要分配形式，有效提高了劳动者积极性，具体内容是：1. 取消工资分制度和物价津贴制度，实行直接用货币规定工资标准的制度；2. 改进工人的工资等级制度，使熟练劳动和非熟练劳动、繁重劳动和简易劳动等不同强度和性质的劳动工资等级制度更加合理；3. 改进企业职员和工程技术人员的工资制度，按照技术贡献给予特定津贴；4. 推广和改进计件工资制。在实行货币工资制度的同时，国家特别注重思想教育，较好地实现了物质激励和精神鼓励相结合，为全面开展社会主义建设调动起了职工的两大动力。

发展重工业需要提高积累率，增加建设资金，尽管劳动者收入增长速度低于劳动生产率的增长速度，但劳动者的实际工资也在稳步提高。1952—1957 年，国营工业企业职工平均每人提供的利润和税收从 1220 元增加到 2040 元，提高了 67.2%，年均提高 10.6%；职工的工资从 515 元提高到 632 元，提高了 22.7%，年均提高 4.2%。[①] 在工资收入增长的同时，城镇职工的劳动保险和生活保障也在逐步改善，农村居民的医疗卫生和生活保障也有了较大程度提高。1952—1957 年，从人民群众的消费水平看，全国居民由 80 元提高到 108 元，农村居民由 65 元提高到 81 元，城镇居民由 154 元提高到 222 元，三者分别提高了 21.3%、16.8%、31.7%。[②]

---

① 汪海波：《对党的经济纲领的历史考察（1949—2011）》，中国社会科学出版社 2012 年版，第 153 页。

② 国家统计局国民经济综合统计司编：《新中国五十年统计资料汇编》，中国统计出版社 1999 年版，第 131 页。

（三）1958—1978 年强化计划经济体制，经济建设"大跃进"，按劳分配走向平均主义

1958 年，中共八大二次会议通过"鼓足干劲，力争上游，多快好省地建设社会主义"的总路线，反映了广大人民群众迫切要求改变经济文化落后状况的普遍愿望。由于急于求成，违背经济规律，轻率发动"大跃进"和农村人民公社化运动，经济建设和生产发展中行之有效的按劳分配原则被错误地抛弃，逐渐形成工农业生产中的平均主义，给经济社会造成严重后果。

在"以粮为纲"的农业"大跃进"推动下，农村人民公社化运动快速推进，农村高级农业生产合作社刮起"一平二调"的"共产风"，取消工分制，实行以吃饭不要钱和生活资料"几包"的供给制①。到 1958 年 10 月底，全国 74 万个农业社改组合并成 2.6 个公社，加入的农户占总数的 99% 以上。人民公社的基本特点是"一大二公"，所谓"大"，一是规模大，人多地多；二是经营范围大，农林牧副渔全面发展，工农商学兵五位一体；所谓"公"，是指公有化程度高，实行单一的公社所有制，由公社统一核算、统一分配，社员的自留地、家禽家畜、果树及大型农具等收归集体所有，家庭副业、小商小贩以及集市贸易等被取消，废除生产资料的私有制。人民公社化运动是我国农村社会经济体制的一次重大变革运动，其实质是试图在生产力不发达基础上尽快建立一个"按需分配"的普遍平等、公平的理想共产主义社会。实际上，这种想法超越了历史发展条件和阶段。1960 年 11 月 3 日，中共中央发布《关于农村人民公社当前政策问题的紧急指示信》，指出：一平二调的"共产风"，严重地破坏以生产队为基础的公社三级所有制，破坏农业生产力，必须坚决反对，彻底纠正。在现阶段，在很长时期内，至少在今后二十年内，人民公社分配原则还是按劳分配。人民公社分配制度调整变革的基本动因是中国共产党对社会主义、中国国情及公社认识的不断深化，以及经济严重困难的压力和党中央实事求是的精神与勇气②。1962 年 2 月 13 日《中共中央关于改变农村人民公社基本核算

---

① 如"七包""十包"甚至"十五包""十六包"。"十六包"是指衣、食、住、行、生、老、病、死、婚、育、学、乐、理发、洗澡、缝纫、电费等都由公社包下来。

② 辛逸：《农村人民公社分配制度研究》，中共党史出版社 2005 年版，第 41 页。

单位问题的指示》公布，以此为标志，我国农村进入"三级所有、队为基础"的 20 年相对稳定发展时期，分配方式采取按需分配和按劳分配相结合。生产队产品分配分成三部分：对国家主要是上缴农业税和完成国家的征派购农副产品任务；对集体主要是公积金和公益金的提留，俗称"二公粮"；余下的是生产队队员的收入。社员的个人分配分成两部分，一部分是按人头分配的口粮，另一部分是按劳动工分分配的收入。此外，集体经营之外的自留地和家庭副业，也是社员个人收入的来源。

在"以钢为纲"的工业"大跃进"推动下，基本建设规模盲目扩大，积累与消费比例失调，超过了国家、社会和人民的承受力。工业"大跃进"只算"政治账"，不算"经济账"，产生大量粗制滥造、质量低劣，没有使用价值的产品乃至废品导致严重的浪费。大炼钢铁过程中，为了确保"钢帅升帐"，轻工业被迫"停车让路"，轻工业品和手工业品供应十分紧张。农业、轻工业、重工业比例失调，严重影响了人民群众的生产和生活。1958 年因大炼钢铁，许多农村青壮年劳力、农具、牲畜被抽调到工业上，大量粮食、棉花等农作物被迫抛在地里无人收割，丰产也不能丰收。从 1957 年到 1961 年，全国人民平均消费水平下降了 20.11%。面对工业"大跃进"产生的严重问题，1961 年中共中央提出"调整、巩固、充实、提高"的方针（以下简称"八字方针"），以恢复国民经济的正常运转，9 月 16 日，中共中央颁布《国营工业企业工作条例（草案）》（以下简称《工业七十条》）。强调企业是独立的经济核算单位，国家对企业实行"五定"，企业对国家实行"五保"①，建立和健全以党委领导下的厂长负责制为核心的企业制度，贯彻按劳分配原则，反对平均主义，用经济办法管理企业经济，注重利润指标和物质利益原则，恢复奖金制度等。贯彻"八字方针"后，我国工业内部比例失调状况得到扭转，工业经济主要技术指标有了较大提高。但是 1962 年党的八届十中全会后，"左"倾错误思想重新抬头，许多改革被迫停止。1966 年之后，中国更是走上了以阶级斗争为中心的错误发展路线，给国

---

① "五定"即定产品方案和生产规模，定人员和机构，定主要的原料、材料、燃料、动力、工具的消耗定额和供应来源，定固定资产和流动资金，定协作关系。"五保"即保证产品的品种、质量、数量，保证不超过工资总额，保证完成成本计划并且力求降低成本，保证完成上缴利润，保证主要设备的使用期限。

民经济造成重大损失。

从新中国成立初期至 20 世纪 70 年代末，受国内外诸多因素影响，我国一直试图改变苏联模式的一些经济弊端，努力探索试行了一些计划经济体制下公平与效率有效结合的分配制度，但整体上从科学合理的按劳分配关系全面走向平均主义，如农村多种形式的生产责任制被最终废止，工商业生产经营体制上政企职责不分问题时强时弱，"干多干少一个样、干好干坏一个样、干与不干一个样"，企业吃国家"大锅饭"、职工吃企业"大锅饭"。从形式上看，平均主义分配关系下社会各成员几乎享有完全一样的经济权利，基尼系数基本在 0.2 以下，60 年代甚至降为 0.1，实现了人人几乎完全相同的分配结果。但是，这种以结果公平为目的平均主义分配方式不能体现社会主义制度下劳动者的差异性，严重挫伤了广大劳动者的积极性和创造性，降低了全社会的劳动生产率水平，不仅导致国民经济陷入困境，而且使人民群众的收入增长缓慢，生活质量在低水平上长期徘徊不前，甚至在广大农村连温饱问题都得不到解决。

二、改革开放：让一部分人先富起来，先富带动后富

1978 年党的十一届三中全会后，我国进入改革开放的新时期。人民生活质量实现了从温饱型向小康富裕型的根本转变，达到中国历史上前所未有的新高度。

（一）1978—1987 年，破除平均主义、恢复按劳分配，允许并鼓励一部分人通过诚实劳动合法经营先富起来

改革开放初期，分配关系调整和领域改革的重点是打破平均主义，尽快把国民经济的"蛋糕"做大。为了调动全社会生产劳动积极性，改变长期以来"平均主义"思想和分配关系，1977—1978 年我国思想理论界进行了四次按劳分配理论讨论会。1978 年 5 月 5 日，国务院政治研究室以"特约评论员"名义在《人民日报》发表《贯彻执行按劳分配的社会主义原则》一文，使按劳分配的名誉得到了正式恢复，邓小平同志说："这篇文章我看了，写得好，说明了按劳分配的性质是社会主义的，不是资本主义的。""我们一定要坚持按劳分配的社会主

义原则。按劳分配就是按劳动的数量和质量进行分配。""处理分配问题如果主要不是看劳动，而是看政治，那就不是按劳分配，而是按政分配了。总之，只能是按劳，不能是按政，也不能是按资格。"① 很快，国务院在 1978 年 5 月 7 日发布《关于实行奖励和计件工资制度的通知》，成为针对"文化大革命"以来企业职工分配问题的第一个体现按劳分配原则的中央文件。

1978 年 12 月 13 日，邓小平同志发表《解放思想，实事求是，团结一致向前看》的讲话，首次提出："在经济政策上，我认为要允许一部分地区、一部分企业、一部分工人农民，由于辛勤努力成绩大而收入先多一些，生活先好起来。一部分人生活先好起来，就必然产生极大的示范力量，影响左邻右舍，带动其他地区、其他单位的人们向他们学习。这样，就会使整个国民经济不断地波浪式地向前发展，使全国各族人民都能比较快地富裕起来。"② 随后召开的党的十一届三中全会决定首先以农村分配制度为改革突破口，通过《中共中央关于加快农业发展若干问题的决定（草案）》和《农村人民公社工作条例（试行草案）》等一系列文件，提出"不允许无偿调用和占有生产队的劳力、资金、产品和物资；公社各级经济组织必须认真执行按劳分配的社会主义原则，按照劳动的数量和质量计算报酬，克服平均主义"的改革要求。1978 年冬，安徽省凤阳县小岗生产队开始试行"大包干"的包产到户，吹响了我国农村改革的冲锋号。在中央支持下，1978 年底在全国范围内正式开始施行家庭联产承包责任制，这种分配关系被形象地概况为"大包干，大包干，直来直去不拐弯。保证国家的，留足集体的，剩下都是自己的"。到 1982 年 6 月，全国实行农户家庭承包的生产队达到 86.7%；到 1983 年底，已占 93%。③ 1978—1997 年农村推行和完善家庭联产承包责任制"是我国农业生产发展最快的 20 年"④，我国农村居民人均纯收入从 1978 年的 133.6 元提高到 1997 年的 2090.1 元，年均增长 2.74 倍。这一分配制度改革举措成为我国改革开放 40 多年最鲜明的成功标志之一。

---

① 《邓小平文选》第二卷，人民出版社 1994 年版，第 101 页。
② 《邓小平文选》第二卷，人民出版社 1994 年版，第 152 页。
③ 周太和主编：《当代中国的经济体制改革》，中国社会科学出版社 1984 年版，第 273 页。
④ 苏星：《新中国经济史》（修订本），中共中央党校出版社 2007 年版，第 538 页。

　　我国城市企业改革是从扩大企业经营自主权开始的，相应地，在企业内部开始实行多种形式的计件工资制度，把大家评议决定奖金分配改为通过计算确定奖金，以拉开档次，克服平均主义，理顺工资关系，使职工收入和劳动成果直接挂钩，职工可以多劳多得，受到广泛欢迎。1980 年，在"国家多收、企业多留、职工多得"的三兼顾原则下，在城镇国营企业开始试行承包制，其中首都钢铁公司是第一批国家试点企业，也是比较成功的。首钢的承包制中，上缴利润逐年按 7.2% 的递增率包干，10 年即可翻一番，保证国家经济利益的稳收和多收；上缴后的留利全部归企业支配，严格按 6∶2∶2 的比例进行合理分配使用，即 60% 用于发展生产，20% 用于集体福利，20% 用于工资奖励；工资总额浮动率与实现利润递增率按 0.8∶1 挂钩，保证生产发展速度大于生活消费增长速度。首钢承包制改革成效显著，极大地调动了职工的生产劳动和管理积极性，劳动生产率大幅度提升，1979—1989 年，首钢职工人均收入（包括奖金）由 61.57 元增加到 240 元，增长 2.9 倍，人均创利税由 4569 元增加到 22650 元，增长 3.96 倍[①]。

　　随着农村家庭联产承包责任制在全国推行和城镇企业承包制试点改革初步取得成功，为全国上下继续坚持和深化所有制和分配制度改革创造出十分有利的社会氛围。1984 年 10 月，党的十二届三中全会通过《中共中央关于经济体制改革的决定》，决定经济体制改革的重点由农村转向城市，由单向改革过渡到全面改革，提出：长期以来，我们错误地把社会主义要达到共同富裕理解为大家平均，生怕一部分人富了会产生两极分化，所谓"不患寡而患不均"的思想相当严重。该决定提出社会主义经济是"公有制基础上的有计划的商品经济"，尝试"建立以承包为主的多种形式的经济责任制"。从 1985 年开始，承包经营责任制在全国全面实施，与之相适应，5 月 1 日，国务院发布《关于国营企业工资改革问题的通知》，在大中型企业普遍采用工资总额与经济效益挂钩浮动（工效挂钩）制度。到 1988 年，全国 40 多万个国营企业中，有 80% 的企业推进了企业内部分配制度改革。

　　20 世纪 80 年代初，城乡经济体制改革和以恢复按劳分配为重点的分配制

---

① 邵宁主编：《国有企业改革实录（1998—2008）》，经济科学出版社 2014 年版，第 15 页。

度改革有效破除了平均主义"大锅饭"，广大农民和企业职工收入得到明显改善。1986年3月28日邓小平会见新西兰总理朗伊时指出："我们坚持走社会主义道路，根本目标是实现共同富裕，然而平均发展是不可能的。过去搞平均主义，吃'大锅饭'，实际上是共同落后，共同贫穷，我们就是吃了这个亏。改革首先要打破平均主义，打破'大锅饭'，现在看来这个路子是对的。"①8月，邓小平在视察天津时提出："我的一贯主张是，让一部分人、一部分地区先富起来，大原则是共同富裕。一部分地区发展快一点，带动大部分地区，这是加速发展、达到共同富裕的捷径。"②同年9月2日，在接受哥伦比亚广播公司记者采访的谈话中，邓小平再次强调指出："社会主义财富属于人民，社会主义的致富是全民共同致富。社会主义原则，第一是发展生产，第二是共同富裕。我们允许一部分人先好起来，一部分地区先好起来，目的是更快地实现共同富裕。"③

（二）1987—2002年，我国开始形成以按劳分配为主体、按劳分配和按要素分配相结合的新型社会主义分配关系，在共同富裕的目标下鼓励一部分人通过诚实劳动和合法经营富裕起来

长期以来，我国经济学理论界和实践界把按劳分配与按要素分配对立起来。改革开放政策实施后，个体、私营和外资经济如雨后春笋般发展起来，到1987年，存在于个体经济和集体企业名下的私营企业总数全国已经达到22.5万户，从业人员总数为360万人；全国城乡个休工商户发展到1400万户，从业者达1900万人。④劳动者除了以工资（包括奖金）为主要形式的劳动收入外，已经大量获得经营、技术和各种利息（租金、股息、红利）等非劳动性资产收入，技术、管理和资本等生产要素主体在发展商品经济中的活跃作用和激励贡献程度十分显著。这些劳动者和各类人才是改革开放最早富裕起来的一批人，但由于原有思想、体制和观念等原因，对于一些富裕群体也产生很多争论乃至

---

① 《邓小平文选》第三卷，人民出版社1993年版，第155页。
② 《邓小平文选》第三卷，人民出版社1993年版，第166页。
③ 《邓小平文选》第三卷，人民出版社1993年版，第172页。
④ 唐宗焜：《我国私营经济的作用、性质和政策问题探讨》，《学习与研究》1988年第1期。

非议，如针对当时"傻子瓜子"创办者年广久百万收入、偷漏税等问题，邓小平同志曾专门讲话指出："农村改革初期，安徽出了个'傻子瓜子'问题。当时许多人不舒服，说他赚了一百万，主张动他。我说不能动，一动人们就会说政策变了，得不偿失。像这一类的问题还有不少，如果处理不当，就很容易动摇我们的方针，影响改革的全局。"可见，进一步深化认识和改革社会主义初级阶段新出现的多种收入分配形式存在的必要性和合法性，是重要的理论问题和实践热点问题。

1987 年 10 月党的十三大报告提出："在初级阶段，尤其要在以公有制为主体的前提下发展多种经济成分，在以按劳分配为主体的前提下实行多种分配方式，在共同富裕的目标下鼓励一部分人通过诚实劳动和合法经营先富起来。""我们必须坚持的原则是，以按劳分配为主体，其他分配方式为补充。除了按劳分配这种主要方式和个体劳动所得以外，企业发行债券筹集资金，就会出现凭债权取得利息；随着股份经济的产生，就会出现股份分红；企业经营者的收入中，包含部分风险补偿；私营企业雇用一定数量劳动力，会给企业主带来部分非劳动收入。以上这些收入，只要是合法的，就应当允许。"[1]这一论断，实际上承认了按生产要素分配存在的合理性，这对于保护全社会各种人才的创造性，鼓励和激发创业致富的潜力发挥了前所未有的理论指导作用。同时面对当时开始显现的收入差距问题，党的十三大报告强调收入分配关系调整一方面要有利于善于经营的企业和城市劳动的个人先富起来，合理拉开收入差距；另一方面要防止两极分化，促进共同富裕。

党的十三大以后，以提高效率、增强激励、鼓励创造致富的各类市场化分配改革方案陆续出台并实施。到 1988 年底，全国 40 多万个国营企业中，有 80% 的企业在不同程度上推进了企业内部分配制度改革。1992 年 1 月，劳动部、国务院生产办（国家经贸委前身）、国家体改委、人事部和中华全国总工会联合发出《关于深化企业劳动人事、工资分配、社会保险制度改革的意见》。随后全国开展起大规模"破三铁"（破除"铁饭碗"、"铁交椅"和"铁工资"）活动，其目的是彻底改变原有缺乏市场弹性的企业分配制度，赋予企业经营者

---

[1] 《中国共产党第十三次全国代表大会文件汇编》，人民出版社 1987 年版，第 14、38—39 页。

劳动工资和人事安排的经营自主权，改革的主要内容是，企业可以辞退工人，工作岗位不再"世袭"，企业管理人员不再终身制，员工工资将根据效益和绩效浮动。到 1992 年 2 月底，通过"破三铁"等举措，进行劳动用工制度改革的企业达到 3.9 万多户，职工 1730 万人，占职工总数的 17.3%。[①] 这一强调以绩效为核心的分配制度改革，有效提高了企业职工的工资收入，年平均工资从 1985 年的 1321 元提高到 1992 年的 3544 元，年均提高 16.1%。同时伴随各种社会兼职等灵活就业形式的发展，劳动者在工资之外也能够获得其他的收入，包括有形资产收入、金融资产收入、劳务收入和转移性收入，这些工资外收入从 1985 年的 173 元增加到 1992 年的 833 元，占个人总收入的比重，从 13.1% 上升到 23.5%。[②]"破三铁"是国有企业内部三项制度改革的先声，符合经济体制改革的大方向，是进入市场经济的必由之路，但由于新的社会保障体系尚未建立，并未取得最初预计的全部改革目标。之后，围绕三项制度理顺劳资和薪酬体系一直是深化国有企业改革，合理调整国家、集体和个人三者分配关系的主旋律。

根据 1992 年党的十四大提出建立社会主义市场经济的总要求，1993 年党的十四届三中全会通过《中共中央关于建设社会主义市场经济体制若干问题的决定》，正式提出"效率优先、兼顾公平"的分配原则，允许和鼓励资本、技术等生产要素参与收入分配，用"多种分配方式并存"代替"其他方式互为补充"的提法，这些理论突破为分配关系调整释放出更大的改革空间。1994 年，我国首次颁布《中华人民共和国劳动法》，规定指出：市场经济体制构建过程中，企业是工资分配主体，实行自主分配。用人单位根据本单位的生产经营特点和经济效益，自主确定本单位的工资分配方式和工资水平。《中华人民共和国劳动法》实施后，我国不同行业和领域之间的劳动工资水平迅速放大，部分行业年均工资增长率甚至达到 40% 以上。居民劳动收入增长保证了居民储蓄快速增长，1978—1994 年我国居民部门储蓄在国民总储蓄中的份额从 9.5% 上升至 67.4%，城乡居民成为我国金融资产的重要持有方，各种财产的增加和财

---

① 参见邵宁主编：《国有企业改革实录（1998—2008）》，经济科学出版社 2014 年版，第 35 页。

② 李享阳：《关于国有企业职工收入分配问题的调查与思考》，《中国人力资源开发》1994 年第 6 期。

产性收入形式越来越多样化，使人民群众的收入资本化趋势日益显现出来。①

我国在 1990 年先后成立上海和深圳证券交易所，股份制经济开始迅速发展。到 1996 年底，全国股份制企业已发展到约 3.6 万家，其中有限责任公司 2.68 万家，股份有限公司 9200 多家，股本总额约 6000 亿元。到 1997 年底，深沪两地共有上市公司 745 家，总股本 1771.23 亿元，总市值 17529.24 亿元，超过当年 GDP 的 1/4②。随着对外开放的深入，1996 年我国注册登记的外商投资企业达到 240447 户。股份制、股份合作制、企业重组和"三资"企业发展，促进着公有制经济和非公有制经济相互融合发展，按生产要素分配越来越成为重要的分配形式。1997 年党的十五大报告首次提出"把按劳分配和按生产要素分配结合起来"，"允许和鼓励资本、技术等生产要素参与收益分配"。

2001 年，我国加入 WTO，各种先进技术、前沿管理、金融资本等国外生产要素加入到中国的市场经济体制中，在出口导向型经济的拉动下，城乡劳动者在更大范围和更深程度上参与到市场生产和分配关系中，极大地激励了人们干事创业和财富积累的进取心。2002 年，党的十六大报告明确提出：确立劳动、资本、技术和管理等生产要素按贡献参与分配的原则，完善按劳分配为主体、多种分配方式并存的分配制度。坚持"效率优先、兼顾公平"，既要提倡奉献精神，又要落实分配政策；既要反对平均主义，又要防止收入悬殊。初次分配注重效率，发挥市场的作用，鼓励一部分人通过诚实劳动、合法经营先富起来。再分配注重公平，加强政府对收入分配的调节职能，调节差距过大的收入。

（三）2002—2012 年，调整不断扩大的收入差距，强调合理的收入分配制度是社会公平正义的重要体现，初次分配和再分配都要注重公平

自 1978 年改革开放以来，我国分配关系调整的主线始终围绕着强化公平竞争、提高经济效益，激励、增收、致富的作用显著。自 2000 年以来，市场

---

① 吴晓求、冯巍、李志玲：《我国居民收入资本化趋势的实证分析》，《金融研究》1999 年第 1 期。

② 周正庆：《论我国证券市场的健康发展》，《中国党政干部论坛》1998 年第 9 期。

化分配机制产生的收入出现两极分化现象，开始成为社会主义市场经济必须面对和解决的现实问题。如 2004 年全国农村基尼系数为 0.369，城镇为 0.330，因城乡居民收入差距较大，高达 3.08，城乡合计的基尼系数达到 0.45。[①] 在宏观分配结构中，政府公共收入和企业资本增长较快，居民包括劳动在内的各种收入增长趋缓。如 2002—2006 年，我国农村居民人均收入年均增长 6%，城镇居民家庭人均可支配收入年均增长 9.3%；同期财政收入年均增长 19.6%，四年内翻了一番；同期资本所得也大幅度上升，劳动报酬占国民收入的比重从 2001 的 51.5%下降到 2006 年的 40.6%。[②]

为了缩小城乡、地区和居民之间的收入差距，党中央着手出台相关改革和调整举措。如自 2006 年 1 月 1 日开始我国全面取消农业税，2006 年 5 月 26 日中共中央政治局召开主题会议研究解决收入分配制度和规范收入分配秩序问题，提出要按照《中华人民共和国公务员法》规定实行国家统一的职务与级别相结合的公务员工资制度，深化公务员工资制度改革，合理调整机关事业单位离退休人员待遇，提高企业离退休人员基本养老金标准、各类优抚对象抚恤补助标准、城市低保对象补助标准等等。2007 年党的十七大报告首次提出初次分配和再分配都要处理好效率和公平的关系，再分配更加注重公平，并将分配制度改革作为"加快推进以改善民生为重点的社会建设"的重要内容，把"逐步提高居民收入在国民收入分配中的比重，提高劳动报酬在初次分配中的比重"作为重要的宏观经济政策目标。

从 1978 年到 2007 年，我国经过三十年栉风沐雨的改革创新，收入分配制度不断调整完善，在收入分配效率与公平关系处理上，从破除平均主义到效率优先、关注公平，再到初次分配和再分配都要处理好效率和公平的关系、再分配更加注重公平，中国经济从落后到进入现代化中期，广大人民群众的收入和生活从低收入的温饱提高到中等收入的小康水平，中国社会主义从贫穷到富裕，开始进入全面共享的高水平发展新阶段。

---

① 程永宏：《改革以来全国总体基尼系数的演变及其城乡分解》，《中国社会科学》2007 年第 4 期。
② 牛根颖：《30 年来我国劳动就业、收入分配和社会保障体制与格局的重大变化》，《经济研究参考》2008 年第 51 期。

三、实现第一个百年奋斗目标，建成共享型小康社会

2007 年以来我国收入分配领域政策调整的方向重点是全面建成小康社会，让全国人民更公平合理分享改革开放发展成果。

（一）2012 年党的十八提出全面建成小康社会总要求，下大力气解决分配差距问题

我国改革开放的实践和世界各国的经验都证明，收入拉开差距可以促进效率，但差距过大甚至出现贫富差距，低收入群体不能分享到增长的成果，也会阻碍效率的进一步提高。我国日积月累的收入差距在 2011 年达到最高（基尼系数是 0.477），出现"中等收入陷阱"的潜在风险。2012 年党的十八大提出全面建成小康社会的新要求。小康社会作为中国共产党在初级阶段早期的发展目标，实际上更承载了中华民族古代、近代和现代三重历史使命，是提高人民物质文化生活水平，实现全体人民共同富裕，共同分享现代化发展成果的执政抓手。2012 年 11 月 15 日十八届中央政治局常委同中外记者见面时，习近平总书记指出："人民对美好生活的向往，就是我们的奋斗目标"。[①] 到 2020 年全面建成小康社会，实现第一个百年奋斗目标，成为中国共产党向人民、向历史作出的庄严承诺。

党的十八大之后，围绕全面建成小康社会的具体要求，我国加快完善社会主义基本分配制度，取得了明显的实际效果。2013 年 2 月，国务院发布《关于深化收入分配制度改革的若干意见》，提出：力争中低收入者收入增长更快一些，人民生活水平全面提高；收入分配差距逐步缩小。城乡、区域和居民之间收入差距较大的问题得到有效缓解，扶贫对象大幅减少，中等收入群体持续扩大，"橄榄型"分配结构逐步形成。通过各种改革举措和政策调整，2016 年全国居民人均可支配收入 23821 元中，转移性收入有 4259 元，比 2012 年增长 56.2%，年均增长 11.8%；人均财产性收入有 1889 元，比 2012 年增

---

① 《习近平谈治国理政》，外文出版社 2014 年版，第 3 页。

长 53.5%，年均增长 11.3%；人均工资性收入有 13455 元，比 2012 年增长 43.5%，年均增长 9.4%。2016 年全国居民人均可支配收入基尼系数为 0.465，比 2012 年的 0.474 下降 0.009。[①]

2017 年党的十九大提出，到 2020 年是全面建成小康社会的决胜期，我国按照党的十六大、十七大、十八大提出的全面建成小康社会各项要求，紧扣社会主要矛盾变化，重点打好"三大攻坚战"，使全面建成小康社会得到人民认可、经得起历史检验。

（二）全力实施脱贫攻坚工程，提高低收入群体生活富裕程度

我国自 1986 年开展大规模扶贫，到 2000 年的十几年时间里，每年平均减少贫困人口 639 万人。从 2001 年到 2010 年的 10 年里，每年减贫 673 万人。中国减贫工作是联合国评价完成最好的发展中国家，世界银行数据显示，1981—2015 年，中国累计减少贫困人口 7.28 亿人，这一数字比拉丁美洲或欧盟国家的总人口还要多，而同期世界其他地区的脱贫人口仅有 1.52 亿人。[②]

由于中国人口多，发展起点低、不平衡问题长期存在，尽管贫困人口比例下降较快，但是绝对贫困人口仍然很多，是我国全面建成小康社会的首要难题和任务。党的十八大以后，党中央提出精准脱贫和精准扶贫的发展思路。《中国农村扶贫开发纲要 (2011—2020 年)》要求：到 2020 年稳定实现扶贫对象不愁吃、不愁穿，保障其义务教育、基本医疗和住房（简称"两不愁、三保障"）。2014 年 10 月 17 日中国设立首个"扶贫日"，习近平在《对扶贫开发工作重要批示》中指出："全面建成小康社会，最艰巨最繁重的任务在贫困地区。全党全社会要继续共同努力，形成扶贫开发工作强大合力。"在全国全社会共同努力下，我国脱贫攻坚工程取得巨大成效，从 2012 年到 2017 年的 5 年间，中国现行贫困标准下的农村贫困人口由 9899 万人减少至 3046 万人，贫困人口减少 6800 多万人，易地扶贫搬迁 830 万人，贫困发生率由 10.2% 下降到 3.1%；贫困人口的营养状况、受教育程度、预期寿命以及其他福利指标也得到了全面改善。

[①]　洪银兴：《兼顾公平与效率的收入分配制度改革 40 年》，《经济学动态》2018 年第 4 期。

[②]　根据世界银行网站 Povcal Net 软件计算，见 http://iresearch.worldbank.org/PovcalNet/povOnDemand.aspx。

（三）实现第一个百年奋斗目标，建设高水平共享发展型中国特色社会主义

"十三五"规划提出，2015—2020 年，我国用将近 5 年时间，按照人人参与、人人尽力、人人享有的要求，坚守底线、突出重点、完善制度、引导预期，注重机会公平，保障基本民生，实现全体人民共同迈入全面小康社会。"坚守底线"，就是要重点保障低收入群众基本生活，做好高校大学生生活困难补助。"突出重点"，就是要注意稳定和扩大就业，特别是要鼓励创业就业，多渠道创造就业岗位，尤其是要做好以高校毕业生为重点的青年就业工作。要善待和支持小微企业发展，强化大企业社会责任，保持就业局势总体稳定。要抓好失业人员就业培训、再就业服务、生活救济工作。"完善制度"，就是要坚持全覆盖、保基本、多层次、可持续方针，加强城乡社会保障体系建设，完善养老保险转移接续办法，提高统筹层次；加强保障性住房建设和管理，加快棚户区改造。"引导预期"，就是要促进形成良好舆论氛围和社会预期，引导广大群众树立通过勤劳致富改善生活的理念，使改善民生既是党和政府工作的方向，也是人民群众自身奋斗的目标。实现社会公平正义是由多种因素决定的，最主要的还是经济社会发展水平。"注重机会公平"，就是要通过创新制度安排，努力克服人为因素造成的有违公平正义的现象，保证人民平等参与、平等发展权利。

"共享"是新的历史条件下对实现共富目标的新认识，按照共同富裕、共享发展的本质要求，中国特色社会主义的基本分配制度是促进分配关系公平合理均衡，不是用共享代替共富，再次回到平均主义。社会发展是一个包含差异发展的过程，共享发展体现差异性与均衡性相统一的辩证原则。实现共享发展目标需要一个漫长的历史过程，正如习近平总书记所指出的："我国正处于并将长期处于社会主义初级阶段，我们不能做超越阶段的事情，但也不是说在逐步实现共同富裕方面就无所作为，而是要根据现有条件把能做的事情尽量做起来，积小胜为大胜，不断朝着全体人民共同富裕的目标前进。"①

经过 40 年的发展完善，我国逐渐建立起与社会主义市场经济要求相适应

① 《习近平谈治国理政》第二卷，外文出版社 2017 年版，第 214—215 页。

的分配制度，重塑了经济发展的动力机制，促进了社会各群体共同发展、共同富裕和共同分享改革开放成果。城乡居民的人均可支配收入从 1978 年的 171.2 元增加到 2018 年的 28228 元，近 4 亿人达到中等收入水平，我国越来越接近于实现第一个百年奋斗目标。

（李鹏　撰写）

第七章

财政体制：从"统收统支"走向"现代财政制度"

新中国成立 70 年以来，我国财政体制进行过多次变动，大体经历了这样五个时期：由革命战争时期的分散经营到 1950 年实行高度集中的"统收统支"体制，再由"统收统支"体制逐步过渡到 1953—1980 年实行的"统一领导、分级管理"体制；在改革开放大潮的推动下，1980 年我国对实行多年的"统一领导、分级管理"体制进行了改革，开始实行"划分收支、分级包干"体制；在 1994 年为适应中国特色社会主义市场经济发展的需要而实行"分税制"财政体制；1998 年开始进行公共财政体系的构建；2013 年党的十八届三中全会提出建立现代财政制度的目标。沿着这条财政体制变迁的路径进行分析和研究，不仅会让我们为所取得的财政发展成就而自豪，更能让我们发现并总结财政发展规律，从而走好财政体制改革和财政发展未来之路。

一、"统收统支"：特殊历史背景下的高度集中统一

新中国的诞生是一个凤凰涅槃的过程，经受的是血与火的洗礼。由于帝国主义、封建主义和官僚资本主义的长期压榨剥削，又经过长达 17 年的连续战争摧残，旧中国留下的是千疮百孔、满目疮痍的旧河山。一方面是工农业生产水平极其低下，1949 年绝大多数农作物产量和工业产值都比新中国成立前最高年份大幅下降，粮食产量下降了 22%，棉花下降了 48%[①]，重工业生产大约降

[①] 参见中华人民共和国统计局编：《我国的国民经济建设和人民生活：国民经济统计报告资料选编》（内部发行），统计出版社 1958 年版，第 153 页。

低 70%，轻工业生产降低 30%[①]；加之投机猖獗，导致物资供应奇缺，物价飞涨。另一方面解放战争的尾声仍在回荡而抗美援朝号角又开始吹响。财政收入有待恢复而财政支出增长迅速。因此新中国成立后，党和国家面临的最大课题就是恢复和发展国民经济，其中最重要的是实现财政经济状况的根本好转。

在解放战争期间，由于各个解放区根据地是分散分割的，所以解放区的财政工作也是实行分散经营，各个解放区自管收支，甚至货币也是各自发行，以适应战争时期各解放区自主性、灵活机动性的需要。新中国成立后，面对当时极其严峻的经济形势，财政工作由分散经营到集中统一是必然的选择。1950年 3 月，政务院通过《关于统一国家财政经济工作的决定》，之后政务院又发布了新中国成立后第一个关于国家财政体制的文件，即《关于统一管理一九五零年度财政收支的决定》。1950 年 6 月，中共七届三中全会在北京召开，会议着重讨论并通过了毛泽东所作的《为争取国家财政经济状况的基本好转而斗争》的书面报告，提出争取在三年左右的时间争取实现国家财政经济状况的根本好转，并以此作为全党和全国人民当前阶段的中心任务。为此，在财政工作方面提出了针对性的政策：一方面大量节减国家机构所需经费，另一方面巩固财政经济工作的统一管理和统一领导、巩固财政收支平衡。至此，为适应新中国成立之初百废待兴、困难重重的形势，实行高度集中的财政"统收统支"体制确立。"统收统支"体制的关键和重点就在于"统"，主要内容包括：

1. 统一全国的财政收支、物资调度和现金管理，把国家的物力财力集中起来，用于克服财政困难、稳定金融秩序和物价，并为恢复和发展国民经济创造条件。

2. 规定国家预算管理权和制度规定权集中在中央，收支范围和收支标准都由中央统一制定；财力集中在中央，各级政府的支出均由中央统一审核，逐级拨付，地方组织的预算收入同预算支出不发生直接联系，年终结余也要全部上缴中央。

3. 统一全国税政。税收是现代国家财政收入的主要形式。统一全国税政，

---

① 参见柳随年、吴群敢主编：《中国社会主义经济简史》（一九四九——一九八三），黑龙江人民出版社 1985 年版，第 15 页。

从制度上保证税收收入的征收和管理。1950 年 1 月 30 日政务院发布《全国税政实施要则》，从 1950 年起在全国统一实行。全国范围内征收 14 种税：货物税、工商业税（包括坐商、行商、摊贩之营业课税及所得课税）、盐税、关税、薪给报酬所得税、存款利息所得税、印花税、遗产税、交易税、屠宰税、房产税、地产税、特种消费行为税(包括筵席、娱乐、冷食、旅店)和使用牌照税。

此外，1950 年 6 月开始，国家还对财经工作作了一系列的调整，包括调整工商业（调整公私关系、调整劳资关系、调整产销关系）、调整税收、酌量减轻人民负担。财政管理进一步加强，基本建设拨款制度建立起来，财政管理体制得到调整，财政制度逐步健全。1951 年 3 月，政务院发布《关于一九五一年度财政收支系统划分的决定》，以统一领导、分级负责为方针，将全国财政划分为中央、大行政区和省三级财政，并明确划分了中央与地方的财政收支范围。

在"统收统支"财政体制下，新中国制定了第一个全国性的国家预算（概算），正如当时担任财政部部长的薄一波所说的，这个概算草案是根据不完全的材料加上经验推算估计所编成的。因此，它只能画出一个轮廓、一个基本方向。许多数字都是估计的，但是也是有根据的，是接近实际的，比较可靠的。而且当时的概算收入是以粮食实物形式表示的，概算收入 482.4 亿斤细粮，概算支出 594.8 亿斤细粮，赤字 112.4 亿斤细粮。支出方面，军费占概算支出的38.4%、行政费占 21.4%、经济建设投资占 23.9%[1]。它体现了量入为出与量出为入兼顾，取之有度，用之得当的预算原则，而且是一个全国统一的概算，标志着新中国财政制度建设开始走上正轨。

通过实行"统收统支"财政体制，统一了财政收支，加强了税收工作，紧缩开支精兵简政，统一调度物资平抑物价，适应了新中国成立之初战后恢复重建的形势需要，国家财政经济状况随之出现了根本好转。按可比价格计算，1952 年国民收入比 1949 年增长 69.8%，财政收入比 1950 年增长 181.7%[2]，实

---

① 薄一波：《关于一九五零年度全国财政收支概算草案的编成报告》，1949 年 12 月 2 日中央人民政府委员会第四次会议。

② 参见中共中央党史研究室：《中国共产党历史》（第二卷·1949—1978）上册，中共党史出版社 2011 年版，第 178 页。

现收支结余。长期以来民众深恶痛绝、国民党政府一筹莫展的恶性通货膨胀的状况，终于得到根本改变，如设 1950 年 3 月的批发物价指数为 100，当年 12 月下降为 85，1951 年 12 月为 92.4，1952 年 12 月为 92.6。中国共产党和人民政府用不到一年的时间把形势险峻的市场物价完全稳住，经济形势不仅稳定下来而且开始回升，全国各项事业开始出现欣欣向荣的局面。经济稳定大大有利于社会稳定，而社会稳定反过来又有利于经济稳定，极大地提高了人民群众对党和新生的人民政府的信任和支持。毛泽东曾高度评价统一财政经济工作的意义"不下于淮海战役"。刘少奇也曾经说过："中国的财政经济，在历史上是没有统一过的。国家财政收支，在过去数十年中也没有平衡过……只有真正的人民政府才能做到。"[①]

二、"统一领导、分级管理"：计划经济下的财政体制

1952 年我国开始提出过渡时期的总路线，即实现国家的社会主义工业化和对农业、手工业和资本主义工商业的社会主义改造。随着国民经济的恢复，财政实现了从供给财政向城市财政的过渡，国营经济逐步成为国家财政的基础。

（一）"一五"时期：财政为工业化聚财用财

1953 年，中国开始实行第一个五年计划，国家财政的目标主要是筹集建设资金支持工业化。"一五"时期，国家财政集中的收入占国民收入的 31.3%，国家财政为工业化筹集建设资金达 1241.75 亿元，保证了"自力更生为主"工业化目标的实现。"一五"时期，仅全民所有制基本建设投资就达 588.47 亿元，其中国家财政拨款资金达 506.44 亿元，占 86.1%。工业化建设的结果使得工业部门发展成为国家财政收入的重要来源。1953 年，工业部门缴纳的收入占财政收入的比重为 41.6%，到 1957 年上升到 50.3%。[②]

---

① 参见《刘少奇选集》下卷，人民出版社 1985 年版，第 15—16 页。

② 根据国家统计局相关年份数据整理计算，见 http://data.stats.gov.cn/easyquery.htm?cn=C01。

自 1953 年开始，我国的财政体制从原来的中央、大行政区、省（市）三级管理，改为中央、省（市）、县（市）三级管理体制，降低了集中程度，适当地下放了管理权限。1954 年，财政体制又作调整：预算收入实行分类分成办法，将国家预算收入划分为固定收入、固定比例分成收入和调剂收入三大类；预算支出基本上按照隶属关系划分；按照收支划分，地方的财政支出，首先用地方的固定收入和固定比例分成收入抵补，不足部分由中央财政划给调剂收入弥补；分成比例一年一定。

（二）"大跃进"：财政为盲目冒进的痛苦"埋单"

在社会主义改造与第一个五年计划取得伟大胜利的情况下，1958 年 5 月中共八大二次会议正式通过了社会主义建设总路线，号召全党和全国人民，争取在 15 年或者更短时间内，在主要工业产品的产量方面赶上和超过英国。在当时东西方冷战的背景下，长期落后挨打的历史与遭受包围封锁的现实，使党的领导人急于改变中国贫穷落后的面貌，认为我国的经济建设不能按部就班以一般的速度前进，而必须有一个打破常规的经济建设的"大跃进"。前期取得的巨大成绩过分夸大了人的主观能动作用和社会主义制度对生产力发展的促进作用。高度集中的政治体制和对领袖的崇拜又使得这种盲目的"大跃进"迅速掀起了高潮，甚至提出了"跑步进入共产主义"的口号。"二五"时期，财政的主要目标是为经济的"大跃进"提供财力支持。1958 年财政体制改为"以收定支，五年不变"，旨在增加对地方政府的激励。地方可以在五年内按其收入情况来安排支出。从 1958 年起，对国营企业实行利润全额分成制度，增加了对企业的激励。企业留用的利润，在国家规定的范围内自行安排使用。这一制度从 1958 年到 1961 年总共实行了四年，提取留成资金 146.7 亿元。

在税制建设方面，由于社会主义改造基本完成以后，社会经济结构逐渐趋于单一，全民所有制的国营经济已占统治地位，对于国营企业和支付定息的公私合营企业来说，不缴税就缴利，利润也是全额上缴，因此缴税和缴利是一样的，没有分别征收的必要。"税收无用论"成为主流，认为税利无本质区别，因而主张取消对国营企业征税。在这种思想影响下，1959 年 1 月在部分城市对国营和公私合营企业进行了税利合一的试点，在国营、公私合营企业中取消了工商税收，实行了全面的以利代税。对各种税收进行合并，停征了利息所得税和文化娱乐税。1958 年 9 月，将商品流通税、货物税、营业税和印花税合并为工商统一税，对工厂只征收一道税，此外，在商业零售环节再征收一道税。对征税办法进行简化，一是减少对"中间产品"的征税，除对棉纱、皮革、白酒 3 种产品继续征税外，其他"中间产品"一般不征税；二是简化计税价格，一律根据销售收入计税。过于简单粗放的税制，不仅削弱了税收调节经济的作用，也使得税收在财政收入中的主体地位荡然无存，成为可有可无的多余。

"大跃进"背景下的财政制度偏离了发展的正常轨迹，经济上的冒进必然导致财政上的"注水"，财政收支出现"假结余，真赤字"。三年"大跃进"，不仅没有实现经济和财政的真正跃进，而是使国家经济和财政遭遇了极大的困难和倒退，1961 年财政收入比上一年下降了 37.8%[①]，财政体制上也出现了倒退。

（三）1961—1965 年的财政体制："调整、巩固、充实、提高"

为了应对"大跃进"所造成的严重后果，1961 年中央实行"调整、巩固、充实、提高"八字方针。在财政体制上，国家集中财力，加强财政的集中统一。从 1961 年起，国家财权基本集中到中央、大行政区和省（自治区、直辖市）三级，继续实行"收支下放、地区调剂、总额分成、一年一变"（1959 年起实行）的办法；收回一部分重点企业、事业单位的收入，作为中央的固定收入，并将基本建设拨款改为中央专案拨款；适当缩小了专区、县（市）、公社的财权。国家财政预算，从中央到地方实行"上下一本账"，坚持"全国一盘棋"。财政体制从收支两方面加强管理，财政体制集中度较高，中央直接掌握的财力从原来的 50% 提高到 60% 左右。强调各级财政预算不准打赤字，并适当压缩预算外资金，加强管理。同时大力压缩基本建设投资，按照国家计划和核定的预算拨款。国家注意合理分配资金，调整经济结构。国家财政按先生产、后基建和以农、轻、重为序的原则，合理分配资金，促进经济结构调整，加快生产恢复和发展。1965 年，调整的经济任务完成，工农业生产在协调的基础上已超过 1957 年的水

---

① 根据国家统计局相关年份数据整理计算，见 http://data.stats.gov.cn/easyquery.htm?cn=C01。

平。从总体上看，经过"调整、巩固、充实、提高"后，通过增收节支，节约非生产开支，压缩社会集团购买力，消灭财政赤字，实行比较集中的体制，加强集中统一，保证了调整经济工作的顺利进行。

（四）"文化大革命"时期：崩溃边缘的财政体制

1966—1976 年是"文化大革命"时期，在经济遭到严重破坏的情况下，财政体制也是覆巢之下无完卵，经济社会的全面混乱给财政带来的是破坏性的冲击。"文化大革命"时期，财政领导机构多次受到冲击，财政各项制度遭受严重破坏，连正常的财政工作都受到严重影响，财政只能处于勉强维持最基本运转的态势，财政体制不适当地、过多地下放了经济管理权和财权。虽然国家也采取了一些措施，包括两次冻结银行存款，以尽量减少对财政制度的冲击，但都是临时过渡的办法，变动频繁。从 1966 年到 1976 年，财政收支相抵，赤字近 9.47 亿元，在"文化大革命"后期的 1974—1976 年，更是连续三年赤字，且1976 年的赤字规模较大[①]，而且就是这样的财政状况还是在许多事业停办缓办，勒紧裤腰带过日子的情况下得到的，财政困难程度可想而知，因此更遑论财税体制的改革与完善了。财政收支困难和财政体制混乱的状况实际上已经到了一个崩溃的边缘。

总之，在实行计划经济的 20 多年时间里，我国基本上是实行"统一领导、分级管理"的财政体制，虽然在具体做法上进行了多次调整，但总的体制类型没有改变。苏联和东欧多数实行计划经济的国家，也曾实行过类似的分级管理体制。这种体制的典型特征是：

1. 在中央统一政策、统一计划和统一制度的前提下，按国家行政区划来划分预算级次，实行分级管理，原则是一级政权，一级预算；在分级管理体制下，地方预算的收支支配权和管理权相对较小，并不构成一级独立的预算主体。

2. 按中央政府和地方政府的职能分工并按企事业和行政单位的隶属关系确定各级预算的支出范围；体制有效期为"一年一定"时，由中央确定地方的

① 根据国家统计局相关年份数据整理计算，见 http://data.stats.gov.cn/easyquery.htm?cn=C01。

支出指标，体制有效期为"几年（3—5 年）不变"时，一般以上年实际执行数作为预算年度的支出基数。

3.主要税种的立法权、税率调整权和减免税权集中于中央，并由中央确定地方的收入指标；全部收入分为固定收入和比例分成收入，由地方统一组织征收，分别入库，为调动地方组织收入的积极性，有时对超收部分另定分成比例，使地方多收多留。

4.由中央统一进行地区间的调剂，凡收入大于支出的地方上缴收入，凡支出大于收入的地方由中央补助。中央预算另设专案拨款，由中央统一支配。

5.地方预算的收支平衡，从总量上说，基本上是以支定收，结余可以留用；从结构上说，基本上是中央下达指标，地方无权调剂，有时是中央总额控制，分项下达指导性指标，地方有权统筹安排。

6.体制的有效期是"一年一定"或"几年（3—5 年）不变"，不是长期相对稳定。

总之，在计划经济时期，"集中"和"统一"是这一时期财政体制的基本特征。多数时候是强调集中、集权，有时为了调动地方积极性，也进行适度分权、分级管理方面的探索，但总体上仍以集权统一为主，由于经济结构中国有企业比重畸重，国有企业上缴利税成为财政收入主要来源，因此财政收入主要来自国有部门——"取自家之财"；财政支出主要投向国有部门——"办自家之事"；财政政策倾向于在国有和非国有部门之间搞"区别对待"——发展和壮大国有经济。而对全体人民所共同需要的民生公共需求则关注不够，所以这一时期的财政也被称为"生产建设型财政"。计划经济时期对财政赤字和公债的理解也存在一定的误区和偏差，如简单地把"既无外债又无内债"视为社会主义制度的优越性，财政赤字被认为是有害之物，财政被简化成了政府简单的收支账簿，基本丧失了对经济进行调节的功能。

三、"放权让利、分灶吃饭"："包干制"的多途径探索

"文化大革命"的惨痛教训，让我们党和国家的事业蒙受了巨大损失，也让我们痛定思痛，重新再出发。1978 年 12 月，党的十一届三中全会召开，作

出了改革开放的重大战略部署，开辟了我国社会主义现代化建设的新时期。为解决国家对企业、中央对地方"管得过多、统得过死"的问题，财税体制改革以"放权让利"为突破，以"利改税"和"分灶吃饭"财政管理体制改革为主要内容，以规范国家与企业、中央与地方的分配关系为目标，旨在调动企业和地方建设社会主义现代化的积极性。作为突破口，财政体制改革拉开了整个经济体制改革的序幕。由于当时"承包制"在我国农村改革和企业改革中风头正劲，而且都取得了立竿见影的奇效，出现所谓"一包就灵"的现象，很自然"承包制""包干制"的经验和做法也被复制到了财政体制改革之中。

（一）实行"划分收支、分级包干"的体制

1979 年我国对工商税制进行了一次全面改革，改革的核心是实行"利改税"。在此基础上，从 1980 年开始在全国大部分地区实行"分灶吃饭"的体制，主要是按照经济体制规定的隶属关系，划分中央和地方财政的收支范围，收入方面实行收入分类分成，支出方面按企事业的隶属关系划分；按照划分的收支范围，核定调剂收入分成比例、地方上缴比例、中央定额补助等收支指标，原则上五年不变。按照核定的指标，地方以收定支，自求平衡，多收可以多支，少收相应少支。

（二）1985 年实行"划分税种、核定收支、分级包干"财政体制

1984 年第二步"利改税"完成，国家财政收入由利税并重转向以税为主，国家与企业、中央与地方间的分配关系发生了很大变化。中央与地方基本按"利改税"后的税种重新划分中央与地方收入，财政收入分为中央财政固定收入、地方财政固定收入、中央和地方共享收入三类。

（三）1988 年实行中央地方"大包干"财政体制

实行"划分税种、核定收支、分级包干"财政体制后，财政运行出现新问题，中央财政收入占全国财政收入的比重连续下降。为此，1988 年国务院出台了《关于地方实行财政包干办法的决定》，全国 39 个省、自治区、直辖市和计划单列市，除广州、西安的财政关系仍分别与广东、陕西两省联系外，对

其余 37 个地区分别实行不同形式的包干办法，包括收入递增包干、总额分成、总额分成加增长分成、上解额递增包干、定额上解、定额补助等。

我国始于 1978 年的经济体制改革是社会主义发展史上的伟大创举，由于经济体制改革是在"摸着石头过河"的大背景下进行的，因此财政体制改革虽然在一定程度上适应了当时改革发展的总体需要，却很难实现清晰的、与市场经济体制相适应的体制目标。以"包干制"为特征的财政体制发挥了积极作用，但弊端也十分突出。

财政"包干制"体制的积极作用是十分显著的：首先，实行财政包干体制改变了计划经济体制下财政过度集中的管理模式，中央各职能部门不再下达指标，地方政府由原来被动安排财政收支转变为主动参与经济管理，体现了"统一领导、分级管理"的原则。其次，历次的财政体制改革都是对原有体制某种程度的完善，在经济持续稳定发展方面显示出一定作用。地方政府财力的不断增强使其有能力增加对本地区的重点建设项目，以及教育、科学、卫生等各项事业的投入，促进了地方经济建设和社会事业的发展。第三，财政体制改革支持和配合了其他领域的体制改革。财政体制改革激发出地方政府的经济活力，带动财政收入增长，为其他改革提供了财力支持。

但财政"包干制"体制的缺陷也同样明显：首先，财政分级包干体制的主要特点是包死上缴基数、超收多留。再加上财政"包干制"是在各级政府职能尚未划分清楚、财权与事权不够统一、收入与支出不对称的情况下实行的。因此，财政收入增长得越快越多，则地方财政从增量中留得的份额就越大，中央财政从中得到的份额就越小。这样，便导致中央财政收入在国家财政收入中所占的比重下降，使得中央财政的宏观调控能力趋于弱化。其次，财政分级包干体制照顾到了地方发展经济的积极性，但"多收多留，多留多用"的财政分配政策也在一定程度上片面强化了地方利益，助长了一些地方盲目铺摊子、上项目，在财源税源竞争中搞市场封锁和地方保护。财政包干体制还对产业政策产生逆向调节，地方政府受利益驱动支持高税率产业发展，导致长线更长、短线瓶颈制约更明显、地区间产业结构趋同。第三，从财政分级包干体制自身来看，它远不是一种规范化的财政体制。在财政包干条件下，中央与地方政府之间财政关系的确定，是按照行政管理程序，采取中央与地方"一对一"讨价还价的谈判机制、逐个落实的，这既缺乏约束性和必要的法律保证，又难以解决体制的规范性、透明化问题。第四，注重既得利益的保障导致财政包干体制缺乏横向公平性。保证既得利益是贯穿这一时期财政体制改革的主线，使政府间财政分配关系始终围绕财力的切割、财权的集散而展开，较少考虑横向财政分配关系，没有完整的横向财政调节机制，调节地区间不平等和实现公共服务均等化的功能没有成为体制设计的政策目标。这导致国家财政收入占国内生产总值比重、中央财政收入占全国财政收入的比重失调，到 1993 年，国家财政收入占 GDP 比重为 12.56%，中央财政收入占全国财政收入比重为 22%[1]，"两个比重"持续走低，说明政府行政能力和中央调控能力明显下降。

虽然存在诸多弊端，但不可否认，"分灶吃饭""包干制"财政体制却是我国财政体制从集权的国家生产建设型财政向分权的公共型财政转变的有益探索，具有过渡特征，表明我国财政体制改革遵循着明显的渐进逻辑。

不断地探索终究会寻找到一条正确的道路，新中国成立以来，财政体制平均三年就要变一次，最短的财政体制只使用了一年，最长的财政体制也只不过五六年，频繁变动的财政体制基本上是在分权和集权之间进行摆动。造成财政体制不稳定的原因，正如原财政部部长项怀诚同志所说"其实不是干部的问题，也不是人的问题，是制度的问题"[2]，随着我国经济体制改革的重大突破，新的财政体制框架也必将破茧而出。

四、分税制改革：与社会主义市场经济相适应的财政体制

改革开放初期，我国实行减税让利政策，把一部分财政收入有意识地让给企业，增加企业的活力，在财权财力的分配上也更多地向地方倾斜，激发地方发展经济的主动性、积极性。1979—1993 年 GDP 的平均增长率为 9.5%，可是财政收入占 GDP 的比重却逐年下降，1979 年为 28.4%，到 1993 年则降到 12.56%，总降幅为 15.8 个百分点，大体上每年的降幅超过一个百分点。另

---

[1] 根据国家统计局相关年份数据整理计算，见 http://data.stats.gov.cn/easyquery.htm?cn=C01。

[2] 项怀诚：《改革是共和国财政 60 年的主线》，经济观察网，2009 年 8 月 28 日。

一方面，在整个财政分配之中，中央财政的收入分配不占主导地位，中央财政收入占全国财政收入的比重也不断下降，从 1984 年的 41.5% 下降到 1993 年的 22%。[①] 随着市场在资源配置中的作用不断扩大，这种"弱干强枝"型财政导致中央财政调控地位和能力下降，其弊端不断显现，并对经济改革和发展产生了一定的负面影响。

1992 年 10 月，党的十四大提出建立社会主义市场经济体制的改革目标。财政体制改革是关系整个经济体制改革的重大举措，也是当时财政、金融、投资、计划、外贸五大改革的中心环节。在党中央、国务院的领导下，决定从 1994 年 1 月 1 日起在全国各省、自治区、直辖市和计划单列市实行分税制的财政管理体制。政府间财政关系调整实现了从传统的财力集分转向制度创新，奠定了适应市场经济基本要求的中央地方财政关系框架基础，成为整个经济体制改革的突破口。

（一）分税制改革的指导思想

在指导思想上此次分税制改革主要体现了四个方面的原则。

1. 正确处理中央与地方利益关系的原则

促进国家财政收入的合理增长，逐步提高中央财政收入的比重。既要考虑地方利益，调动地方发展经济的积极性，又要适当增加中央财力，增强中央财政的宏观调控能力。为此，中央要从财政收入的增量中适当多得一些，以保证中央财政收入的稳定增长。

2. 合理调节地区之间财力分配的原则

既要有利于经济发达地区继续保持较快的发展势头，又要通过中央财政对地方的税收返还和转移支付制度，扶持不发达地区的发展和老工业基地的改造。同时，促进地方加强对财政支出的约束。

3. 坚持统一政策与分级管理相结合的原则

划分税种不仅要考虑中央与地方的收入分配，还必须考虑税收对经济发展和社会分配的调节作用。中央税、共享税以及一些重要的地方税的立法权

---

① 根据国家统计局相关年份数据整理计算，见 http://data.stats.gov.cn/easyquery.htm?cn=C01。

都要在中央，以保证中央政令统一，促进全国统一市场建设和促进企业平等竞争。

4. 坚持整体设计与逐步推进的原则

分税制改革既要借鉴国外经验，又要从本国实际出发。在明确改革目标的基础上，办法力求规范化，但必须抓住重点，分步实施，逐步完善。通过渐进式、温和式改革，先把分税制的基本框架建立起来，在实施中逐步完善。

（二）分税制财政体制改革的主要内容

分税制财政体制改革的主要内容包括以下几个方面。

1. 按照中央政府和地方政府的"基本事权"，划分各级财政的支出范围

中央财政主要承担国家安全、外交和中央国家机关运转所需经费支出；调整国民经济结构、协调地区发展、实施宏观调控所必需的支出，以及由中央直接管理的事业发展支出；地方财政主要承担地方各级政权机关运转所需经费支出，以及本地区经济、事业发展所需支出。

2. 根据财权事权相统一的原则，合理划分中央和地方收入

按照 1994 年税制改革的税种设置，将维护国家权益、实施宏观调控所必需的税种划为中央税；将与地方经济社会发展关系密切、适宜地方征管的税种划为地方税；将涉及经济发展全局的主要税种划为中央与地方共享税。

3. 与分税办法相配套，分别建立中央和地方两套税务机构并分别征税

国家税务局负责征收中央固定收入和共享收入，地方税务局负责征收地方固定收入。

4. 通过税收返还承诺现状，分省分别确定税收返还的数额

中央财政对地方税收返还数额以 1993 年为基期年，按照 1993 年地方实际收入，以及税制改革和中央地方收入划分情况，核定 1993 年中央从地方净上划的收入数额，并以此作为中央对地方税收返还基数，保证地方既得财力。1994 年以后，中央对地方的税收返还在 1993 年基数上逐年递增，递增率按全国增值税和消费税平均增长率的 1∶0.3 系数确定，即上述两税全国平均每增加 1%，中央财政对地方的税收返还增加 0.3%。

　　1994 年的分税制改革构建了市场经济体制下财政管理体制的基本框架，初步理顺了中央与地方、国家与企业的分配关系。此后，随着经济社会发展与体制改革深化，又有针对性地对财政管理体制运行中的一些方面如中央与地方收入、政府间转移支付制度安排等进行了调整。

（三）分税制的成效与影响

　　与以往历次财政体制改革不同，1994 年的分税制财政体制改革，是新中国成立以来调整利益格局最为明显、影响最为深远的一次重大制度创新。与以往历次财政体制改革的重要区别是，它着眼于促进政府之间的财政分配关系更加规范、科学和公平，力求建立适应社会主义市场经济要求的财政运行机制，从此中国的财税体制进入了长期稳定的轨道。作为我国经济体制改革的重要内容，为中国特色社会主义市场经济体系建设奠定了坚实基础，对此朱镕基同志曾经评价说："对财税体制取得的成功，怎么评价都不过分。"

　　首先，分税体制改革使政府间财政分配关系相对规范化。分税体制改变了原来的财政包干下多种体制形式并存的格局，使得中央和省级政府间的财政分配关系相对规范化。

　　其次，中央政府财政收入比重明显提高。新体制对各级政府组织财政收入的激励作用较为明显。全国财政收入增长较快，特别是中央收入比重，以及中央在新增收入中所得份额都有明显提高，形成了较为合理的纵向财力分配机制。

　　第三，形成了中央对地方通过转移支付制度进行普遍补助的格局，初步建立了过渡期转移支付办法，为建立较为规范的横向财力均衡制度打下了基础。

　　但是由于分税制毕竟也是一种渐进式、逐步完善的改革，所以分税体制改革没有涉及政府间支出责任划分，收入方面的划分也不尽合理。政府间转移支付制度尚需完善。因此从某种意义上说，分税制财政体制改革也只是财政改革的一个起点，它的意义在于改变了财政在整个国民经济分配中的机制，相对稳定了财政分配在 GDP 中的份额，同时强化了中央财政在整个财政中的地位。但是，从规范的制度建设上说，财政中的一些问题还没有得到根本解决。

我国财政体制不仅需要在政府间财政关系方面进行规范，还要进行财政支出、预算管理体制和税收制度等多方面的进一步改革，才能有效地适应市场机制的运行。

五、构建公共财政体系：走向建立现代财政体制目标

随着我国改革开放的深入推进，我国的经济和社会发展也发生了深刻的变化，如经济结构的变化、人民群众对公共产品和服务需求不断增长等等，而这些变化也必将对财政体制提出新的要求，对财政体制改革形成新的推动力。

市场化方向的改革，首先带来的是经济所有制构成的多元化。1992 年，党的十四大明确提出："我国经济体制改革的目标是建立社会主义市场经济体制"，并提出要"在所有制结构上，以公有制包括全民所有制和集体所有制经济为主体，个体经济、私营经济、外资经济为补充，多种经济成分长期共同发展"。1997 年党的十五大把以公有制为主体、多种所有制经济共同发展确定为我国社会主义初级阶段的一项基本经济制度，并明确地提出非公有制经济是社会主义市场经济的重要组成部分。1999 年，九届全国人大二次会议通过的宪法修正案规定在法律规定范围内的个体经济、私营经济等非公有制经济是社会主义市场经济的重要组成部分。党对非公有制经济认识上的这些突破，为非公有制经济的发展提供了理论和制度的保障，注入了强大的动力。这一时期，中国非公有制经济的发展进入了快车道，从 1992 年到 2002 年，私营企业从 14 万户增加到 243.5 万户，增长了 17 倍，年均增长 33%。注册资金由 221 亿元增加到 24750.6 亿元，增长了 112 倍，年均增长 60%，从业人员从 232 万人增加到 3409 万人，增长近 15 倍。税收从 4.1 亿元增加到 976.1 亿元，增长了 208 倍，年均增长 70%。从 1992 年到 2002 年，全国个体工商户由 1543 万户发展到 2378 万户。资金数额由 601 亿元增加到 3782 亿元，从业人员由 2468 万人增加到 4748 万人。[①] 非公有制经济的迅速发展，使得国内生产总值从改

---

① 参见全哲洙：《民营经济三十年发展历程与贡献》，在 2008 年 5 月第四届中国民营企业投资与发展论坛的主题演讲。

革开放初期几乎全部来源于公民和集体所有制经济的局面，转变为来源于多种
所有制经济部门的共同创造。"经济决定财政"，经济结构的变化影响传递到财
税运行格局上，就是财政收入来源的公共化——由以国有企业上缴利税为主、
"取自家之财"的财政，到"取众人之财"，财政收入来源的公共化自然会推动
并决定财政支出投向的公共化——由"办自家之事"到"办众人之事"。

　　其次，随着改革开放的深入，打破了平均主义的"大锅饭"，效率优先的
市场机制发挥越来越大的作用，但其负面影响也日益凸显。地区差距、城乡差
距和收入分配差距有逐步扩大趋势，这必然要求政府更多地关注社会公平和各
地区的均衡发展，这就要求财政支出更多地投向广大人民群众最基本、最迫切
的公共需求，如义务教育、医疗卫生、养老、就业等基本民生领域。优先向基
本公共产品和公共服务配置财政资源，使得财政支出从原先集中于国有企业和
经济建设，转向公共产品和公共服务领域；从原先主要用于城市转向更多投入
到相对弱势、发展滞后的农村，财政收支的公共化又进一步催生了财政政策取
向的公共化——由"区别对待"到在全社会范围内实行"国民待遇"。

　　财政从单一国有制型财政走向多种所有制型财政，从城市型财政走向城
乡一体化型财政，从生产建设型财政走向公共服务型财政的变革，便是公共财
政特性逐步体现的过程。正是在这样的背景下，催生了公共财政的概念以及作
为市场化改革进程中"阶段性"目标的公共财政体制。1998 年 12 月，在全国
财政工作会议上，国务院首次提出在我国建立公共财政框架的思路和基本原
则，并写入党的十五届三中全会文件和"十五"时期国民经济与社会发展规
划。2003 年，党的十六届三中全会提出进一步健全和完善公共财政体制的战
略目标。

　　公共财政以合理界定政府与市场职能为前提，是市场经济制度下财政制
度建设的进一步深化。公共财政大大增强了财政收支的"公共性"，公共财政
收入主要是来自各种所有制的企业和居民个人的税收收入，这就要求应统一进
预算，而不应有预算内、预算外之分，更不应有制度外的说法。在公共财政体
制下，财政支出应一视同仁。所有企业和个人，在统一的税收制度下纳税，理
应享受同等的公共产品和公共服务，而不应有城乡之别、所有制之别和地区之
别。政府间财政关系应有助于统一市场的形成，在激励地方政府的同时，应避

免"诸侯经济"和市场封锁等问题的出现。因此，在这一时期，我国一系列财税重大举措都是按公共财政建设的思路来展开的：通过税费改革清费立税和"收支两条线"改革来规范预算管理，财政支出更多地投向基本公共产品和公共服务，推动了部门预算、国库单一账户制度和政府采购等改革，推动了财政管理规范化和效率提升，取消农业税，向实现城乡统一财政待遇迈出重要的一步。统一内外资企业所得税制，城市房地产税取消，并入房产税，实现内外资税制全面统一。并自觉运用财政政策工具进行宏观经济的管理调控，1998 年和 2008 年两次实施积极财政政策，促进了宏观经济的稳定。

党的十八大以来，以习近平同志为核心的党中央提出全面深化改革的顶层设计和总体规划，引领着新时代全面深化改革更为波澜壮阔的伟大航程。全面深化改革的总目标确定为"完善和发展中国特色社会主义制度，推进国家治理体系和治理能力现代化"。并明确提出财政是国家治理的基础和重要支柱，科学的财税体制是优化资源配置、维护市场统一、促进社会公平、实现国家长治久安的制度保障。

这一变化带给财税体制改革最为深刻的影响，就是将财政与国家治理、财税体制与国家治理体系、财税体制现代化与国家治理能力现代化紧密联系在一起，在国家治理的大格局中谋划并推进财税体制改革，标志着在初步实现"财政公共化"的基础上，与全面深化改革进程相伴随，我国财税体制改革进入了建立现代制度的新阶段。党的十九大报告清晰明确地提出了"两个一百年"奋斗目标，作为国家治理体系和治理能力的重要组成部分，财政在调节政府与市场、政府与社会、中央与地方关系中，在促进经济增长与经济结构转型、促进民主政治、加强社会治理、促进生态文明等方面发挥着不可替代的重要作用，必然要在国家目标、方略的指导下，加快建立现代财政制度。

深化财税体制改革，建立现代财政制度，应重点推进三个方面的改革：一是改进预算管理制度，强化预算约束、规范政府行为、实现有效监督，加快建立全面规范、公开透明的现代预算制度；二是深化税收制度改革，优化税制结构、完善税收功能、稳定宏观税负、推进依法治税，建立有利于科学发展、社会公平、市场统一的税收制度体系，充分发挥税收筹集财政收入、调节分配、促进结构优化的职能作用；三是调整中央和地方政府间财政关系，在保持中央和地方收入格局大体稳定的前提下，进一步理顺中央和地方收入划分，合理划分政府间事权和支出责任，促进权力和责任、办事和花钱相统一，建立事权和支出责任相适应的制度。

在建立现代财政制度重点推进的三个方面，都已经开始有实质性的进展：第一，在预算管理制度改革方面，修改后的预算法已于 2015 年 1 月 1 日生效。我国已全面推行预算的绩效管理，加快建成全方位、全过程、全覆盖的预算绩效管理体系。预算审核的重点从平衡状态、赤字规模向支出预算和政策拓展。预算支出强调与政策目标的联系，与国家治理目标紧密相连。建立跨年度预算平衡机制，突破年度平衡的约束，推动了中期财政规划改革。建立权责发生制的政府综合财务报告制度，进一步提高财政透明度，完善财政决策的信息支持系统。第二，在深化税制改革方面。从 2016 年开始全面实施营业税改征增值税，营业税退出中国税制舞台。2018 年确定的增值税税率由三档合并为两档的改革方向，在降低税负的同时，更有利于发挥增值税的中性作用，避免产生市场扭曲。建立现代个人所得税制度，从 2019 年 1 月 1 日起，中国的个人所得税制度转变为综合与分类相结合的个人所得税制度。居民个人的综合所得合并纳税，并引入专项附加扣除制度，中低收入者的税负大幅度下调，个人所得税在促进社会公平方面的作用得到强调。2018 年对国地税机构合并，优化税务机构设置，进一步提高征税效率，降低公共服务成本，从而真正提高国家治理的现代化水平。第三，在调整中央和地方财政关系方面。2016 年出台了《国务院关于推进中央与地方财政事权和支出责任划分改革的指导意见》，2018 年 2 月 8 日，国务院办公厅印发《基本公共服务领域中央与地方共同财政事权和支出责任划分改革方案》，自 2019 年 1 月 1 日起实施，进一步推动了财政事权和支出责任的划分。中央和地方财政关系越来越规范，法治化特征越来越明显。

随着财政体制改革的不断深入，预算管理制度、税收制度、中央和地方财政关系这几个重要领域不断传出捷报，作为国家治理基础和重要支柱的财政体制，正一步一步迈向更加科学、规范、民主的现代财政体制。

新中国成立 70 年，经历了从贫穷落后走向繁荣昌盛的艰辛历程，与之相伴的是财政体制改革走过了风风雨雨 70 年，从高度集中的"统收统支"到"统一领导、分级管理"再到"分灶吃饭"、"包干制"、分税制、公共财政体制，建立现代财政体制，财政体制一步步地向着目标不断前进。

一路走来，财政在中国的经济社会发展中不断壮大，也对经济社会发展发挥着越来越重要的作用。2019 年我国全国一般公共预算收入 19.25 万亿元，加上调入资金及使用结转结余 15144 亿元，收入总量为 20.76 万亿元，全国一般公共预算支出 23.52 万亿元①，支出的重点、支出增长最快的都是与民生密切相关的教育、医疗卫生、社会保障等领域，我国财政埋念已经从过去偏重追求经济速度和财政收入的增长，到现在更多考虑以人民为中心，为人和社会的全面公平发展而努力。

财政体制在取得辉煌成就、结出累累硕果的同时，也给我们留下了许多宝贵经验和启示：财税体制改革牵一发而动全身，是重大而关键的基础性改革，在任何时代、任何经济体制下，财政都是一个足以改变"棋局"的大问题。回顾 70 年的中国财政体制的演进变革，可以发现，每个时期财政体制都是顺应时代背景和基本国情而作出相应调整和改革；可以发现，财政体制改革作为改革开放的突破口和攻坚核心，只有坚决贯彻了党中央的统一部署，才能谱写出华彩的乐章；可以发现，只有深刻把握了经济发展的规律和脉搏，准确把握了渐进式改革原则的根本要求，才能一步一步从曲折走向胜利；可以发现，财税体制改革是涉及各方利益重新调整的大问题，既然是大问题，就需要具备解决大问题的大思路和大策略，必须具备从"大处着眼"来谋划的格局和境界，同时又需要从"小处入手"来稳步推进的技术和对策。

实现国家治理体系和治理能力现代化，首先就要建立起一个现代财政体制。站在新时代的历史起点上，深刻理解党的十八届三中全会和十九大关于财政与财税体制的全新定位以及深化财税体制改革的系统部署，可以相信中国财税体制改革虽任重而道远，但前景无比光明。

（梁朋 撰写）

---

① 参见财政部：《关于 2018 年中央和地方预算执行情况与 2019 年中央和地方预算草案的报告》（摘要），见中国政府网，http://www.gov.cn/xinwen/2019–03/05/content.5371085.htm。

第八章

金融体系：从"大一统"走向"现代化金融"

新中国成立 70 年来，随着中国经济结构的调整和变化，金融体系也持续地进行着相应的改革，以更好地适应中国经济转型发展的需求。回顾历史，金融体系在自身不断完善的同时，对中国经济发展作出了不可替代的重要贡献。总体来看，中国金融体系伴随着中国经济发展和经济体制变革，走过了一条从"大一统"模式向"现代化金融"模式的转变路径。

一、中国人民银行是"全武行"

新中国成立之后到改革开放之前，我国一直由中国人民银行总管所有金融业务，这在历史上被称为"大一统"的金融体制。在这一体制下，中国人民银行在行使中央银行职能的同时，还要负责办理全部具体的银行业务，以行政区为单位在全国设立分支机构，通过统一的指令性计划指导分行办理业务，实行存贷分离、统存统贷。因此，当时的中国人民银行既具有金融行政管理机关的身份，又具有经营金融业务的经济实体的身份，可以说是一个"全武行"。

（一）中国人民银行的成立

从发展实践来看，中国人民银行的成立可以追溯到第二次国内革命战争时期。1931 年 11 月 7 日至 20 日，在江西瑞金召开的"中华工农兵苏维埃第一次全国代表大会"上，通过了《中华苏维埃共和国关于经济政策的决议案》，决定成立"中共苏维埃共和国国家银行"（简称"苏维埃国家银行"），并赋予其发行货币的职能。中华人民共和国成立之前，由于人民政权被分割成无法互相连接的地区，因此，各个地区也都建立了相对独立、分散的根据地银行，而每个根据地银行都在其流通范围内各自发行货币。

随着解放战争的持续推进，中共中央开始为建立一个和平、民主的新中国做一切必要的准备。1947 年，中共中央发出必须将革命进行到底的指示，并且根据在陕北米脂县杨家沟召开的扩大会议上讨论通过的毛泽东关于《目前形势和我们的任务》的报告全面制定了党的行动纲领，为夺取全国胜利做了充分的准备。在这一背景下，中国共产党开始着手建立全国性政权并统一财经工作。1947 年春，华北解放区召开财经工作会议，提出今后要逐步达到各解放区财经工作的进一步统一，并决定成立华北财经办事处。[1]4 月，中共中央就成立华北财办及董必武任主任的决定，向中共中央华东局、晋冀鲁豫中央局、晋绥分局发出通知。8 月，中共中央批准了华北财办的组织规程及具体业务。[2]10 月，中共中央决定华北财办正式成立。华北财办主任为董必武，南汉宸、杨立三、薛暮桥、白如冰为副主任。华北财办设在晋察冀边区平山县西柏坡村，其任务是在中共中央和中共中央工作委员会的领导下，统一华北各解放区的财政经济工作，并负责筹建全国性的财政和银行。[3]10 月 2日，华北财办致电中共中央，建议组建中央银行，统一发行货币。10 月 8 日，中央复电："银行名称，可以用中国人民银行。"[4] 为此，华北财办成立了中国人民银行筹备处，华北财办副主任南汉宸兼筹备处主任，从各解放区先后调集了何松亭、石雷、武子文、秦炎、孙及民、王厚溥、武博山、赵善普等工作人员，开始紧张地进行货币设计和机构筹建工作，草拟了《中国人民银行组织纲要草案》《新中国货币统一问题》等文件。[5] 在华北人民政府与陕甘宁边区政府、晋绥边区政府、山东省政府的大力支持下，经过近一年的努力，完成了各项筹备工作。

---

[1] 参见中共中央党史研究室：《中国共产党历史》（第二卷·1949—1978）上册，中共党史出版社 2011 年版，第 225 页。

[2] 参见《董必武年谱》编纂组编：《董必武年谱》，中央文献出版社 2007 年版，第 89 页。

[3] 参见李飞、赵海宽、许树信、洪葭管主编：《中国金融通史》，中国金融出版社 2002 年版，第 421 页。

[4] 尚明主编：《前进中的金融事业》，海潮出版社 1988 年版，第 185 页。

[5] 参见许树信：《中国革命根据地货币史纲》，中国金融出版社 2008 年版，第 50 页。

1948 年 12 月 1 日，华北人民政府主席董必武亲自颁布了关于建立中国人民银行和发行人民币的布告。决定将解放区的华北银行、北海银行和西北农民银行合并，组建中国人民银行，以原华北银行为总行，任命南汉宸为总经理，胡景法、关学文为副总经理，总行所在地设在河北省石家庄市。1948 年 12 月 2 日，南汉宸亲自向毛泽东汇报了中国人民银行成立的情况。毛泽东说："人民银行是社会主义性质的银行，而非资本主义性质的银行。你们是整个国民经济领导力量之一，要把官僚资本银行没收归我们所有，要把私人银行管理起来。此点，你回去后一定要向银行的同志讲清楚，否则就会迷失方向。"①

1949 年 2 月，中国人民银行由石家庄迁入北平（今北京）。1949 年 10 月 1 日中华人民共和国成立后，中国人民银行纳入政务院序列，直属中央人民政府，具有发行货币、管理全国金融并全面办理各项业务的职能。中央人民政府任命南汉宸为中国人民银行行长，胡景法为副行长。②

中国人民银行迁入北平以后，首要任务是根据"边接管，边建行"的方针，接管官僚资本银行，建立或充实中国人民银行的各级分支机构③。在新解放区，按照中国人民银行对原有各类金融机构区别对待的方针，把接管工作与建立中国人民银行分支机构结合起来，在接管官僚资本银行的基础上，利用原有银行机构的营业地点和人员办理业务，或改为中国人民银行的营业部门；或根据业务发展的需要，按行政区划重新建立中国人民银行分支机构。1950 年，中央人民政府政务院总理周恩来发布命令，通告海外原属国民党政府的金融机构和员工，要求他们各守岗位，保护国家财产，听候接管。在这些机构爱国人士的积极配合下，中国人民银行迅速组织了对海外机构的接管工作。在边解放、边接管、边建行和边办银行业务的过程中，本着集中统一、城乡兼顾、减少层次、提高效率、力求精简的方针，使银行机构的设置与行政系统尽可能一致，形成了中国人民银行的组织机构体系。1950 年 11 月 21 日，政务院批准公布

① 马德伦主编：《中国名片人民币》，中国金融出版社 2010 年版，第 426 页。
② 参见中国人民银行编著：《中国人民银行六十年：1948—2008》，中国金融出版社 2008 年版，第 75 页。
③ 参见王红曼：《新民主主义时期的金融立法与金融发展》，《贵州师范大学学报（社会科学版）》2011 年第 3 期。

了《中央人民政府中国人民银行试行组织条例》。该条例规定中国人民银行受政务院的领导和政务院财经委员会的指导，与财政部保持密切联系，主管全国货币金融事宜。中国人民银行初期的组织机构，按照当时的行政区划，实行总行、区行、分行、支行四级建制。总行设在北京。区行设于大行政区人民政府所在地，为该区的管辖行，受总行直接领导，并受大行政区人民政府（或军政委员会）的指导，对下直接领导区内各分行。到 1951 年底，总行、区行、分行、支行四级机构基本建成，一个上下贯通、遍布全国的中国人民银行组织机构体系初步形成。[①]

表 8-1   1949—1973 年中国人民银行历任行长名录

任命日期	姓名	备注
1949 年 10 月 19 日	南汉宸	
1954 年 10 月 31 日	曹菊如	
1964 年 10 月 29 日	胡立教	代行长
		1967 年 10 月 4 日，樊九思任中国人民银行军代表
		1969 年 7 月 19 日，财政部与中国人民银行合署办公
1973 年 5 月 5 日	陈希愈	财政部副部长兼任

资料来源：李飞、赵海宽、许树信、洪葭管主编：《中国金融通史》第六卷，杨希天等编著：《中华人民共和国时期（1949—1996）》，中国金融出版社 2002 年版，第 84 页。

当时，首要解决的经济工作问题是长达二十年之久的恶性通货膨胀。[②] 因此，中国人民银行在中央人民政府的统一领导下，着手建立统一的国家银行体系，承担着四项基本任务[③]：一是建立独立、统一的货币体系，使人民币成为中国境内流通的本位币，与各经济部门协同治理通货膨胀；二是迅速普建分支

① 参见韩平：《中央银行组织人事制度探索与实践》，中国金融出版社 2008 年版，第 28 页。
② 参见中国人民银行：《中国人民银行历史沿革》，见 http://www.pbc.gov.cn/rmyh/105226/105433/index.html。
③ 参见中国人民银行编著：《中国人民银行六十年：1948—2008》，中国金融出版社 2008 年版，第 75 页。

机构，形成国家银行体系，接管官僚资本银行，整顿私营金融业；三是实行金融管理，疏导游资，打击金银外币黑市，取消在华外商银行的特权，禁止外国货币流通，统一管理外汇；四是为迅速恢复生产，开展存款、放款、汇兑和外汇业务，促进城乡物资交流，为迎接经济建设做准备。

中国人民银行为履行职能，适应金融业务发展的需要，按照国家银行的职能和业务类别，内设相应的管理机构。1948 年 12 月 1 日总行成立时，以货币发行和经理财政库款为主，内设 5 个处，总行机关职工共 126 人。1949 年 2 月迁址北平后，为了全面开展银行业务，充实了银行业务管理机构，总行内设机构增到 17 个处，机关职工增至 974 人[①]。1951 年 10 月 5 日，中华全国总工会决定成立中国金融工会工作委员会，其机构和人员编制设在中国人民银行。至 1952 年 4 月，各地区行已全面运转，总行内设机构由处室改为 13 个司局。

（二）人民币的发行与币制的统一

人民币的出现可以追溯到新民主主义革命时期。早在第二次国内革命战争时期，在中国共产党创建和领导的各个革命根据地就已相继建立了银行并发行了根据地的货币。抗日战争时期和解放战争时期，革命根据地的银行也发行了当地流通的本位货币，24 年间共建立了 404 个货币发行机构，发行了 514 种名称、7 种币材的货币。到解放战争取得决定性胜利、中华人民共和国成立前夕，已具有了建立自主、独立、统一的货币制度所需要的经济社会条件。

1947 年秋，解放战争转入战略进攻阶段，几大解放区逐渐连成一片，各解放区之间的物资交流和商贸往来日益频繁；人民解放军的大兵团作战，需要各解放区相互支援、密切合作。1947 年 3 月 10 日召开的华北财经会议决定各区货币应相互支持，便利兑换。各区的货币，在管理上相互支持，在邻近地区实现混合流通，按自然比价进行兑换，以利商贸往来和相互间的物资交流。[②]晋察冀边区银行、北海银行和冀南银行根据华北财经会议精神，商定在区际边界建立联合兑换所和货币混合流通区。在货币混合流通区内，各区货币可以

---

① 参见王红曼：《中国近代货币金融史论》，上海人民出版社 2011 年版，第 137 页。

② 参见王红曼：《中国近代货币金融史论》，上海人民出版社 2011 年版，第 159 页。

"自由兑换、自由流通、自定比价和自由携带"，为促进各解放区间的物资交流、货币统一和金融发展迈出了第一步。1948 年 3 月 21 日，华北五大解放区（陕甘宁、晋绥、晋察冀、晋冀鲁豫边区和山东解放区）的代表参加了华北金融贸易会议，会议主要讨论了建立中国人民银行、发行统一货币和整顿地方货币等问题。会议决定自该年 4 月 15 日起，冀南银行与晋察冀边区银行的货币固定比价，混合流通；同时停止发行并逐步收回晋察冀边币，使冀南币成为两区统一的本位币。会议还作出了《统一新中国货币问题》的决议："总的原则是先统一本区之货币（东北、华北、西北、中原、华西、华南），然后再由北而南，先是东北和华北，其次是西北和中原，然后是华西和华南，最后以中国人民银行之本位货币之发行实现全国之大统一。"[1] 随后，又对晋察冀边区、晋冀鲁豫边区、山东解放区、华中解放区的货币实现固定比价，相互流通，为中国人民银行的成立和人民币的发行打下了基础。

中共中央本决定于 1949 年 1 月 1 日成立中国人民银行并发行人民币。但是，解放战争胜利形势发展很快，到 1948 年 11 月，华北全境已基本解放，而此时各解放区的货币不但名称不一，而且比价各异，公私款项收付与携带都很不方便。由于长期的战争消耗，生产数量和规模大幅度减少，各解放区货币的实际购买力随之下降，影响了野战军军需采购与城乡物资交换，影响了金融、物价及人民生活的稳定。1948 年 11 月 18 日，华北人民政府召开了第三次政务会议，经过认真讨论研究，认为"发行统一货币，现已刻不容缓。"会后，华北银行总行在抓紧各项准备工作的同时，于 11 月 25 日向华北、华东、西北三区的各银行机构发出《关于发行中国人民银行钞票的指示信》。[2]

终于，在 1948 年 12 月 1 日这一天，人民币诞生了。当天上午发出的《华北人民政府（金字）第四号布告》中提出："为适应国民经济建设之需要，特商得山东省政府、陕甘宁晋绥两边区政府同意，统一华北、华东、西北三区货币。"[3] 同日，中国人民银行遵照华北人民政府的指示，发布了关于发行人民

---

[1]　中国人民银行编著：《中国人民银行六十年：1948—2008》，中国金融出版社 2008 年版，第 81 页。

[2]　参见许树信：《中国革命根据地货币史纲》，中国金融出版社 2008 年版，第 55—60 页。

[3]　魏碧海、尚昌仪、张跃群：《人民币：在大决战的隆隆炮声中诞生》，《党史博览》2009 年第 1 期。

币的第一号通告，将其发行的中国人民银行钞票（以下简称"新币"）定为华北、华东、西北三区的本位货币，统一流通，所有公私款项收付及一切交易，均以新币为本位货币。与此同时，《人民日报》刊发关于中国人民银行发行 50元、20 元、10 元三种钞票的布告。当日晚间，时任中国人民银行总经理南汉宸发表讲话时曾谈道："人民政府不但对人民银行新币负责，而且对一切解放区银行过去发行的地方货币负责。将来我们收回地方货币的时候，一定按照现在所规定的比价收兑，兑到最后一张为止。"[1] 新币发行之后，冀南币（包括鲁西币）、晋察冀边币、北海币、西农币（以下统称"旧币"），逐渐收回。旧币未收回之前，旧币与新币固定比价，照旧流通，不得拒用。同时，还规定了新、旧币的比价：新币对冀南币、北海币均为 1：100；新币对晋察冀边币为1：1000；新币对西农币为 1：2000。[2] 各解放区发行的货币都是人民自己的货币。在用人民币统一币制的过程中，为了使人民群众不受损失，人民政府对早在土地革命战争时期、抗日战争时期、解放战争时期各革命根据地、各解放区发行的货币，采取了"固定比价、混合流通、逐步收回、负责到底"的方针，宣布按规定比价收兑各解放区的货币，直到最后一张为止。中国人民银行的成立和人民币的发行，意味着中华人民共和国作为一个独立自主的国家，其货币制度开始逐步构建和完善。

（三）"大一统"的中央银行体制

新中国的成立开辟了中国历史的新纪元，在经济体制方面，建立了中央集权的计划管理模式，与此相适应，计划金融体制也随之确立并得到发展。在新中国成立的最初三年里，国民经济在整体上处于恢复阶段。金融体系改革的主要目标是致力于经济秩序的恢复和较快地实现重工业的优先发展。通过对金融发展混乱局面的一系列整顿，有力地促进了国民经济的恢复和发展。1952年国民经济恢复时期即将结束时，由中国人民银行统一领导和经营管理的金融体系逐步确立起来。

---

[1]　马德伦主编：《中国名片人民币》，中国金融出版社 2010 年版，第 304 页。

[2]　参见中国人民银行编著：《中国人民银行六十年：1948—2008》，中国金融出版社 2008 年版，第 82 页。

在"一五"时期，我国金融体系在计划经济管理体制下走向了高度的集中统一。这一时期，为了适应新中国经济建设的需要，我国建立了集权式的统一银行体制和信用制度。1953 年，我国在基本完成私有金融业社会主义改造的基础上，进一步实现了银行的国有化，并对金融业务实行严格的计划管理。中国人民银行自成立之后就一直是全国的信贷中心、结算中心、货币发行中心。为了适应计划经济体制，中国人民银行建立了纵向的信贷管理体制，对信贷资金实行"统存统贷"的管理办法。在金融机构的变迁方面，主要是将公私合营银行纳入中国人民银行体系，撤销各大行政区中国人民银行区行，中国人民建设银行的建立，中国农业银行的建立与撤销以及农村信用合作社的繁荣发展等。

1954 年 6 月，随着中国人民银行各大行政区区行的撤销，中国人民银行总行对全国金融活动的统一领导和集中管理得到进一步加强。1957 年在中国人民银行内设立农村金融管理局，管理全国农村金融业务。至此，"大一统"的金融体制已初步形成。在这种"大一统"的金融体制中，金融监管主要以上级银行对下级银行执行现金计划管理为主要方式。因此，中国人民银行几乎从事金融业的全部日常经营和管理工作，既行使中央银行职能，又经办商业银行业务。政府是社会经济体系中储蓄和投资的主体，国家通过财政对社会经济拥有绝对的控制权。

"大一统"的中央银行体制的基本特征是将肩负政府职能的银行和经营商业性金融的银行所承担的事务都交由中国人民银行来负责，金融机构实质上也只有中国人民银行一家，全国的信用活动都集中于中国人民银行。在当时的经济环境下，这种模式有利于政策的上传下达、指挥的协调一致和对经济全局的控制。这种体制的主要特征有以下几个方面：[1]

第一，金融业是处于高度抑制状态的。高度集权的计划经济体制束缚了金融业的运行，使得我国金融体制在高度抑制的状态下形成了"大财政、小银行"的宏观管理体系。金融资源都由国家统一配置，缺乏市场化金融制度形成的基本条件和机制。1969 年，中国人民银行与财政部合并，分支机构也并入同级财政机构，成为财政和计划工作的记账和出纳部门。当时我国借助于信贷

---

[1]　参见崔鸿雁：《建国以来我国金融监管制度思想演进研究》，复旦大学博士学位论文，2012 年。

配给、利率管制和金融机构的进入壁垒等金融工具来实现金融管理，造成了金融业处于高度压抑的状态。

第二，计划决定一切，银行的作用受到了限制。中国人民银行的管理手段带有单一的指令性计划色彩，不仅资金供应的规模、结构由计划决定，而且资金供应的条件、利率高低、期限长短均由计划决定。资源配置的计划性使商品货币关系受到了排斥，银行的作用也被限制。

第三，中国人民银行具有多重身份。在"大一统"金融体制下，中国人民银行既执行中央银行的职能，又承担商业银行的职能；既发行货币，又直接发放贷款；既经营政策性信贷，又经营一般商业性信贷；既经营短期信贷，又经营外汇信贷；既是一种被监督管理的金融机构，又是一种履行监督管理的金融监管机构。

第四，金融体系呈现出"一家银行，一种信用形式"的特征。由于在理论上排斥商品经济，在实践中限制商品经济关系，货币信用关系极不重要，金融资源的配置由国家统一安排，信用高度集中于国家银行，其他信用关系和非银行金融机构等无从存在。

二、构建银行体系

新中国成立以来，中国银行业经历了一段不平凡的深刻变革：从一元银行体制到多种类型机构相互竞争、共同发展；从无序竞争、高风险运行到科学有序发展、风险可控运行；从长期封闭到全面开放，我国银行业既实现了自身的稳健、高效发展，又为我国经济又好又快发展提供了有力保障。改革开放后，中国拉开了金融改革的大幕，进入了有计划、有步骤地进行金融体制改革的新时期。随着国有专业银行的恢复和商业化、股份制改革，政策性金融与商业性金融的分离以及规模中等、产权多样的商业银行的成立，四大国有商业银行、股份制商业银行和三大政策性银行共同组成了我国多维的银行体系。

（一）国有商业银行的设立与改革

改革开放前，我国的国有专业银行发展缓慢。1976年10月，"文化大革命"结束，我国的银行体系也开始恢复和重建。1978 年党的十一届三中全会后，我国的银行业在邓小平理论的指导下，走上了改革开放的道路。改革开放以来，银行业的多样化发展令人瞩目，其中国有商业银行的改革更是我国银行体系建设中的重要一步。

1. 国有专业银行的初期发展

改革开放前，我国金融体系一直保持着"大一统"的特点。在此期间，我国的国有专业银行的发展主要是为了进一步加强中国人民银行对全国金融活动的统一领导和管理。

（1）中国农业银行的两次建立和合并

"一五"时期，为了帮助中国人民银行提升工商信贷、城镇储蓄和其他金融业务的效率，也为了加快农业社会主义改造的速度、支持农业生产发展，1953 年中国人民银行已经"考虑准备成立农业银行"[1]。1954 年 8 月，中国人民银行总行正式向中财委报送《关于建立中国农业银行的请示报告》，报告指出在过渡时期为了适应我国农业发展的需要，根据我国实际情况，参照苏联经验，必须建立一个专业的农业银行。[2] 次年 3 月，国务院对此进行了批示，同意建立中国农业银行，作为中国人民银行总行的一个直辖行，接受其领导，但中国人民银行总行所管农村业务，同时受国务院第七办公室的指导。[3]1955 年 3 月 25 日，中国农业银行宣布成立，由乔培新担任中国农业银行行长。中国农业银行成立以后，在发放贫农合作基金贷款、支持农业合作化等方面发挥了较好的推动作用。但是，当时农村金融业务量较小且资金周转环节烦琐。因此，1957 年 8 月 1 日，中国农业银行被撤销，中国人民银行总行设立农村金融管理局，各级中国人民银行相应地增设管理农村信贷工作的部门。

1963 年 11 月，全国人民代表大会常务委员会通过决议，批准建立中国农业银行，作为国务院的直属机构。根据中共中央和国务院关于建立中国农业银行的决定，农业银行机构建立从中央到省、地、县一直延伸到基层营业所。

---

①　伍成基主编：《中国农业银行史》，经济科学出版社 2000 年版，第 239 页。

②　参见伍成基主编：《中国农业银行史》，经济科学出版社 2000 年版，第 239 页。

③　参见陈建华：《中国金融监管模式选择》，中国金融出版社 2001 年版，第 458 页。

但是，在精简机构的形势下，1965 年 11 月中国农业银行和中国人民银行再次合并。

（2）中国人民建设银行的建立

1954 年 5 月 10 日，财政部报送中财委的报告中提出："国家第一个五年经济建设计划开始后，基本建设已提到首要地位。为使国家巨额投资能发挥最大效能，根据苏联经验，必须建立专业银行，按照国家预算办理基本建设拨款工作，以促使基本建设计划完成，推进经济核算，降低成本，从而达到积累建设资金、加速社会主义工业化进程的目的。"[①]中财委同意财政部的报告，建议将专业银行的名称定为"中国人民建设银行"，由财政部领导，并向中共中央和毛泽东主席写了报告。根据《政务院关于设立中国人民建设银行的决定》，中国人民建设银行于 1954 年 10 月 1 日正式成立，由马南风担任中国人民建设银行行长。中国人民建设银行主要办理财政基建投资的拨款监督工作，同时它也办理一定的信贷结算业务，因此中国人民建设银行的建立，实际上也是高度集中统一金融体系的一个组成部分。

2. 国有专业银行的恢复与商业化改革阶段

改革开放后，国有商业银行经历了专业银行恢复设立、专业银行商业化改革两个阶段，为之后的股份制改革奠定了必要的前提基础。

（1）重新恢复专业银行（1978—1993 年）

在计划经济时期，中国人民银行代表了整个国家的金融体系，其本质只能算是政府的附属物和金融职能的延伸，并不具备现代银行特征。因此，在改革开放后，国家开始恢复专业银行。1979 年 2 月，中国农业银行正式恢复建立，承担统一管理支农资金、集中办理农村信贷、领导农村信用合作社、发展农村金融事业等职责。1979 年 3 月，中国银行从中国人民银行分设出来，作为外汇专业银行，承办外贸信贷业务。1984 年 1 月，中国工商银行正式成立，承担工商业存贷款、结算业务和城镇居民的储蓄业务。1996 年 3 月，中国人民建设银行更名为中国建设银行，承担固定资产投资的职能。在这一阶段，随着

---

① 周道炯主编：《中华人民共和国固定资产投资管理大事记（1949—1987）》，中国财政经济出版社 1989 年版，第 91 页。

国有专业银行的恢复和发展，其经营自主权得以扩大，在银行业中具有着绝对主体地位。

（2）国有专业银行商业化改革（1994—2002 年）

为了进一步推进国有专业银行的商业化，适应社会主义市场经济的发展需要，1993 年底，国务院发布《国务院关于金融体制改革的决定》，明确了要将国有专业银行改革为商业银行的改革目标。按照政策要求，中国人民银行逐步放宽了对国有商业信贷规模的限制，并逐步推行资产负债管理，赋予国有商业银行独立法人的权利。1995 年颁布的《中华人民共和国商业银行法》从法律层面明确了国有专业银行是国有商业银行，指出其是"自主经营、自担风险、自负盈亏、自我约束"的市场主体。为了提高四大国有商业银行的资本充足率以及剥离其不良资产，1998 年到 1999 年间，中央通过发行特种国债的方式使中、农、工、建四大国有商业银行资本充足率增至 8%，并且成立金融资产管理公司，接收并处置了国有商业银行的不良资产，为其股份制改革奠定了坚实的基础。[1] 通过上述一系列的举措，国有银行大量的政策性负担被剥离，经营管理效率显著提升，资本充足率得到提高，促进了国有专业银行向符合现代企业制度要求的商业银行转变的步伐。

3. 国有商业银行股份制改革阶段

股份制改革是国有商业银行改革的重要内容，国有商业银行通过股份制改革不仅实现了股权多元化，而且在股权性质上也突破了单一的国有，出现了外资股、内资股、社会公众持股，可以说从形式上实现了混合所有制，因此可将其作为混合所有制改革的初步阶段。2002 年，第二次全国金融工作会议明确指出股份制改造是我国国有商业银行的改革方向。2003 年，政府成立了"国有独资银行股份制改革领导小组"，作为推进改革的领导机构。随后，通过财务重组、引入战略投资者，以及在资本市场上市等措施，有序地推进国有商业银行股份制改革。

（1）财务重组

国有商业银行的财务状况良好是股份制改革的前提之一。为了配合国有

---

[1] 参见吴晓灵主编：《中国金融体制改革 30 年回顾与展望》，人民出版社 2008 年版，第 84—88 页。

独资商业银行的财务重组，2003 年 12 月，中央汇金投资有限责任公司成立，中国银行、中国建设银行、中国工商银行和中国农业银行等国有商业银行先后接受其注资 196 亿美元及价值 29 亿美元的黄金、225 亿美元、150 亿美元和 190 亿美元。同时，为了提高国有商业银行的资本充足率，国有商业银行在符合银监会要求的情况下发行了大量次级债来补充资本金。例如，中国农业银行于 2009 年通过发行次级债筹集资金 500 亿元。四大国有商业银行还通过不同方式降低不良资产的比例。其中，中国工商银行对损失类贷款放入工行和财政部的"共管基金"之中，靠多渠道核销。经过中央汇金公司的巨额注资及国有商业银行的自身努力，进一步地剥离了国有商业银行不良资产，提高了资本充足率，为之后的上市提供了条件。

（2）优化公司治理结构，引入境内外战略投资者

在政府的有力推动下，国有商业银行将其内部的体制机制改革作为股份制改革的核心重点工作开展。为此，银监会专门先后发布了《推动公司治理结构、建设制定重组改制方案的通知》《中国银行、中国建设银行公司治理改革与监管指引》《国有商业银行公司治理及相关监管指引》，围绕股东大会、董事会、监事会、高级管理层建设、引进境内外战略投资者、发展战略制定、决策体系、内控机制、风险管理机制建设、激励约束机制建立、会计政策实施、信息科技建设、金融人才战略、重组上市等方面给出了改革的内容及目标。中国工商银行、中国建设银行、中国银行引进战略投资者的具体情况如表 8–2 所示。

表 8–2　中国工商银行、中国建设银行、中国银行引进战略投资者后的股权情况

银行名称	战略投资者名称	战略投资者性质	持股比重（%）
中国工商银行	财政部	内资	43.28
	中央汇金投资有限责任公司	内资	43.28
	高盛集团	外资	5.75
	全国社会保障基金理事会	内资	5.00
	安联集团	外资	2.25
	美国运通	外资	0.45

续表

银行名称	战略投资者名称	战略投资者性质	持股比重（%）
中国建设银行	中央汇金投资有限责任公司	内资	71.13
	中国建银投资有限责任公司	内资	10.65
	美国银行	外资	9.00
	富登金融控股私人有限公司	外资	5.10
	宝钢集团有限公司	内资	1.55
	国家电网公司	内资	1.55
	中国长江电力股份有限公司	内资	1.03
中国银行	中央汇金投资有限责任公司	内资	79.90
	苏格兰皇家银行	外资	9.61
	亚洲金融控股私人有限公司	外资	4.80
	全国社会保障基金理事会	内资	3.91
	瑞士银行	外资	1.55
	亚洲开发银行	外资	0.23

资料来源：中国工商银行、中国建设银行、中国银行招股说明书。

此外，中国农业银行的股份制改革相对滞后，2009 年 1 月，才整体改制为股份有限公司。中国农业银行的改革并没有像其他三大国有商业银行那样引入了大量的境内外投资者，股权结构相对单一，上市前，财政部持有 48.15%，中央汇金投资有限责任公司持有 48.15%，全国社会保障基金理事会持有 3.70%。

经过深入的股份制改造，国有商业银行都完成了财务重组及上市融资，从形式上建立起股东大会、董事会、监事会、高级管理层组成的法人治理结构。从形式上看，混合所有制形式已经形成，但并没有充分发挥混合所有制的作用。2013 年，党的十八届三中全会明确指出，"积极发展混合所有制经济。国有资本、集体资本、非公有资本等交叉持股、相互融合的混合所有制经济，是基本经济制度的重要实现形式，有利于国有资本放大功能、保值增值、提高竞争力，有利于各种所有制资本取长补短、相互促进、共同发展。"从此，国有企业改革的目标得到确定，即在股份制改革的基础上深化改革，积极发展混合所有制。

（3）在资本市场上市

经过政府及国有商业银行的共同努力，国有商业银行逐步具备了在资本市场上市融资的条件。2005—2010 年间，四大国有银行纷纷在中国香港或国内挂牌上市，走出了股份制改革的关键一步，具体情况如表 8-3 所示。

表 8-3　2006—2010 年国有商业银行上市情况

上市地点		中国工商银行	中国银行	中国建设银行	中国农业银行
境内 A 股	发行时间	2006 年 10 月	2006 年 7 月	2007 年 9 月	2010 年 7 月
	实际发行量（亿股）	149.5	64.94	90	255.9
	发行价格（元）	3.12	3.08	6.45	2.68
	融资额（亿元）	466.4	200	580.5	685.8
香港 H 股	发行时间	2006 年 10 月	2006 年 6 月	2005 年 10 月	2010 年 7 月
	实际发行量（亿股）	4.7	294.04	304.59	254
	发行价格（元）	3.07	2.95	2.35	3.2
	融资额（亿元）	1249.5	867.4	716	813

资料来源：各国有商业银行招股说明书及年度报告。

（二）股份制商业银行的兴起

1986 年交通银行的恢复设立标志着我国第一家全国性股份制商业银行的建立。股份制商业银行的建立和发展，打破了计划经济体制下国有专业银行的垄断局面，逐步形成了适应社会主义市场要求的多层次、多类型的金融机构新格局，有利于建立分工合作、职能互补、各金融机构平等竞争的金融服务体系。

20 世纪 80 年代中期，随着改革开放的不断深入和经济的迅速发展，我国金融体制改革逐步成为一个引人瞩目的热点和难点，把国家专业银行逐步转变为国有商业银行成为金融改革的重要目标。为进一步推进金融体制改革，给四大国有专业银行向商业银行转轨营造适当竞争的外部环境，国家决定采取体制外引导的战略。在此背景下，股份制商业银行应运而生。1986 年 9 月，国务院批准重新组建交通银行，标志着我国股份制商业银行的诞生。此后，我国陆续成立了兴业银行、光大银行、中信实业银行、广东发展银行、深圳发展银行、华夏银行、招商银行、上海浦东发展银行、民生银行、恒丰银行等股份制商业银行。改革开放大潮中诞生的股份制商业银行，是经济体制改革的产物，打破了计划经济体制下国家专业银行的垄断局面，逐步形成了适应社会主义市场经济要求的多层次、多类型的金融机构组织体系新格局，营造了多种金融机构分工合作、功能互补、平等竞争的金融服务体系。在特殊的历史条件下，以其灵活的经济机制优势，成为中国金融市场十分活跃的力量，成为推动我国国民经济发展的一支生力军。

股份制商业银行设立以来，依靠较为灵活的经营方式获得了较为迅速的发展，但由于其设立正好处在计划经济向市场经济转轨过程中，新旧两种机制的矛盾导致了股份制商业银行在发展初期的局限性。进入 21 世纪后，股份制商业银行抓住中国加入 WTO 的机遇，有效化解历史包袱，积极完善公司治理架构与机制，着力提高内部控制的有效性，强化风险管理，积极进行业务创新和改革开放进程，大力引进战略投资者，开始步入一个黄金发展时期。在这一阶段，交通银行通过重组、引资、上市，成为国际公众持股银行，已跃居大型银行行列；招商银行完成了海外上市、设立分行、并购，在国际化道路上实现了重要突破。兴业银行则成功实现了从一家区域性银行向全国性银行的全面转变，确立了在中国银行业体系中的地位；多家银行引入了国际金融公司以及花旗银行、汇丰银行、德意志银行等国际知名商业银行作为境外战略投资者，优化了股权结构，获得了国际先进的经营管理经验和技术；民生银行则在国内率先实行了银行流程改造。可以说，这个时期股份制商业银行的发展壮大不仅表现为规模、市场占比和数量的提高，更主要的是股份制商业银行竞争力的形成和发展模式、经营理念的深刻转变。

（三）政策性银行的建立与发展

随着我国市场经济体制改革的逐步深入，建立健全金融体制和投融资体制的要求愈发强烈，政策性金融与商业性金融的分离是我国金融体系改革中的重大突破，也是适应市场经济环境和推动国民经济持续、快速、健康发展的必然选择。我国于 1994 年先后成立了国家开发银行、中国农业发展银行和中国进出口银行三家政策性银行，这标志着我国政策性银行体系基本框架的建立。

1. 国家开发银行

国务院于 1994 年 3 月 17 日下发了《国务院关于组建国家开发银行的通知》，标志着国家开发银行正式成立。其章程规定国家开发银行的主要任务是"按照国家的法律、法规和方针、政策，筹集和引导社会资金，支持国家基础设施、基础产业和支柱产业大中型基本建设和技术改造等政策性项目及其配套工程的建设，从资金来源上对固定资产投资总量进行控制和调节，优化投资结构，提高投资效益，促进国民经济持续、快速、健康发展"。[①]

1998 年，时任中国人民银行副行长的陈元调兼任国家开发银行行长一职。以此为转折点，国家开发银行改变了银行经营的观念，不断扩大业务范围，远远超出了其原章程所规定的范围。在传统的信贷业务中，国家开发银行积极与地方政府和行业部门建立合作机制，搭建融资平台，通过政府信用促进业务发展。1998 年至 2004 年底，在 79 个国家重点项目中，国家开发银行承担 51 个，占比近 2/3。同时，由于国家开发银行内部管理成效显著，加上大项目的贷款有政府的"组织保证"收回本息，贷款规模不断扩大，不良贷款额不断下降，不良贷款比例不断降低。

2008 年 12 月，国家开发银行改制为国家开发银行股份有限公司。2015 年 3 月，国务院明确将国家开发银行定位为开发性金融机构。国家开发银行主要通过开展中长期信贷与投资等金融业务，为国民经济重大中长期发展战略服务。截至 2017 年末，资产总额 15.96 万亿元，贷款余额 11.04 万亿元；净利润 1136 亿元，资产回报率 0.75%，净资产收益率 9.45%，资本充足率 11.57%，可持续发展能力和抗风险能力进一步增强。[②]穆迪、标准普尔等专业评级机构，连续多年对国家开发银行评级与中国主权评级保持一致。

2. 中国农业发展银行

国务院于 1994 年 4 月 19 日下发了《国务院关于组建中国农业发展银行的通知》，标志着中国农业发展银行正式成立。其章程规定中国农业发展银行的主要任务是"按照国家的法律、法规和方针、政策，以国家信用为基础，筹

---

① 赫子竞：《我国政策性银行立法问题研究》，大连海事大学硕士学位论文，2000 年。
② 参见国家开发银行简介，见 http://www.cdb.com.cn/gykh/khjj/。

集农业政策性信贷资金，承担国家规定的农业政策性金融业务，代理财政性支农资金的拨付，为农业和农村经济发展服务"。同年 6 月，中国农业发展银行正式接收中国农业银行、中国工商银行划转的农业政策性信贷业务，贷款总额2592 亿元。

1998 年 4 月，国务院决定深化粮食流通体制改革，即"三项政策，一项改革"。为适应粮食流通体制改革，国务院调整了中国农业发展银行的业务范围，退还非粮油企业贷款，如扶贫贴现、农业综合偏差等，以便于集中收购资金的封闭式运作。11 月，中国农业发展银行将粮食和棉花加工和附属企业贷款转移到中国农业银行，以满足粮食流通体制改革主辅业务分离的需要。这两项业务转移后，中国农业发展银行只发放粮食、棉花和石油储备，购置、安置和簿记政策贷款。

2014 年 9 月，国务院第 63 次常务会议审议通过了中国农业发展银行改革实施总体方案。中国农业发展银行顺应我国城乡关系深刻调整的历史趋势，制定实施了"两轮驱动"业务发展战略，重点支持粮棉油收储和农业农村基础设施建设，为维护国家粮食安全、促进城乡发展一体化作出了不可替代的重要贡献。

3. 中国进出口银行

中国进出口银行成立于 1994 年，是由国家出资设立、直属国务院领导、支持中国对外经济贸易投资发展与国际经济合作、具有独立法人地位的国有政策性银行，其国际信用评级与国家主权评级一致。中国进出口银行依托国家信用支持，积极发挥在稳增长、调结构、支持外贸发展、实施"走出去"战略等方面的重要作用，加大对重点领域和薄弱环节的支持力度，促进经济社会持续健康发展。

中国进出口银行是我国外经贸支持体系的重要力量和金融体系的重要组成部分，是我国机电产品、成套设备和高新技术产品出口与对外承包工程及各类境外投资的政策性融资主渠道、外国政府贷款的主要转贷行和中国政府援外优惠贷款的承贷行，为促进我国开放型经济的发展发挥着越来越重要的作用。中国进出口银行的主要职责是贯彻执行国家产业政策、外经贸政策、金融政策和外交政策，为扩大我国机电产品、成套设备和高新技术产品出口，推动有比较优势的企业开展对外承包工程和境外投资，促进对外关系发展和国际经贸合作，提供政策性金融支持。截至 2018 年末，在国内设有 32 家营业性分支机构和香港代表处；在海外设有巴黎分行、东南非代表处、圣彼得堡代表处、西北非代表处。

三、发展多层次资本市场

随着经济的不断发展，我国多层次资本市场的建设也取得了长足的进步。随着我国逐步从计划经济向社会主义市场经济转型，我国的资本市场也是在这个阶段开始了从萌芽到发展壮大的过程。在这个过程中，我国资本市场采用的是"自上而下"的发展模式与市场自身不断探索相结合的市场改革方式，逐步将中国资本市场由小到大、由区域到全国，规模逐渐壮大，制度逐渐完善。目前，我国的多层次资本市场体系是由主板市场、中小板、创业板、全国中小企业股份转让系统（新三板）和区域期权交易市场这五大模块组成，其中主板市场、中小板和创业板属于交易所市场，新三板和区域期权交易市场属于场外交易市场。①

（一）萌芽阶段：证券发行和证券交易所成立

党的十一届三中全会是我国历史上具有划时代意义的事件。这次会议明确了我国以经济建设为中心的基本任务，将改革开放列为我国的基本国策，使我国摆脱了"姓'社'姓'资'"的思想束缚。政府开始在经济各领域进行改革，金融改革是其中的重要方面。改革开放前，高度的计划经济发展模式决定了我国资金的利用主要通过行政划拨的手段层层下拨到生产企业，而且，受当时阶级斗争的影响。此时，观念还认为股票市场是资本主义发展到一定程度的市场经济标志，对资本市场的建立争议很大。随着经济改革的不断推进，符合市场经济要求的金融体制开始改革，以满足市场经济体制下对资金的需求，使资本市场的发展成为可能。改革开放后，私营企业开始活跃，作为微观主体的

---

① 参见刘强安：《中国多层次资本市场建设研究》，《经济师》2018 年第 10 期。

企业开始寻求更多的融资渠道，对资金的需求也越来越大，为我国资本市场的发展提供了现实的要求。在这样的背景下，越来越多的企业开始发行股票、债券，政府也发行大量的国债等，开始形成了证券发行的一级市场。比较有代表意义的是：1984 年 11 月，中国资本市场第一股——上海飞乐音响股份有限公司成立，1986 年 11 月 14 日，中国改革开放的总设计师邓小平将飞乐音响股票赠送给来访的时任美国纽约证券交易所主席约翰·范尔霖先生，"飞乐音响"由此载入了中国股份制改革的史册。1985 年 1 月，上海延中实业有限公司成立，并全部以股票形式向社会筹资，成为第一家公开向社会发行股票的集体所有制企业。

随着证券发行的增多和投资者队伍的扩大，证券流通需求日益强烈，股票和债券的交易柜台陆续在全国各地区开始出现。1986 年 9 月 26 日，新中国第一家代理和转让股票的证券公司——中国工商银行上海信托投资公司静安证券业务部宣告营业，从此恢复了我国中断了 30 多年的证券交易业务。这个交易所代理的两只股票就是飞乐音响公司和延中实业公司，二级市场开始在我国初步形成。

随着证券交易市场的不断扩大，由分散的柜台交易逐渐向集中的交易所交易成为一种必然的要求，建立证券交易所成为我国迅速集中发展证券市场的重要保证。1990 年 12 月，党的十三届七中全会提出要逐步扩大债券和股票的发行，并严格加强管理和在有条件的大城市建立和完善证券交易所。1990 年 12 月和 1991 年 4 月，上海证券交易所和深圳证券交易所相继成立。1991 年 4 月 4 日，深圳交易所以前一天为基期 100 点，发布深圳综指。1991 年 7 月 15 日，上海证券交易所开始向社会公布上海股市 8 种股票的价格变动指数，以准确反映上海证券交易所开业以后上海股市价格的总体走势，并以 1990 年 12 月 19 日为基期 100 点，发布上证指数，为投资者入市及有关研究提供重要依据。

（二）发展阶段：证监会的成立

邓小平同志南方谈话给予中国资本市场的发展以最有力的支持，在此后召开的党的十四大明确提出了我国经济体制改革的目标是建立社会主义市场经济体制，股份制成为国有企业改革的方向，越来越多的公司开始进行了股份制改革，进而选择资本市场进行股票发行。与此同时，监管问题是摆在政府面前的一道难题。1992 年 10 月，国务院证券管理委员会和中国证券监督管理委员会同时成立，标志着中国资本市场建立了统一的监管体制，全国性市场由此开始发展。1992 年 12 月，国务院进一步明确了中央政府对证券市场的统一管理体制。在确定了统一监管体系的同时，我国关于资本市场的法律体系也在建立。1993 年，《股票发行与交易管理暂行条例》《公开发行股票公司信息披露实施细则》等证券管理办法相继颁布。1996 年又颁布了《中国证券监督管理委员会关于严禁操纵证券市场行为的通知》对一些违法交易行为作出了较为详细的规定，从而打击市场违法交易活动，维护正常的市场交易秩序。同时，监管机构也出台了针对证券公司业务行为的管理办法，对证券公司开展业务具有重要的指导和规范作用。1997 年，《证券投资基金管理暂行办法》正式颁布，中国证监会开始受理设立基金管理公司和证券投资资金的申请，有力地推动了证券资金的规范发展，促使我国资本市场走上规范化发展的道路。

证监会成立后，我国资本市场由开始的区域性试点逐渐走向全国统一市场，股票发行试点也走向全国。在市场创建初期，由于各方对资本市场的规则、自身的权利义务认识不足，我国投资者风险意识不够强，为了防止发行时一哄而上、股票发行引起的投资过热现象，监管机构采取了额度指标管理的审批制度。在发行方式上，充分体现公开、公平、公正的原则，自 1993 年开始使用了无限量发售申请表、与银行储蓄存款挂钩及上网定价等方式向公众公开发行股票。在发行定价方面，由于当时缺乏机构投资者，发行人、投资者和中介机构的不成熟，在股票发行价上根据当年每股盈利预测（或者发行前 3 年平均每股税后利润）乘以一定的市盈率来确定。1999 年施行的《中华人民共和国证券法》规定发行人与注承销商协商确定新股发行价格。此后，一些发行人夸大盈利指标或者选用较高的市盈率，引起投资者的不满。于是，从 2002 年开始中国证监会将新股发行的市盈率限制为不能超过 20 倍。1998 年 11 月 25 日，证监会发布指令，股份公司上市一律不许发行职工股。在股票交易上，为了防止股票大涨大跌，降低价格波动，证监会对交易涨跌幅做了多次调整。1996 年 12 月，证监会开始实施股票涨跌幅为 10% 的停板制度，一直延续至今。在沪深交易所成立初期先后推出 T+0 交易机制，从 1995 年开始实施 T+1 交易机制。

可以说，这一阶段是我国资本市场的探索和规范阶段，从市场运作规则、法律法规体系、管理体制、交易机制等诸多方面进行探索并不断加以规范，并从无到有、从不完善到逐步完善，建立了相对完整的市场体系。

（三）多层次化阶段：多板块创立

这一阶段是以 1999 年《中华人民共和国证券法》的颁布施行为标志，我国资本市场的法律地位得以确认。《中华人民共和国证券法》出台后，我国又颁布了《投资基金法》等一系列规范资本市场发展的法律法规。资本市场进入了规范发展。在此阶段我国资本市场进入了全新的改革发展。此阶段主要有以下重大事件：

一是股权分置改革。股权分置改革是我国资本市场发展最具有里程碑式意义的重要改革。该改革开始于 2005 年 5 月，主要做法是要把上市公司原本两类不同性质的流通股股东和非流通股股东，通过股权分置改革，而统一起来，形成同股同权。股权分置改革为我国资本市场的发展奠定了很好的制度基础。

二是代办股份转让系统的建立。2001 年 6 月，经中国证监会批准，证券业协会发布了《证券公司代办股份转让服务业务试点办法》，代办股份转让系统正式开通（俗称"三板市场"），代办股份转让系统的开通是为解决原 NET 和 STAQ 系统挂牌公司停牌后流通股的交易转让问题的，自 2002 年 8 月 29 日起从沪深主板退市的公司将进入该系统挂牌交易。2006 年，发布了《证券公司代办股份转让系统中关村科技园区非上市股份有限公司股份报价转让试点办法（暂行）》，对代办股份转让系统进行了改革扩容，中关村科技园区非上市股份公司也纳入代办股份转让系统，可申请进行挂牌交易，俗称"新三板"。

三是中小板和创业板的建立。2004 年 5 月，经国务院批准，证监会批复同意在深交所主板市场内设立中小企业板块（简称"中小板"），中小板市场定位于流通盘在 1 亿元以下的成长性强的中小企业。2009 年 10 月，随着首次公开发行的 28 家股票上市交易，我国创业板市场正式开通。我国创业板设立的目的主要是扶持中小企业，尤其是高成长性企业，为风险投资和创投企业建立正常的退出机制。随着中小企业板块、创业板的建立，我国初步建成了多层次资本市场体系，一定程度上改变了我国资本市场的功能结构。

四、利率和汇率日益市场化

利率和汇率作为资金在国内和国外市场上的价格，是经济体系中重要的变量。近些年来，我国利率市场化进程已基本完成，形成了与市场相适应的利率形成和调控机制；而人民币汇率历经多次重大改革，也基本实现了市场化的目标，在我国经济发展和对外开放的过程中发挥了重要作用。

（一）利率形成机制的市场化改革

我国从 20 世纪 80 年代就已经开始了对利率市场化改革的探索。1986 年1 月，中国人民银行规定专业银行资金可以相互拆借，资金拆借期限和利率由借贷双方协商议定[①]。1990 年 3 月，中国人民银行制定了拆借利率实行上限管理的原则。1996 年 1 月，全国统一的拆借市场成立，交易主体基本上由商业银行构成，同业拆借市场也形成了统一的"价格"，即中国银行间同业拆借利率（China Interbank Offered Rate，Chibor）。同年 6 月，中国人民银行放开了对银行间同业拆借利率的上限管理[②]。这标志着银行间同业拆借利率正式放开。1997 年 6 月，中国人民银行进一步放开了银行间债券回购利率。1998 年 8 月，国家开发银行在银行间市场首次进行了市场化发债，实现金融债发行利率的市场化。1999 年 10 月，国债发行开始采用市场招标形式。金融市场利率基本实现了市场化。2000 年以来，金融市场利率生成机制不断完善。

然而，由于银行间融资活动的时间分布并不均匀，使得 Chibor 以各银行同业拆借实际交易利率的加权平均值来确定的计算方法所存在的缺陷便逐渐暴露出来，如 Chibor 在银行间融资活动较少时计算出的利率会出现缺乏市场代表性的情况，甚至会无法生成利率。2004 年 1 月 1 日起中国人民银行扩大金融机构

---

①　参见韩雪枫：《对我国利率市场化改革的思考》，湖南大学硕士学位论文，2005 年。

②　参见焦丽君：《银行间债券市场浮动利率债券定价研究》，北京化工大学硕士学位论文，2013 年。

贷款利率浮动区间。在中国人民银行制定的贷款基准利率基础上，商业银行、城市信用社贷款利率的浮动区间上限扩大到贷款基准利率的 1.7 倍，农村信用社贷款利率的浮动区间上限扩大到贷款基准利率的 2 倍，金融机构贷款利率浮动区间下限保持为贷款基准利率的 0.9 倍不变①。2004 年 11 月，中国人民银行进一步放宽了金融机构贷款利率的浮动区间，并允许人民币存款利率下浮。

针对 Chibor 存在的缺陷，2006 年，中国人民银行成立了 Shibor 工作小组，正式发布上海银行间同业拆放利率（Shanghai Interbank Offered Rate，Shibor）。Shibor 由信用等级较高的银行组成报价团，自主报出人民币同业拆出利率，通过计算确定的算术平均利率，是单利、无担保、批发性利率，同时也是一个报价利率。Shibor 的报价不受银行间融资活动频繁程度的影响。Shibor 工作小组确定和调整报价银行团成员，监督和管理 Shibor 运行，规范报价行为。从运行情况看，以 Shibor 为基准的金融产品发展与创新不断取得新进展。Shibor 在强化金融机构内部经营管理、提高科学定价能力、疏通利率政策传导渠道、维护市场定价秩序等方面也发挥了重要作用。1 个月以内的 Shibor 报价已经能够准确反映货币市场资金供求情况，较好地指引了金融产品和服务定价，塑造出较为完整的利率曲线。但 1 个月以上期限的报价，尤其是 6 个月和 1 年期利率基本上难以反映货币金融环境变化，无法作为中长期利率的指引，这使得利率收益曲线期限的完整性受到影响。②

（二）汇率管理体制的逐步完善

新中国成立以后，我国外汇管理体制经历了由计划管理向市场调节为主、辅以计划调控管理方式的转变。实行改革开放政策以来，中国外汇管理体制改革沿着逐步缩小指令性计划，培育市场机制的方向，有序地由高度集中的外汇管理体制向与社会主义市场经济相适应的外汇管理体制转变。在汇率改革进程中，我国汇率改革机制一直向着市场化的目标不断迈进。人民币汇率形成体制的改革进程大体也可以被分为五个阶段。

---

① 参见朱海燕：《我国利率市场化的发展及其影响》，《财经问题研究》2004 年第 9 期。
② 参见荆海龙、淡亚君、李亚奇：《我国市场化利率形成问题研究》，《青海金融》2014 年第 10 期。

第一阶段（1949—1978 年），人民币汇率制度的初步建立。

1948 年 12 月 1 日，由中国人民银行发行了我国统一货币——人民币，从此成为我国境内流通的唯一法定货币。人民币从发行之初即与黄金脱离联系，没有像布雷顿森林体系当中的世界主要货币那样与黄金间接挂钩，而是纯粹的信用货币，人民币的这一特征奠定了我国一切货币制度的基础。新中国成立初期，全国各地物价水平不统一，人民币汇率按照"物价对比法"[①] 为计算基础进行调整。物价上升则向下调整人民币汇率，这一时期以美元为基础，共调整52 次。从国民经济恢复时期我国外汇短缺，需要鼓励出口的观点看，人民币汇率高频钉住物价水平是合理的。此后，随国民经济秩序恢复，国内物价稳中有跌，美国物价因抗美援朝战争而上升，人民币汇率政策目标调整为"兼顾进出口有利"，汇率随着物价对比而上调人民币汇率[②]，1950 年 3 月至 1951 年 5月共调高 15 次。

自 1953 年起，我国进入社会主义计划经济时期，国民经济完全实行计划，物价由国家统一制定，人民币汇率也不再反映不同国家间的物价对比状况，逐渐与物价脱节。1955 年 3 月，新币替代旧币，到 1971 年底，近 16 年的时间里，人民币汇率基本保持 2.4618 人民币 / 美元水平。1973 年以后，由于布雷顿森林体系崩溃，世界进入浮动汇率时代，美元等主要货币开始全面浮动，在此背景下，人民币采取了钉住一篮子货币汇率制度，新的汇率水平取决于一篮子货币的构成和市场汇率的变化。人民币汇率水平虽有调整，但我国计划经济体制没有改变，对外贸易国家垄断且规模很小，对物价的严格控制也切断了国际市场价格与我国的联系，因此汇率仍然是计划调节工具，而非经济杠杆，汇率制度本质上与之前并无差别。

第二阶段（1978—1994 年），经济转轨过程中的双重汇率制度。

1978 年党的十一届三中全会后，经济体制和运行机制从计划转向市场、从

---

① 物价对比法，是依据人民币对内对外购买力变化情况，参照进出口商品理论比价和国内外的生活物价指数，综合加权平均计算人民币对外币的汇率。这一方法显然是遵循了购买力平价理论。

② 上调人民币汇率和此后基本维持汇率稳定，名义上是为兼顾进出口，实际上政策重点已转向进口，因为人民币汇率上升已不再起到推动出口的作用。

封闭转向开放，我国经济进入转轨时期。我国从 1981 年起施行双重汇率，适用于贸易外汇收支的内部结算汇率按照 1978 年全国平均换汇成本加 10% 利润，达到 2.80 人民币 / 美元。官方汇率沿用原来的一篮子货币加权平均的计算方法，低于贸易结算汇率，适用于各项非贸易收支。这一制度对鼓励出口起到了一定的作用，但也产生了进口企业的用汇成本提高、平均出口换汇成本提高、增加价格体系的混乱以及贸易内部结算价与公开牌价之间缺乏严格划分标准等问题。

1980 年中国恢复了在国际货币基金组织的合法地位，按照国际货币基金组织的有关规定，其会员国可以实行多种汇率，但必须尽量缩短向单一汇率过渡的时间。因此，我国于 1985 年宣布取消内部贸易结算汇率，恢复单一汇率制度，所有交易统一适用官方汇率，并随时参照货币篮子进行调整。我国进入官方牌价与外汇调剂价并存的时期，但从本质上说，这仍然是一种双重汇率制度。但是，官方牌价与外汇调剂价两种汇率形成两种人民币对外价值和两种核算标准，促使新的汇率改革成为中国汇率制度更加合理化、规范化的必然要求。在这一阶段，汇率形成机制的市场性开始显现，汇率对国民经济的调节功能逐渐恢复。

第三阶段（1994—2005 年），开展汇率形成体制改革。

从 1994 年开始，中国人民银行就开始确立了以市场供求关系为基础的、有管理的浮动汇率制度。人民币汇率从固定汇率制度转变为有管理的浮动汇率制度，人民币汇价从原有的高估状态 1 美元兑 5.22 元人民币一次性步入 1 美元兑 8.70 元人民币水平，汇率的贬值在刺激出口的同时引发了外汇储备的大幅度增长。在此之后，即使在东南亚危机的冲击下中国经济也保持了稳定较快的增长，但是汇率水平始终在狭窄的通道中上下浮动。而在 1997 年亚洲金融危机期间，我国政府坚持人民币不贬值，主动将人民币兑美元汇率维持在 1 美元可兑换 8.27 元人民币的水平上，防止了周边国家和地区的货币贬值进行扩散，维持了金融市场的稳定。

第四阶段（2005—2008 年），实施汇率市场化改革。

2005 年 7 月，中国人民银行发布通知，表明我国开始实行以市场供求为基础、有管理的浮动汇率制度。在通知发表的当天，人民币对美元就升值了 2%，即达到了 1 美元等同于 8.11 元人民币，表明我国紧盯美元的固定汇率制度已经成为过去，新的人民币汇率制度已经开启。在 2005—2008 这三年间，人民币兑美元的汇率从 1 美元可兑换 8.27 元人民币一路变化至一美元可兑换 6.83 元人民币，一共累计升值了大约 21%。这次汇率改革的目标是建立健全以市场供求为基础的、有管理的浮动汇率制度，保持人民币在合理、均衡水平上基本稳定。坚持主动性、可控性、渐进性的基本原则，使人民币汇率更具弹性，更能准确地反映外汇市场的供求关系。

第五阶段（2008 年至今），调整和重塑汇率市场化改革。

2008 年全球金融危机爆发后，为了降低人民币升值对我国出口产生的内在压力，保证我国出口量不大幅降低，自 2008 年 7 月起，我国开始了长达 22 个月的汇率浮动范围收缩计划，以保持人民币名义汇率基本稳定。直到 2010 年 6 月，汇率浮动范围逐步扩大，中国人民银行放开市场常态式的干预，人民币汇率形成机制改革重启，但却又回到以紧盯美元为主的浮动汇率机制，人民币兑美元的汇率从 1 美元兑换 6.83 元人民币升值至 1 美元兑换 6.1 元人民币，人民币汇率形成机制开始进入双向波动的市场区间。在国内外形势逐渐复杂的情况下，2015 年 4 月人民币再次缩小波动范围。因为人民币虽然实行紧盯美元的浮动汇率制度，在经济不稳定的时期可以一定程度上维持汇率的相对稳定，减小国际贸易逆差、减少国际资本外流，但是这种汇率中间价完全由中国人民银行决定，这使得价格形成机制并不健全，人民币汇率中间价与即期汇率发生了偏离。当美国宣布量化宽松政策结束后，美元相应升值，人民币也相对于非美元货币开始升值，这对我国出口又产生了较大压力。基于这种现状，中国人民银行于 2015 年 8 月发表了《关于完善人民币兑美元汇率中间价报价的声明》，宣布中间价定价权不完全由中国人民银行决定，中国人民银行要建立健全中间价定价机制，由市场来决定中间价定价权，并且将人民币兑美元的中间价下调大约 2%，对人民币汇率形成体制完成了一次实质性的改革。

2017 年 7 月 14 日至 15 日，在北京召开的第五次全国金融工作会议上，习近平总书记指出："要深化人民币汇率形成机制改革，稳步推进人民币国际化，稳步实现资本项目可兑换。"[1] 而在随后的中央财经领导小组第十六次会议

---

① 《全国金融工作会议在京召开》，2017 年 7 月 15 日，见 http://www.gov.cn/xinwen/ 2017–07/15/ content_5210774. htm。

上，习近平总书记继续强调："要继续完善人民币汇率形成机制，保持人民币汇率在合理均衡水平上的基本稳定。"[①] 自 2005 年我国施行汇率市场化的改革至今，人民币汇率形成机制已不断完善，目前初步形成了"收盘汇率＋一篮子货币汇率变化"的人民币兑美元汇率中间价形成机制，充分提高了汇率机制的透明程度和市场化水平。同时人民币汇率不仅受经济发展状况影响，也受市场因素的影响。

回顾自 1949 年以来的人民币汇率形成机制改革，可以看出，大体趋势无疑是中国人民银行的直接干预越来越少，市场对汇率形成机制越来越发挥决定性作用。这对于完善人民币汇率制度的稳定性有着极其重要的意义。首先，人民币汇率中间价由市场来决定，使人民币汇率更准确地反映出我国经济的变化和其他国家货币汇率的涨跌幅度。其次，中央银行对汇率的直接常态化干预，放开人民币汇率浮动范围，使得汇率双向波动的预期逐渐形成。在 2005 年，人民币兑美元的汇率日波动范围仅在 3‰，但随着中间价报价机制的逐渐完善，2015 年日浮动范围已经扩大至将近 2%，可见人民币汇率的波动性大大提高。最后，不再紧盯单一美元，这样可以有效防止国家利益发生冲突时，在货币政策制定上出现难以抉择的局面。

五、人民币大踏步走向国际化

随着我国国民经济的持续、快速、稳定增长，综合国力不断增强，随着利率、汇率机制的改革完善，人民币逐步走出国门，开始融入世界货币金融体系之中。2016 年人民币被正式纳入国际货币基金组织（IMF）特别提款权（SDR）新货币篮子，这是人民币国际化过程中里程碑式的关键性节点。从个人业务到贸易结算、从经常项目到资本项目、从边境地区零星使用到走向国际，人民币国际化的发展进程，是伴随中国改革开放的不断推进和市场发展的需要顺势而为的演进过程，人民币走向国际化也是中国融入全球化过程的必然选择。

---

① 《习近平主持召开中央财经领导小组第十六次会议》，2017 年 7 月 17 日，见 http://www.gov.cn/xinwen/2017–07/17/content_5211349.htm。

（一）人民币经常项目可兑换

我国外汇管理体制改革的目标是最终实现人民币可自由兑换。这一目标的实现将使我国经济更好地融入世界经济之中，促进我国整体经济的良性发展，但是，过快过急的货币可兑换进程对经济的损害也是巨大的，这已经在世界上诸多次金融危机中得到证实。通过循序渐进地改革，至1996年底我国实现了人民币经常项目可兑换。我国实现人民币经常项目可兑换大约经历了三个阶段。

第一阶段是1979年到1987年，特点是外汇留成、审批使用。为了鼓励外贸主体增加外汇收入的积极性，也为了满足这些外贸主体日常经营的需要，国家实行了外汇留成制度。但各地区、企业的留成外汇在使用时仍须国家主管部门审批。

第二阶段是1988年到1993年，特点是外汇留成、调剂使用。这期间外贸体制从统负盈亏经过承包制走向外贸企业自负盈亏，外汇留成也从逐步提高留成比例发展到统一全国留成比例。这期间进一步完善和扩大了外汇调剂市场，使一些企业能在国家用汇序列的指导下在调剂市场上买到所需外汇，部分地保证了企业经常项目用汇的需求。

第三阶段是1994年以后，特点是强制结汇、经常项目下可兑换。

（二）国际化的起步：跨境贸易结算

人民币的跨境使用最早可以追溯到人民币在边境和港澳地区的使用。20世纪90年代初，随着我国对外经贸和人员往来不断扩大，出现了人民币在香港、港币在珠三角地区大量交叉使用的现象，需要货币当局考虑对人民币出入境的管理问题。1997年亚洲金融危机期间人民币币值保持稳定，提升了周边地区居民使用人民币的信心。2003年11月，经国务院批准，中国人民银行宣布为香港银行在港办理个人人民币业务提供清算渠道和回流机制，并授权中国银行(香港)有限公司为人民币清算行，为香港银行办理的存款、兑换、汇款、银行卡等四项个人人民币业务提供清算安排。

早期的汇率改革和减少外汇管制是充满争议的。之所以能得以启动，源于贸易投资对外开放的需要。经济对外开放的进展和得益，又不断对汇率改革和减少外汇管制以及人民币可兑换性提出更高的要求。对外开放的进程始终伴随着汇率走向合理化和外汇管制的逐步减少。

当这一进程走到 2008 年时，人民币国际化迎来了难得的历史机遇。2008年全球金融危机爆发，对国际货币体系带来了深刻的影响，特别是美元流动性紧缺、金融市场波动加剧，中国周边一些国家的央行希望通过与中国人民银行签署本币互换协议，获得流动性支持、维护金融市场稳定。同时，随着中国在全球贸易和投资比重的持续增长，国内外企业希望通过人民币结算降低交易成本、避免汇率风险的意愿逐渐上升。中国经济率先恢复并成为世界经济增长的重要引擎，国际上使用人民币的需求显著增加。为顺应市场需要，中国开始逐渐改变过去严格区分本外币的管理方式，主动消除人民币跨境使用的政策障碍，积极推进人民币跨境使用便利化。2009 年 7 月，中国人民银行推出面向港澳地区和东盟国家的跨境贸易人民币结算试点。自此，人民币国际化进入了加速阶段，人民币成为国际货币体系多元化进程中的新成员。

目前中国已是全球第二大经济体、第一大贸易国，对贸易的依存度一度达到 60%—70%。[1] 可见，基于经常项下的跨境贸易结算是人民币国际化进程的原始驱动力。

（三）政策制度框架和基础设施的完善

近年来，尽管内外部环境有起有伏，但人民币跨境使用、人民币国际化的政策制度框架和基础设施一直在不断完善和健全。

政策和制度框架方面，中国人民银行先后出台政策，允许人民币用于经常项下的跨境贸易结算、资本项下的外国直接投资（FDI）和境外直接投资（ODI）。同时，允许境外央行等三类机构投资银行间债券市场，允许境外人民币贷款及境内企业到香港发行人民币债券，推出境外人民币借款、人民币资金池等业务以及人民币合格境外机构投资者（RQFII）、人民币合格境内机构投资者（RQDII）、合格境内有限合伙人（QDLP）、股票通、债券通等业务；陆

---

[1] 参见陈浩:《中国对外贸易对城乡收入差距的影响研究》，广东外语外贸大学硕士学位论文，2016 年。

续开展人民币与其他本币的直接挂牌交易，目前人民币已与 12 种货币形成直接汇率。自 2008 年起，中国人民银行先后与 36 个国家和地区的央行或货币当局签署了双边本币互换协议，协议总规模超过 3.34 万亿元人民币。①

金融基础设施建设方面，在与香港地区建立人民币清算安排的基础上，人民币跨境清算体系建设取得了长足的进步。人民币跨境支付系统（CIPS）一期、二期也分别于 2015 年 10 月、2018 年 5 月上线运行，更好地满足了全球用户人民币支付结算和清算需求。截至 2017 年末，中国人民银行已在 23 个国家和地区建立了人民币清算安排，覆盖亚洲、欧洲、美洲、大洋洲和非洲等地；人民币跨境支付系统（CIPS）共有 31 家直接参与者，677 家间接参与者，实际业务范围覆盖全球 145 个国家和地区的 2199 家法人金融机构。CIPS、清算行等机制安排的优化完善将进一步提升全球人民币的清算、结算服务效率。②

汇率机制完善方面，在中国金融改革的总体框架下，人民币汇率形成机制和利率市场化改革有序推进，为人民币国际化创造了良好条件。2005 年，中国人民银行开始实行以市场供求为基础、参考一篮子货币进行调节、有管理的浮动汇率制度；2010 年进一步推进改革，增强人民币汇率弹性；2015 年，宣布调整人民币兑美元中间价报价机制，形成"收盘汇率＋一篮子货币汇率变化＋逆周期因子"的中间价形成机制，进一步稳定汇率预期。利率市场化改革同时稳步推进，存贷款利率放开，利率调控体系、市场利率体系建设等方面均取得关键进展。

（四）国际化里程碑：加入 SDR

人民币走向国际化的重要里程碑，是人民币在 2015 年 12 月被接纳为 IMF 的 SDR 货币篮子的组成货币，在 SDR 货币篮子中占 10.92% 权重。2016 年 10 月人民币正式加入 SDR，以国际储备货币的身份进入 IMF 和国际结算银行（BIS）等国际组织以及各国货币当局的资产组合。2018 年以来中国人民银行连续发布文件，明确凡是依法可使用外汇进行的跨境交易都可以使用人民

---

① 参见李国辉：《人民币国际化：与改革开放相伴而行》，《中国金融家》2018 年第 12 期。

② 参见中国人民银行：《中国人民银行年报 2017》，2019 年 5 月 4 日，见 http://www.pbc.gov.cn/chubanwu/114566/115296/3562572/3562638/index.html。

币，从国家制度层面实现了人民币与其他国际储备货币的同等待遇。这些都进一步提升了市场参与者增加配置人民币资产的需求。

2016 年 10 月 1 日，在国际货币基金组织特别提款权货币篮子中，正式加入了中国货币，从此，人民币成为拥有国际权威机构认可权的国际储备货币，成为"可自由使用货币"俱乐部中的一员。中国货币在国际货币体系中的地位蒸蒸日上，推进了人民币国际化的进程。人民币加入国际货币基金组织特别提款权货币篮子已经整整两周年了，IMF 总裁拉加德表示，人民币在未来将更加被国际社会所认可，成为国际自由通用的结算货币。

随着中国的贸易在全球贸易地位的逐渐提升、人民币的国际化、金融市场对外开放程度的不断增加，人民币已经成为国际贸易结算的主要货币之一，人民币国际化的相关评价指数如表 8-4 所示。《华尔街日报》指出，目前人民币已经作为 101 个国家的贸易货币，使用人民币开展国际贸易的国家数量也在持续增加，预计这种对外开放的趋势会像滚雪球般越来越大。其中人民币交易需求的增长主要体现在了跨国企业上，这些跨国企业，特别是与中国进行贸易和投资的企业，对于人民币结算的偏好日益增强、在风险敞口管理和融资管理上也更愿意使用中国货币。以汽车行业为例，人民币已经成为大众、戴姆勒、福特及通用汽车等欧美汽车制造商的第二大常用货币。

表 8-4　2017—2019 年人民币国际化指数变动情况

指标	时间	指数	同比
中国银行人民币跨境指数（CRI）[1]	2018 年四季度	291	13.23%
中国银行人民币离岸指数（ORI）[2]	2018 年二季度	0	14.29%

---

[1] 中国银行人民币跨境指数，是从货币流转过程的维度编制的指数，揭示人民币跨境流转和使用的动态。指数由人民币跨境流出、境外流转、跨境回流三个紧密衔接的部分构成，全部采用流量指标来反映，使指数架构在逻辑上高度一致。指标涵盖所有经常项目和有代表性的资本项目以及境外流转项目，涵盖面较广，可以综合反映人民币跨境及境外使用的活跃程度。

[2] 中国银行人民币离岸指数，是对人民币在离岸金融市场上资金存量规模、资金运用状况、金融工具使用等方面发展水平的综合评价。指数共设置五类指标，包括离岸人民币存款比重、离岸人民币贷款比重、人民币投资比重、人民币储备比重以及人民币外汇交易比重。ORI 对这五类指标中人民币占所有货币比重进行综合加权计算，可以反映人民币在国际金融市场的发展水平。

续表

指标	时间	指数	同比
中信银行国际跨境银行需求指数③	2019 年二季度	56.9	0
星展人民币动力指数（DRIVE）④	2017 年四季度	60.5	1.05%
中国人民大学人民币国际化指数（RII）⑤	2017 年四季度	3.13	44.80%

资料来源：中国银行、中信银行、星展银行、中国人民大学国际货币研究所。

　　综上所述，新中国成立 70 年来，我国的金融改革取得了显著成就，通过构建银行体系和多层次资本市场、推进利率汇率市场化改革和人民币国际化等主要措施，为构建现代金融体系打下了坚实的基础。金融是实体经济的核心和血液，金融改革是经济改革的重要组成部分。构建和完善现代金融体系，对于促进经济社会健康、稳定和可持续发展具有长期的至关重要的意义。

（郭威 撰写）

---

① 中信银行国际跨境银行需求指数，根据对内地企业与个人的季度抽样调查，预测下一季度内地企业与个人对于香港银行服务需求的变化状况。该指数由"企业需求指数"与"个人需求指数"加权平均得出。

② 星展人民币动力指数，追踪香港企业使用人民币的实际普及和接受程度，以及企业未来采用人民币的意愿，是香港首个衡量人民币国际化程度的基准指数。

③ 中国人民大学人民币国际化指数，以理论上货币的价值尺度、支付手段和价值储藏功能为依据，综合考虑人民币在贸易计价、国际金融计价与官方外汇储备的全球占比而计算得出。

第 九 章

宏观经济管理：从"直接指令"走向"区间调控"

新中国成立 70 年来，我们对如何管理国民经济，是由一个完全陌生、照搬别人，到反思挫折、逐渐理解并积极探索，一直到有效驾驭的过程。宏观调控作为政府对经济运行的干预方式，越来越科学化，使中国经济成功应对了多次来自国内外突发因素的冲击，基本上保持了平衡快速发展势头。伴随着探索的深入，宏观调控的体制基础不断完善，调控目标日趋合理，调控工具也日趋丰富。

一、"包罗万象"靠"指令"

（一）指令性计划的编制与执行

从新中国成立初期到改革开放，我国一直实行的计划经济体制，是模仿苏联的经济体制建立的。在这种经济体制下，中央政府对国民经济活动实行集体统一管理，整个国家就像一个"大工厂"，企业就像是"车间"，包罗万象的生产经营活动完全听命于政府制定的"指令性计划"。

1952 年 7 月，第一个五年计划的轮廓草案基本形成。1952 年 11 月，中央财经委召开全国计划会议，提出编制长期建设计划的任务。同年年底，中共中央发出《中共中央关于编制一九五三年计划及五年建设计划（1952.12.22）纲要的指示》，就编制计划中若干应注意的问题作了布置。"一五"计划由国务院以命令形式颁布，要求各地各部门遵照执行。1954 年颁布的《宪法》，代替了新中国成立初期的《共同纲领》。其中第十五条明确规定："国家用经济计划指导国民经济的发展和改造，使生产力不断提高，以改进人民的物质生活和文化生活，巩固国家的独立和安全。"计划经济体制从国家根本大法上获得了法定地位。到1957年第一个国民经济五年计划完成时，社会主义改造基本完成，公有制占绝对统治地位的100%计划经济体制基本确立下来。[①] 一方面，在政府系统成立各种旨在编制、实施和监督计划经济政策的机构，大量的微观主体决策、实施核算等职能被变为政府行为。中央政府成立了相关部委机构，地方各级政府则对口成立了从事资源配置职能的政府机构。另一方面，对于生产资料调配权的各种计划指标、额度、消费资料的各种票证纷纷面世。它们代表着计划指令，成为政策目标在现实生活中的载体。这种指令性计划主导的计划体制有四个主要特征：

一是以统购统销为核心的生产资料计划管理。对全社会生产资料进行集中控制和管理，是计划经济的最主要内容。为配合第一个五年计划的实施，对重要生产资料在全国范围内的统一平衡分配管理成为必要。按照不同重要程度和产销特点，这些生产资料大体分为三类，故通常被称为"三类物资"：第一类：国家统一分配物资，简称"统配物资"，全部由成立不久的国家计委统一分配。第二类：中央各部门统一分配物资，简称"部管物资"，由中央各部在全国范围内统一分配。第三类：地方政府管理的物资，即除上述统配物资、部管物资和由商业部统一经营的一、二类商品以外的其他生产资料，统称为"地管物资"。

由国家计委统配物资和由各部委分别管理的部管物资种类，1953年分别为112种、115种，到1957年则分别上升到了231种和301种。[②] 以钢材为例，通过市场供应的钢材占全国供应总量的比重，1953年为25.9%，1956年降为8.2%。[③]

其实，对全社会生产资料高度统购统销的计划管理，最初是从粮食及随后更广泛的农产品开始的。为尽快摆脱粮食供应困境，1953年10月，中共中

---

① 参见郑有贵主编：《中华人民共和国经济史（1949—2012）》，当代中国出版社2016年版，第31—39页。

② 参见中国物资经济学会编：《中国社会主义物资管理体制史略》，物资出版社1983年版，第1—5、91页。

③ 参见《当代中国》丛书编委部编辑：《当代中国的经济体制改革》，中国社会科学出版社1984年版，第503页。

央发布《政务院关于实行粮食的计划收购和计划供应的决议》；同年 11 月，政务院通过的《关于实行粮食的计划收购和计划供应的命令》，详细规定了粮食统购统销的具体办法。这标志着粮食统购统销制度正式确立。它要求：第一，在农村向余粮户实行粮食计划收购（简称"统购"）的政策，统购价格及统购粮种均由中央统一规定。第二，对城市人民和农村缺粮人民，实行粮食计划供应（简称"统销"）的政策。第三，由政府严格控制粮食市场，对私营粮食工商业进行严格管制，并严禁私商自由经营粮食。第四，在中央统一管理之下，由中央与地方分工负责、出拨给各大区的粮食以外，其他粮食包括各大区间的调剂粮、出口粮、储备粮、全国机动粮、全国救灾粮等，统归中央统筹安排。[①] 由此扩展，统购统销的农产品种类不断增加。1953 年 11 月，中共中央批准了中财委关于在全国实行计划收购油料的决定，次年 9 月政务院公布《中央人民政府政务院关于实行棉花计划收购的命令》。除了粮、棉、油三种最重要的农产品之外，烤烟、黄洋麻、苎麻、大麻、甘蔗、家蚕茧、茶叶、生猪、羊毛、牛皮及其他重要皮张、土糖、土纸、瓜子、栗子、木材、部分中药材、水产品等都被纳入统购统销范围。农民即使要卖出自己留用的部分也不得在市场上出售，必须卖给政府委托的收购商店。而像鸡、鸭、鹅、鲜蛋、调味品、分散产区的水产品、非集中产区的干果和鲜果等少数可以进入自由市场的农产品，在必要时也可经由各省人民委员会的命令按照统一收购物资的规定办理。[②] 一个庞大的全国性农产品统购统销体系就此形成。

二是生产资料价格的全面控制。过渡时期对私营商业进行社会主义改造后，市场物价管理采取了城乡分工的方式进行，即由商业部系统管理城镇物价，由供销合作社系统管理乡村物价。1955 年召开的第五次全国物价工作会议明确指出，商业部在全国物价确定与管理中有三项重点职责：第一，掌握全国物价总水平，领导和管理全国国内市场物价。第二，确定进销差价、地区差价、批零差价、质量差价、季节差价及商品比价的掌握原则。第三，制定和调

---

① 参见中共中央文献研究室编：《建国以来重要文献选编》第四册，中央文献出版社 1993 年版，第 477—488 页。

② 参见中国人民大学贸易经济系资料室编：《粮、棉、油统购统销政策、法令文件选编（1951—1979 年 4 月）》，1979 年版，第 232—234 页。

整全国各主要产、销市场关系国计民生的重要的大宗商品的标准规格的收购和批发销售牌价，主要进口物资的国内批发销售牌价，重要市场的统购、统销商品价格和主要商品、主要市场的零售价格，并制定加工、订货、收购、包销产品的工缴货价掌握原则。

各省级政府的商业厅局，则根据商业部指示的全国物价总水平，负责掌握本省物价总水平，并制定和调整商业部掌握以外的主要商品、主要市场的收购与批发销售牌价以及商业部掌握以外的重要市场的统购、统销商品的价格。[①]

1957 年 8 月发出的《国务院关于各级人民委员会应即设立物价委员会的通知》，要求各省、自治区、直辖市和省辖市、县及相当于县的镇都设立"物价委员会"，接受同级党委和人民委员会领导，由省长或副省长、市长或副市长、县长或副县长直接负责。中央与地方各级政府在物价管理中进行分工：农副产品中统购和统一收购物资的收购价格和销售价格，由中央管理审批工作。农副产品中小土产（即第三类物资）的价格，由各省、自治区、直辖市根据地方具体情况加以掌握。国务院对全国小土产的价格水平，每年规定一次。工业品和手工业品中若干种主要商品和主要市场的销售价格，由中央掌握，其他市场以及次要商品的销售价格，由各省、自治区、直辖市掌握。[②] 经过社会主义改造，国内私营商业所占的比重已经微乎其微，由政府统一定价之外的市场定价机制，自然也几乎消失。

除此之外，劳动力和资金两种要素，也分别通过行政化[③]、有差别[④]的层级工资制，加上随之而来的城乡户籍管理体制，以及统一的财经制度和银行信贷计划，实现了统一管制。[⑤]

三是工业生产过程的组织动员。新中国成立后，苏联就开始对中国的煤

---

① 参见商业部物价局编：《物价文件汇编（综合部分）》上册，1981 年版，第 1036—1037 页。

② 参见商业部物价局编：《物价文件汇编（综合部分）》上册，1981 年版，第 1055—1056 页。

③ 参见董志凯等主编：《中华人民共和国经济史（1953—1957）》（下），社会科学文献出版社 2011 年版，第 823 页。

④ 参见中国社会科学院、中央档案馆编：《1953—1957 中华人民共和国经济档案资料选编　商业卷》，中国物价出版社 2000 年版，第 1154 页。

⑤ 参见财政部综合计划司编：《中华人民共和国财政史料　第一辑　财政管理体制（1950—1980）》，中国财政经济出版社 1982 年版，第 31—36 页。

炭、电力、石油及一些重工业部门的发展提供建议和援助。苏联专家带到中国来的不仅有诸如工厂选址、设备改进等技术层面的指导，还对中国的管理方式提出了"标准答案"。首先是强调国家计划的严肃性与组织检查的重要性。其次是帮助制定成套的条例规章，建立各级机构。最后是教授如何填写表格，怎样计算生产总值、审定技术经济定额、综合各部门计划、搞物资平衡等等。[1]

政务院先后成立了重工业部、燃料工业部、纺织工业部、轻工业部、第一机械工业部、第二机械工业部等工业管理部门，这些部门的设立为各个行业的集中管理奠定了组织基础。1950 年 6 月，中央重工业部计划司出台了《国营工业经济计划工作的组织方法》，提出了工业经济计划包括七个部分，强调"所有一切与生产及建设相关的全部经济内容都包括在内"。接受政府指令性计划管理的国营企业，其年总产值、主要产品产量、新种类产品试制、重要的技术经济定额、成本降低率、成本降低额、职工总数、年底工人人数、工资总额、平均工资、劳动生产率和利润等 12 项内容，都由政府直接下达指令性生产指标。[2] 而"计划一经批准，一般不予修改"[3]。

除了生产环节的全程控制，国营企业的财务也受到政府的严格管理。尽管时有调整，但基本上是高度集中的统收统支方式，即企业日常生产经营中的各项资金，多由各级财政拨付。1953 年 10 月，财政部下发《关于编制国营企业一九五四年财务收支计划草案各项问题的规定》，明确规定燃料、重工业、一机、二机、纺织、轻工业、交通、铁道、民航等各个部门所属的国营企业"基本建设支出，技术组织措施费，新产品试制零星固定资产购置及各项事业费，均属经济拨款之范围，应悉数列入财务收支计划'预算拨款'的有关项目内"。[4] 具体实践中，1951 年至 1954 年，国营企业的定额流动资金由财政和

---

[1]　参见中国社会科学院、中央档案馆编：《1949—1952 中华人民共和国经济档案资料选编 工业卷》，中国物价出版社 1996 年版，第 753—754 页。

[2]　参见董志凯等主编：《中华人民共和国经济史（1953—1957）》（上），社会科学文献出版社 2011 年版，第 436—437 页。

[3]　中国社会科学院、中央档案馆编：《1953—1957 中华人民共和国经济档案资料选编 工业卷》，中国物价出版社 1998 年版，第 45 页。

[4]　财政部工业交通财务司编：《中华人民共和国财政史料 第五辑 国营企业财务（1950—1980）》，中国财政经济出版社 1985 年版，第 195—196 页。

银行分别供应，1955 年至 1957 年则实行国营企业自有流动资金计划定额全部由财政拨款的制度。① 国营企业从原料供应、要素价格、生产过程、财务制度等方方面面都受到了政府的严格控制。

四是层层设置计划经济管理机构。为了实施各种计划，1952 年 11 月，成立了国家计划委员会。1953 年 1 月到 5 月，国家计划委员会在中财委计划工作的基础上，参考苏联计划机构的经验，成立了 16 个工作部门，主要工作就是编制计划。② 于 1953 年 2 月下发的《中共中央关于建立计划机构的通知》，要求"中央一级各国民经济部门和文教部门，必须迅速加强计划工作，建立起基层企业和基层工作部门的计划机构。各大区行政委员会和各省、市人民政府的财经委员会应担负计划任务，其有关计划业务，应受国家计划委员会指导"。此外，"为适应计划工作的需要，在建立和健全计划机构的同时，必须建立和健全统计机构"。③

1954 年 2 月发出的《中共中央关于建立与充实各级计划机构的指示》，强调从中央到地方以及基层企业逐级建立计划机构。这些机构的主要任务是根据直属主管上级的指示，编制年度的和长期的生产、基本建设、事业、财务等各个方面的计划，并检查计划执行情况。④1955 年，国务院发布《地方各级人民委员会的计划委员会暂行组织条例（草案）》，对地方各级计划委员会的任务、职责、工作作更详细的规定。到 1957 年，全国在 28 个省、自治区、直辖市，都成立了计划委员会（西藏为计划局），全国 132 个省属市有 126 个成立了计划委员会，全国 191 个专署有 153 个成立了计划委员会、2311 个县或相当于县的行政单位有 1835 个设置了计划委员会。⑤

1956 年 5 月，全国人大常委会作出决定，增设国家经济委员会。其最主

① 参见财政部工业交通财务司编：《中华人民共和国财政史料 第五辑 国营企业财务（1950 1980）》，中国财政经济出版社 1985 年版，第 32—35 页。

② 参见中国社会科学院、中央档案馆编：《1953—1957 中华人民共和国经济档案资料选编 综合卷》，中国物价出版社 2000 年版，第 354 页。

③ 中国社会科学院、中央档案馆编：《1953—1957 中华人民共和国经济档案资料选编 综合卷》，中国物价出版社 2000 年版，第 347—348 页。

④ 参见中国社会科学院、中央档案馆编：《1953—1957 中华人民共和国经济档案资料选编 综合卷》，中国物价出版社 2000 年版，第 350—351 页。

⑤ 参见中华人民共和国国家经济贸易委员会编：《中国工业五十年 第二部（1953—1957）》下卷，中国经济出版社 2000 年版，第 1435 页。

要的任务之一就是"根据党在过渡时期的总任务,在五年计划和长远计划的基础上,商同各部和各省、市人民委员会编制发展国民经济的年度计划草案,主要生产资料供应(物资平衡)计划草案"①,而国家计划委员会主要负责中长期经济发展计划的编制。就这样,一个自上而下各层级各部门从事国家计划的上传下达和贯彻执行组织管理体系形成了。

(二)指令性计划主导的计划体制的功与过

中国计划经济体制的形成和巩固,对新中国在短期内快速启动工业化进程、国防安全,以及社会经济发展和社会结构变迁都产生了重要的影响。

从国家工业化战略的实施看,计划经济体制为中国优先发展重工业战略起到了巨大的作用。正是通过这种管理方式,政府从农业部门获得大量的资源和剩余,为迅速的工业化进程所需要的巨额资本积累和低成本的要素支撑。具体表现在:一是"一五"计划的基本任务和各项主要经济指标完成后,中国国民经济的落后面貌发生了巨大变化,取得了重大的成就。一批为国家工业化所必需而过去又非常薄弱的基础工业建立起来。从 1953 年到 1956 年,全国工业总产值平均每年递增 19.6%,农业总产值平均每年递增 4.8%。市场繁荣,物价稳定,人民生活显著改善。② 其中农业产值 537 亿元,增长 24.8%,所占比重下降为 33.4%;工业产值 704 亿元,增加一倍多,所占比重上升到 43.8%。近代以来,中国由一个传统的农业国迈向工业化国家的进程终于走出了坚实的一步。二是"一五"时期经济增长速度最快、效益最好。据统计,在 1953 年至 1980 年的 5 个五年计划时期,工业全员劳动生产率提高一倍多,在工业总产值增加额中,由于提高劳动生产率增加的产值占 59.7%,比国民经济恢复时期高 11 个百分点,在 1978 年以前最高。③ 与同时期世界其他国家进行横向比

---

① 中国社会科学院、中央档案馆编:《1953—1957 中华人民共和国经济档案资料选编 综合卷》,中国物价出版社 2000 年版,第 133—134 页;刘国光主编:《中国十个五年计划研究报告》,人民出版社 2006 年版,第 25 页。

② 参见《中国共产党中央委员会关于建国以来党的若干历史问题的决议》,中国共产党第十一届中央委员会第六次全体会议一致通过,1981 年 6 月 27 日。

③ 国家统计局社会统计司编:《中国劳动工资统计资料 1949—1958》,中国统计出版社 1987 年版,第 219、229 页。

较，包括与发展中国家相比也非常突出。据麦迪森计算，1950 年至 1973 年，世界国内生产总值年均增长 4.9%，其中苏联等东欧国家年均增长 5.7%，非洲国家年均增长 4.5%，拉丁美洲国家年均增长 5.2%，亚洲国家和地区（不包括日本）年均增长 5.2%。[①] 即使同是大陆型农业经济国的印度，最初的经济状况和中国相似，但在 20 世纪 50 年代的人均产出增长率还不到 2%。[②]"一五"时期，单位产值能耗的水平也较低而且稳定，平均每亿元产值耗能 6.42 万吨标准煤，也是 1978 年改革开放前最低的。[③] 三是中国工业结构发生重大变化，基本建成了一个独立的、门类齐全的工业体系。从工业总产值的构成来看，1957 年轻工业产值 387 亿元，比 1952 年增长 72%，所占比重下降为 55%；重工业产值 317 亿元，增长 1.6 倍，所占比重由 1952 年的 35.5% 上升到 45.5%，工业以轻工业为主的局面也开始改变。在工业内部，工矿、能源建设、原材料建改、化工原料、机器制造、建材、森林工业、轻纺工业等各个行业都有一批重点项目建成投产。工业部门的生产能力和技术水平也有很大的提高。以 1966 年"文化大革命"前夕同 1956 年相比，全国工业固定资产（按原价计算）增长了 3 倍。棉纱、原煤、发电量、原油、钢和机械设备等主要工业产品的产量，都有巨大的增长。从 1965 年起实现了石油全部自给。电子工业、石油化工等一批新兴的工业部门建设起来。工业布局有了改善。农业的基本建设和技术改造开始大规模地展开，并逐渐收到成效。全国农业用拖拉机和化肥施用量都增长 6 倍以上，农村用电量增长 70 倍。高等学校的毕业生为前 7 年总和的 4.9 倍。科学技术工作也有比较突出的成果。[④]

　　从国防安全看，新中国成立之初，亟须从物质力量上保障新生政权有能力抵御日益严重的外部威胁。其中国防动员和国防工业发展成为头等大事。计

① ［英］安格斯·麦迪森：《世界经济二百年回顾》，李德伟、盖建玲译，改革出版社 1997 年版，第 44—55 页。

② ［美］费正清：《剑桥中华人民共和国史（1949—1965）》，王建朗译，上海人民出版社 1990 年版，第 164—165 页。

③ 张曙光：《经济结构和经济效果——从我国经济结构和经济效果变化的分析中看改革经济结构的途径》，《中国社会科学》1981 年第 6 期。

④ 参见《中国共产党中央委员会关于建国以来党的若干历史问题的决议》，中国共产党第十一届中央委员会第六次全体会议一致通过，1981 年 6 月 27 日。

划命令体制在这方面有着天然的优势。在国防工业领域，围绕着建设一个比较完备的常规武器制造体系，新建了一批现代化骨干企业，"一五"后期还开始了核工业和航天工业两个新兴尖端国防科技工业部门的创建。"两弹一星"项目顺利推进。此外，通过集中力量，航空和电子两个基础最薄弱的工业部门也得到了重点扶持。

当然，计划经济体制的缺陷也是明显的。从经济结构看，计划经济几乎未实现经济的"有计划、按比例"发展。首先是投资饥渴长期存在；其次是"重重轻轻"即重点发展重工业、轻视轻工业、积累与消费比例关系失调，贯穿整个计划经济时期。在 1978 年以前所进行的 4 个五年计划中，积累率最低的是"一五"时期，为 24.2%；其余 3 个五年计划的积累率都在 25% 以上。从经济运行看，计划经济体制所引发的要素市场价格的固化、对微观主体市场自主权的限制、国家对粮食等重要物资产销的严格的宏观经济控制等，严重抑制了经济主体的内在激励。企业成为行政机构的附属物，国营企业（当时尚未出现"国有企业"概念）无非是接受计划指令的生产车间，本身缺乏自负盈亏的预算约束，也缺乏创新和提高生产率的积极性。到了"文化大革命"时期，在"政治挂帅""斗私批修"口号下，连努力生产增进收入的基本认识也被否定。企业不再需要劳动纪律和盈利追求；农村的生产队除了为完成农产品生产供应的政府征购任务外，也没有增产创收的机会。全社会在一个所谓"制度优越性"的反复提倡中，与发达的生产力目标渐行渐远。到"文化大革命"结束之即，国民经济濒临崩溃的边缘。

二、大的方面管住管好，小的方面放开放活

（一）反思计划经济体制

按照马克思主义经典理论，计划经济基于这样一个理论逻辑：因为生产的社会化，客观上经济各部门之间保持一定的比例关系，而资本主义自由竞争和分散决策，难以保持这样的比例关系，不可避免地出现周期性的危机，从而造成对生产力的破坏。为克服这种社会制度的固有弊病，社会主义必须搞计划

经济。

中国计划经济体制之所以产生并不断扩展，有着其内生原因和自我强化逻辑。从内生原因讲，工业化赶超战略（或许还应加上保卫政权压力下的国防动员）之下，亟须在短期内动员大量的剩余生产力以提供原始积累和物质条件。为此，旨在进行资源控制、资源动员和资源配置的高度计划命令体制自然而然被创设出来。这种体制带来的经济后果诸如产业结构失衡、劳动激励不健全、技术效率低下，从而造成生产力陷于长期落后状态，短缺成为这种体制常态。从自我强化讲，正是因为剩余生产力的严重不足，既要推进工业化进程又要进行国防动员，计划经济对资源动员和管制的动力就会得到不断强化。图9-1 刻画了这种体制由内生原因和自我强化的基本逻辑。

20 世纪 80 年代中期开始的计划体制改革，其理论基础在于全社会通过实践所达成的共识：计划经济所需要的完全信息，是现实中计划决策者所不可能得到的。早期所谓"计算机社会主义"设想，因注重外生信息（即市场上的产品种类和供求关系的信息），忽视经济行为主体包括企业和个人努力程度的内生信息，根本不可能成为现实，无论计算机和信息技术如何发达。

这就意味着，中国经济体制改革方向，是在纠正"文化大革命"的基础上重回"一五"时期的完全计划经济模式还是从资源配置方式的效率角度，探索新的经济模式。在这方面其实一度存在着争论，有时分歧还非常严重。毕竟，在"大跃进"之前，中国的"一五"计划得到了较好的完成，取得了显著的成就。似乎只要系统肃清"文化大革命"中反科学、肆意破坏生产力发展的做法，务实地沿着"一五"时期形成的计划经济路线，中国就可以稳步实现现代化目标。而计划经济体制下抑制全社会积极性、计划决策者因信息不对称出现的计划失误、计划经济时代不得不周期性进行计划"纠偏"（如多次进行的"充实、调整、提高"）说明，原有计划经济思路下，政府面临快速发展、日益复杂的经济运行，越来越难以驾驭。

（二）缩小指令性计划范围，扩大指导性计划范围

1984 年，中共十二届三中全会通过了《中共中央关于经济体制改革的决定》，确立了在公有制基础上的"有计划的商品经济"。与此前相比，该决定实

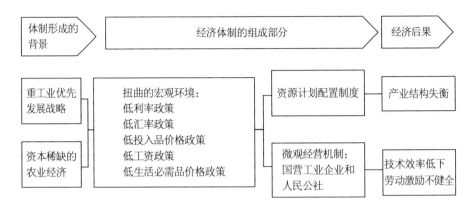

图 9-1　传统体制的形成逻辑和组成部分

资料来源：蔡昉、林毅夫：《中国经济》，中国财政经济出版社 2003 年版，第 14 页。

现了多项非常重要的历史性突破。其中一项就是，在经济调节机制上，突破了"计划经济为主，市场调节为辅"的提法和以指令性计划为主、以行政手段为主的做法，明确指出：现行计划体制不适应当前经济形势的发展，主要问题是集中过多，管得过死，指令性计划的比重过大，忽视市场调节，不善于运用经济调节手段；计划管理中投入产出不挂钩，没有建立起严格的责任制，普遍存在着吃"大锅饭"的现象，不利于充分调动各方面的积极性，不利于国民经济的迅速发展。国民经济计划总体来说只能是粗线条的和有弹性的，只能通过计划的综合平衡和经济手段的调节，做到"大的方面管住管好，小的方面放开放活"，保证重大比例关系比较适当；要有步骤地适当缩小指令性计划的范围，适当扩大指导性计划的范围。此后，我国以城市改革为重点的经济体制改革真正启动，国企改革、计划体制改革、多种经济形式共同发展、政府职能转变、对外开放等都大大加快了步伐。

从 1985 年开始，旨在缩小指令性计划范围、扩大指导性计划和市场调节范围的计划体制改革开始实施。其指导思想是，对关系国计民生的重要经济活动，仍实行指令性计划；对大量的一般经济活动，也实行指导性计划；对诸如饮食业、服务业和小商品生产等方面，则实行市场调节。在指导性计划和市场调节范围扩大以后，一方面有利于基层单位的经济活动主动灵活地发展；另一方面又要避免企业的经济活动背离国民经济发展的要求，这就必须在采取必要的行政手段的同时，更多地运用经济调节手段，并制定相应的管理条例和经济法规。为了使各种经济杠杆相互协调，更好地实现计划目标，国务院确定，由国家计委牵头，综合研究运用经济调节手段。

根据 1985 年《国务院批转国家计委关于改进计划体制的若干暂行规定的通知》，我国计划经济体制首次迎来较大程度的改革。①

按照该方案，对于农业、工业、运输邮电业等领域，按照重要性不同，分别制定指导性计划和指令性计划。

对于农业，中央政府主要农产品的生产实行指导性计划，在省、自治区、直辖市上报计划基础上，经过平衡确定国家计划。对粮食、棉花、油料、烤烟、黄红麻、生猪、二类海水产品等关系国计民生的大宗农产品的收购和调拨，按数量、品种、质量规定指令性指标，并自下而上地签订收购合同加以落实；超过收购计划部分，全部放开。其他农产品，除国务院主管部门和省、自治区、直辖市另有规定者外，实行市场调节。

对于工业，中央政府对主要工业品的生产实行指导性计划。为保证重点生产和重点建设等方面的需要，对统一分配调拨的煤炭、原油及各种油品、钢材、有色金属、木材、水泥、发电量、基本化工原料、化肥、重要机电设备、化纤、新闻纸、卷烟以及军工产品等重要产品（包括数量和品种），仍实行指令性计划，并做好主要生产条件的衔接。各部和各省、自治区、直辖市按照分级管理的原则，也可以在国家计委规定的指令性计划之外，对本行业、本地区少数重要工业产品下达指令性计划，生产所需主要条件由部门、地方负责平衡。其中，由中央政府下达指令性计划的大企业，实行"一本账"，不得层层加码。指令性计划如果需要修改，须报经下达计划的单位批准。属于指令性计划的产品价格，除国家另有规定者外，一律执行统一定价。企业在确保完成国家指令性计划和供货合同的前提下，可以组织超产，超计划生产的部分，除国家有特殊规定不准自销者外，全部可以自销（钢材的计划内部分，企业可以自销 2% 的规定不变）。物资管理部门对企业自销产品可进行收购。自销的工业生产资料，价格可以按国家规定的幅度浮动；自销的生活资料和农业生产资料要执行国家规定价格（包括国家规定的浮动价格），但企业可以用来与外单位

---

① 详细内容参见国发 ［1984］38 号，1984 年 10 月 4 日国务院发布，1985 年开始试行。

进行协作。企业应按国家指令性计划规定的数量、品种、规格和需方提出的货单接受订货，完不成国家指令性计划的，要将国家分配的原材料和能源的相应部分在下一年度计划指标中扣回，并要罚款，罚款由企业留成基金支付。对国家下达指导性计划的产品，企业可以按照国家计划指引的方向，根据原材料、能源的可能和市场需要自行安排生产和销售，努力完成国家计划；产品价格按国家有关规定分别执行统一定价或浮动价，或由供需双方协商定价。政府不下达计划的产品，则实行市场调节。

对运输邮电业，政府对全国铁路货运量、公路汽车货运量、港口吞吐量、水运轮驳船货运量、民航运输总周转量、邮电业务总量实行指导性计划。对重点物资的铁路货运量、部直属水运货运量、沿海主要港口吞吐量，则实行指令性计划。

"大的方面管住管好，小的方面放开放活"是在结束"计划经济为主，商品调节为辅"之后，关于政府对宏观经济的调控，提出"政府调节市场，市场引导企业"体制模式的具体化。它实质上把富有活力的经济主体视为"笼中之鸟"，既承认微观主体活力的重要性，却又对市场"不放心"，总隐含地假定计划决策者有能力将经济"管住管好"。

但和以前相比，毕竟关于计划经济体制的根本缺陷得到了广泛的认同，对全面指令性计划主导的经济模式实现了一定程度的突破，即区分出指令性计划、指导性计划和完全市场调节三者的范围。这项改革后来争论的焦点，则在于如何实现体制的转换，即传统计划体制收缩范围，放开一部分实现"指导性计划和市场调节"。这就是著名的"价格双轨制改革"之争。由于物价上涨和随后出现的"政治风波"，改革几曾濒于停顿。但在不断缩小计划范围，更多地向市场放权这一方向问题上，虽有争议和反复，但全社会的共识则趋向一致。

三、宏观调控从"启蒙"到"自觉"

（一）从"指导性计划"到"宏观调控"

1984 年《中共中央关于经济体制改革的决定》提出，要改革计划体制、建立合理的价格体系、重视宏观调节，综合运用价格、税收、信贷等经济杠杆调节经济活动，这基本上形成了我国那个时期宏观调控框架的雏形。到了1988年，中共十三届三中全会报告指出，"这次治理经济环境、整顿经济秩序，必须同加强和改善新旧体制转换时期的宏观调控结合起来"。这是"宏观调控"概念的首次正式提出。

1989年《政府工作报告》在宏观调控方面，指出"逐步进行了计划、投资、物资、金融、外贸等方面的体制改革，初步加强了财政、税收、银行、物价、审计、海关、工商行政等方面的管理"。并提出"在深化企业改革的同时，积极改进和加强宏观调控体系与制度的建设"。其中的宏观调控体系，包括的内容为"计划、流通、财政、税收、金融等"。可见，宏观调控的政策工具也开始越来越受到重视。

中共十四大之前，在有计划的商品经济条件下"搞宏观调控"，还带有"启蒙"或"试验"的性质，中共十四大则明确提出建立"社会主义市场经济体制"，即要使"市场在社会主义国家宏观调控下对资源配置起基础性作用"。按照现代市场经济要求，建构宏观调控体系，进而用好财政、金融等宏观调控政策工具，就成为建立和完善社会主义市场经济体制的重要内容。

（二）宏观调控目标的调整变化

1992年10月，中共十四大提出建立社会主义市场经济体制的经济体制改革目标中，就包括"宏观调控"目标的内容的选择和调整问题。现代市场经济国家政府实施宏观调控和经济干预的主要目标通常为四个，即"经济增长、物价稳定、增加就业、国际收支平衡"。

1993年3月15日，八届全国人大一次会议的《政府工作报告》指出，要加快建立社会主义市场经济体制的改革步伐。从此开始，在加快转换国有企业经营机制、积极发展各类市场、抓紧进行价格改革，进一步改革劳动工资制度，大力推进社会保障和城镇住房制度改革，改进和加强宏观经济管理诸方面取得突破性进展。这意味着，中国体制与传统的计划经济越来越远，不仅宏观调控目标、工具发生改变，更重要的是宏观调控的体制基础也进入"重构"阶段。

当年会议上的《国民经济与社会发展计划报告》，首次明确提出了国民经济和社会发展的主要目标，即国家宏观调控的主要目标包括如下八个：

1.经济增长；2.固定资产投资；3.金融财政；4.外贸进出口和利用外汇储备；5.社会商品零售总额；6.物价；7.经济效益；8.人口自然增长率。

1993 年，中国出现"经济过热"苗头，引起中央高层高度关注。5 月 19 日，江泽民给国务院领导同志写信，强调对经济中存在的突出问题要抓紧时机解决，倘若问题积累，势必酿成大祸。6 月 24 日，中共中央、国务院联合发出《关于当前经济情况和加强宏观调控的意见》，以整顿金融秩序为重点，提出了 16 条措施，包括严格控制信贷总规模、提高存款利率、收回违章拆借资金、清理所有在建项目等一系列宏观调控措施。也正是由于"经济过热"中"金融问题"凸显，在 1994 年 3 月召开的第八届全国人大第二次会议上，《国民经济与社会发展计划报告》提出了 9 个方面的宏观调控目标，即把八届全国人大一次会议上提出的八大目标中的财政金融（银行新增贷款）目标分开，变成两个指标。

1995 年的《国民经济与社会发展计划报告》中删除了经济效益指标，同时增加控制社会商品零售指标的内容，用社会消费品零售总额代替了社会商品零售总额，其他不变，宏观调控目标又调整为八大目标：1.经济增长；2.固定资产投资；3.财政；4.金融；5.社会消费品零售总额；6.外贸；7.物价；8.人口自然增长率。

由于 1995 年国有企业改革发展遇到困难，尤其是老工业基地国有企业下岗职工增多，中央高度关切。1996 年的《国民经济与社会发展计划报告》，对宏观调控目标再次进行了调整，商品零售指标被删除，同时新增了就业目标，即城镇新就业人数和农村劳动力的转移人数指标，凸显了国家对就业工作的关注度提升。同时，在金融目标内容方面，进行了部分调整，由货币发行量指标代替了银行新增贷款规模指标。

随着社会主义市场经济体制逐步建立，1997 年，国家宏观调控目标体系再次进行了调整，主要是就业指标方面，用控制失业率目标代替了就业目标，从而形成了宏观调控的"新八大目标"：1.经济增长率；2.固定资产投资；3.价格；4.财政收支差额；5.货币发行量；6.外贸进出口总额；7.人口自然增长率；8.城镇登记失业率。

1998 年以后，以上八大目标基本固定，被统称为国民经济和社会发展的主要预期目标。2002 年 11 月，党的十六大报告对以上八大目标进行了整合调整，借鉴世界主要市场经济国家通行做法，明确提出新的宏观调控的四大目标：1. 促进经济增长；2. 增加就业；3. 稳定物价；4. 保持国际收支平衡。这四大目标兼顾了增长与稳定，实现了从增长到发展的跨越，体现了中国宏观调控理念的创新。

其中，经济增长是解决中国一切问题的关键，是硬道理。增加就业并充分利用劳动力要素，促进城乡居民收入均等化，这既是经济健康发展的标志，也是社会公平和稳定的前提；稳定物价是经济平衡发展的保证；保持国际收支平衡，实现外部平衡，可为内部平衡（稳定物价和充分就业）创造良好的条件，宏观调控的目标，就是要求保持四个经济总量指标之间的平衡，在稳定物价、国际收支平衡的情况下，促进经济增长和增加就业，保持国民经济的持续、快速、健康发展。2005 年《政府工作报告》：坚持加强和改善宏观调控，实施稳健的财政政策，继续实行稳健的货币政策，控制固定资产投资规模，积极扩大消费需求，保持价格总水平基本稳定。至此，宏观经济调控目标越来越明晰。

另一方面，"计划"也越来越向"规划"转型。2005 年 10 月 11 日，党的十六届五中全会上通过的《中共中央关于制定国民经济和社会发展第十一个五年规划的建议》，与过去相比，一个明显的变化是"计划"变成了"规划"。虽然只是一字之差，却表明了以胡锦涛为总书记的党中央在未来发展方向上的新认识，同时体现了当代中国社会进入了转型与跨越的新阶段。从"五年计划"到"五年规划"，体现了我国国民经济从微观向宏观、从直接向间接、从项目管理向规划管理的突出转变。

四、宏观调控走向科学：精准调控与区间调控相结合

党的十八大以来，在新发展理念的指导下，我国不断创新和完善宏观调控，大大增强了宏观调控的前瞻性、科学性、有效性。2014 年《政府工作报告》提出，要"加强财政、货币和产业、投资等政策协同配合，做好政策储备，适时适度预调微调，确保中国经济这艘巨轮行稳致远"。其中一是提出了"政策协同

配合"；二是提出了"政策储备"；三是提出了"适度预调微调"。此后每次中央经济工作会议、季度经济分析会议，不仅都适时就出现的风险和问题提出应对之策，更重要的是提出了宏观调控创新问题。2016 年《政府工作报告》进一步提出，"稳定和完善宏观经济政策，保持经济运行在合理区间"。当时判断，"宏观调控还有创新手段和政策储备，既要立足当前、有针对性地出招、顶住经济下行压力，又要着眼长远、留有后手、谋势蓄势。继续实施积极的财政政策和稳健的货币政策，创新宏观调控方式，加强区间调控、定向调控、相机抉择，统筹运用财政、货币政策和产业、投资、价格等政策工具。"这意味着，中国宏观调控中的相机抉择，已经不仅仅着力于"粗线条"的危机应对，而是更加强调"政策工具箱"和"预调微调"。可以说，这标志着中国宏观调控本身也要讲"质量与效益"，政策工具和实施过程更加精准化。这些目标的提出，有利于促使我们加深对现代市场经济的认识，相应地，也有利于促进我们与现代市场经济"打交道"的方式和水平进入一个新的境界。

（一）区间调控的提出

在党的十八大以前，尤其是应对 1997 年亚洲金融危机和 2008 年国际金融危机中，"保 8""保 7"等经济增长目标总会成为宏观调控的目标。例如，1998 年曾有"一个确保、三个到位、五项改革"的目标，其中的"一个确保"就是指确保经济增速达到 8%。2008 年国际金融危机爆发，我国迅速推出"4 万亿"应对措施，提出"出手要快，出拳要重，措施要准，工作要实"的十六字方针，目标也是要"保 8"。无论是"保 8"还是后来的"保 7"，这些政策目标的提出都是在当时宏观经济形势和发展阶段要求下不得不为之事。但若长期沿用下去，就会逐渐表现出重速度和规模、轻协调和质量，因而影响总体运行平稳和发展可持续。

党的十八大以来，中央的宏观调控政策不再过于看重确保某一特定目标值，而是更加强调经济增长率进行区间调控。所谓区间调控，就是将宏观调控的目标界定为一个合理区间：当经济运行接近区间下限时，调控政策主要着力点偏向"稳增长"；当经济运行接近区间上限时，调控政策主要着力点则偏向"防通胀"；当经济运行处于中间状态时，则专注于深化改革和调整经济结构；对于经济社会发展中可能出现的波动与风险，则强调社会与民生政策要"兜底"。这种"区间调控"意味着，只要经济运行处于合理区间，宏观调控政策就无须有大动作，避免因宏观政策导致经济大起大落。只有当经济偏离合理区间时，才需要实施刺激或紧缩政策。按照区间调控的思路来调控经济，就能够在保持经济平稳增长的同时，有效推进制度创新和结构调整。

以 2016 年为例。当年中央提出的年度经济增长区间为"国内生产总值增长 6.5%—7%"，与国内外形势下基本情况相适应。从区间下限来说，为实现第一个百年奋斗目标即 2020 年全面建成小康社会，国内生产总值和城乡居民人均收入分别比 2010 年翻一番，那么 2016—2020 年我国经济年均增速不能低于 6.5%。考虑到经济发展进入"新常态"后我国增长率由高速转向中高速，就有必要将 2016 年增长区间下限设为 6.5%。就区间上限而言，2016 年我国经济潜在增速约为 7%，与全球水平相比仍处于较高水平，因此区间上限设为 7%，既具备潜在增长的基础，又传递出宏观调控政策不会过度刺激经济的信号。

（二）精准调控的提出

宏观政策的"精准调控"，现在宏观经济理论中并无标准定义，但从我国这些年来的实践看，可以大致概括为这样的含义：一是宏观调控政策要有一定的结构甚至微观导向，尽管它主要作用于"总量"；二是宏观政策要有一定的前瞻性，尽管它传统上主要为应对危机而生产；三是宏观政策要有适当的力度和节奏的把握，尽管当前所调控的经济规模越来越大，开放条件下外部联系越来越广泛，内部关系越来越复杂。精准调控也意味着，宏观调控需要"开发"足够空间的"政策工具箱"，还要求宏观政策决策者具备足够的能力实现不同政策工具之间的统一与协调，既不能搞"一刀切"，也不能搞"大水漫灌"；既要避免政策效应的"对冲"或"相互抵消"，还要避免政策作用结果的"顺周期"。

党的十八大以来，我国宏观调控与 2008 年四季度至 2009 年的"强刺激"已有明显的区别，具有预调、微调、适时适度调节的特点，这就属于"精准调控"。这是与供给侧结构性改革下的调结构、防风险、促改革有关，特别是与"去产能"和"去杠杆"，以及日益严峻的生态环境形势有关。2014 年一季度，经济增速下行压力增加（由 2007 年的 14.2% 下降到 7.4%），中央出台了多项"微刺激"政策，如增加中西部铁路建设投资、加快棚户区改造、加大对小微企业减税力度等；当年二季度增速恢复到 7.5%，进一步下滑势头得到遏制。

若遇到经济下滑就惊慌失措，动辄推出"强刺激"甚至"大水漫灌"，虽然见效快，但会使政策空间快速收窄，政策可持续性大大减弱。以欧美国家为例，为应对 2008 年国际金融危机，欧洲央行和美联储曾分别采用较大力度所谓"量化宽松"的货币政策，使得政策回旋余地很快收窄。欧洲央行政策利率一度降至零，美联储政策利率也处于 0.5%—0.75% 的低水平。相比之下，我国的存款基准利率（一年期）则比美国的高出 2—3 倍，贷款基准利率更是远高于欧美，距"零利率"下限空间很大。事实上，我国不仅是货币政策中的降息空间较大，降准空间也很大，积极财政政策空间（如赤字率等），要明显大于欧美国家。

（三）在"区间调控"基础上注重"精准调控"

如果说，"区间调控"承认和"容许"经济运行保持适度幅度的"波动"的话，不再关注总量指标的某项精确值面为宏观调控和结构性改革留有空间，那么同时再实施"精准调控"，则意味着要改变宏观调控一直以来的"总量"属性，做到"定向施策、精准发力"。党的十八大以来，我国宏观政策在"区间调控"基础上进一步实施精准调控，例如推出"定向"或"结构性"的调控措施，以应对经济运行中的突出矛盾和发展中的结构性问题，如货币政策，中国人民银行多次采取"定向降准"和"定向再贷款"等操作，力图为小微企业和"三农"提供必要的资金支持。再如财政政策中多次实行定向减税降费，拓宽小微企业税收优惠范围和降低企业社保缴费负担。2018 年减税降费计划 1.2 万亿元，实际减负达 1.35 万亿元；2019 年进一步提出减税降费 2 万亿元的目标。

精准调控不仅在应对经济波动的同时加大对薄弱环节和关键领域的政策支持力度，还有助于提高宏观调控政策本身的效率，协同推进经济增长与结构调整。从世界范围来看，近年来欧美一些国家也相继使用定向调控措施，实现防风险的同时促进经济摆脱萧条。总体上，我国在这方面的实践已经取得较为显著的成效。

除了在结构、方向和政策力度上的"精准调控"之外，近年来我国宏观调控还强调政策的前瞻性和协调性。这方面已经在货币政策和区域规划政策上进行较多的实践，也取得一定的效果。"十三五"规划纲要明确提出，"改善与市场的沟通，增强可预期性和透明度"。2014 年以来的历次中央经济工作会议都强调要更加注重引导社会预期。2018 年明确提出"六稳"，其中重要的一项即"稳预期"，这些在房地产市场调控、重大基础设施投资以及新兴产业（如 5G）培育方面，都有较为成功的实践。

党的十九大进一步提出要创新宏观调控，强调要健全以财政政策、货币政策和区域政策为主的宏观调控体系。2018 年《政府工作报告》提出，要"继续创新和完善宏观调控，把握好宏观调控的度。""保持宏观政策连续性稳定性，加强财政、货币、产业、区域等政策协调配合。"2019 年《政府工作报告》再次提出，"继续创新和完善宏观调控，确保经济运行在合理区间。"在坚持以市场化改革的思路和办法破解发展难题的同时，还提出要"发挥好宏观政策逆周期调节作用，丰富和灵活运用财政、货币、就业政策工具，增强调控前瞻性、针对性和有效性，为经济平稳运行创造条件"。

按照党的十九大部署，我国宏观调控政策工具在原有的财政、税收、货币、产业、消费和收入分配政策之外，又扩展了包括区域经济发展、对外经济政策协调等在内的更广泛的内容。

我国宏观调控政策工具不断创新和完善，是在全面深化改革、进入习近平新时代中国特色社会主义思想的新阶段的另一项伟大探索。伴随着现代市场经济体制的确立和国家治理体系与治理能力的提高，宏观调控的体制环境更加完善，政府与市场的关系将更加合理。面对中国宏观经济运行的内外部条件发生的巨大变化，多重风险和矛盾交织并存，党中央对现代经济的认识不断加深，对于现代市场经济的驾驭能力和水平前所未有。

（时红秀 撰写）

第十章

城乡经济：从"二元结构"走向"城乡融合"

发展经济学认为，经济发展的本质就是农业国的工业化，并且在经济社会结构变迁的过程中，城乡关系逐渐从"二元结构"转变为一体化结构。新中国成立 70 年以来，中国工农关系、城乡关系的历史变迁正是沿着这样一条脉络行进，并不断积累和展现出中国特色社会主义发展道路的独特经验。

一、"城乡分治"与"二元经济"

发达国家早期的资本积累经历了作坊手工业、工场手工业、机器大工业，历时上百年，这对于在 20 世纪 40—50 年代纷纷获得独立的发展中国家来说，是不可接受的。第二次世界大战后获得独立的发展中国家，其第一代领导人普遍对工业化有着近乎狂热的追求，因此为了迅速实现工业化，这些国家普遍采取了排除市场机制的计划经济体制，希望通过国家的力量来实现资本的快速积累，中国就是一个典型。

（一）"城乡分治"的形成

新中国加快推进工业化，一个重要步骤就是完成资本原始积累。在近代史上，资本原始积累大致有三种不同的方式：一是对外殖民掠夺；二是接受外国援助；三是对内实行自我积累。采用第一种方式成功实现资本原始积累并实现工业化的国家是德国和日本，这在特定的历史条件下的确不失为一条发展道路。但是，在 20 世纪中叶的世界，殖民主义时代早已一去不复返，再依靠这种方式积累工业化的原始资本显然不可行。第二种方式也是一种行之有效的道路。第二次世界大战后，美国重新武装欧洲的马歇尔计划以及苏联对社会主义国家的资本输出，都是这种资本积累方式的例子。但是，这种资本积累的方式往往要附加政治条件，对于追求民族独立的中国来说并不适用。因此，只有第三条道路，即通过对内积累的方式，从"三农"提取经济资源来支持城市工业化建设是资本原始积累的可行路径。

资本积累的主要形式就是大力发展产业关联度高、影响力强的重工业和基础工业，同时在 20 世纪中叶的特殊国际环境下，军事工业与核工业也是中国独立自强的命脉产业。因此，重工业优先发展战略就成为那个年代中国发展战略的不二选择。

但是，优先发展重工业需要大量使用资本要素，而在当时，中国的资源禀赋是典型的资本稀缺、劳动丰裕。因此，要想在这样的条件下实行重工业优先发展的战略，就必须建立一套扭曲要素价格的体制，使重工业企业具有盈利空间和自生能力。首先，要采取压低资本价格的扭曲政策，包括低利率、低汇率、低原材料价格等；其次，为了保证低价体系得以维系，还需要取消市场机制，因为在市场条件下，供需关系的作用会使价格恢复到正常水平。再次，需要建立一套被取消自主经营权的微观经济主体，包括国有企业制度和农村政社合一的人民公社制度，只有当微观主体的生产经营行为完全按照国家意志行事，才能使稀缺的资本资源能够运用到国家所需的重工业领域，而不是去发展更有利润空间的轻工业。

在这样一整套经济体制下，能够保证生产生活资料供应的只限于城市工业部门，广大农业农村部门处在"体制外"，并且为了满足重工业化的资本积累目标，工农业部门之间的产品交换还在价格剪刀差机制下运行，从而大大加深了工农对立。在这种条件下，农民被动产生了离开农村进入城市的愿望，但如果放任农民进城，剪刀差机制和整套经济体制都无法保持。因此，必须建立一套城乡分治的经济社会制度，确保重工业优先发展的国家战略得以实施，于是二元经济体制就应运而生。

（二）"二元经济"体制的建立与强化

新中国成立后，我国的城乡"二元经济"体制主要有三个重要的标志：一是粮食统购统销制度。新中国成立之初，为了应对城镇和工矿区人口迅速增加对粮食的大量需求，国家决定改变光靠市场收购农产品的办法，采取计划收购。1952 年 1 月起实行棉纱统购，1953 年 11 月起实行粮食、植物油料统购，1954 年起实行棉布、棉花统购，同时对城镇和工矿区人口实行定量配给的供应办法。二是建立户籍制度。由于羡慕城市人口能得到稳定的粮棉油供应，农民有了向城市流动的愿望，而随之出现的供应压力，迫使政府阻止农村人口向城市"盲目"流动。1953 年 4 月 17 日，政务院发出《关于劝止农民盲目流入城市的指示》，规定未经劳动部门许可或介绍者，不得擅自去农村招收工人。1954 年 3 月，内务部与劳动部又发出《关于继续贯彻"劝止农民盲目流入城市"的指示》，重申对农民向城市流动与迁徙的限制。1956 年 12 月，国务院发出了《关于防止农村人口盲目外流的指示》，再次强调不得从农村私自招工。1958 年 1 月，全国人大通过了《中华人民共和国户口登记条例》，以法律形式将限制农民迁往城市的制度固定了下来。三是建立人民公社制度。粮食统购统销和户籍制度未能解决好农业生产发展的问题，在当时的背景下，认为促进农业发展的根本出路在合作化，合作社规模越大越好。1958 年 3 月，中央政治局成都会议通过的《关于把小型的农业合作社适当地合并为大社的意见》指出："为了适应农业生产和文化革命的需要，在有条件的地方，把小型的农业合作社有计划地适当地合并为大型的合作社是必要的。"1958 年 8 月，中央政治局在北戴河召开扩大会议，通过了《中共中央关于在农村建立人民公社问题的决议》，随即在全国迅速形成了人民公社化运动的热潮，仅用了一个多月的时间就基本实现了人民公社化。到 1958 年底，全国 74 万多个农业生产合作社合并成了 2.6 万多个人民公社，99% 以上的农户加入了人民公社。

在 20 世纪六七十年代的工业化进程中，城乡二元体制进一步强化。在工农业产品交换方面，农产品收购价格长期偏低，形成工农业产品价格的剪刀差。在基础设施建设方面，农村主要由集体经济组织和农民自己投入，城市则由公共财政投入，差距日益显现。社会保障方面，农村除五保户供养、合作医疗由集体经济组织负担外，没有其他任何社会保障，而城市则由"单位"提供较为完整的社会福利待遇，特别是户籍制度的作用领域得到极大拓展，覆盖到就业、入伍、上学、选举等多个方面，成为城乡二元体制的核心。

城乡二元体制的形成、拓展和强化，使我国城乡"二元结构"不仅未能随国家工业化的发展而逐步消弭，反而进一步加剧和凝固。1952—1978年，第一产业占国内生产总值的份额从50.5%下降到28.1%，累计下降22.4个百分点；同期，第一产业占就业的份额从83.5%下降到70.5%，累计下降13个百分点。农业劳动生产率提高缓慢，农民收入长期难以提高，而城乡差距的持续扩大使消除城乡二元体制必须付出的成本越来越高。

二、城乡发展差距扩大与"民工潮"

经过近30年的努力，我国建立起了一套比较完整的工业体系，初步完成了工业化的资本原始积累。但是，工业化的质量并不是很高，同时付出的代价过大，广大城乡居民的生活水平长期停滞，继续实行重工业优先发展的战略显然已经难以为继。改革开放在经济发展战略上的一个重要标志，就是变重工业优先发展为农轻重协调发展，尤其是要大力发展欠账过多的轻工业，并充分利用劳动力丰裕的比较优势。

（一）城乡二元体制的局部松动

经济发展战略的转变反映在城乡关系上，就是城乡二元体制出现松动与再定位。与改革开放前城乡二元体制在各领域全面拓展和强化、城乡二元结构持续加强的单向演变趋势不同，改革开放后城乡二元体制在不同领域呈现有进有退、进退交错的格局。

其一，在党的十一届三中全会之后，破除城乡二元体制、改变城乡二元结构的行动开始实施。20世纪80年代初期，伴随着农村经济体制改革的推进，农产品购销市场化改革也得以实施，1985年"中央一号文件"提出改革农产品统派购制度，实现了工农业产品交换从价格"剪刀差"到平等交换的重大转变。从80年代中后期开始，城乡分割的户籍制度也逐渐破冰，农民被允许自理口粮进入小城镇落户，而随着城镇就业市场化改革的不断深化，城乡人口流动的限制也逐渐放开。

其二，城乡二元结构某些领域的改革进展缓慢，甚至在进一步强化。例如，早在 1984 年的"中央一号文件"就允许农民自理口粮进入小城镇落户，但户籍制度改革仍然滞后，进城打工的农业转移劳动力在教育、医疗、社会保障等公共服务领域受到诸多歧视性待遇。在土地制度领域，随着 1982 年《中华人民共和国宪法》关于城市土地属于国家所有、农村土地属于集体所有的二元所有制结构的确立，和 1998 年《中华人民共和国土地管理法》关于土地用途转换规定的实行，一方面城市建设用地无论公益性或经营性项目都可以征收农村集体土地、国有土地使用权的权能逐步拓宽，另一方面农村土地进入集体建设用地的通道也越来越窄、集体建设用地使用权权能受到全面限制。

（二）城乡发展差距扩大条件下"民工潮"的出现

在整个 20 世纪 80 年代，伴随着农村家庭联产承包责任制改革的成功和乡镇企业的异军突起，城乡收入差距曾经一度缩小。但是，随着改革开放的深入，沿海地区城市迅速融入国际产业分工，加之乡镇企业自身的弱点逐渐暴露，使得城乡发展差距再次拉开。城乡收入比从改革开放初期接近 2∶1 的水平，上升到 90 年代初接近 3∶1 的水平。于是，农村劳动力从最初的"离土不离乡"，转变为"离乡不背井"，开始进行大规模的乡城转移，并形成了引发重大经济结构变化的"民工潮"。

进入 20 世纪 90 年代后，沿海经济特区迎来了新一轮发展浪潮，随着沿海开放发展战略的建立，长三角、珠三角以及环渤海等地区成为吸纳外资和国内移民的重点区域，充当了全国经济的"增长极"。沿海地区具有较好的自然环境和较高的人力资本，在吸引外资、发展劳动密集型企业方面具有优势。邓小平南方谈话之后社会主义市场经济体制的建立，沿海地区新兴的非公有制企业可以充分利用当地区位优势和廉价劳动力。由于劳动力价格的比较优势，劳动密集型企业得以迅速发展。中国所拥有的规模巨大而价格低廉的劳动力在劳动密集型产业全球范围转移的过程中取得优势，顺利承接劳动密集型产业。东部地区与中西部地区发展差距开始拉大，东部地区作为中国经济增长中心的地位在此之后愈加明显。经济发展也使东部沿海地区的劳动力出现短缺，用工需求迅速扩大。在市场经济体制条件下，生产要素市场可以通过价格因素实现资源分配。供求关系的变化和区域发展不平衡带来劳动力价格的差异，东部地区劳动力价格开始上升。为了顺应用工需求扩大的需要，东部地区相应降低了进入本地城市的标准。与此同时，在中国农村地区所实施的由实物税向货币税过渡的税费改革，进一步降低了农村剩余劳动力迁移的成本。一方面是沿海地区由较高的潜在收入和不断降低的进城成本形成的拉力，另一方面则是由长期积累于广大内陆地区的剩余劳动力和较低的收入水平形成的推力。中国积累多年的人口迁移势能终于得到充分的释放机会。规模宏大的劳动力迁移成为这一时期不可或缺的时代名片。天下熙熙，皆为利来，天下攘攘，皆为利往。孔雀东南飞，成为规模宏大的迁移人口追寻"城市之光"的集体抉择。

但是，伴随着农业剩余劳动力向城市的逐步迁移，隐藏于这一体制之后的社会福利体制问题也开始显现出来。即便在城乡经济改革的过程中，旨在压低城市居民生活成本的社会福利政策仍在维持，并成为阻碍劳动力迁移不可逾越的障碍。伴随着国企改革，国有企业社会管理职能越发减弱，原有维系福利补贴体制的"单位制"也逐步退出历史舞台。伴随着医疗、教育、住房等原属于社会福利体制内的领域全面向市场化和社会化演进，人口迁移流动的障碍大大减小，而地区间和行业间收入差距日渐明显，"民工潮"已成不可逆转之势。

三、加速城镇化与放开户口管制

按照世界城镇化演进的规律，一般来说，一个国家的城镇化水平的提高要经历三个阶段：第一个阶段城镇化率低于30%，是缓慢提升阶段；第二个阶段城镇化率介于30%—70%之间，是快速提升阶段；第三个阶段城镇化率高于70%，是提升速度再次趋缓的阶段。在"民工潮"兴起20多年之后，中国的城镇化水平已经达到了接近60%的水平，正处在城镇化水平提高的加速期，也是城镇化转型的关键时期。

（一）城镇化加速阶段是跨越"中等收入陷阱"的关键期

综观世界各国走过的城镇化道路，可以把各国的城镇化类型分为两大类：一类是水平和质量同步提高的城镇化，以欧美日韩等成功迈入高收入国家行列的城镇化为代表；另一类是高水平、低质量的城镇化，以拉美等陷入"中等收入陷阱"国家的城镇化为代表。值得关注的是，在承前启后的第二个阶段，伴随着快速提高的城镇化水平，同步提高城镇化质量，是成功迈入高收入经济体，实现现代化的前提条件。

陷入"中等收入陷阱"的国家的教训表明，城镇化的水平和质量并不会自然而然地同步提升，这些国家未能迈入高收入国家门槛、实现现代化的原因之一，就是未能在城镇化发展的第二个阶段，尤其是第二阶段的中后期，同步提升水平和质量。对于后发追赶型经济体而言，由于第二阶段所用时间更短、城镇化推进速度更快，所以挑战更为严峻。

成功迈入高收入国家的经济体的经验表明，相对成功的城镇化需要具备一系列必要的体制和政策条件：一是要处理好土地问题，在保护好农民土地权益的前提下，合理分配农地非农化的增值收益；二是不间断地推进产业发展和升级，持续创造城镇非农就业机会，同时注重缩小城乡和城市内部的二元差距；三是积极主动提升城市治理水平，促进社会融合，并通过引导农业人口有序转移，实现大中小城市协调发展；四是在快速发展中注重保护生态和文化，引导形成有利于城镇化持续健康发展的社会预期。

正反两方面的经验和教训表明，城镇化水平提升的第二阶段既是矛盾的凸显期，通常也具备解决各种矛盾的物质条件。关键在于能否正视各种矛盾问题，及时主动调整体制和政策，应对诸如社会融合、城乡协调、产业发展、收入差距扩大、生态环境保护等经济社会问题，为高质量城镇化奠定坚实基础。

（二）中国城镇化加速期的特征

回顾新中国成立后城镇化的历程，不难发现中国城镇化具有"两阶段"发展的鲜明特征。在改革开放前，中国走了一条工业化和城镇化分离的道路，试图以国家主导的重工业优先发展战略加快推动现代化的实现。从统计上看，工业化率从 1952 年的 18％提高到 1978 年的 44％，但城镇化和工业化并未同步发展，甚至经历了一个长达 20 年的衰退期，城镇化率从 1960 年的 19.7％下降到 1980 年的 19.4％。改革开放后，中国的城镇化经历了一个快速成长的过程，城镇化率从 1980 年的 19.4％上升到 2017 年的 58.5％，年均增速超过 1%。①

　　中国城镇化道路的选择与我国特殊的制度和国情有着密切的联系。人多（劳动力资源丰富）地少（土地、资本和自然资源稀缺），构成了我国走什么样现代化道路的国情约束条件；计划经济体制或市场经济体制，构成了我国走什么样现代化道路的制度约束条件。改革开放前重工业优先发展的工业化道路，本质上是处理"资源少"国情下的积累和消费关系；改革开放后的结构调整，本质上是发挥"人口多"国情下的比较优势。应该说，这两个阶段的发展都取得了预定目标下相当程度的成功。

　　但是，随着经济发展的深入，城镇化道路与基本国情特点相背离的趋势就越发明显："人多"的优势没有充分发挥，"地少"的矛盾日益突出。一方面，城乡户籍管理制度及与之挂钩的福利分配制度改革滞后，不仅造成了城镇社会的新"二元结构"和社会排斥问题，也限制了人口要素更大程度的自由流动，使得中国在农村依然存在大量剩余劳动力的情况下，城镇却出现了"民工荒"和"招工难"现象。另一方面，在资源稀缺条件下，城镇建设用地和工业能源消耗的粗放型利用现象，不单在于很长一段时间内资源环境管理政策力度不大，更在于要素和资源的价格形成机制及市场体系发育不够。

　　城镇化道路不能反映国情特点的根源在于从计划经济体制向市场经济体制过渡过程中留有一些残项，如城乡二元的户籍制度和土地制度。作为限制劳动力流动的配套政策的户籍制度及与之挂钩的福利分配制度并未随城乡劳动力市场的整合而深化改革，造成了严重的社会排斥；土地制度的两种所有制及其衍生的征地制度，在给城镇化带来源源不断的基础设施投入资金的同时，也带来农民补偿过低、城市蔓延、地方债务风险增高、优质耕地减少和粮食安全问题加剧等隐患。

　　在城镇化道路未反映国情特点以及传统体制残项改革不彻底的背景下，我国城镇化突出表现出五个方面的滞后：一是城镇化滞后于工业化，非农产业增加值占比已超过 90%，而城镇常住人口占比还不到 60%；二是人口城镇化滞后于土地城镇化，90 年代之后，我国城市建成区面积扩张速度达到年均 7%，

---

① 国家统计局编：《中国统计年鉴—2018》，中国统计出版社 2018 年版。

而城市人口年均增长速度仅略高于 3%；三是户籍人口城镇化率滞后于常住人口城镇化率，截至 2017 年，我国常住人口城镇化率已达 58.5%，而户籍人口城镇化率仅为 42.4%[①]；四是社会建设滞后于经济建设，"民工潮"为城市带来了大量的廉价劳动力，帮助沿海地区城市成为世界工厂，在国际产业分工中占据了一席之地，但是缺乏社会保障和公共服务的农民工自身并未融入城市，在城乡候鸟式迁徙过程中积累了越来越多的社会问题；五是城市管理滞后于城市发展，城镇管理体制、管理经验、管理人才都还不适应城镇化的快速发展。

五个"滞后"说明，依靠廉价劳动力供给和粗放式消耗土地等资源推动城镇化快速发展的模式，难以带来中国城镇化质量随水平同步提高。或者说，中国的城镇化呈现一种"半城镇化"的特征，城镇化质量不高。要使中国伴随着城镇化的推进，成功跨入高收入国家行列，实现现代化，必须对已经走过的城镇化道路进行深刻反思，对未来的城镇化战略进行周密的研判。其中，最重要的问题是解决进城农民工的市民化问题，而市民化问题的关键，依然是城乡二元体制的核心制度安排——户籍制度。

（三）放开户口管制的努力

户籍制度本来只是政府对其居民的基本状况进行登记和相关管理的一项国家行政管理制度，目的是维护社会治安和提供人口统计资料。但在我国，户籍制度除了人口登记这一基本职能之外，还具有两大特殊职能：一是对人口城乡迁移的限制，或者说是对城市人口规模的控制；二是对城市福利待遇的歧视性分配。户籍制度的这两大特殊职能存在着某种特殊的对立关系，而户籍制度的改革演变历程亦可以抽象为人口城乡迁移限制和城市福利分配歧视这两大特殊职能的相互对立运动。同时，二者的对立运动的形式又内生于工业化发展的客观需要。自新中国成立以来，我国的户籍制度演变大致经历了三个阶段，即新中国成立初期的重工业优先发展阶段、改革开放之后的沿海劳动密集型产业扩张阶段，以及当前产能过剩背景下发展方式向消费和内需驱动转变阶段。在每一阶段，户籍制度的两大职能相应地都表现出不同的组合方式。

---

① 国家统计局编：《中国统计年鉴—2018》，中国统计出版社 2018 年版。

1. 第一阶段：人口迁移限制与城市福利分配非歧视

准确地说，户籍制度建立的标志是 1958 年《中华人民共和国户口登记条例》的出台，而国家对人口城乡迁移的严格限制是在三年困难时期之后。在此之前，我国实行的是自由迁移的政策，1954 年《中华人民共和国宪法》也明确规定："中华人民共和国公民有居住和迁徙的自由。"通过户籍制度限制农村人口迁入城市的政策安排是在经济发展过程中逐渐形成的。

1949 年中华人民共和国成立后，百废待兴。在内忧外患的局势下，新生政权最重要的任务莫过于恢复秩序、巩固政权。1950 年，公安部出台了《特种人口管理暂行办法（草案）》，对反革命分子进行监控，并自此拉开了一系列人口控制管理法律文件出台的序幕。在当时，城市和农村的户籍管理分别由公安机关和基层政府负责，虽然这一时期的户籍制度对人口的迁移自由没有作出任何限制，但是城市"户警一体"的户籍管理形式和农村富含政治目的的管理方式已经表明，中国的户籍制度从一开始就承载着原本不属于它的政治经济功能。经过多年的酝酿和发展，1958 年全国人民代表大会通过了《中华人民共和国户口登记条例》，确定在全国实行户口登记管理制度，以国家法律的形式，对户籍管理的宗旨、主管机关、登记范围、变更方式、迁移手续、常住人口与暂住登记等方面都作了明确规定，标志着全国城乡统一户籍制度的正式形成，户籍制度的宗旨逐渐由一般的社会管理转向了人口在城乡之间自由迁移的限制。

基于 20 世纪中叶的国际战略形势，新中国亟须建立一套以重工业为主体的工业体系。然而，由于刚刚经历过战争的洗礼，国家所能掌控的资本极度稀缺。同时，除了苏联的短期援助之外，长期缺乏外部资金援助和市场支持。可见，新中国的工业化就是在重工业优先发展战略、对外相对封闭、资本极度稀缺的现实基础上开始的。

重工业具有资本有机构成高且自我循环的特征，对就业和其他产业的带动能力较弱，因此重工业的发展难以对农村剩余劳动力产生有效的吸纳。为了控制劳动力从农村流入城市形成无业流民，国家需要通过户籍制度把城乡人口分隔开来。农村户籍的人口无法在城市就业，而城市户籍人口则享受百分之百就业的保障。

由于长期处于对外封闭状态，中国无法像发达国家历史上的工业化建设那样，从外部获取原材料和市场。因此，只能对内采取工农业产品剪刀差的方式进行工业化的资本原始积累，低价获得农产品，并将城市工业产品高价向农村出售，以获得农业剩余。国家在 20 世纪 50 年代建立了粮食统购统销制度，原则上只负责城市非农业户口的粮油供应，而不负责农村农业户口的粮油供应，从而基本上排除了农民在城市获得口粮的可能性，也从生活资料获取的源头上切断了农民向城市流动的可能性。1975 年《中华人民共和国宪法》历史性地去掉了关于"中华人民共和国居民有居住和迁徙的自由"的条文，这进一步标志着公民的自由迁徙和居住的权利失去了宪法保障。而 1978 年《中华人民共和国宪法》也没有恢复公民的自由迁徙和居住的权利。这样，通过立法的形式，从最根本的法律安排上取消了农民向城市流动的制度保障。相应地，城市户籍居民不仅可以获得低价的粮食供应，还享受着一系列近乎免费的住房、医疗、教育等社会福利。这样的制度安排是低成本实现工业化的客观需要，但同时也内在地要求将享受低价粮食和免费福利的人口限制在很小的范围内，以避免农民脱离农业生产流入城市造成福利溢出，动摇工农业产品"剪刀差"体制，城乡二元分割的户籍制度便起到了这种作用。

在原本就极为缺少资本的条件下，重工业化发展前期大规模投资产生的大量外债进一步导致资本缺乏，迫使中国使用成规模的劳动代替稀缺资本的生产方式。伴随着生产投资权限的下放，大量农村劳动力经招工进入城市，并转变成为具有城市户口的居民，可以与城市原有市民享受同等的城市福利待遇。然而，在"大跃进"之后遭遇了三年自然灾害，中央又作出了城镇人口减少2000 万以上的决定，刚刚迁移到城市的农村人口不得不交出刚刚拿到手的宝贵的城市户口簿重新回到农村，同时转移到农村的还有大量"上山下乡"的城市知识青年，通过这种方式，城市经济危机的成本得以向农村转嫁。实现将劳动力大规模地在城乡之间来回"搬运"需要国家对人口城乡迁移严格的控制，而这种控制的制度保障也正是户籍制度。

在工业化资本原始积累阶段，没有城市户口的农村居民被严格限制进入城市，而城市居民都是拥有城市户口的，城市户口意味着可以享受在粮食供应、就业保障、教育医疗、住房分配等方面的一系列城市福利待遇，因而户籍制度在城市是一种非歧视性的福利分配机制，而这种城市福利的非歧视分配与城市人口的严格控制是并存的。政府一方面严格控制农村人口向城市流动，又对于特殊时期进城获得工作（通过所谓的农业户口向非农业户口转化）的劳动力，给予获得与原有市民同等享受城市福利待遇的资格。这种以城市福利分配上的非歧视但对城乡人口迁移严格限制为特征的户籍制度在工业化的资本原始积累阶段，具有必然性和必要性。

2. 第二阶段：人口迁移非限制与城市福利分配歧视

到了 20 世纪 80 年代，随着国家层面资本原始积累的完成，工业化进程开始由地方政府主导。此时，借助改革开放的春风，沿海地区和部分经济发达的中心城市率先走上了依靠劳动密集型产业发展的道路，成为经济增长的龙头。在这样的背景下，我国开始出现了欠发达地区的农村劳动力向发达地区城市大规模转移，依靠低劳动力成本的优势，工业化开始进入劳动密集型产业在世界范围内扩张发展的阶段。

在这样的背景下，我国开始出现了农村劳动力向城市大规模的转移，城乡封闭的大门逐渐打开。也就是说，在工业化的资本原始积累阶段，户籍制度严格限制人口迁移的职能开始松动。这种变化一方面有赖于城市产业扩张对农村转移劳动力需求的增加，另一方面也有赖于农村改革成功后粮食产量的提高和逐渐市场化。由于对农民进城后造成商品粮供应短缺的担忧不复存在，通过户籍来控制农村人口进城以保护粮食安全的制度安排失去了必要性，农民可以通过自理口粮的方式进城。农村劳动力虽然可以相对自由地迁移到城市，但他们的身份并没有发生变化。农民工和城市职工最重要的区别就在于因没有城市户籍而不能享受与之相挂钩的就业保障、住房、医疗、教育、社保等一系列城市福利。也就是说，户籍制度的两大职能出现了某种意义上的互补式调整，由原先的严格的人口迁移限制于城市福利分配非歧视转变为人口迁移的非限制与城市福利分配歧视的结合。

户籍制度的这种变化是内生于工业化发展阶段的变化的。在劳动密集型产业扩张阶段，我国城市经济并存着资本密集型和劳动密集型产业，与之相应，城市劳动力市场也开始分化为二元分割的劳动力市场。根据二元劳动力市场理论，以资本密集型企业为主的一级劳动力市场所提供的是高工资、高福利、就业稳定、环境舒适的就业岗位，这些岗位上的劳动者主要是城市本地居民；以劳动密集型企业为主的二级劳动力市场，需要非熟练、低工资的员工从事不稳定的工作，这种工作不仅报酬和稳定性差，而且社会地位低，因而难以吸引城市本地劳动力，这使城市产生了对农村外来劳动力的内在需求。对于农村劳动力来说，虽然他们在城市工作，其社会身份却仍在农村。无论是工资水平还是社会地位，他们所参照的是相对落后的农村水平。因此，在农民工保留效用很低的情况下，虽然在城市低层次岗位上工作要面临着社会福利分配上的歧视，但这对他们而言不仅是可以接受的，而且是他们获取收入以改善其在农村生活水平和社会地位的重要手段。反过来，又恰能满足城市产业扩张对农村劳动力的需求。这种以非限制性的人口城乡迁移和歧视性的城市福利分配为特征的户籍制度，最大限度地适应了这一阶段工业化发展的内在需求，为劳动密集型产业的扩张提供了大量的廉价农村转移劳动力，并带来了经济的高速增长。

但是，城市内部的福利分配歧视，随着城镇化的发展逐渐积累起越来越大的社会矛盾，其最直接的后果就是使城市集聚了越来越多的非户籍居民。这些非户籍流动人口不仅会给城市带来社会秩序的不稳定，而且由于缺乏城市定居预期，其消费和投资需求也极为有限，这对经济持续增长的负面作用随着工业化进一步的发展而越发明显地体现出来。

3. 第三阶段：人口迁移非限制与城市福利分配非歧视

20 世纪至 21 世纪之交，以连续数年的通货紧缩为标志，我国国内经济的总供求形势开始进入了一个全新时期，买方市场第一次出现，多个行业出现持续的产能过剩。内需不足，成为阻碍工业化进一步发展的关键因素。2001 年加入世界贸易组织，为我国打开了外需拉动经济增长的大门，但在 2008 年全球金融危机之后，出口这架马车再也无法担负起拉动经济增长的主要动力。随后出台的"四万亿投资"虽然在短期内延续了高增长，但随后遭遇的产能过剩使旧的工业化模式彻底走到了尽头，工业化的结构调整阶段随即到来。党的十八大上，中央提出了加快推进发展方式转变的战略部署，依靠内需尤其是消费内需拉动增长的发展模式呼之欲出。

当前，我国经济中最大的内需无疑就是 2.7 亿农民工，依靠内需拉动经济增长，关键是提高这部分群体的有效需求。由于农民工普遍没有城市本地户籍，在城市公共福利分享上受到歧视性待遇，其消费和投资活动与城市居民表现出显著的异质性。城市就业保障、住房、子女义务教育、社会保障等方面的缺失，使农民工普遍缺乏在城市定居的预期，把自己当作城市的过客。在城市务工期间，农民工会最大限度地压低消费支出，更不会投资于城市住房。户籍制度对 2.7 亿农民工直接需求和引致需求的抑制，极大地影响着工业化的发展和经济增长。因此，通过进一步深化户籍制度改革，促进农民工市民化以扩大内需就成为未来推动经济持续健康发展的客观要求。党的十八大以后，有关户籍制度改革的政策文件开始密集出台。

有研究表明，放松户籍限制，可以使农民工的消费水平提高 20.8%，每年市民化（享受城镇户籍居民福利待遇）1000 万农民工，将使我国经济增长平均加快 1 个百分点左右。农民工市民化可以促进居民消费和固定资产投资增长，降低经济增长对进出口的依赖程度。在促进经济增长的同时，市民化还可以改善农民工的消费结构，增加农民工对工业产品和服务业的需求，有利于提高服务业比重，优化经济结构。

通过推进农民工落户，消除城市福利分配歧视是大势所趋。同时，城乡人口更加自由的迁移也是经济社会发展的客观要求。随着经济发展到了由投资和外需驱动转变为依靠消费和内需驱动的阶段，在不久的未来，户籍制度的两大职能必然将内生地表现为自由的人口迁移与非歧视性的城市福利分配相结合。户籍制度限制人口城乡迁移和歧视性分配城市福利的两大特殊职能都将不复存在，最终回归到其人口统计管理的基本职能上来。当然，目前我们离这一目标的实现还有距离，户籍制度的福利分配歧视职能仍然存在，因而进一步推进户籍制度改革以实现农民工市民化是未来工业化和城镇化建设的紧迫任务。

四、建设社会主义新农村

破解城乡二元体制的努力是从改革开放之后开始的，但是真正从全局角度系统性地破除城乡二元结构、推进城乡一体化建设，是党的十六大之后的事。以建设社会主义新农村的提出为标志，我国开启了全面破解城乡二元体制的进程。

（一）社会主义新农村建设的探索

党的十六大报告首次明确指出，"城乡二元经济结构还没有改变"，并正式提出了全面建设小康社会的宏伟目标，要求在 21 世纪前二十年集中力量建设惠及十几亿人口的更高水平的小康社会。要实现这个目标，其重点和难点在农村。为了加快农村发展，必须打破城乡二元体制，树立科学发展观，坚持城乡统筹发展。为此，在 2003 年年初召开的中央农村工作会议上，胡锦涛提出要把"三农"问题作为全党工作的重中之重，放在更加突出的位置。党的十六届三中全会通过的《中共中央关于完善社会主义市场经济体制若干问题的决定》明确要求"建立有利于逐步改变城乡二元经济结构的体制"，"国家新增教育、卫生、文化等公共事业支出主要用于农村"。党的十六届四中全会提出了"两个趋向"的重要论断，指出我国已经进入到了由"农业支持工业，为工业提供积累"向"工业反哺农业、城市支持农村"的新阶段。党的十六届五中全会通过的《中共中央关于制定国民经济和社会发展第十一个五年规划的建议》要求，"坚持'多予少取放活'，加大各级政府对农业和农村增加投入的力度，扩大公共财政覆盖农村的范围，强化政府对农村的公共服务，建立以工促农、以城带乡的长效机制"。在这届中央全会上，正式提出了建设以"生产发展、生活宽裕、乡风文明、村容整洁、管理民主"为总目标的社会主义新农村建设战略。党的十七大报告强调，"要加强农业基础地位，走中国特色农业现代化道路，建立以工促农、以城带乡长效机制，形成城乡经济社会发展一体化新格局"。党的十七届三中全会提出了在土地利用和城乡规划、城乡产业发展、城乡基层社会建设和公共服务、城乡劳动就业、城乡社会管理等方面的"五个统筹"战略部署。党的十七届五中全会通过的《中共中央关于制定国民经济和社会发展第十二个五年规划的建议》提出"按照推进城乡经济社会发展一体化的要求，搞好社会主义新农村建设规划，加快改善农村生产生活条件"。党的十八大报告强调，"城乡发展一体化是解决'三农'问题的根本途径"。党的十八届三中全会更是提出"必须健全体制机制，形成以工促农、以城代乡、工农互惠、城乡一体的新型工农城乡关系"。

（二）社会主义新农村建设的内涵

建设社会主义新农村是我国亿万农民的期盼，也是我国亿万农民的福音。关于建设社会主义新农村，党的十六届五中全会提出了"生产发展、生活宽裕、乡风文明、村容整洁、管理民主"的总体要求。这二十个字描绘了社会主义新农村的美好蓝图。这二十个字也概括了社会主义新农村建设的内涵和任务，它表明建设社会主义新农村的经济建设、政治建设、文化建设、社会建设和党的建设，是一个有机的整体。这几个方面的建设，互相促进、相辅相成，也是贯穿21世纪初叶"三农"工作的主要任务。

建设社会主义新农村二十字总体要求，讲到了整个经济的发展，讲到了农民收入的提高，生活质量的提高，讲到了农村整体面貌、环境的变化，讲到了农民素质的提高，也讲到了农村的管理、民主政治的推进问题。从具体的工作上讲，2006年"中央一号文件"明确提出要协调推进五个方面的建设，最终实现五个方面的目标：一是经济建设，使农村生产力得到发展，农民生活水平得到提高；二是政治建设，使基层的民主政治建设推向前进，科学民主管理的水平进一步提高；三是文化建设，使农民素质不断提高，农村文化事业得到繁荣发展；四是社会建设，使农村公共基础设施改善，农村社会事业得到发展；五是党的建设，加强农村基层党的组织和基层政权建设，能够让农村基层的党组织真正成为带领农民建设新农村的领导力量，切实保障农民的民主权利。

（三）社会主义新农村建设背景下破除"二元体制"的成效

遵照党的十六大、十七大、十八大和多次中央全会的部署，十多年来的社会主义新农村建设，结合一系列推进城乡一体化建设的重要举措，对缩小城市发展差距，破解"二元体制"发挥了重要作用，也取得了重要的成果。

一是推动基本公共服务逐步覆盖农村。这是十多年来，在破除城乡二元结构、推动城乡一体化方面尺度最大、步伐最快、反响最好的领域。从2004年开始，连续14年的"中央一号文件"聚焦"三农"，使得广大农村的面貌发生了翻天覆地的改变。十多年来，公共财政的阳光照耀农村，公共财政的雨露滋润农民。在税收方面，国家免除了绵延 2000 多年的农业税，减轻了农民负担，同时建立了全面的农业补贴制度，让农民工从种地中得到了实惠，牢固了农民与土地的关系。在教育方面，结合农业税费改革，建立了农村义务教育经费保障机制，实现由公共财政承担农村义务教育教师工资、校舍维护和公用经费，实施"两免一补"政策。在医疗卫生方面，实施农村医疗卫生基础设施建设规划，推进农村三级医疗卫生服务体系建设，在农村普及了新型农村合作医疗保险制度。在社会救助方面，推进农村"五保"供养由集体福利事业向国家救助制度的转型，并实现城乡大病医疗救助全覆盖。在养老保障方面，实现了新型农村社会养老保险制度全覆盖，并在全国绝大多数省份实现了城乡居民基本养老制度的并轨。

二是实现农民工政策取向由限制流动到保障权益、促进市民化的重大调整。随着农村乡镇企业的崛起，农民开始获得从事非农就业的权利；随着沿海地区的对外开放，农民获得了进城务工经商的机会，开始大规模向城市转移。在初期阶段，城市视外来务工人员为"盲流"，设置了很多障碍。以 2003 年"孙志刚事件"为转机，在国家制度层面，实现了对农民工由限制行动自由向保护合法权益的重大转变；以 2008 年国际金融危机的爆发为转机，实现了由注重维护农民工短期利益向着手促进农民工市民化的重大转变。党的十八大报告明确提出"加快改革户籍制度，有序推进农业转移人口市民化"，2013 年召开的中央城镇化工作会议把推进农业转移人口市民化摆在新型城镇化建设的核心地位。

三是在局部地区探索农村集体土地进入城市土地一级市场的途径、拓宽农民分享土地增值收益的渠道。在城市规划区外，探索集体土地使用权入股高速公路等经营性项目的做法。在城市规划区内，开展利用集体土地建设公租房试点。提高征地补偿标准，实行留地安置，开展城乡建设用地增减挂钩试点，让城市化地区之外的农民分享城市化地区的土地增值收益。

四是大力推动扶贫开发、消灭贫困。从 1986 年国务院贫困地区经济开发领导小组的成立开始，我国启动了大规模反贫困的政府努力，并在全国确定了 592 个贫困县，作为扶贫攻坚的主战场。1994 年国家启动了"八七"扶贫攻坚计划；2001 年、2011 年先后出台了两期《中国农村扶贫开发纲要》，确立了 14

个集中连片特困地区，将区域开发与扶贫攻坚结合起来。扶贫开发是社会主义新农村建设的重要组成部分，对消除农村贫困，推动农村经济社会全面发展起到了重要作用。2013年，习近平总书记提出"精准扶贫"理念，将大水漫灌式的扶贫转向精准滴灌，将扶贫资金用到点上、根上，并建立了专项扶贫、行业扶贫、社会扶贫多方力量、多措并举、三位一体的大扶贫格局，经过几年的努力，使得长期在城乡二元体制下农村的贫困落后面貌发生了极大的变化，城乡居民的可支配收入增速差距持续缩小。

五、以乡村振兴战略驱动城乡融合

党的十九大报告首次提出"实施乡村振兴战略"，并提出乡村振兴的制度保障是建立健全城乡融合发展的体制机制和政策体系。乡村振兴战略对新时代的中国工农城乡关系进行了重新定位，它使农业农村从过去的被动接受反哺，转变为今天的主动作为，进而实现城乡融合发展。相对于过去，乡村振兴战略更加充分地立足于乡村自身的产业、文化、生态等资源，更加注重发挥乡村的主观能动性，更加注重建立乡村可持续的内生增长机制。乡村振兴战略的提出，代表着中国工农城乡关系演进到了"工农互促、城乡互补、全面融合、共同繁荣"的崭新历史时期。

（一）新时代农村工作的新目标

从生产发展到产业兴旺。新农村建设将经济建设、发展生产力作为中心环节，强调经济建设是建设新农村美好蓝图的物质基础，产业是经济发展的载体和依托。产业兴旺，是在生产发展的基础上，强调不断发展壮大农村产业，传统种植养殖业、农产品加工业持续发展的同时，推进农业产业不断转型升级，使得乡村旅游、农村电子商务等各种新业态不断涌现。

从村容整洁到生态宜居。新农村建设要求改变村庄面貌，通过对农村脏、乱、差的环境治理，实现村容整洁，为群众创造更好的生活环境。生态宜居，是在村容整洁的基础上，强调人与自然和谐共处共生，不仅要求环境优美，还要求空气新鲜、水源洁净，空间安全。天蓝地绿、山清水秀的乡村，让农民生活得更健康、更美好、更幸福。

从管理民主到治理有效。新农村建设要求管理民主，尊重和维护人民群众的政治权利，让人民群众当家作主。治理有效，是在管理民主的基础上，强调社会治理的效果，更关注社会治理是否有助于促进社会公平正义，是否有助于形成良好的社会秩序，是否有助于人民群众拥有更加充实、更有保障、更可持续的获得感、幸福感、安全感。

从生活宽裕到生活富裕。新农村建设要求增加农民收入，提高农民生活水平，生活宽裕，但受制于经济发展水平，总体要求还不高。生活富裕，是在生活宽裕的基础上，对进一步提升农村居民生活水平、生活质量而提出的要求，其目的是为了更好地满足农村居民日益增长的美好生活的需要。

进一步推进乡风文明。乡风习俗是一个地域的生活文化，是农村精神家园的归属。乡风文明，就是要促进农村文化教育、医疗卫生等事业发展，推进移风易俗、文明进步，弘扬农耕文明的优良传统，使农民综合素质进一步提升、农村文明程度进一步提高。当前，在城市文明与乡村文明的剧烈冲突和融合中，乡村一方面要借鉴吸纳城市商工文明的现代要素，改造自身的文化糟粕；另一方面要深入挖掘自身的优秀历史积淀，保留乡土风貌，传承乡村文化。

（二）从"农业"的"农"到"三农"的"农"

"三农"理论虽然在中国很早就被提出，但长期以来，对农村的公共政策基本是围绕工业化、城镇化对农村的需求来制定的。在这样的战略导向下，农村成为城市粮食和工业原料供应基地，农业的发展即是农村的发展，农业的现代化等同于农民的增收，整个乡村社会的价值被忽视。党的十九大报告将过去单纯的农业现代化扩展为农业农村现代化，反映了中央对乡村的文化价值和农民的全面发展的重视，标志着"三农"协同发展的时代已经到来。

在将农村视为农产品供应基地的战略导向下，"三农"基本上变为了"农业"的"农"，而"农村"的"农"和"农民"的"农"只是附属物，农业发展往往也窄化为粮食农业，多元化经营不被重视和支持，使得经营农业变得没有发展前途，大量农民开始离乡进城寻找非农就业机会，导致村庄凋敝、村务废弛。青壮年劳动力的流失导致乡村活力的丧失，一些乡村逐渐沦为空心村，农民队伍沦为"386199部队"①，离乡的农民工不得不忍受家庭的分离和候鸟式的城乡迁徙，自身全面发展机会也非常有限。

新农村建设实施多年来，在推进乡村物质文明和精神文明建设方面取得显著的成绩，农村已逐渐开始突破单纯的"农产品生产基地"的范畴。但是，整个村庄向何处去的问题仍没有解决。因为在以工业化和城镇化为中心的农村发展战略下，农村的现代化是被无视的，农村政策的主要目标，仍然是一方面围绕农业和农民增收，另一方面围绕生产要素怎么快速地配置到城市，而农村本身如何现代化，没有被提到议事日程上。而农村的现代化问题不解决，农村向何处去的问题也就无法解决。

环视当今世界的发达国家，生态环境优美、人文气息浓郁、生活品质普遍高于城市的乡村是现代生活的象征；纵观我国悠久的历史长河，乡村在国家的政治生活、文化传承中始终占有着重要地位，乡村的富庶亦是盛世历史的标志；着眼于当下和今后一个时期，我国的基本国情决定了农村人口的总量非常庞大，没有乡村振兴和现代化，就不会有国家的现代化。而在工业化、城镇化为中心的发展模式下，仅仅依靠城市发展的带动，只能是城市文明统领乡村文明，使得农村逐渐地"被城镇化"，城乡之间相互需求、共存共生共荣则不会实现，进而农村也就无法实现真正的现代化。滚滚向前的时代车轮已经向人们昭示，以工业化城镇化为中心的农业发展战略，已经不再适应建设社会主义现代化国家的目标，唯有使乡村从过去的无私奉献和被动反哺，转变为今天和未来的主动作为、实现振兴，才能符合新时代中国特色社会主义现代化建设的新要求。

在新中国实现现代化的历史进程中，"三农"作出了重大牺牲。如何正确处理工农城乡关系，正确贯彻党在农村的基本制度，关系到国家的路线方针问题。中国的"三农"问题不是农业问题，决不能像西方国家那样，只强调农业政策而几乎不提农民权益及乡土社会可持续发展。中国要真正实现现代化，一

---

① "386199部队"，所谓的38是指"三八"节，代指女性；61是指"六一"节，代指儿童；99是指农历九月初九重阳节，也是老人节，代指老人。

定要包括"三农"的现代化，要考虑农民权益，农村的稳定，然后才有派生的农业政策。未来在推进中国特色社会主义现代化建设的进程中，决不能再走重农业、轻农村的老路。

乡村振兴战略中的农业农村现代化，是针对原来国家对"三农"问题重视不够、不全面的弥补，体现了中央对农业农村定位的再思考。这个定位不再是农村和农民仅仅服务于城市，农业仅仅是为了服务于工业。乡村要振兴，还需要乡村治理等一整套制度体系的跟进。只有形成一套良性的乡村治理制度，才能支撑农业、农村、农民的协同发展，才能实现乡村文明、乡村稳定和乡村发展，最终实现农业农村的现代化。

（三）从城乡统筹到城乡融合：重构工农城乡关系的新安排

城乡统筹的本质，是立足于城市来统农村，主要解决的是"城市有、农村无"或两者差距太大的问题。城乡统筹虽然对缩小城乡差距起到了重要作用，但没有解决城市与乡村两个空间在市场经济中平等发展的问题。党的十九大报告所提出的城乡融合恰恰就是通过市场机制和政府推动相结合的方式，解决城乡两个空间平等发展的问题。

城乡统筹是在党的十六大时最先提出，党的十六届四中全会进行全面部署的。其主要手段是通过"三化"解决"三农"问题，即以工业化带动农民收入提高，以城镇化带动农村劳动力转移，以农业产业化带动农业经济效益增长。应该说，党的十六大以来统筹城乡发展的成绩还是显著的："中央一号文件"始终聚焦"三农"，使得"三农"工作成为全党工作的重中之重深入人心。十几年来，国家建立起了覆盖全体农村人口的医疗和养老保障体系，取消了农业税，加大了扶农支农力度，加快改革户籍制度。这些举措对城乡之间的公共资源均衡分配功不可没，城乡之间的公共政策差距在逐渐缩小，农村人均纯收入增长速度开始超过城镇居民可支配收入的增速。

但是，在"城乡统筹"中，政府依旧占据主导地位，市场的力量发挥不足，这样最后导致的结果是用城市去统农村，农民没有利用土地等资源，充分发展经济，平等参与工业化、城镇化的权利，农村自身产业窄化；整个生产要素的双向流动，包括土地、资本、劳动等，没有建立起来。在以工业和城市为中心的发展理念下，人们对城乡板块相互需求、共存共生共荣的认识也不足，甚至那种认为农村是城市发展的拖累的观念仍普遍存在，这导致在城乡互动中，总是城市文明统领乡村文明，按照城市发展的理念发展农村，城乡一体化变为城乡一元化，城市和乡村两个板块并没有形成协调发展的格局，这使得城市高度繁荣、农村日益衰败的局面并没有得到根本改观。

在城乡融合发展理念下，首先要破除城市内部的二元分割，要将农村转移劳动力视为城市的一个有机组成部分，使其能够无障碍地融入城市，在公共服务、住房保障、劳动权利等方面与市民享受均等化的待遇。同时，要完善服务农民工返乡创业就业的培训和扶持体系，促进第一代进城农民工返乡创业就业；要建立适应农业转型升级条件下的城市居民下乡投资创业的配套服务体系，鼓励城市原住居民到农村去寻求发展的机遇。

当前，乡村的经济活动正在经历转型升级，农业的功能、形态、商业模式等正在发生变化：农产品结构日趋多元，高值农产品占比越来越高；电子商务技术逐渐普及，改变了农产品原有的消费模式；农业与非农产业的深度融合，使农业更多地开始满足人们的教育、休闲、审美等文化娱乐需求，以及维持生物多样性、保持生态平衡等生态功能；农业本身的科技含量日益增高，也提高了农业资本的有机构成。适应这些新变化，需要建立一套有助于资本下乡并有效规范资本行为的体制机制，使农村在产业重构的进程中深化与城市的融合发展。

在产业空间重构的过程中，土地资源配置对资本在城乡之间寻求投资的方向方式的影响是非常大的，现行的城乡二元分割的土地制度已经不适应城乡融合发展的需要，亟待改革。土地资源配置不仅要考虑到城市，更要考虑到如何满足乡村出现的新业态，要调整城乡土地权利体系来支持城乡互动。更为重要的是，通过建立城乡统一的用地市场，可以推动城乡空间的重构，加深空间上的一体化。城市是知识密集、产业升级的地方，而乡村是文化的、乡土的、健康的、休闲的、历史的，在城乡之间还会有连接城市和乡村的"驿站"，形成产业重构的空间，以及适合人居住的小镇。城、镇、乡村三者功能的有效分工将催生合理的城乡空间布局新形态。

（邹一南　撰写）

第十一章

区域经济：从"不平衡"走向"统筹协调"

从我国经济发展不同历史阶段看，不论是 20 世纪 50 年代提出处理好沿海工业和内地工业关系，还是到 20 世纪 80 年代提出"两个大局"战略构想，到提出实施西部大开发、东北振兴等战略，每个阶段都着眼于解决各种不协调问题，推动形成更高层次的均衡发展。特别是党的十八大以来，我国着力推进区域协调发展，形成以"一带一路"建设、京津冀协同发展、长江经济带发展三大战略为引领，统筹推进西部大开发、东北振兴、中部崛起和东部率先四大板块联动发展的区域发展总体格局，区域发展协同性不断增强。党的十九大立足于我国社会主要矛盾的转化，着力解决发展不平衡不充分问题，以全方位、系统化视角，提出实施区域协调发展战略，通过大破大立，重塑了经济格局，开创了发展新局面。

一、区域不平衡是个历史问题

区域不平衡是指因区域发展的自然环境、资源禀赋、技术和社会历史条件存在客观上的差异性，导致各个区域发展的程度不同，造成经济发展水平存在差异性。中国幅员辽阔，经纬度跨度大，区域不平衡由来已久。自夏朝建立国家开始，历经四千余年，沧海桑田，改朝换代，中国历史将区域不平衡演绎得淋漓尽致。随着社会的发展和科学技术的进步，经济重心从北往南迁移，逐渐形成了近代以来相对稳定的南重北轻的区域不平衡格局。

（一）中国区域不平衡的表征——"胡焕庸线"

早在 1935 年，地理学家胡焕庸先生根据 1933 年人口分布图和人口密度图发现，自黑龙江瑷珲（今黑河市）到云南腾冲画一条线（大致为倾斜 45 度直线），该线清晰地把中国划分为人口分布差异明显的东南和西北两壁，线之东南占全国面积的 36%，却居住着全国人口的 96%；线之西北占全国面积的 64%，但人口仅占全国的 4%。二者平均人口密度比为 42.6：1。[①] 该线揭示了中国东南稠密、西北稀疏之人口分布基本格局，被称为"胡焕庸线"。

自"胡焕庸线"的提出至今已经过去八十多年，沧海桑田，斗转星移，数十年间中国版图形状从海棠叶变成了雄鸡，人口从 4 亿多变成了 13 亿多，经济规模增长了几十倍，"胡焕庸线"两侧总人口、经济总值的比例始终没有发生明显的变化，西北部人口比重虽有小幅增加，但人口比例整体变化不大。历次的人口普查数据均显示自 1935 年以来，"胡焕庸线"东西两侧的比例都没有出现超过 1% 的变化。以该线东南半壁、西北半壁分别占 43% 和 56.4% 的国土面积（暂不包括港、澳、台），它们的人口和经济总值比例始终保持 94：6 的大数特征。[②] 从最近 2010 年的第六次人口普查看，东侧人口仍然占到 93.7%，也就是说，近八十年间东侧人口比例仅仅少了 2.3%。

随着时代的不断发展，今天的"胡焕庸线"早已不限于人口密度对比的狭窄含义，因为由人口数量带来的差异最终会反映到社会、经济、就业、教育、文化等各个方面。数据统计发现，"胡焕庸线"西侧主要城市的平均地区生产总值仅为"胡焕庸线"东侧主要城市的平均地区生产总值的五分之一，这告诉我们不能回避一个事实，即"胡焕庸线"东西两侧存在着巨大的发展不平衡。

（二）"胡焕庸线"相对稳定与突破

"胡焕庸线"所揭示的区域不平衡格局是在漫长的历史过程中逐渐演化而来的，是气候、地貌、水土资源、经济、社会历史条件等综合作用的结果，是

---

① 胡焕庸：《中国人口之分布（附统计表与密度图）》，《地理学报》1935 年第 2 期。

② 陆大道等：《关于"胡焕庸线能否突破"的学术争鸣》，《地理研究》2016 年第 5 期。

长期以来人口分布适应资源环境、社会经济条件的"自然选择"，至今保持着相对的稳定性，未发生明显的变化。究其原因，主要有以下三个方面。

1. 自然环境决定了"胡焕庸线"的相对稳定性

中国陆地国土分三大自然区，即东部季风气候区、西北干旱及半干旱区和青藏高寒区。青藏高原平均海拔 4000 米以上，除少量河谷地带以外，一般不适宜人类日常的社会经济活动。"胡焕庸线"西北半壁几乎包括了全部干旱及半干旱区和青藏高寒区。这种自然结构特点对人类社会经济活动的影响巨大，在很大程度上决定了"胡焕庸线"的稳定性。这不是人的力量所能明显改变的。

人类社会经济活动受海洋的吸引是长期趋势。早在 19 世纪初，海洋就被认为是"伟大的公路"。今天，世界科学技术的进步及全球化、信息化的发展，更加强了沿海地区发展的优势。世界上主要国家的经济，无不在全球范围内进行广泛的交流。全球的经济总量就像钉子一样密集地倒插在各主要经济大国的沿海地带（美国的东西海岸、欧洲的大西洋和地中海沿岸、日本各岛、中国沿海地区等）。中国经济，不管是以往的 40 年还是未来，都将在相当大程度上（有些领域及行业将在越来越大的程度上）依赖国际市场和资源。

2. 教育和文化水平的差异间接地保持了"胡焕庸线"的相对稳定性

教育和文化的东西差距是长期存在的客观事实，而教育和文化水平是制约西北半壁经济和社会发展的一大因素，这个因素可以改变，但这是一个渐进的过程，非一朝一夕之功可以实现，需要较长的时间。此外，沿海地区由于教育和文化基础较好及易于接收全球信息和新技术的传播，具有较西北部地区大得多的区域创新优势。若需要全面推进西北地区的社会经济发展，则需在投资与投资成本、生产效益、运输与消费支出、生态环境治理、教育等方面额外付出较大的经济代价，这无疑不符合我国当前的基本国情与综合国力。因此，"胡焕庸线"的消除在短期内是不易实现的。

3. 交通、经济等社会格局维持了"胡焕庸线"的相对稳定性

交通、经济等社会人文因素的发展与人口密度本身就存在着双向影响与制约的作用，人口密度较小导致西北半壁的交通设施及社会经济的发展缺乏基本的动力，加上西北地区自然环境的制约，西北半壁的社会发展严重滞后于东南半壁，进而导致人口密度长期呈现东多西少的布局。在西北半壁，人口主要集中于吐鲁番盆地、准噶尔盆地等绿洲区域，而东南半壁的珠江三角洲、长江三角洲、京津冀地区均形成了大规模连片的人口高度密集区，空间上为连成片的中原地区人口高度密集区的规模也很大。社会经济的发展往往能影响人口的增长与流动，而人口的自然增长及迁移是推动人口密度分布变动的两大动力。然而，一方面，基数的较大差距导致差异化自然增长率在改变人口分布上收效甚微；另一方面，西北半壁及东南半壁的人口迁移多表现为内部消化，并且东南发达地区吸引着西北人口的迁出，而支援西部政策使得东南地区人口迁入西北，导致西北半壁及东南半壁之间的人口迁入与迁出大致均衡。因此，人口自然增长与迁移对西北、东南地区的人口分布的影响较小，中国人口分布总体特征稳定。

如何突破"胡焕庸线"，重塑经济发展格局，成为区域发展战略需要思考的问题。区域发展的严重不平衡不利于少数民族地区和边疆地区发展，不利于国家安全建设，不利于社会主义的共同富裕和中华民族伟大复兴中国梦的实现，需要政府实施恰当的宏观政策，支持不发达地区发展，消除发展差距。既然历史上区域不平衡格局并非一成不变，总是处于不断的动态变化之中，作为近代人口密度突变线的"胡焕庸线"，就有突破的可能。因此，我们应该寻求"胡焕庸线"的突破，"让中西部老百姓在家门口也能分享现代化"。

突破"胡焕庸线"，本质是要打破东、西部的不均衡发展，逐渐缩小东、西部差距，不是要突破自然因素（地貌、气候、生态环境等）的状态，而是要突破"胡焕庸线"西部经济与社会发展的制约因素以及改善人民生活水平的不利条件，不是要在西部大举进行传统农业生产，更不是要人口大量向西部迁移，而是要借助现代技术、新的生产方式，在科学的政策引领下，跨越"胡焕庸线"去发展西部、消除贫困，实现东、西部均衡发展。

二、新中国为改变区域"不平衡"作了巨大努力

新中国成立之后的 30 年间（1949—1978 年），以毛泽东同志为核心的党的第一代中央领导集体，根据复杂的国内外形势和中国经济发展的实际情况，逐步探索扭转区域经济发展"不平衡"的战略举措，实行"区域平衡发展战略"。

我国自 1949—1978 年间，有步骤、有重点地增加内地投资，减少沿海投资，大规模进行内地工业建设，以缩小地区差距、实现生产力合理分布。

（一）新中国成立初期提出区域平衡发展战略的背景

由于自然禀赋和历史条件等因素影响，区域经济发展不平衡是很多国家都会遇到的问题。在区域经济发展理论模式的选择上，长期存在两种不同的模式：一是平衡发展理论，认为"区域间要同时按同一比例建设，空间布局应以均衡为主，以缩小地区发展差距①"。二是非平衡发展理论，认为"增长并不会同时出现在所有地方，它们以不同的强度首先出现于一些增长点和增长极上②"。中华人民共和国成立之初，区域经济发展不平衡问题十分突出，拉动内地工业发展的要求十分迫切，因此中央采取了区域平衡发展战略。这主要是因为以下三点。

1. 生产力分布不平衡，区域发展差距大

中国的近代工业主要集中在易受外国资本控制、交通贸易便利的沿海地区，有 70% 以上的工业集中在沿海地区③，而面积广大、资源丰富的内地和边疆地区则鲜有工业分布，沿海和内地差距大、生产力分布极不平衡。据统计，1952 年全国工业总产值为 343 亿元，沿海地区所占比重仍高达 69.4%；基本建设投资的地区分布，主要集中在东北（24.8%）、华东（14.2%）和华北地区（11.9%），西北、西南的比重很小。④ 原料产地与生产基地脱节，工业分布与资源分布不适应，严重影响新中国的大规模开发建设和社会主义工业化，改变经济布局不合理状况成为中央考虑的重要问题。

2. 国家安全形势严峻和备战需求迫切

新中国成立初期，中国的国防安全形势一直较为严峻：新中国成立初期，

---

① 张金锁、康凯编：《区域经济学》，天津大学出版社 1998 年版，第 236—237 页。
② ［美］艾伯特·赫希曼：《经济发展战略》，曹征海、潘照东译，经济科学出版社 1991 年版，第 58 页。
③ 中共中央党史研究室：《中国共产党历史》（第二卷·1949—1978）上册，中共党史出版社 2011 年版，第 205 页。
④ 国家统计局工业交通物资统计司编：《中国工业经济统计资料（1949—1984）》，中国统计出版社 1985 年版，第 137 页。

西方国家对华实行经济封锁和禁运；1950年爆发抗美援朝战争；20世纪60年代，美国出兵越南，随时可能祸及中国；中苏关系恶化、苏联派重兵进驻中蒙边界地区；中印边界发生武装冲突；台湾蒋介石当局企图反攻大陆。这就使得中国的工业布局不仅要考虑已有工业基础、生产力均衡分布、资源禀赋差异、劳动力、交通等因素，更重要的是要考虑国家安全和统一。毛泽东认为"要争取快一点把后方建设起来，三五年内要把这件事情搞好，敌人如果不来，也没有什么浪费"[①]。因此，中央自"三五"计划开始，全力推进"三线建设"，就是为了"要有两手准备"，即战备和长期建设。[②]

3. 工业基础薄弱，工业化起步艰难

新中国成立初期，中国还是一个落后的农业国家，近90%的人口分布在农村，工业基础极其薄弱。要摆脱旧中国落后就要挨打的局面，在借鉴苏联经济发展经验的基础上，中共中央作出了"优先发展重工业"[③]的战略决策。这就决定了在资本稀缺的大国进行工业化建设，必须全面考虑区域、交通、能源等基础设施及国防因素。因此，在综合考虑、权衡利弊的基础上，从新中国成立之初到改革开放前这一时间，新中国采取了区域平衡发展战略。

（二）1949—1978 年区域平衡发展战略的政策措施

新中国成立之后，以毛泽东同志为核心的党的第一代中央领导集体，为改变工业布局过分集中于沿海地区的不合理状况，开始分阶段、有步骤地增加对内地的投资比重，缩小沿海和内地的差距，以期实现区域平衡发展。"平衡工业布局"成为此后有计划地发展国民经济的重要任务之一。

1. 1949—1952 年国民经济恢复和建设时期

从巩固政权、恢复经济的角度，中央实行计划经济下的统一指导，根据各地实际情况开展生产建设，开始着手改变历史上形成的不合理的区域经济布局。1950 年 8 月中财委召开计划会议，讨论了编制 1951 年计划和三年奋斗目

---

① 毛泽东：《要争取快一点把后方建设起来》，《党的文献》1995 年第 3 期。
② 毛泽东：《在打仗问题上要有两手准备》，《党的文献》1995 年第 3 期。
③ 中共中央党史研究室：《中国共产党历史》（第二卷·1949—1978）上册，中共党史出版社 2011 年版，第 198 页。

标的问题，要求"组织生产过去依赖供应的原材料，将一部分工厂迁移到接近原料、市场的地区，改变工业生产过分集中于沿海地区的不合理现象"。同年，中财委在《关于制定 1951—1955 年度恢复和发展中华人民共和国人民经济国家计划方针的指示》中也强调，"工业靠近原料、燃料、电动力的来源及消费地区"以及"在五年期内，禁止在工业发达的中心地，如上海和天津，再行建设大型企业"[1] 等。

在上述政策思想指导下，经过三年经济恢复，中国生产力分布不合理的现象有所改善（见表 11-1）。与 1949 年相比，1952 年内地地区工业产值有所提升，但整体上仍未改变沿海地区占比大的局面。

表 11-1　1949 年与 1952 年沿海、内地工业产值比较[2]

地区	1949 年		1952 年	
	工业产值（亿元）	所占比例（%）	工业产值（亿元）	所占比例（%）
沿海	100.2	71.5	243.2	70.8
内地	40.0	28.5	100.1	29.2

2. 1953—1957 年"一五"计划时期

面对沿海和内地发展不平衡的格局，中央在编制"一五"计划时确立区域经济平衡发展战略，要求"使工业接近原料、燃料的产区和消费地区，并适合于巩固国防"[3]。因此，"一五"期间投资大中型建设项目 694 个，其中有 156 项是由苏联援建的（实际施工的有 150 项）。也可以说，"一五"计划是以"156 项工程"为中心开展全国工业建设的。

从"156 项工程"的地区布局来看（见表 11-2），项目分布在 17 个省（自治区、直辖市），主要配置在东北地区、中部地区和西部地区，三个地区的计划安排投资比例分别为 38.9%、29.9% 和 28.7%，实际投资比例分别为

---

[1]　中国社会科学院、中央档案馆编：《中华人民共和国经济档案资料选编　基本建设投资和建筑业卷（1949—1952）》，中国城市经济社会出版社 1989 年版，第 11—12 页。

[2]　汪海波：《中国现代产业经济史》，山西经济出版社 2006 年版，第 66 页。

[3]　《中华人民共和国发展国民经济的第一个五年计划（1953—1957）》，人民出版社 1955 年版，第 31 页。

44.3%、24.8%和28.3%。"156项工程"中的106个民用工业企业，布置在东北地区50个、中部地区32个；44个国防企业，在中部和西部地区布置35个，其中有21个安排在四川、陕西两省。[①]

表11-2　"156项工程"在17个省（自治区、直辖市）的投资分布表[②]

地区		计划安排投资		实际完成投资	
		绝对数（万元）	比例（%）	绝对数（万元）	比例（%）
东北地区	辽宁	459537	22.7249	507521	25.9
	黑龙江	189161	9.3543	216483	11.0
	吉林	136558	6.7530	145510	7.4
中部地区	河南	261604	12.9367	159704	8.1
	湖北	170178	8.4156	154805	7.9
	山西	133531	6.6033	131880	6.7
	江西	24697	1.2213	25132	1.3
	湖南	13217	0.6536	14255	0.7
	安徽	1500	0.0742	1486	0.1
西部地区	陕西	182744	9.0370	171403	8.7
	内蒙古	160897	7.9566	159003	8.1
	甘肃	146614	7.2503	139736	7.1
	云南	57681	2.8524	55602	2.8
	四川	28556	1.4121	22082	1.4
	新疆	3270	0.1617	3275	0.2
华北地区	河北	28077	1.3885	28264	1.4
	北京	24356	1.2044	25194	1.3
合计		2022178	100.0000	1961335	100

1957年，内地投资占全国投资总额的比重（见表11-3）有了明显提升，

---

① 薄一波：《若干重大决策与事件的回顾》（上），中共党史出版社2008年版，第209—210页。

② 董志凯、武力主编：《中华人民共和国经济史（1953—1957）》，社会科学文献出版社2011年版，第129—130页。

内地工业产值占全国比重也从 1952 年的 **29.2%** 上升到 **32.1%**。[①] 应该说，"一五"期间的区域布局充分考虑了资源分布、区域平衡和国防需求，整体是比较合理的。

表 11–3　1952 年与 1957 年内地和沿海地区投资比重对照表[②]

(单位：%)

年份	内地投资占全国投资总额的比重	沿海投资占全国投资总额的比重
1952	34.1	37.4
1957	49.7	41.6

3. 1958—1965 年 "二五" 计划和三年调整时期

1956 年前后，随着社会主义三大改造的基本完成，毛泽东在《论十大关系》中揭示了如何处理沿海工业和内地工业的关系，提出必须充分利用"沿海的工业基地"，而且为了"平衡工业发展的布局"，也必须大力发展"内地工业"。[③] 这一思想体现在"二五"计划的报告中，必须"合理配置我国的生产力"，一是新建项目向中西部倾斜，推进华中和内蒙古钢铁工业、新疆的石油工业和有色金属工业等建设，积极进行西南、西北和三门峡地区的新工业基地建设；二是直接把沿海资源迁往内地等，使东北、华东、华北、华南各地区近海工业建设，支持内地工业生产力。[④]

这一时期中央也曾对区域发展作出安排。1958 年中央在《关于召开地区性的协作会议的决定》中将全国划分为七个协作区，以便"在中央方针政策和统一规划下，促进共同发展"。但是，"大跃进"等运动使得中央"重工业优先发展"战略实施被极端化，农轻重比例严重失调，经济发展出现了严重畸形。与"一五"时期相比，"二五"时期国家基本建设投资总额增加 87.7%，但工

① 薄一波：《若干重大决策与事件的回顾》（上），中共党史出版社 2008 年版，第 211 页。

② 中国社会科学院、中央档案馆编：《中华人民共和国经济档案资料选编　基本建设投资和建筑业卷（1949—1952）》，中国城市经济社会出版社 1989 年版，第 265 页。

③ 《毛泽东文集》第七卷，人民出版社 1999 年版，第 25—26 页。

④ 郭德宏主编：《历史的跨越——中华人民共和国国民经济和社会发展"一五"计划至"十一五"规划要览（1953—2010）》，中共党史出版社 2006 年版，第 184 页。

业总产值仅增长 19.9%，国民收入下降 14.5%[①]，经济效益指标和居民收入指标也都未能实现计划要求。于是，1961 年中共八届九中全会提出"调整、巩固、充实、提高"的八字方针，全面调整国民经济结构，但仍未扭转农业这个最薄弱环节的状况。

4. 1966 年至改革开放前大力推进"三线建设"时期

20 世纪 60 年代国内经济布局不平衡问题表现为：一是工业过于集中。全国 14 个 100 万人口以上的大城市，集中了约 60% 的民用机械工业和 52% 的国防工业；二是大城市人口多。全国有 14 个 100 万人口以上和 25 个 50 万—100 万人口的大城市，大都在沿海地区；三是主要铁路枢纽、桥梁和港口码头多在大城市附近。[②] 这些反映在国防上，表现为不利于防御备战，对国家安全会带来致命威胁。这引起了党中央的高度重视，因此中央领导集体在制定"三五"计划时，下决心从原定的"吃穿用计划"转为"以战备为中心"，加快进行"三线建设"。[③]

所谓"三线"地区，是按我国地理区域划分的、长城以南、广东韶关以北、京广铁路以西、甘肃乌鞘岭以东的广大地区，沿海地区为一线，中部地区为二线，后方地区为三线。[④]"三线"分两大片，一是包括云、贵、川三省及湘西、鄂西地区的西南三线；二是西北的陕、甘、宁、青及豫西、晋西地区的西北三线。"三线"又有大小之分，西南、西北为大三线，中部及沿海省区(山西、河北、河南、湖南、湖北、广西等省区) 的腹地称为"小三线"。20 世纪 60 年代到改革开放前，"三线建设"成为毛泽东"备战、备荒、为人民"战略思想的具体落实。

1964 年 5 月 15 日到 6 月 17 日，中共中央召开工作会议，毛泽东同志指出，"我们的方针是：以农业为基础，以工业为主导，还要考虑打仗。要搞三线基地，一二线也要搞点军事工业，有这个东西就放心了"[⑤]。根据毛泽东同志的指示，会议作出了"三线建设"的重大战略决策。毛泽东还指出，"三五"

---

① 刘国光主编：《中国十个五年计划研究报告》，人民出版社 2006 年版，第 236 页。
② 薄一波：《若干重大决策与事件的回顾》（下），中共党史出版社 2008 年版，第 843—844 页。
③ 中共中央文献研究室编：《毛泽东年谱（一九四九——一九七六）》第五卷，中央文献出版社 2013 年版，第 354—355 页。
④ 薄一波：《若干重大决策与事件的回顾》（下），中共党史出版社 2008 年版，第 843—844 页。
⑤ 郭德宏主编：《历史的跨越——中华人民共和国国民经济和社会发展"一五"计划至"十一五"规划要览（1953—2010）》，中共党史出版社 2006 年版，第 257 页。

计划要考虑解决全国工业布局不平衡的问题，加强"三线建设"，防备敌人的入侵。他特别强调应该在四川的攀枝花建立钢铁生产基地。按照"立足于战争，从准备大打、早打出发，积极备战"的原则，国家开展了以攀枝花等基地为中心的大规模"三线建设"，"三五"期间，内地建设投资占全国基本建设投资的 68%，其中三线地区占 53%①；分部门来看，国防、冶金、铁道、电力、煤炭、石油、化工等在三线地区投资，占三线地区投资的 75%；计划安排在三线地区的大中型项目 823 个（总计划项目 2000 个），其中西南 435 个（四川 247 个），西北 268 个，湘鄂西 120 个②，集中力量建设三线大后方。

"三线建设"分为两个阶段，第一阶段是"三五"期间，表 11-4 反映了当时三线地区工业建设的重点项目，西南（尤其是四川）大后方基地建设初具规模。第二阶段是 20 世纪 70 年代，除大力发展西南地区外，还新增湘西、鄂西、豫西地区，强调"小三线"建设，要大分散、小集中、要"靠山、分散、隐蔽"，有的要"进洞"。

表 11-4 "三五"期间三线地区工业建设的重点项目

行业	三线地区工业建设的重点项目
钢铁工业	攀枝花、酒泉两大钢铁基地；重庆、昆明两个钢铁厂；武钢、包钢、太钢等钢铁企业
有色金属工业	贵州铝基地、四川和陇西等铝加工厂；甘肃白银和云南地区两个铜基地；11 个稀有金属项目
煤炭工业	西南建设矿区：贵州六枝、盘县、水城，四川芙蓉山，云南宝顶山；西北建设矿区：宁夏石嘴山、石炭井、汝箕沟，新疆哈密，青海大道，甘肃靖远，陕西蒲城
石油工业	四川油气田勘探
电力工业	四川龚嘴、映秀湾、花溪河、磨房沟，云南以礼河、绿水河，贵州猫跳河，甘肃刘家峡、盐锅峡，陕西彭家湾等 10 个水电站、28 个火电站和泸州地区的天然气电站
机械工业	为军工服务的西南发电设备厂、东风电机厂、德阳重机厂等
交通	康藏、青藏公路；天兰、宝成、兰渝及兰新铁路等

---

① 刘再兴主编：《中国生产力总体布局研究》，中国物价出版社 1995 年版，第 13 页。

② 郭德宏主编：《历史的跨越——中华人民共和国国民经济和社会发展"一五"计划至"十一五"规划要览（1953—2010）》，中共党史出版社 2006 年版，第 297 页。

"三线建设"使我国内地工业得到空前发展，改变了我国的工业布局。1964—1980 年，中央为三线地区累计投资近 2000 亿元，占同期全国基本建设投资总额的 40%。[①]1964—1971 年，全国约有 380 个项目、14.5 万人、3.8 万台设备从沿海迁到"三线"。[②]到 1975 年，在全国 1500 个大型企业中，西部地区占 40%，初步形成工业门类齐全的格局。

(三)区域平衡发展战略的巨大成就和存在问题

区域经济发展不平衡，是大国在经济发展中的普遍难题，常常伴随着国家工业化的全过程，而且越是工业化的初期，区域经济发展不平衡的矛盾就越大。1949—1978 年，中国的区域发展战略是基于国防安全需求下的平衡发展，其目标是促进经济的快速发展，而非平衡各地区人民的收入差距。因此，要历史地、辩证地认识区域平衡发展战略对我国经济发展的影响。

1. 巨大成就

一是为中国的工业化奠定了基础。从 1952 年至 1976 年，全国工业总产值增长了 30 多倍，其中重工业总产值增长了 90 多倍，工业产量以平均每年 11.2% 的速度增长（"一五"期间工业增长率达平均每年 18%）。[③]尽管"文化大革命"造成了很大的破坏，但工业生产仍以平均每年超过 10% 的速度增长，钢铁产量从 140 万吨增长到了 3180 万吨，煤炭产量从 6600 万吨增长到了 61700 万吨，水泥产量从 300 万吨增长到了 6500 万吨，木材产量从 1100 万吨增长到了 5100 万吨，发电量从 70 亿千瓦／小时增长到了 2560 千瓦／小时，原油产量从根本的空白变成了 10400 万吨，化肥产量从 3.9 万吨上升到了 869.3 万吨。[④]在原料资本匮乏、国际环境紧张的情况下，中国用 20 余年的时间从一个农业国，发展成为能够制造工业成套设备和所有农业机械的工业大国，建立了中国独立的工业体系以及交通、能源和农田水利等大量基础设施，

---

① 《当代中国》丛书编辑部编：《当代中国的基本建设》（上），中国社会科学出版社 1989 年版，第 163 页。
② 赵德馨主编：《中华人民共和国经济史 (1967—1984)》，河南人民出版社 1989 年版，第 183 页。
③ 马洪、孙尚清主编：《中国经济结构问题研究》（上），人民出版社 1981 年版，第 25—26 页。
④ 严书翰主编：《中国特色社会主义史论研究·前沿问题卷》，中共中央党校出版社 2012 年版，第 31 页。

为中国后来的经济起飞打下了基础。

二是有利于内地经济发展，显著改善生产力布局集中于沿海地区的局面。长期以来，中国经济发展不平衡，集中体现在沿海与内地工业发展的不平衡。新中国成立以来的区域平衡发展战略，极大促进了内地经济的发展，缩小了内地与沿海地区的差距。

表 11-5　1952—1975 年沿海和内地基建投资占全国基建投资的比例[①]

(单位：%)

时期	沿海	内地		内地／沿海（沿海地区为 1）
		总计	其中"三线"地区	
"一五"（1953—1957 年）	41.8	47.8	30.6	1.14
"二五"（1958—1962 年）	42.3	53.9	36.9	1.27
三年调整时期（1963—1965 年）	39.4	58.0	38.2	1.47
"三五"（1966—1970 年）	30.9	66.8	52.7	2.16
"四五"（1971—1975 年）	39.4	53.5	41.1	1.36
1952—1975 年	40.0	55.0	40.0	1.38

注：由于全国统一购置的机车车辆、船、飞机投资和专项特殊工程承的投资部分地区，沿海、内地的投资总和小于 100%。

总的来看（见表 11-5），新中国成立以来，在全国基本建设投资总额中，内地所占比例逐步上升，尤其是"三五"期间，内地基建投资所占比例达到 66.8%。其中"三线"地区更是投资的重点，据统计，"三五""四五"期间，国家累计向三线地区投资 1173.41 亿元。[②] 对于改善经济布局、扭转生产力过度集中于东部沿海大城市的状况，缩小东西部地区差距具有重大战略意义。此后，形成了若干具有比较完整工业体系的经济区域，为改革开放以后的西部大开发等区域协同发展战略，以及当前"一带一路"建设等都奠定了良好的基础。

三是"以备战为中心，以三线建设为重点"满足了国家安全需求。关于"三

① 陆大道、薛凤旋等：《1997 中国区域发展报告》，商务印书馆 1997 年版，第 6 页。
② 董志凯：《共和国经济风云回眸》，中国社会科学出版社 2009 年版，第 328 页。

线建设"问题毛泽东同志作了十五次讲话，对"三线建设"给予高度重视。毛泽东认为，三线是一个阵地，一二线是一个阵地，要以一二线的生产支援三线建设。因此，从"三五"计划开始，按照"备战、备荒、为人民"的精神，"三线建设"蓬勃开展，全国投资向中西部倾斜。"三五"期间，新建、续建、扩建大中型项目1475个，其中国防工业项目383个，重工业项目686个，轻工业项目98个，铁道、交通项目156个，小三线有关国防的项目10个等。再加上"三五"计划施工的大中型项目2000个左右。[①] 其中的重点就是国防工业和重工业，而且大部分在西南、西北三线。到20世纪70年代中期，中国生产出大量的喷气式飞机、重型拖拉机、铁路机车和现代海船。中华人民共和国还成为一个主要的核强国，完成了洲际弹道导弹的发射。1964年中国第一枚原子弹试爆成功，1967年生产了第一枚氢弹，1970年把第一颗人造地球卫星发射进了轨道。中国从无到有，建立起规模庞大的航空、航天、原子能及门类齐全的军工体系，并在这些领域取得了奠定中国大国地位的巨大成就。

客观地说，作为一个不发达的大国，不安排好人民的"吃穿用"，人民生活水平无法提高；但是没有可靠的后方基地，国家安全就会危在旦夕。因此，从当时的历史背景和后来的战争实践来看，这个决策还是很有"居安思危"的战略眼光的，使中国有了一个相对安全的战略后方，同时也形成了中国的威慑力。[②] 正如邓小平所说："如果六十年代以来中国没有原子弹、氢弹、没有发射卫星，中国就不能叫有重要影响的大国，就没有现在这样的国际地位。这些东西反映一个民族的能力，也是一个民族、一个国家兴旺发达的标志。"

2.存在的问题

新中国成立后的区域平衡发展战略，是特定历史条件下的一种粗放式发展模式，尤其是"三线建设"这种人为进行区域布局的模式，违反经济规律，也造成很多问题。

一方面，这种区域平衡发展战略中对生产力的"平衡"配置，不是基于生产力发展的客观规律，而是带有极强的主观性。这种战略是人为抑制沿海地区

---

① 薄一波：《若干重大决策与事件的回顾》（下），中共党史出版社2008年版，第1208页。

② 苏星：《新中国经济史》，中共中央党校出版社2007年版，第437页。

的发展、强化内地发展，是一种低水平的平衡，经济发展效率被大大降低。尤其是"三线建设"过分强调区域"平衡"而忽视资源配置"效率"，使得浪费较重、副作用较大，而且片面强调将工厂建在交通不便、远离原料和市场、劳动力素质不高、技术力量薄弱的内地山区，严重影响生产效率。据统计，"三线建设"的项目后来有三分之一未能形成实际生产能力。后来，国家对三线企业的改造更是付出了高额成本，"七五"期间，国家共投入 30 亿元，对 121 个三线项目进行"关停并转迁"。

另一方面，沿海地区的资源陆续支援内地地区，虽然使得内地和沿海地区之间的差距有所减小，但是这牺牲了整体经济发展的效率和人民生活水平的提高，本来能取得高效益的沿海地区，投资相对不足，表面上缩小了国内区域差异，但实际上导致了国民经济发展迟滞，中外差距扩大。1957 年与 1952 年相比，中国国内生产总值增幅高于美国、英国、法国的同期增幅，但 1958—1965 年间中国同世界上发达国家的差距开始拉大。但是，应该看到，从保障国家安全和长远利益的角度看，开展"三线建设"所造成的短期经济效益损失，是在特殊国际环境下保证自身安全所付出的必要成本。

三、"两个大局"平衡发展思想与梯度发展战略

（一）从均衡发展到梯度发展

1. 均衡发展的弊端

1956 年 4 月，毛泽东在《论十大关系》中指出，"我国的工业过去集中在沿海。……这是历史形成的一种不合理的状况。沿海的工业基地必须充分利用，但是，为了平衡工业发展的布局，内地工业必须大力发展。""新的工业大部分应摆在内地，使工业布局逐步平衡，并且利于备战，这是毫无疑义的。"基于平衡布局生产力的原则构建了我国区域经济均衡发展战略和对策的理论框架。为此，我国采取了建设"大三线"的方针，要求东部沿海较发达地区向国家多交一些财政收入，来补贴中西部地区，国家基本建设投资也要投向中西部地区。这种"平衡"发展战略，曾对中西部地区的经济发展、缩

小地区差距起了一定的作用。但是，由于中西部地区经济发展条件差，投资回报率低，造成了不少浪费，其结果是西部地区经济尽管增长但很缓慢，东部沿海原经济发达地区发展相对停滞，抑制了东部沿海地区应有的发展。可见，这种"平衡"发展的政策在很大程度上是以牺牲全国整体经济效益为代价的，经济效益很差。①

2."两个大局"的提出与梯度发展

粉碎"四人帮"后，邓小平在总结新中国成立后30年的经验教训和对基本国情的准确判断基础上，认真科学地分析了第二次世界大战后的格局和我国周边国家的环境，逐步提出了我国社会主义现代化建设"两个大局"的战略思想，我国开始采取梯度发展战略，调整空间结构，逐步解决经济发展的滞后性和不平衡性问题。

早在1978年12月，邓小平同志在中共中央工作会议闭幕会上就明确指出："在经济政策上，我认为要允许一部分地区、一部分企业、一部分工人农民，由于辛勤努力成绩大而收入先多一些，生活先好起来。一部分人生活先好起来，就必然产生极大的示范力量，影响左邻右舍，带动其他地区、其他单位的人们向他们学习。这样，就会使整个国民经济不断地波浪式地向前发展，使全国各族人民都能比较快地富裕起来。当然，在西北、西南和其他一些地区，那里的生产和群众生活还很困难，国家应当从各方面给以帮助，特别要从物质上给以有力的支持。这是一个大政策，一个能够影响和带动整个国民经济的政策。"② 这个"大政策"，实际上就是"两个大局"战略的雏形。在1988年他又说："沿海地区要加快对外开放，使这个拥有两亿人口的广大地带较快地先发展起来，从而带动内地更好地发展，这是一个事关大局的问题。内地要顾全这个大局。反过来，发展到一定的时候，又要求沿海拿出更多力量来帮助内地发展，这也是个大局。那时沿海也要服从这个大局。"③ 这就明确提出了"两个大局"的战略思想。概括来说，所谓"两个大局"，一是优先发展东部沿海地区；二是东部地区发展到一定时候，要帮助西部发展，即先富帮后富。两个大局之

① 陈国岱：《略论邓小平"两个大局"的战略思想》，《中共福建省委党校学报》2000年第10期。
② 《邓小平文选》第二卷，人民出版社1994年版，第152页。
③ 《邓小平文选》第三卷，人民出版社1993年版，第277—278页。

间的关系既辩证又统一，是前后相序、紧密联系、相互渗透、彼此制约的两个有机组成部分。[①]"两个大局"战略开拓了我国社会主义区域经济从均衡发展到梯度发展的新思路。

（二）"两个大局"与梯度推移发展战略

1. 梯度发展理论

梯度发展理论认为：无论在世界范围内，还是在一国范围内，经济技术的发展是不平衡的，客观上已形成一种经济技术梯度。从梯度的实际情况出发，首先让有条件的高梯度地区引进掌握先进技术，然后逐步依次向第二梯度、第三梯度的地区推移。随着经济的发展，梯度推移的速度加快，进而逐步缩小地区间的差距，最终实现经济分布的相对均衡。

以梯度发展理论为基础，采取梯度推移发展战略，通常要明确以下几个问题：一是要确定不同区域间的经济梯度；二是要按照经济梯度由高向低推移，确定经济区域开发的基本顺序；三是要按照经济梯度来优先配置资源要素，进而实现梯度发展。梯度发展战略在区域经济发展过程中有三种效应同时起作用，分别是极化效应、扩展效应和回程效应，它们共同制约着地区生产分布的集中与分散。极化作用的结果会使生产进一步向条件好的高梯度地区集中；扩展效应会促使地区生产向其周围的低梯度地区扩散；回程效应将削弱低梯度地区的发展，促成高梯度地区的发展。由于梯度推移发展战略会将资源配置重点首先向中心城市、工业化地带和发达地区倾斜，容易导致发达地区"富者更富"，不发达地区"穷者更穷"，地区间的经济差距越发扩大。在我国三大经济地带中，根据东中西部经济发展水平的高低，梯度推移发展战略要求我们逐步由东向西推进，并提高东部对西部发展的扩展效应。"第一个大局"即优先发展东部地区，但要适度地限制和约束梯度发展所带来的极化效应和回程效应，在东部率先实现发展以后要提高并强化其扩展效应，即实现"第二个大局"。值得一提的是，梯度发展并不排斥在局部地区、局部领域内也可以跳跃发展，出现反梯度推移。梯度推移并不是板块式的、整齐划一的，而会出现某些交

---

① 陈国岱：《略论邓小平"两个大局"的战略思想》，《中共福建省委党校学报》2000 年第 10 期。

错，即大顺序的梯度推移中，会出现局部的超越发展。①

2. 市场机制是梯度发展战略的基础

虽然梯度推移发展战略要在一定程度通过政府干预分配资源要素，但必须建立在尊重市场经济规律的基础上，以市场化为导向实现非均衡发展与协调发展的统一。

实际上，一个地区当前的经济发展水平并非是决定区域梯度的关键因素，市场机制的发育程度才是区域发展潜力所在，真正决定着不同地域的经济发展梯度。因为只有在市场机制发展程度相对较高的地域，被人为优先配置资源要素时，才容易获得较大的经济效益并迅速形成推动区域经济发展的合力。因此，根据市场供求关系及市场成熟程度来确定资源的配置地域与配置规模，是制定梯度发展战略的基本要求。此外，要获得区域经济按梯度发展的对应效果，还要看该区域处于工业化进程的哪一个阶段。在工业化起飞阶段，按经济发展梯度向核心区配置资源，与区域经济的发展梯度是同向的；但在工业化成熟期和区域经济一体化阶段，核心区的投资边际收益已经开始递减，对经济发展梯度高低的判别标准，就更侧重于未来的发展潜力。只有动态地理解和判别经济发展梯度，才能正确地解释部分边缘区超越原来的核心区快速发展和区域经济一体化的现实。在区域工业化进入成熟期之后，区域经济的发展重心会由中心城市向中小城镇进而向农村推移、由工业地带向农业地带推移、由发达地区向次发达地区进而向不发达地区推移，这是区域经济梯度推移发展的一般形式。

正因为在改革开放之初，我国东部沿海地区的市场化程度和工业化程度都显著高于中西部，这既是确立"第一个大局"的理论依据，也是实现"第一个大局"的物质基础。梯度推移发展战略主张区域经济布局要以"效率优先"为原则，突破了均衡布局、均衡增长的传统模式，强调区域经济发展必须遵循由不均衡发展到均衡发展的客观规律。

3. 梯度推移发展战略与"第二个大局"的时间表与路线图

从"非均衡发展"过渡到"均衡协调发展"需要一定的时空条件和政策措施，

---

① 陈立新、叶柏青：《梯度理论与区域经济发展战略分析》，《辽宁工程技术大学学报（社会科学版）》1999 年第 1 期。

在制定和实施区域经济梯度推移发展战略时，既要防止出现忽略一定的时空条件，超越发展阶段过早地扩散核心区生产力要素的倾向；也要防止消极等待，被动依赖核心城市生产力要素推移和产业推移的倾向。梯度推移发展战略要立足市场发育程度，确定区域梯度和发展顺序，通过要素资源配置政策倾斜，使发达地区快速发展和壮大起来，并适时将发展资源和成功经验推移到欠发达地区，在欠发达地区构筑多层次、多级别的"增长极"，最终缩小发达地区与欠发达地区的经济发展差距，实现均衡、协调发展。①

邓小平同志十分重视西部开发的时机与路线问题。在 1992 年南方谈话中，他提出了一个具体的时间表："太早这样办也不行，现在不能削弱发达地区的活力，也不能鼓励吃'大锅饭'。什么时候突出地提出和解决这个问题，在什么基础上提出和解决这个问题，要研究。可以设想，在本世纪末达到小康水平的时候，就要突出地提出和解决这个问题。"② 这就是说，从 20 世纪 80 年代开始，经过 20 年的发展，到 20 世纪末在东部地区达到小康水平时，就是西部开发的最佳时机。1999 年 6 月 9 日，江泽民同志在中央扶贫开发工作会议上指出："现在，加快中西部地区发展步伐的条件已经具备，时机已经成熟……在继续加快东部沿海地区发展的同时，必须不失时机地加快中西部地区的发展。"实施西部大开发战略是经济发展地区布局上的又一次重大调整，更是贯彻"两个大局"战略构想的具体行动。③

邓小平同志还提出了"包省建设"的西部开发大思路。他说："沿海如何帮助内地，这是一个大问题。可以由沿海一个省包内地一个省或两个省，也不要一下子负担太重，开始时可以做某些技术转让。"④1992 年在南方谈话中，他又说："解决的办法之一，就是先富起来的地区多交点利税，支持贫困地区的发展。……发达地区要继续发展，并通过多交利税和技术转让等方式大力支持不发达地区。"⑤ 概括地说，邓小平关于沿海省份带动内地和西部地区发展的大

---

① 张硕城、陈述：《梯度推移：创造广东经济奇迹的战略——读陈鸿宇教授〈区域经济梯度推移发展新探索——广东区域经济梯度发展与地区差距研究〉》，《南方经济》2001 年第 11 期。
② 《邓小平文选》第三卷，人民出版社 1993 年版，第 374 页。
③ 陈国岱：《略论邓小平"两个大局"的战略思想》，《中共福建省委党校学报》2000 年第 10 期。
④ 《邓小平文选》第三卷，人民出版社 1993 年版，第 364 页。
⑤ 《邓小平文选》第三卷，人民出版社 1993 年版，第 374 页。

思路包括：沿海省份直接向内地、西部省份进行技术转让；沿海省份向中央多交利税，由中央财政转移支付，帮助西部地区发展；沿海省份包内地和西部地区的一个或两个省，共同发展等，这些重要的思路成为东部沿海省份帮助西部发展的基本途径。[1]

（三）"两个大局"的战略思想与成就

1. "两个大局"的战略思想体现了社会主义的原则

邓小平同志说："社会主义原则，第一是发展生产力，第二是共同致富。""两个大局"的战略思想充分体现了社会主义的原则。邓小平同志正是站在发展生产力的高度，提出了东部沿海地区应该利用有利的条件，充分发挥东部地区资源、财力、管理、技术、人才和对外开放等方面的优势，实现资源有效配置，加快发展，等东部发展到一定程度时，可以依托东部大市场实施西部大开发，西部地区的比较优势才能得到充分发挥，西部资源的开发才能实现高效益，从而实现东西部地区一起富裕，这充分体现了发展生产力的社会主义原则。[2]

邓小平同志在提出优先发展东部地区，让东部先富起来的同时，也始终没有忘记西部地区，他反复强调先富应帮后富，共同富裕才是社会主义的本质，他说："我们允许一些地区、一些人先富起来，是为了最终达到共同富裕，所以要防止两极分化。这就叫社会主义。""社会主义不是少数人富起来、大多数人穷，不是那个样子。社会主义最大的优越性就是共同富裕，这是体现社会主义本质的一个东西。"1992年春，邓小平在南方谈话中又进一步指出："一部分地区有条件先发展起来，一部分地区发展慢点，先发展起来的地区带动后发展的地区，最终达到共同富裕。如果富的愈来愈富，穷的愈来愈穷，两极分化就会产生，而社会主义制度就应该而且能够避免两极分化。"[3] 所以，实现共同富裕是邓小平坚持社会主义本质、体现社会主义优越性的一个大原则。"两个大局"的战略思想就是邓小平关于实现共同富裕这个大原则的重要体现。[4]

---

[1]　陈国岱：《略论邓小平"两个大局"的战略思想》，《中共福建省委党校学报》2000年第10期。

[2]　陈国岱：《略论邓小平"两个大局"的战略思想》，《中共福建省委党校学报》2000年第10期。

[3]　《邓小平文选》第三卷，人民出版社1993年版，第374页。

[4]　陈国岱：《略论邓小平"两个大局"的战略思想》，《中共福建省委党校学报》2000年第10期。

2."第一个大局"的成就

优先发展东部地区是西部大开发的必要基础。随着东部沿海地区经济实力的不断增强，其资金、技术和产品开始进一步向中西部辐射、转移，使中西部地区逐步具备了实现经济起飞的基础和条件，东部沿海地区的发展迅速提高了我国的综合国力，增强了中央财政转移支付的能力，为西部大开发提供更雄厚的物质技术保证和有效的市场需求。

改革开放后，国家突出了东部沿海地带的经济发展，选择东部地区进行改革试点，在财政、税收、信贷、投资等政策上对东部实施倾斜。自 20 世纪 80 年代到 21 世纪初，国家批准的 5 个经济特区、14 个沿海对外开放城市，17 个经济技术开发区，全部集中在东部地区。国家赋予这些地区以较大的自主权。向东部地区倾斜的区域经济发展政策，极大地发挥了东部地区的优势和潜力，实现了东部经济的高速发展，为全国的经济发展奠定了重要基础。1995 年，我国国民生产总值达到 57600 亿元，原定 2000 年比 1980 年翻两番的目标提前 5 年实现。按可比价格计算，1994 年占全国总人口 35% 的 11 个东部沿海省、市创造了 58.7% 的国内生产总值，其总量与 1993 年相比增长 13.9%，比中西部地区的 10.6% 超出 3.3 个百分点。从 1979 年到 1997 年的 19 年间，我国国民生产总值年均增长 9.8%。这一增长速度使我国国民生产总值 18 年来增长了 20 倍，经济总量达到 9020 亿元，当时居世界第七位。[①]

四、实施西部大开发、中部崛起、振兴东北老工业基地战略

（一）西部大开发战略

西部大开发战略[②]，是党中央总揽全局、面向新世纪实施的一项重大战略。我国幅员辽阔，不同地区自然环境和发展条件差异很大，自古以来发展就不

---

① 江世银：《区域经济发展宏观调控论》，四川人民出版社 2003 年版，第 91—92 页。
② 西部大开发的政策适用范围包括四川、云南、贵州、西藏、重庆、陕西、甘肃、青海、新疆、宁夏、内蒙古、广西 12 个省（自治区、直辖市），湖南省湘西土家族苗族自治州、湖北恩施土家族苗族自治州和吉林省延边朝鲜族自治州经国务院批准也享受过西部大开发的相关政策。

平衡。

改革开放以来，我国政府实行了强调效率目标、优先支持东部地区的不平衡发展战略。这种战略的实施，有力地刺激了东部经济的高速增长和出口扩大，为迅速提升我国经济综合实力奠定了基础。由此带来的突出问题是，地区经济增长严重不平衡，区域差距尤其是东西部差距急剧扩大。特别是，在我国参与全球化的过程中，外商投资和外贸出口高度集中在东部地区的格局，加剧了这种不平衡增长和地区差距扩大的态势。为此，我国政府在 1991 年提出了"促进地区经济的合理分工和协调发展"，1995 年又提出了"坚持区域经济协调发展，逐步缩小地区发展差距"的方针。但当时除了扩大内陆地区对外开放和推进农村扶贫开发外，并没有采取实质性的政策措施。为促进区域协调发展，1999 年 9 月我国政府正式提出"实施西部大开发战略"，并于 2000 年 1 月成立国务院西部地区开发领导小组，下设办公室。随后，国务院及有关部门制定实施了一系列规划和政策文件，批准重庆市和成都市为全国统筹城乡综合配套改革试验区，并先后制定出台了促进新疆、西藏、宁夏、青海、甘肃、广西等省、自治区经济社会发展的意见。①

西部大开发的基本思路是以增强西部地区自我发展能力为主线，以保障和改善民生为核心，以科技进步和人才开发为支撑，从完善政策、加大投入、强化支持等方面入手：一是加快推进以改善民生为重点的社会建设。优先发展教育，提高医疗卫生服务能力，千方百计扩大就业，提高社会保障水平，积极发展文化体育事业，促进基本公共服务均等化。二是坚持把加强"三农"工作作为重中之重。改善农业基本生产条件，大力发展特色农业，提高农民收入水平。加强农村基础设施建设，实施水、路、电、气、房和优美环境"六到农家"工程。三是把基础设施建设放在优先地位。加快交通、能源、信息、市政公共设施等基础设施建设。针对西南地区工程性缺水和西北地区资源性缺水问题，合理建设一批骨干水利工程。四是构建促进可持续发展的生态安全屏障。着力推进重点生态区建设，巩固退耕还林、退牧还草成果。大力发展循环经济和节能环保产业，所有新上项目都要严把生态环境关。五是发展特色优势产业。积

---

① 鸿雁：《西部大开发的"前世""今生"》，《中国商界》2018 年第 10 期。

极有序承接国际国内产业转移，将资源优势转化为产业优势和竞争优势，发展能源工业，改造提升资源加工产业，做大做强装备制造业，加快发展战略性新兴产业和现代服务业。六是加大西部重点区域开发力度。着力培育经济基础好、资源环境承载能力强、发展潜力大的重点经济区，形成西部大开发战略新高地，辐射和带动周边地区发展。扶持老少边穷地区脱贫致富，实施集中连片特殊困难地区开发攻坚工程。七是深化行政管理体制、经济体制及社会事业领域改革，全面推进对内对外开放，提升沿边开发开放水平。[1]

实施西部大开发战略，是贯彻"三个代表"重要思想的伟大实践，是确保现代化建设战略目标胜利实现的重大部署，是促进各民族共同发展和富裕的重要举措，是保障边疆巩固和国家安全的必要措施。西部大开发，有利于培育全国统一市场，完善社会主义市场经济体制；有利于推动经济结构的战略性调整，促进地区经济协调发展；有利于扩大国内需求，为国民经济增长提供广阔的发展空间和持久的推动力量；有利于改善全国的生态状况，为中华民族的生存和发展创造更好的环境；有利于进一步扩大对外开放，用好国内外两个市场、两种资源，具有重大的经济、社会和政治意义。

（二）东北地区等老工业基地振兴战略

2003 年 10 月，中央从全国一盘棋的大局出发，提出振兴东北等地区老工业基地的重大战略部署，开启了东北振兴的历程。这一时期关于东北振兴的指导思想、方针任务和具体措施体现在中共中央、国务院发布的《关于实施东北地区等老工业基地振兴战略的若干意见》中。东北振兴重点是要做好东北地区老工业基地的调整改造工作，关键和前提是要进一步深化体制改革，重点解决体制机制创新问题，破除东北地区经济发展的体制机制阻碍，增强老工业基地调整改造的内在动力。要着力从加快国有经济战略性调整，深化国有企业改革，激发国企活力，增强国企竞争力，为非公有制经济发展营造良好环境，进一步转变政府职能，全面推进工业结构优化升级，大力发展第三产业，推进资源消耗型城市转变发展方式，加强基础设施建设，进一步扩大对内对外开放，

---

[1]　《国务院常务会研究西部大开发重点任务和政策措施》，2010 年 4 月 7 日，见中国政府网。

加快发展科技教育文化事业等方面对实施东北振兴进行战略布局。实施东北地区等老工业基地振兴战略以来，东北地区振兴成效显著：东北地区经济社会稳步向前发展，产业结构不断优化，国企的活力和竞争力不断增强，重大装备研制走在全国前列，粮食综合产量逐年提高，民生方面不断改善等。

为了进一步推进东北振兴，2016 年中共中央、国务院出台《关于全面振兴东北地区等老工业基地的若干意见》。该意见为进一步推进东北振兴作了科学的顶层设计，提出了东北振兴的阶段性目标：第一步，到 2020 年，东北地区要在重要领域和关键环节改革上取得重大成果；第二步，在 2020 年的基础上再用 10 年左右的时间，实现东北全面振兴。针对新一轮东北振兴，中央对东北地区如何完善体制机制、推进结构调整、鼓励创新创业、保障和改善民生等方面作出具体部署：要在东北加快形成能够适应国际国内市场发展，经济发展充满内生动力的新体制机制；加快构建战略性新兴产业和传统制造业并驾齐驱、现代服务业和传统服务业相互促进、信息化和工业化深度融合的产业发展新格局；加快形成以创新为主要驱动力并能为经济发展提供经济支撑的发展模式；使发展成果更多惠及广大人民，让人民群众有更多获得感、幸福感。①

习近平总书记强调："东北地区是我国重要的工业和农业基地，维护国家国防安全、粮食安全、生态安全、能源安全、产业安全的战略地位十分重要，关乎国家发展大局。"②实现东北全面振兴具有十分重要的战略意义，是我国复兴老工业基地机制探索与经验积累的需要，有利于我国保障粮食安全和筑牢北方生态屏障，有利于提高我国经济国际竞争力，坚持走自力更生发展道路，有利于建设社会主义现代化强国，进一步实现中华民族伟大复兴的中国梦。③

（三）中部崛起战略

党中央、国务院从建设社会主义现代化国家的总体目标出发，在先后提出推进西部大开发、振兴东北地区等老工业基地等区域发展战略的同时，对中部地区的发展作了一系列部署和安排。2003 年 10 月，党的十六届三中全会提

①　李冬：《推进东北振兴的回顾与展望》，《现代交际》2019 年第 4 期。
②　姜威：《地域文化传承与东北经济发展》，《商业研究》2012 年第 12 期。
③　姜威：《东北全面振兴的战略意义、路径选择与未来展望》，《北方论丛》2019 届第 1 期。

出，"有效发挥中部地区综合优势，支持中西部地区加快发展"；2004 年的《政府工作报告》进一步提出："促进中部崛起，形成中西互动、优势互补、相互促进、共同发展的新格局。"2004 年 9 月，"促进中部崛起"写进了党的十六届四中全会决定。2005 年中央经济工作会议指出："促进区域经济协调发展是结构调整的重大任务。实施西部大开发，振兴东北等老工业基地，促进中部地区崛起，鼓励东部地区率先发展，实现相互促进，共同发展"。2005 年 10 月，党的十六届五中全会通过《中共中央关于制定国民经济和社会发展第十一个五年规划的建议》，明确作出推进区域协调发展的总体战略部局，这就是继续推进西部大开发，振兴东北地区等老工业基地，促进中部地区崛起，鼓励东部地区率先发展，形成东中西部互动、优势互补、相互促进、共同发展的新格局；该建议对中部崛起发展重点提出了明确要求，根据建议形成的国家"十一五"规划，对促进中部地区崛起的基本思路与主要任务作了具体阐述。这是一个完整的我国新时期区域生产力总体布局协调发展战略指导方针，它标志着中部崛起战略的确立，也标志着我国促进区域协调发展的总体战略已经全面形成。①

中部地区是全国"三农"问题最为突出的区域，是推进新一轮工业化和城镇化的重点区域，是内需增长极具潜力的区域，在新时期国家区域发展格局中占有举足轻重的战略地位。在新形势下大力促进中部地区崛起，是推动中部地区转变经济发展方式，提升整体实力和竞争力，缩小与东部地区发展差距的客观需要；是发挥中部地区区位优势，构筑承东启西、连南接北的战略枢纽，加快形成协调互动的区域发展新格局的现实选择；是激发中部地区内需潜能，拓展发展空间，支撑全国经济长期平稳较快发展的重大举措；是破解城乡二元结构，加快推进基本公共服务均等化，实现全面建成小康社会目标的迫切要求。

促进中部地区崛起战略实施以来，在党中央、国务院正确领导下，中部地区抢抓机遇、开拓进取，经济实现较快增长，总体实力大幅提升，经济总量占全国的比重逐步提高；粮食生产基地、能源原材料基地、现代装备制造及高技术产业基地和综合交通运输枢纽建设加快，产业结构调整取得积极进展，资源节约型和环境友好型社会建设成效显著；重点领域和关键环节改革稳步推

① 李兵兵：《试论中部崛起的战略要求、政策取向及意义》，《法制与社会》2018 年第 35 期。

进，区域合作交流不断深入，全方位开放格局初步形成；城乡居民收入持续增加，社会事业全面发展，人民生活明显改善。经过不懈努力，中部地区已经步入了加快发展、全面崛起的新阶段。

五、实施"一带一路"、京津冀协调发展、长江经济带、粤港澳大湾区建设

(一)"一带一路"倡议

"一带一路"倡议顺应各国要求加快发展的愿望，坚持共商共建共享的理念，为推动共同发展和全球化再平衡开辟了新的路径。"一带一路"建设实现了各国政策和发展战略对接，深化了务实合作，促进了协调联动发展，使各国民众在合作中得到了实惠，形成了更加紧密的利益共同体、命运共同体、责任共同体，开辟了合作共赢的新局面。"一带一路"建设以互联互通为载体，以"五通"为主要内容，取得了丰硕成果。

政策协调方面，截至 2017 年年底，中国已同 80 多个国家和国际组织签署合作协议，同 30 多个国家开展机制化产能合作，与许多国家进行政策协调，实现战略对接。[①] 设立高峰论坛后续联络机制，为"一带一路"建设长远发展奠定坚实基础。从顶层设计角度，将"一带一路"建设成为和平之路、繁荣之路、开放之路、创新之路、文明之路，强调要构建以合作共赢为核心的新型国际关系，营造共建共享的安全格局。

设施联通方面，以中巴、中蒙俄、新亚欧大陆桥等经济走廊为引领，一个复合型的基础设施网络正在形成。我国同柬埔寨、土耳其、巴基斯坦等多国签署了加强基础设施建设和促进交通运输合作协议，中欧班列合作、雅万高铁和匈塞铁路等重大项目取得积极进展，亚欧大陆互联互通网络逐步显现。

贸易畅通方面，中国同"一带一路"参与国大力推动贸易和投资便利化，不断改善营商环境。我国同 30 个国家签署政府间经贸合作协议，同格鲁吉亚

---

① 陈须隆：《"一带一路"建设是构建人类命运共同体的伟大实践》，《求是》2018 年第 8 期。

签署双边自贸协定，同多个国家致力于共建经贸产业园区、跨境经济合作区，增添了全球贸易和世界经济的内在活力。同泰国、马来西亚、波兰、阿富汗、联合国教科文组织、联合国环境规划署等签署核能、水资源、电信、科技、环保、教育、文化、医疗卫生等方面的合作协议，有力拓宽了"一带一路"建设的合作领域。

资金融通方面，中国与各参与国和组织开展了多种形式的金融合作，亚洲基础设施投资银行、丝路基金等提供有力资金支持。中方向丝路基金新增资金 1000 亿元人民币，鼓励金融机构开展人民币海外基金业务，规模达 3000 亿元人民币，国家开发银行和进出口银行分别提供 2500 亿元和 1300 亿元等值人民币专项贷款等举措，同国际货币基金组织、多边开发银行建立合作机制，鼓舞了各方参与"一带一路"建设的信心和干劲。

民心相通方面，"一带一路"建设弘扬丝绸之路精神，为"一带一路"建设夯实民意基础，筑牢社会根基。"一带一路"建设以文明的互鉴超越文明的冲突，推动各国相互尊重、民主协商和共同决策，开创了多元文明交融的新路径，用实实在在的行动践行了人类命运共同体的价值追求。

（二）京津冀协调发展

站在新的发展起点上，党中央将京津冀协同发展上升为国家战略，根本目的在于发挥京津冀的战略带动作用，引领我国经济社会发展再上新台阶，为顺利实现"两个一百年"奋斗目标和中华民族伟大复兴的中国梦打下坚实基础。[1]

重点领域和关键环节率先突破。京津冀三省市打破"一亩三分地"思维定式，编制实施全国首个跨省级行政区"十三五"规划[2]，出台了产业、交通、科技、生态环保等 12 个专项规划和一系列政策，落实"十三五"规划的"四梁八柱"基本建立，朝着协同发展、互利共赢的目标迈进。疏解北京非首都功能有序推进，北京城市副中心建设进展顺利。

---

[1]　景平：《写好京津冀协同发展这篇大文章》，《求是》2017 年第 8 期。
[2]　蔡奇：《推动京津冀协同发展（认真学习宣传贯彻党的十九大精神）》，《人民日报》2017 年 11 月 20 日。

交通、生态、产业率先突破取得重要进展。河北积极对接京津、服务京津，率先打通一批瓶颈路、断头路，开展禁煤区建设及各种环境专项整治行动。完善便捷畅通的公路交通网，打造"一小时通勤圈"。共建"轨道上的京津冀"，构建现代化机场群、港口群，提升交通运输组织和服务现代化水平。京张、京霸铁路等重大轨道交通项目加快建设，生态环境保护合作更加紧密，产业升级转移和融合明显加快。严格实施新增产业禁止和限制目录，大力开展疏解整治促提升专项行动，推动一批区域性批发市场、一般性制造业企业、学校、医院等有序疏解。

协同发展体制机制加快构建。北京全国科技创新中心、京津冀全面创新改革试验区加快建设。推进北京建设具有全球影响力的全国科技创新中心，做好北京原始创新、天津研发转化、河北推广应用的衔接，集中力量支持河北雄安新区建设创新驱动发展引领区，形成协同创新共同体。北京向天津、河北输出技术合同成交额年增长超过30%，公共服务共建共享初见成效，京津两市助力河北张承保地区脱贫攻坚扎实推进。

高起点规划、高标准建设雄安新区。综合考虑区位、交通、土地、水资源和能源保障、环境能力、人口及经济社会发展状况等因素，建设绿色生态宜居新城区、创新驱动发展引领区、协调发展示范区、开放发展先行区，努力打造贯彻落实新发展理念的创新发展示范区。雄安新区对外骨干交通路网基本建成，起步区基础设施建设和产业布局框架基本形成，白洋淀环境综合治理和生态修复取得明显进展，新区雏形初步显现；预计到2030年，将建成一座绿色低碳、信息智能、宜居宜业，具有较强竞争力和影响力，人与自然和谐共处的现代化新城。

（三）长江经济带

长江经济带有着独特的区域战略特色和独有的协调发展价值，成为我国生态文明建设的先行示范带、创新驱动带、协调发展带。长江经济带因其天然的区位和地势联结着东中西部三大区域。长江经济带覆盖上海、江苏、浙江、安徽、江西、湖北、湖南、重庆、四川、云南、贵州等11个省、直辖市，面积约205万平方公里，横跨了东中西部三大区域。从区域战略地位来看，长江经济带未来将发展成为东中西部互动合作、沿海沿江沿边全面推进的协调发展带。

一是规划政策体系不断完善。《长江经济带发展规划纲要》、10 个专项规划及 10 多个各领域政策文件相继印发和深入实施。省际协商合作机制不断完善，定期组织区域合作与发展联席会议，以常态化合作机制突破区域协同发展的行政边界制约，推动了资本、技术、产权、人才、劳动力等生产要素在区域内自由流动和优化配置。

二是共抓大保护格局基本确立。长江拥有独特的生态系统，是我国重要的生态宝库。坚持共抓大保护、不搞大开发，走生态优先、绿色发展之路，全面做好长江生态环境保护修复工作。长江水污染治理、水生态修复、水资源保护"三水共治"扎实推进，非法码头、饮用水源地、入河排污口、化工污染、固体废物等专项整治行动扎实开展。建立健全生态补偿与保护长效机制。强化企业责任，推动企业加快技术改造，淘汰落后产能，发展清洁生产，彻底根除长江污染隐患。积极探索建立绿色生态技术交易市场，建立健全用水权、排污权、碳排放权交易市场，使政府与市场"两只手"的作用形成了最佳组合。

三是综合立体交通走廊建设加快推进，产业转型升级取得积极进展，新型城镇化建设持续推进。覆盖交通、能源以及公共服务的网络化基础设施基本建成。以畅通黄金水道为依托，打造港口与铁路、公路、水路连接的多式联运中心，形成了错位协同、优势互补、集约利用的港口一体化发展格局。抓住枢纽经济这个新增长点，以上海、南京、武汉、成都等交通枢纽城市为节点，完善枢纽设施功能，促进了要素集聚，加快产业链条化和集聚化发展。经济保持稳定增长势头，长江沿线 11 个省、直辖市的地区生产总值占全国比重超过了 45%。

四是扎实推进基本公共服务均等化，人民生活水平明显提高。聚焦民生改善重点问题，推动实现基本公共服务均等化，建立区域公共交通、医疗卫生、社区服务结算中心，推进区域内公共设施和服务互联共享。

（四）粤港澳大湾区

粤港澳大湾区建设是习近平总书记亲自谋划、亲自部署、亲自推动的国家战略，他以政治家的远见卓识，从全局高度为粤港澳大湾区发展擘画蓝图。

一是区位优势进一步彰显。粤港澳大湾区地处我国沿海开放前沿，以泛珠三角区域为广阔发展腹地，在"一带一路"建设中具有重要地位。交通条件便利，拥有香港国际航运中心和吞吐量位居世界前列的广州、深圳等重要港口，以及香港、广州、深圳等具有国际影响力的航空枢纽，便捷高效的现代综合交通运输体系正在加速形成。

二是经济实力进一步提升。经济发展水平全国领先，产业体系完备，集群优势明显，经济互补性强，香港、澳门服务业高度发达，珠三角九市已初步形成以战略性新兴产业为先导、先进制造业和现代服务业为主体的产业结构。粤港澳三地优势互补，将辐射和带动环珠三角和泛珠三角区域发展。进入新时代，港澳继续加强与内地的金融合作，协助大湾区城市吸引外资和扩大对外贸易，促进金融服务和资金流动，激发大湾区经济增长活力。

三是创新要素进一步集聚。创新驱动发展战略深入实施，广东全面创新改革试验稳步推进，国家自主创新示范区加快建设。粤港澳三地科技研发、转化能力突出，拥有一批在全国乃至全球具有重要影响力的高校、科研院所、高新技术企业和国家大科学工程，创新要素吸引力强，具备建设国际科技创新中心的良好基础。

四是国际化水平进一步提高。香港作为国际金融、航运、贸易中心和国际航空枢纽，拥有高度国际化、法治化的营商环境以及遍布全球的商业网络，是全球最自由经济体之一。澳门作为世界旅游休闲中心和中国与葡语国家商贸合作服务平台的作用不断强化，多元文化交流的功能日益彰显。珠三角九市是内地外向度最高的经济区域和对外开放的重要窗口，在全国加快构建开放型经济新体制中具有重要地位和作用。粤港澳大湾区利用特别行政区、经济特区和自由贸易试验区等经济平台，探索更为开放的经济模式，深化跨境、跨制度的经济合作，同时促进了城市间基础设施互联互通、文化交流融合，推动我国对外开放迈向新阶段。

五是合作基础进一步夯实。香港、澳门与珠三角九市文化同源、人缘相亲、民俗相近、优势互补。近年来，粤港澳合作不断深化，基础设施、投资贸易、金融服务、科技教育、休闲旅游、生态环保、社会服务等领域合作成效显著，形成了多层次、全方位的合作格局。

（曹立　撰写）

第十二章

产业体系：从"重工业优先"走向"三产匀衡发展"

新中国成立伊始的严峻国际形势，以及 1978 年以来改革开放的内生需求，决定了我国产业体系走出了一条从"重工业优先"走向农业、工业、服务业"三产匀衡发展"的发展路径。

一、计划经济体制下的重工业优先发展

（一）计划经济体制下重工业优先发展的总体状况

对于一个人口大国来说，其经济发展通常要经历工业化过程。新中国成立以后，为迅速改变贫穷落后的现状，以及有效应对恶劣的国际环境，中国启动了以工业化为核心的新的现代化征程[①]。1952 年底，党中央按照毛泽东同志的建议，提出了党在过渡时期的总路线，即要在一个相当长的历史时期内，基本上实现国家工业化和对农业、手工业、资本主义工商业的社会主义改造。以 1953 年开始实施的第一个国民经济五年计划（简称"一五"计划）为标志，中国开始了传统计划经济体制下的社会主义工业化建设。

"一五"时期（1953—1957 年），中国的工业化主要是集中力量建设以苏联帮助中国设计的 156 个建设项目和限额以上的 694 个建设项目。受自身

---

① 第二次世界大战后，无论资本主义，还是社会主义，大多数人口大国所面临的最为重要的发展任务，就是建立一个系统的工业化体系。尤其对于很多新兴的原殖民地或半殖民地国家而言，完整的工业化体系已经成为巩固政权、保持政治独立的最基本前提。所以，一场全球范围内的工业化浪潮在 20 世纪 50 年代掀起。

需求① 和苏联发展模式的影响，"一五"计划选择了高积累、优先发展重工业的发展模式。

总体来看，"一五"计划的工业化建设超额完成，落后的工业面貌开始改变。例如，一大批基本建设项目如鞍山无缝钢管厂、长春第一汽车制造厂等，得以建成并投入生产；中国有了自己的汽车、飞机、重型机器和精密仪器等制造业，有了高级合金钢、有色金属冶炼等新工业部门；中国形成了以鞍山钢铁公司为中心的东北工业基地，沿海地区的工业基地得到加强，华北、西北也建立了一批新的工业基地。

"一五"计划之后，到"文化大革命"之前（1958—1966 年），中国的工业化建设也取得了重要成就。例如，钢、煤、原油、发电等主要工业品产量都有很大增长；大庆油田的建成，使我国实现了原油和石油产品全部自给，结束靠洋油过日子的时代；电子计算机工业、原子能工业和航天工业从无到有、从小到大地发展起来。

总体来看，传统计划经济体制下重工业优先发展的工业化模式是一种赶超型经济发展战略。在当时的经济社会环境和历史背景下，这种模式选择具有必然性和合理性，也确实为中国的现代化建设奠定了坚实的物质和技术基础。例如，1950 年，我国钢产量为 61 万吨，原油产量为 20 万吨（当年美国产量为27035 万吨），发电量为 45 亿度（当年美国发电量为 3880 亿度），煤炭产量为500 万吨，水泥产量为 286 万吨，化肥产量为 3.9 万吨。而到 1978 年，我国钢产量达到 3178 万吨（当年美国产量为 12432 万吨），增长 51 倍；原油产量达到10405 万吨（当年美国产量为 43506 万吨），增长 519 倍；发电量达到 2565.5 亿度，增长 56 倍；煤炭产量达到 6.18 亿吨，增长 123 倍；水泥产量达到 6524 万吨，增长 22 倍；化肥产量达到 869.3 万吨，增长 222 倍（见表 12–1）。

表 12–1　1950 年与 1978 年部分工业品产量增长情况

年份	钢	原油	发电量	煤炭	水泥	化肥
1950	61 万吨	20 万吨	45 亿度	500 万吨	286 万吨	3.9 万吨

---

① 例如，抗美援朝战争凸显出重工业对国防建设的重大意义。

续表

年份	钢	原油	发电量	煤炭	水泥	化肥
1978	3178 万吨	10405 万吨	2565.5 亿度	6.18 亿吨	6524 万吨	869.3 万吨
增长倍数	51	519	56	123	22	222

数据来源：国家统计局。

（二）计划经济体制下重工业优先发展模式的不足

由于缺乏重工业与其他产业的协同发展机制，导致了"重工业重，轻工业轻"的结构性缺陷。1949 年，我国轻工业与重工业占比为 73.6∶26.4。其后，重工业占比快速上升。到 1958 年，重工业总产值占比首次超过轻工业，轻重之比为 46.5∶53.5。1960 年，重工业总产值占比达到了三分天下有其二的水平。1978 年，轻工业与重工业占比为 43.1∶56.9（见表 12–2 和图 12–1）。

（单位：%）

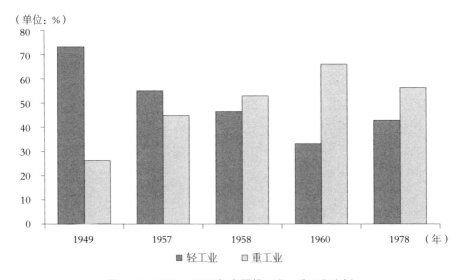

图 12–1　1949—1978 年中国轻工业 / 重工业比例

轻工业及其他产业严重落后，使得新中国经济的"高积累、低消费、低效率"特征日益明显。高度集中计划经济体制下的三十年间，消费品长期严重短缺，消费需求长期受到严重抑制，使得人民生活在后期反而变得越来越困苦不堪，严重削弱了经济社会发展的基础。

表 12-2 1949—1978 年中国轻工业 / 重工业比例

年份	1949	1957	1958	1960	1978
轻工业 / 重工业	73.6 ： 26.4	55.0 ： 45.0	46.5 ： 53.5	33.4 ： 66.6	43.1 ： 56.9

数据来源：根据国家统计局有关数据整理。

二、市场化改革探索中的农业和轻工业快速发展

面对长期实施优先发展重工业而产生的严重经济社会矛盾，启动改革开放，以经济建设为中心，解决人民温饱问题，并实现人民富裕成为党和国家的首要任务。

（一）改革开放初期的农业快速增长

1978 年 11 月 24 日晚上，安徽省凤阳县小岗村的 18 位农民冒着坐牢的风险，签订了一份不到百字的分田到户保证书。这是中国改革开放历史上一个伟大的创举，具有里程碑式的意义。1980 年 5 月，邓小平对小岗村"大包干"的做法进行了公开肯定。1982 年 1 月 1 日，党的历史上第一个关于农村工作的"中央一号文件"明确指出包产到户、包干到户都是社会主义集体经济的生产责任制。1983 年中央明确指出，家庭联产承包责任制是在党的领导下我国农民的伟大创造，是马克思主义农业合作化理论在我国实践中的新发展。

家庭联产承包责任制，极大地调动了广大农民的生产经营积极性，农村生产力得以空前释放，全国人民的温饱问题在较短时期内得以迅速解决。1980 年我国粮食总产量为 320.56 万吨，人均产量为 324.8 公斤；1984 年粮食总产量迅速增长到 407.31 万吨，人均产量达到 390.2 公斤。1984 年我国农业总产值比 1979 年增长 4.55 倍，达到 3612 亿元。从第一产业占 GDP 比重看，从 1980 年到 1982 年呈上升趋势，之后开始下降。20 世纪 80 年代初期，该比重基本维持在 30％以上。随着城市经济体制改革进程的启动和工业化进程的加速，

从1985年开始，第一产业占GDP比重逐步回落，降至30%以下（见表12-3和图12-2）。

表 12-3　1979—1989 年第一产业增加值占 GDP 比重

（单位：%）

年份	占 GDP 比重
1979	30.7
1980	29.6
1981	31.3
1982	32.8
1983	32.6
1984	31.5
1985	27.9
1986	26.6
1987	26.3
1988	25.2
1989	24.6

数据来源：国家统计局。

图 12-2　1979—1989 年第一产业占 GDP 比重

（二）市场化改革探索中的轻工业化进程

在启动农村改革的同时，中国开始进行工业化战略的重大调整，放弃了单纯发展重化工业的思路，转而采取改善人民生活水平、工业全面发展、对外开放和多种经济成分共同发展的工业化战略。

实际上，"新中国成立后的三十年建设进程对居民日常生活的忽视"使得首先解决人们的"吃"和"穿"①成为中国推动工业化进程的客观要求和内在逻辑。②为此，从1979年开始，中国进入了市场化意义上的"轻工业化"阶段。1979年，在工业部门内部，轻重工业之比为43.7∶56.3。1980年，轻工业占比保持上升态势。到1981年，轻工业占比达到峰值，轻重工业之比为51.5∶48.5。1982年轻工业占比开始下降，轻重工业之比为50.2∶49.8。不过一直到1997年，轻重工业占比之间的差距一直在3个百分点以内。1998年，轻工业占比出现了迅速下降态势，轻重工业之比为42.9∶57.1（见表12-4和图12-3）。这主要是1998年人均GDP突破800美元，在以"吃"和"穿"为重点的居民消费阶段，"温饱"问题得以基本解决，而"住"和"行"需求开始逐步进入居民消费视野，重化工业加速发展即重化工业化迹象开始显现。

表12-4　1979—2004年中国轻工业／重工业比例

年份	轻工业／重工业
1979	43.7∶56.3
1980	47.1∶52.9
1981	51.5∶48.5
1982	50.2∶49.8
1983	48.5∶51.5
1984	48.1∶51.9
1987	48.2∶51.8
1990	49.4∶50.6

① 解决"吃"和"穿"的问题，也是改革开放以来优化居民消费结构的第一阶段。
② 改革开放以来，中国的居民消费结构优化经历了三个阶段，即以"吃"和"穿"为重点的第一阶段、以"住"和"行"为重点的第二阶段、以"服务"消费为重点的第三阶段。

续表

年份	轻工业／重工业
1997	49.1：50.9
1998	42.9：57.1
1999	42.0：58.0
2000	40.1：59.9
2001	39.5：60.5
2002	39.1：60.0
2003	35.7：64.3
2004	32.4：67.6

数据来源：根据国家统计局有关数据整理。

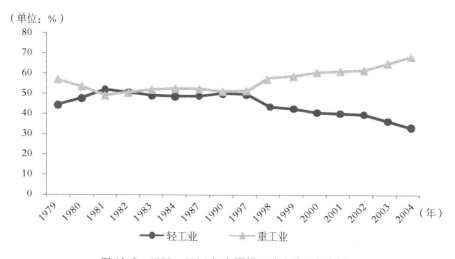

图 12-3　1979—2004 年中国轻工业／重工业比例

　　承接国际产业转移是改革开放我国经济实现腾飞的重要动力源。在 20 世纪 80 年代，东南沿海的率先开放区域如广东，充分利用发达国家调整产业结构的历史机遇，以及自身劳动力成本低、市场规模大等比较优势和毗邻香港、澳门地区的地缘优势，以加工贸易方式积极承接轻工业，如服装、鞋帽、玩具、家用电器等，并形成了大量劳动密集型产业集群，如东莞大朗服装产业集群、中山古镇灯饰产业集群、佛山顺德家电产业集群等。

1992 年 10 月，党的十四大将"建立社会主义市场经济体制"确立为市场化改革目标。同年 11 月，党的十四届三中全会通过了《中共中央关于建立社会主义市场经济体制若干问题的决定》。这为承接国际产业转移提供了最重要的体制基础。尤其随着系统化、大规模外商投资的进入，以及信息产业和知识经济的发展，中国进入承接劳动密集型、资本密集型和技术密集型产业低端部分相结合的国际产业转移时期。同时，承接国际产业转移的方式亦呈现多样化趋势。

三、市场经济体制下的重化工业快速发展

（一）市场经济体制日趋完善和全方位对外开放下的重化工业化

国际经验表明，对于人口大国而言，当人均 GDP 突破 1000 美元时，居民消费结构由以"吃"和"穿"为重点，开始真正升级到以"住"和"行"为重点。由此，房地产业和汽车业成为催生新的工业化阶段——重化工业化，进而拉动经济高速增长的新引擎[1]。

2001 年，我国人均 GDP 突破 1000 美元。同年，重化工业增加值占工业部门比重首次超过 60%。正是由于重化工业化阶段的来临，从 2001 年开始，我国经济迅速扭转了 20 世纪 90 年代东南亚金融危机带来的衰退趋势，实现 7 年的持续高增长。2007 年，我国经济增速达到了新世纪以来的峰值 11.4%（见表 12–5）。

中国经济在 2001—2007 年间所取得的经济成就，是在我国加入 WTO[2]，全方位、多层次、宽领域对外开放局面逐步形成，以及社会主义市场经济体制逐步完善[3]的环境中取得的。然而，融入全球化必然接受全球化洗礼。2008 年，

---

[1] 这两个行业的最终消费，能够带动钢铁、水泥、玻璃、建材、石油化工、煤炭等 50—60 个行业的高速发展。

[2] 2001 年，我国加入世界贸易组织（WTO）。

[3] 2002 年，党的十六大提出 21 世纪前 20 年全面建设小康社会的宏伟目标之一，就是建成完善的社会主义市场经济体制。党的十六届三中全会通过了《中共中央关于完善社会主义市场经济体制若干问题的决定》。

受国际金融危机的冲击，经济增速开始出现下降。需要强调的是，国际金融危机所导致的外需严重萎缩，使得国内一些长期重复建设、盲目扩张的行业和地区，出现了较大规模的产能过剩，并引发了企业开工不足甚至倒闭、员工下岗失业、银行不良资产大量增加等一系列问题。这些行业主要集中在重化工业，包括钢铁[①]、水泥[②]、平板玻璃、煤化工、电解铝、造船，以及大豆压榨、多晶硅、风电设备等。[③]受4万亿投资和十个重点产业[④]调整和振兴规划实施的拉动，一方面，2010 年经济增速迅速反弹，达到 10.3%；另一方面，尽管其对之前的过剩产能进行了消化，但同时也形成了更大规模的过剩产能。

企业长期盈利状况的变化，能够在相当程度上反映工业化进程的步伐。以重化工业占主导地位的中央企业[⑤]的利润率（企业利润额／营业收入）为例。2003 年，中央企业利润率为 7.5%，其后四年，该指标逐年攀升，至 2007 年达到峰值 10.2%。中央企业利润率变动趋势和 2001—2007 年经济增速特征高度吻合，这充分说明，居民消费结构向着"住"和"行"的升级，内生性地引致重化工业化初期阶段的来临[⑥]（见表 12-5 及图 12-4）。

表 12-5　1999—2018 年中国 GDP 增长率和中央企业利润率

（单位：%）

年份	GDP 增长率	中央企业利润率
1999	7.1	—
2000	8.0	—

---

① 2008 年我国粗钢产能 6.6 亿吨，需求仅 5 亿吨左右，约四分之一的钢铁及其制成品依赖国际市场。

② 2008 年我国水泥产能 18.7 亿吨，加上在建和已核准尚未开工的产能，水泥产能将达到 27 亿吨，而市场需求仅为 16 亿吨。

③ 《国务院批转发展改革委等部门关于抑制部分行业产能过剩和重复建设引导产业健康发展若干意见的通知》（国发〔2009〕38 号）。

④ 包括钢铁、汽车、船舶、石化、纺织、轻工、有色金属、装备制造、电子信息和物流业。

⑤ 在本书中，"中央企业"是指国务院国资委监管企业，而国务院国资委成立于 2003 年，因此，该指标数据始于 2003 年。

⑥ 国际经验表明，任何重大产业结构演进初期阶段，资本的投资利润率必然呈上升态势。参见李江涛：《美国次贷危机的内生性及其对中国经济的影响》，《国家行政学院学报》2009 年第 2 期。

续表

年份	GDP 增长率	中央企业利润率
2001	7.3	—
2002	8.0	—
2003	9.1	7.5
2004	9.5	8.6
2005	9.9	9.1
2006	10.7	9.4
2007	11.4	10.2
2008	9.0	6.1
2009	8.7	6.3
2010	10.3	5.1
2011	9.2	4.5
2012	7.8	5.3
2013	7.7	5.8
2014	7.4	5.6
2015	6.9	5.9
2016	6.7	5.3
2017	6.8	5.3
2018	6.6	3.3

数据来源：根据国家统计局有关数据整理。

党的十八大之后，针对重化工业过度粗放式发展带来的一系列重大结构性问题，以及已经达到或接近上限的环境承载能力[1]，中央政府拒绝继续以实施"大水漫灌"式强刺激宏观调控政策的方式，来消化已经形成的巨大规模过剩产能，中国经济进入新常态[2]。

---

[1] 《2014 年中央经济工作会议公报》。

[2] GDP 增速预期目标的逐步调低，能够为产业发展方式转变、产业结构调整、产业发展新动力探索提供更大的空间。

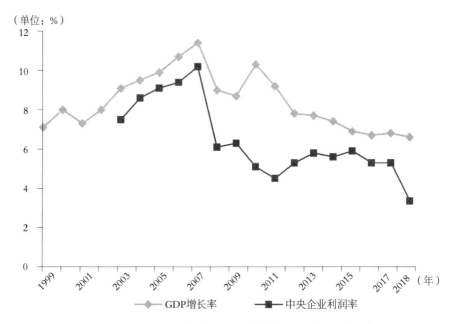

（单位：%）

图 12-4 1999—2018 年中国 GDP 增长率和中央企业利润率

（二）重化工业化中后期产业结构均衡新特征

如果以 2007 年为基点，无论是 GDP 增速，还是中央企业利润率，都刻画出了一条"L"形曲线。由中美贸易战、科技战等所导致已经发生明显变化的外部环境[①]，以及随着规模增大，增速将呈现逐步下降趋势的客观性，预计2019 年及以后的较长时期内，GDP 增速进一步降低将成为大概率事件[②]。

过去十余年及今后 GDP 增速呈"L"形曲线下降趋势的产业根源就是，当前中国正在进入重化工业化中后期阶段[③]，传统的依靠高强度、大规模投资重化工业的高增长模式正在成为过去，第二产业增加值占 GDP 比重已经降至40%左右，第三产业占比突破 50%并继续提高（见表 12-6 及图 12-5）。同时，

---

① 2018 年 7 月 31 日，中央政治局会议首次认为，当前经济运行稳中有变，面临一些新问题新挑战，外部环境发生明显变化。

② 问题的关键是，在 GDP 增速进一步降低的过程中，如何避免"陡然"下降迹象的出现，而保持下降过程的平滑性。

③ 笔者认为，根据第二产业增加值占 GDP 比重的变化趋势，2001—2014 年构成市场化意义上的重化工业化初期阶段，从 2015 年开始我国进入市场化意义上的重化工业化中后期阶段。

我国工业化进程在东部和中西部地区之间表现出较大差异，工业化质量亟待进一步提高，产业迈向中高端亟待加速。

上述产业根源实际上已经表现为重化工业化中后期产业结构努力趋向均衡发展的诸多新特征。也正是因为这些新特征，将为迈向高质量发展的重化工业继续引领经济增长提供重要基础。

表 12-6　2001—2018 年中国三次产业增加值占 GDP 比重变化表

(单位：%)

年份	第一产业增加值占比	第二产业增加值占比	第三产业增加值占比
2001	15.23	51.15	33.62
2002	14.54	51.74	33.72
2003	14.78	52.94	32.28
2004	15.22	53.02	31.78
2005	12.46	47.28	40.26
2006	11.80	48.71	39.49
2007	11.72	48.22	39.06
2008	11.31	48.62	40.07
2009	10.58	46.80	42.62
2010	10.18	46.87	42.98
2011	10.12	46.78	43.10
2012	10.09	45.31	44.60
2013	10.02	43.89	46.09
2014	9.17	42.64	48.19
2015	8.99	40.53	50.48
2016	8.56	39.81	51.63
2017	7.92	40.47	51.63
2018	7.19	40.65	52.16

数据来源：根据国家统计局有关数据整理。

（单位：%）

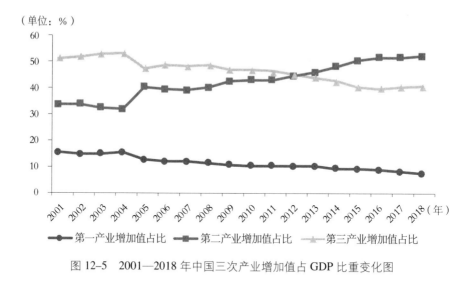

图 12-5　2001—2018 年中国三次产业增加值占 GDP 比重变化图

四、重化工业化中后期阶段的产业协调发展

实体经济是保持经济长期可持续健康发展的最重要源泉。到 2035 年，我国将全面实现工业化。在今后 16 年左右的重化工业化中后期阶段，传统重化工业对经济增长的贡献度将逐步下降。为此，探索和培育新的产业增长点，在创新、开放、绿色、共享基础上，推动更高水平上的产业"协调"发展十分重要，也迫在眉睫。当前亟待从理论探讨和实践探索上回答以下问题。

（一）制造业增加值和服务业增加值在 GDP 中究竟保持怎样的适宜比例

实践表明，全球化进程中，如何避免"产业空心化"是摆在发展中大国面前的重大课题，同时，任何一个世界强国都必须首先是制造业强国。美国在过去几十年的全球产业转移过程中，制造业生产环节进行了大规模外迁，由此，无论是制造业产值，还是制造业增加值占 GDP 比重[1]，都出现了大幅度下降趋势。德国之所以能够被称为欧盟国家中的领头羊，就是因为其制造业的强大和可持续发展。这就对我国基本实现现代化和全面建成社会主义现

---

[1]　2018 年，美国制造业增加值占 GDP 比重约为 11.4%。

代化强国的进程提出了一系列重大抉择，即中国制造业增加值究竟应在 GDP 中保持一个怎样的比重？当前我国接近 41% 的制造业增加值占 GDP 比重要不要继续下降？进而已经超过 52% 的服务业增加值占 GDP 比重，其增长极值究竟是多少？[①] 这些问题已经成为今后相当长时期内产业协调发展的重要内容。

制造业和服务业对经济社会协调发展都具有重大意义，然而，要迈向世界强国，同时避免落入"产业空心化"陷阱，笔者认为，制造业增加值在 GDP 中的比重不应比当前有明显下降，宜保持在 25% 以上[②]；服务业增加值占 GDP 比重在未来 15—30 年内宜保持在 60% 以内[③]。

（二）加快建设现代化农业产业体系

确保"口粮绝对安全，谷物基本自给"，是我国农业发展的底线，也是建设现代化农业产业体系的最基本要求。同时，人民群众日益增长的美好生活需要，决定了全面、高质量发展非粮食类农产品产业体系[④]、多功能产业体系[⑤]、现代农业支撑产业体系[⑥] 等势在必行。

人口规模巨大、人均耕地面积远低于世界平均水平、农业科技水平仍然偏低等特征，以及乡村振兴战略任务[⑦] 等，要求我国第一产业增加值占 GDP 比重必须建立符合自身需要的标准，如 3%—5%，而不是盲目追求发达国家占比。

（三）大力建设制造业强国

制造业是立国之本、兴国之器、强国之基。作为世界上最大的发展中国

---

① 2018 年，美国第三产业增加值为 165147.47 亿美元，占 GDP 比重约为 80.6%。
② 2017 年，德国制造业增加值占 GDP 比重约为 20.7%，韩国约为 27.6%；2016 年日本制造业增加值占 GDP 比重约为 21%。
③ 同时，如何提升服务业质量应成为发展之关键所在。
④ 包括棉花、油料、畜牧、水产、蔬菜、水果等。
⑤ 包括与休闲观光、文化传承、生态保护等密切相关的特色产业、循环农业等。
⑥ 包括农业服务体系，如农业科技、农产品加工与流通、信息咨询、社会化服务等。
⑦ 到 2035 年，我国将仍有四分之一人口生活在农村。

家，制造业强国建设应覆盖全产业链、全价值链环节①，具有强大的供应链管控能力，能够在激烈的科技竞争中胜出，并引领世界科技革命潮流。这是全球化态势下我国产业协调发展的最重要内容之一。

（四）全力推动战略性新兴产业发展

战略性新兴产业既是实现第二个"百年奋斗目标"进程中我国有效参与国际竞争的重要载体，也是塑造我国经济持续健康发展新动能的重要方面。在"十二五"时期，由节能环保产业、新一代信息技术产业、生物产业、高端装备制造产业、新能源产业、新材料产业和新能源汽车产业等七大产业构成的战略性新兴产业的增加值占 GDP 比重达到了 8%。"十三五"时期，我国瞄准技术前沿，把握产业变革方向，围绕重点领域，大力拓展战略性新兴产业增长空间，抢占未来竞争制高点。例如，支持新一代信息技术、新能源汽车、生物技术、绿色低碳、高端装备与材料、数字创意等领域的产业发展壮大，大力推进先进半导体、机器人、增材制造、智能系统、新一代航空装备、空间技术综合服务系统、智能交通、精准医疗、高效储能与分布式能源系统、智能材料、高效节能环保、虚拟现实与互动影视等新兴前沿领域创新和产业化。再如，在空天海洋、信息网络、生命科学、核技术等领域培育一批战略性产业，大力发展新型飞行器及航行器、新一代作业平台和空天一体化观测系统，着力构建量子通信和泛在安全物联网，加快发展合成生物和再生医学技术，加速开发新一代核电装备和小型核动力系统、民用核分析与成像，打造未来发展新优势。预计"十三五"时期，战略性新兴产业增加值占 GDP 比重将达到 15%。②

（五）全面推进基础设施体系建设

尽管新中国成立以来，我国基础设施体系建设取得了跨越式发展。但总体而言，区域、城乡之间仍存在大量亟待互联互通的基础设施，进而形成制约中国经济社会高质量发展的重大短板。今后一段时期，我国要紧扣国家发展战

---

① 我国制造业在实现价值链提升，建设具有国际一流水平的研发、工业设计、销售及售后服务、品牌、关键零部件生产等体系与能力的同时，保留适宜规模的一般生产环节非常必要。

② 《中华人民共和国国民经济和社会发展第十三个五年规划纲要》。

略，在现代综合交通运输体系、现代能源体系、水利基础设施网络①和城市基础设施等方面取得新的重大进展。同时，针对日趋激烈的国际竞争，有效支撑网络强国、数字中国建设，亟待全面加强新一代信息基础设施布局和建设。

（六）大力发展现代服务业

现代服务业既是经济发展的"黏合剂"，也是新增就业的"蓄水池"。为此，一方面，要积极推动生产性服务业向专业化和价值链高端延伸，尤其要以产业升级和提高效率为导向，发展支持实体经济的现代金融业，以及工业设计和创意、工程咨询、商务咨询、法律会计、现代保险、信用评级、售后服务、检验检测认证、人力资源服务等产业，推动传统商业加速向现代流通转型升级，大力发展第三方物流和绿色物流、冷链物流、城乡配送，引导生产企业加快服务环节专业化分离和外包②；另一方面，要积极推动生活性服务业向精细和高品质转变，加快教育培训、文化娱乐、体育健身、旅游、家庭服务等产业的发展。

当前，我国 60 岁以上人口已达 2.5 亿人③，占人口总量比重达到 17.9%。为此，要大力发展养老特别是社区养老服务业，在税费减免、资金支持、水电气热价格优惠等方面要给予大力扶持，新建居住区应配套建设社区养老服务设施，加强农村养老服务设施建设，改革完善医养结合政策④。

随着城镇化质量和人民生活水平的提高，人们对文化消费的需求愈加彰显。健全现代文化产业体系和市场体系势在必行⑤。要加快发展网络视听、移动多媒体、数字出版、动漫游戏等新兴产业，推动出版发行、影视制作、工艺美术等传统产业转型升级。推进文化业态创新，大力发展创意文化产业，促进文化与科技、信息、旅游、体育、金融等产业融合发展。⑥

---

① 水资源分布不均衡，以及人均水资源的严重匮乏，使得城镇化进程中，全面提升水安全保障能力愈加重要。
② 《中华人民共和国国民经济和社会发展第十三个五年规划纲要》。
③ 预计到 2050 年，我国 60 岁以上人口将达到 4.5 亿—5 亿人。
④ 《2019 年国务院政府工作报告》。
⑤ 国家"十二五"规划提出，推动文化产业成为国民经济支柱性产业。
⑥ 《中华人民共和国国民经济和社会发展第十三个五年规划纲要》。

（七）深入实施军民融合发展战略

在经济建设中贯彻国防需求，在国防建设中合理兼顾民用需要，形成全要素、多领域、高效益的军民深度融合产业发展格局，对于培育经济发展的产业新动能具有重要意义。习近平总书记指出，"把军民融合发展上升为国家战略，是我们长期探索经济建设和国防建设协调发展规律的重大成果，是从国家发展和安全全局山发作出的重大决策"。[1]2017 年 1 月，中共中央政治局决定设立中央军民融合发展委员会。今后一段时期，要加快军工体系开放竞争和科技成果转化，引导优势民营企业进入军品科研生产和维修领域；加快军民通用标准化体系建设；实施军民融合发展工程，增强先进技术、产业产品、基础设施等军民共用的协调性。[2]

（八）加快海洋产业发展

加快海洋产业发展，是建设海洋强国的重要支撑。现阶段，要优化海洋产业结构，发展远洋渔业，推动海水淡化规模化应用，扶持海洋生物医药、海洋装备制造等产业发展，加快发展海洋服务业。同时，要大力发展海洋科学技术，重点在深水、绿色、安全的海洋高技术领域取得突破，建设"智慧海洋"。[3]

（李江涛 撰写）

---

① 《习近平谈治国理政》第二卷，外文出版社 2017 年版，第 412 页。
② 《中华人民共和国国民经济和社会发展第十三个五年规划纲要》。
③ 《中华人民共和国国民经济和社会发展第十三个五年规划纲要》。

第十三章

发展方式：从"粗放增长"走向"高质量发展"

新中国成立 70 年中国经济发生的巨变，不仅体现在中国经济总量的大幅跃升，更重要的是实现了经济发展方式的重大转变，从粗放增长迈向了高质量发展，中国经济的质量和效益不断提升，从粗放增长的"死胡同"走向了高质量发展的"金光大道"。

一、大干快上与超英赶美"成本不菲"

1949 年新中国成立不久，由于帝国主义、封建主义、官僚资本主义长期压迫剥削和连续十二年战争的摧残，加上国民党败走台湾时疯狂掠夺和破坏，旧中国留给我们的经济是千疮百孔、民不聊生的。为了尽快改变中国人口多、底子薄、经济发展极端不平衡的贫穷落后面貌，新中国成立之初，以毛泽东为首的中国共产党第一代领导人立志奋发图强、独立自主，力争在较短的时间内摆脱经济落后状况，改变"一穷二白"的落后面貌，在经济建设方面确立了加快工业化步伐，实现中国繁荣富强的奋斗目标。

（一）大干快上的大冒进与"超英赶美"口号提出

1953 年开始，中国开始进行大规模的经济建设，走上了快速推进工业化和向苏联模式的社会主义经济过渡的道路。当时，中国面临着资金、人才、技术短缺，但是为了快速推进工业化，采用了进口替代和压缩消费的优先发展重工业战略，同时，为了保证工业化战略实施和"一五"计划的完成，实现单一的公有制，以政府手段资源配置，排除市场调节对优先快速发展重工业战略的妨碍。①

1 新中国成立初期大干快上的大冒进阶段

1955 年 3 月，毛泽东在中国共产党全国代表会议上说"我们现在是处在新的历史时期。一个六万万人口的东方国家举行社会主义革命，要在这个国家里改变历史方向和国家面貌，要在大约三个五年计划期间内使国家基本上工业化，并且要对农业、手工业和资本主义工商业完成社会主义改造，要在大约几十年内追上或超过世界上最强大的资本主义国家"。这是毛泽东在新中国成立只有五年多就首次提出中国赶超美国的国家目标。1956 年初，在毛泽东批判右倾保守和提前实现工业化的口号的激励下，国务院各部专业会议纷纷要求把 15 年（1953—1967 年）远景计划规定的任务提前在 5 年甚至 3 年内完成。1955 年 10 月，中央批准国家计委提出的 1956 年国民经济计划控制数字是：基本建设投资 112.7 亿元，比 1955 年的预计完成数增长 30.4%，比"一五"计划中规定的 1956 年投资多 12.4%。但是，到了 1956 年初，各省市、部门要求的投资已达 153 亿元，后又增到 180 亿元、200 亿元，比 1955 年预计完成数增加 1 倍多。又如，"一五"计划规定，五年内限额以上基本建设项目 694 个，建成 455 个，到了 1956 年初召开的全国基建会议将建设项目追加到 745 个，建成 477 个。②

以追求速度，不切实际地提出经济发展目标，引导大家进入了大冒进发展阶段，造成了极大的负面效应。1956 年的经济建设大冒进倾向造成了社会主义现代化建设的诸多矛盾和困难。一是由于基本建设规模过大，财政和信贷方面多支出了近 30 亿元，造成资金供应紧张；二是基本建设投资增长速度超过了生产资料生产的增长速度，引起钢材、木材、煤炭和机械设备供应紧张；三是职工人数增长过多和职工工资总额增长过多，助长了消费品的供不应求；四是出现财政赤字 18.3 亿元。财政赤字引起银行货币投放增加，市场货币流通量比上年底增加 17 亿元。货币流通量增加，需动用相应的物质来保证，当年商业库存比上年减少 17 亿元。这些都是急躁冒进付出

---

① 参见武力主编：《中华人民共和国经济简史》，中国社会科学出版社 2008 年版，第 2 页。

② 参见苏星：《新中国经济史》，中共中央党校出版社 1999 年版，第 173 页。

的代价。[①]

2."超英赶美"口号指导下的"大跃进"

"超英赶美"这一口号明确提出最早于1957年毛泽东在回应赫鲁晓夫的苏联要15年赶超美国说法时所提出的要让中国钢铁产量在15年内赶超英国中提出。同年，毛泽东说"我们要好好干五十年，把工业建起来，要有美国那样多的钢铁"。这和前面"十五年赶超英国"的口号合称"超英赶美"。

1958年5月5日到23日，在北京举行中共八大二次会议，会议通过了毛泽东在成都会议上提出的"鼓足干劲，力争上游，多快好省地建设社会主义"的总路线。这是一条"大跃进"的总路线，"用最高的速度来发展我国的社会生产力，实现国家工业化和农业现代化，是总路线的基本精神。""速度是总路线的灵魂"。这些论调都充分反映了当时总路线是"大跃进"。刘少奇在政府工作报告中提出，使我国工业和其他主要工业在15年或者更短的时间内，在钢铁和其他主要工业产品的产量方面赶上和超过英国；使我国农业在提前实现全国农业发展纲要的基础上，迅速地超过资本主义国家；使我国科学和技术在实现《十二年科学发展规划》的基础上，尽快地赶上世界最先进的水平。在会议期间，各个工业部门的党组织纷纷向中央和毛泽东写了贯彻成都会议精神，赶超英国和美国的工作报告，提出了本部门的赶超计划和工作设想。例如，冶金等部门提出，在今后五年或稍长一些时间内，我国工业建设在生产水平上赶上或超过英国，15年或稍长一些时间赶上和超过美国；轻工业部提出，造纸在1962年超过英国，1972年赶上美国。

（二）大干快上的大冒进与"超英赶美"的历史必然性

回顾历史，大干快上与"超英赶美"这一国民经济发展方式是在特定的历史背景下提出的，有其历史必然性。一是新中国刚成立不久，中国仍然面临着复杂严峻的国际环境，中国共产党建立的新政权面临以美国为首的西方资本主义国家阵营意图推翻新中国政权之心不死，对中国实施围剿和全面封锁，时常以武力威胁、挑动周边地区局部战争的方式压缩新中国的国际生存空间，1950

---

① 参见苏星：《新中国经济史》，中共中央党校出版社1999年版，第172—175页。

年爆发的抗美援朝战争就是以美国为首的西方国家对中国国土安全造成威胁的一次局部战争。因此，中国势必要建立一套完善的产业体系，尤其是完整的工业体系才能实现独立自主的发展，到了 20 世纪 60 年代中苏关系破裂以后，毛泽东更加意识到要走独立自主的发展道路必须构建自身产业体系，于是在短时间内构建起本国产业体系的意愿和紧迫性更加强烈，因为这是维护本国政权的根本保障。二是就国内而言，新中国成立后，中国面临着繁重的社会主义革命和建设工作，当时全国生产力极其低下，工业基础薄弱，生产技术落后、物质产品匮乏、人民生活困难，1949 年中国的 GDP 总量只有 123 亿美元，世界排名第 104 位，人均 GDP 仅有 23 美元，世界排名第 99 位，人均国民收入只有 16 美元。与此同时，中国落后工业化面貌亟待改善。1952 年我国的工业化水平，不仅落后于苏联 1928 年的水平，也落后于东欧各人民民主国家第一个五年计划的水平。现代工业在工农业总产值中的比重：中国 1952 年是 26.7%；苏联 1928 年是 45.2%；波兰 1949 年是 65.5%，捷克 1948 年是 75%。按人口平均的工业产品产量，我国远远落后于苏联和发达资本主义国家。1952 年，钢：中国是 2.37 公斤，苏联是 164.1 公斤，美国是 538.3 公斤，日本是 81.7 公斤；发电量：中国是 2.76 度，苏联是 553.5 度，美国是 2949 度，日本是 604.1 度；棉布：中国是 5.4 米，苏联是 23.6 米，美国是 55.4 米。[①]

（三）大干快上的大冒进与"超英赶美"的历史评价

1. 大干快上与"超英赶美"奠定了产业基础

新中国成立后，在社会主义同一阵营的中苏两国关系处于"蜜月期"，中国在进行社会主义建设过程中主要学习和借鉴苏联的经济发展模式，实行全国统一的计划经济模式，并优先发展重工业。在一定时期内建立了较为完善的工业体系，以"两弹一星"、航天飞机、汽车等为标志的军工和民用产品得到了大力发展，短时间内确实建立了相对完善的工业体系，也为今后大力发展制造业，成为世界制造大国奠定了坚实基础。中国通过实施"一五"计

---

① 参见柳随年、吴群敢主编：《中国社会主义经济简史（一九四九——九八三）》，黑龙江人民出版社 1985 年版，第 94 页。

划的经济发展计划，在短时间内构建起了相对完整的工业体系，大到原子弹、飞机，小到日常生活用品都基本能够实现国产化，大大增强了国民经济发展实力。

2. 大干快上与"超英赶美"付出沉重代价

新中国成立后，为了快速摆脱经济落后的状况，加之领导人的决策失误和执行中的偏差等问题，新中国成立后的中国经济走上了"大干快上"、盲目追求经济发展速度的歧途，由此带来了一系列的负面问题。"大跃进"时期经济相对滞后，由于大炼钢铁延误了中国经济发展时机；中国产业结构的失调，农业与工业、轻工业与重工业的比例严重失调，片面追求钢铁产量，给人民生活造成了极大困难；忽视经济发展客观规律，片面追求发展速度，不求质量和效益，造成了资源的极大浪费。主要体现在：一是不切实际片面追求钢铁产量，造成国家财政亏损严重。1958 年 12 月，当时国家正式宣布钢产量达到 1073 万吨，提前完成钢产量翻番的任务。然而，当时的土钢、土铁质量很差，含硫量大大超过冶金部的规定，很难加工和使用。土法炼铁，成本高，经济效益很差，对资源破坏严重。一吨生铁的成本，大高炉是 100 元、小高炉是 345 元，国家调拨价均为 150 元。从 1958 年 9 月 1 日起，小高炉生产调拨价提高到 200 元，亏损部分由国家财政补贴。当年，财政补贴达 40 亿元，亏损则在 50 亿元以上。为了生产土铁、土钢，过量开采煤炭和矿石，滥砍滥伐大量树木，砸掉了许多铁锅和铁器，这些损失是无法计算的。二是农业生产受较大冲击。由于 1958 年 9 月以后开始全民大炼钢以及其他各种"大办"，过多地抽调农村的劳动力，导致农村劳动力大量减少，而且很多运输工具和牲畜被用于大炼钢，结果导致农产品大约有 10% 未回收。在城镇人口大量增多的情况下，市场供应情况开始紧张。三是轻工业发展受到严重冲击和挤压。由于工业生产"以钢为纲"，其他工业"停车让路"，1958 年下半年，轻工业生产也受到严重影响。例如，8—9 月，东北三省因电力不足，减去了轻工业电力负荷 2/3，使纸张减产 10 万吨左右。轻工业产品产量降低，品种减少，直接导致了 1959 年春人民日常生活用品的供应紧张。在全民大炼钢的推动下，尽管煤炭、机床、电力等基础工业有了较大幅度的增长，但是，这些行业数量增长是建立在拼设备和简易投产上取得的，并没有牢固的基础，算总账大炼钢是得不偿失的。[①]四是重工业优先发展战略和单一的计划经济体制带来了暂时的经济高速增长和重工业的迅速发展，带来的消极后果也是极其严重的，主要表现在全面短缺和经济紧运行，使工业化缺乏后劲和引发周期性波动，单一的公有制和计划经济体制不利于调动各方面的积极性，不利于国民经济的全面健康发展。

总而言之，新中国成立初期到 20 世纪 70 年代，中国经济的发展以片面追求发展速度为主，没有很好地重视经济发展的质量和效益，忽视了经济发展的客观规律，以高消耗、高投入的经济发展模式试图快速赶超英美等发达国家。然而，经济发展有其客观规律，"欲速则不达"，如"大跃进"、人民公社化运动，违背了自然、社会客观规律，不尊重人性，没有很好地发挥人的积极性，造成了中国经济发展在一段时间内的停滞甚至倒退，带来了很大的损失。1981年 9 月在中共中央政治局会议上，李先念在总结 32 年经验时对此有过深刻的反思，他指出："在 32 年的经济发展上，究竟我们是低速度吃亏多，还是高速度吃亏多？经验证明，还是高速度吃亏多。脱离实际，片面追求高指标、高速度，危害更大。"

二、"粗放增长"已走进"死胡同"

转变经济增长方式是选择不同的经济发展模式，是基于各国经济社会所处发展阶段和本国资源禀赋状况而提出的发展模式，是在经济发展过程中遇到困难和问题进行的实践探索。"转变经济增长方式"这一提法最早是源自苏联，当年苏联在以重工业为主的指导方针下，短期内取得了很大的成就，但是后期经济发展后劲不足，遇到的瓶颈和困难与日俱增，与西方国家的差距越拉越大，于是苏联经济学家和政府层面展开积极探索与研究，发现了问题的根源在于粗放增长这一经济发展方式出了问题，苏联提出"转变经济增长方式"这一思路对于一直以来借鉴苏联经济发展模式的中国来说具有重大的参考意义，也为中国经济增长方式的转变提供了理论和实践依据。

---

① 参见苏星：《新中国经济史》，中共中央党校出版社 1999 年版，第 321—322 页。

（一）"转变经济增长方式"这一提法源于苏联

"转变经济增长方式"是最早由苏联经济学家和党政领导人在 20 世纪 60 年代后期提出的一条重要的经济工作方针。由于苏联在建国初期采取了西方发达国家在 19 世纪通行的经济增长方式，依靠大规模投资于重化工业推动国家工业化，并在斯大林"积累"（即投资）是扩大再生产（及增长）的唯一源泉的"马克思主义再生产理论的基本原理"的指导下开展经济工作。短期内苏联经济发展取得了很大成就，经济增长速度远高于西方国家，重工业突飞猛进，钢铁、煤炭产量居世界前列。但是到了 20 世纪 60 年代，他们发现，这种增长模式由于抑制了要素使用效率提高这一增长源泉使得苏联在赶超西方国家的征途上遇到了不可逾越的障碍，在生产技术水平和人民生活水平方面却远远落后于西方国家且一直未能改善。于是，苏联经济学家们为了说明这种情况发生的原因，研究提出了增长方式的概念，增长方式分为两种：一种是靠增加自然资源、资本和劳动力等资源投入实现的增长，叫作外延式增长（粗放型增长）；一种是靠提高效率实现的增长，叫作内涵式增长（集约型增长）。[1]

（二）由粗放增长转向集约增长的必要性

1978 年中国实行改革开放政策，由僵化的计划经济转向富有活力的市场经济，资本、劳动力、技术等各类社会要素被激活，人的积极性和创造性得到了极大的发挥，释放出了巨大的潜力，中国经济由此驶入了快车道，经济增速保持在两位数以上，经济总量不断攀升，国际地位不断上升。国内生产总值由 1978 年的 3645 亿元迅速跃升至 2017 年的 82.7 万亿元，中国经济总量稳居世界排名第二位。

尽管中国经济发展取得了巨大的成就、国际地位得到了显著提高、人民生活水平得到了很大的进步，但是中国经济发展的总量大、质量效益不高，中国经济发展方式仍然停留在粗放型的发展方式，严重制约着未来可持续发展。一是从投入要素来看，这种粗放型的发展方式主要由资源、劳动力、土

---

[1] 吴敬琏：《中国增长模式抉择》，上海远东出版社 2013 年版，第 2 页。

地等传统要素构成，以优惠的土地价格、廉价的劳动力、丰富的自然资源为投入要素，高新技术投入明显不足，鉴于中国人均资源少的国情，以资源为投入的高能耗粗放型发展方式很难持续，一旦资源耗尽、劳动力成本上升，经济发展动力衰减，经济发展建设无以为继，从我国潜在生产率下降可以说明这一点；二是从产业链来看，中国产业处在国际产业链的低端，投入的要素成本高、附加值低，投入与产出严重不成正比，产出消耗大，收益低；三是粗放型的经济发展方式成本高、代价大，高污染的产业发展给中国社会带来严重的环境污染问题，空气污染、水体污染、土壤污染，不仅严重危及人民的生命安全，而且后期污染治理的成本高、代价大，这种发展方式显然不可持续。继续延续这一发展方式中国很有可能重新走上西方发达国家已经走过的"先污染后治理"的产业发展道路。这种高能耗、高污染、高成本的粗放型的经济发展方式给中国社会带了一系列的负面效应。主要体现在以下几个方面。

1. 粗放型增长方式带来三个层面的负面效应

无论是从苏联优先发展重工业的粗放型增长方式，还是西方发达国家早期的经济增长方式，甚至是我国正在经历的粗放型经济增长方式都显现出了很多的经济社会矛盾，带来了诸多的负面效应，是一种不可持续的发展方式。

首先，从微观经济层面看，粗放经济造成的资源短缺和环境破坏变得愈来愈严重。在一些地区，甚至人类生存所必需的条件：空气、土壤和淡水不能得到保障。我国能源、原材料消耗总量偏大，单位 GDP 能源消耗偏高，粗放型经济增长对资源、环境造成越来越大的压力，这样的增长方式难以持续。前些年华北、华东地区出现的大面积雾霾天气，与环境污染有关的一些疾病发生率上升，人民生活和生命安全受到极大影响，这种粗放型增长方式以付出人民健康为代价，违背了发展的初衷。

其次，从社会层面看，由于资本对劳动的比例失调，以资本投入为主的经济增长方式导致资本在收入分配中的占比越来越高，劳动收入报酬越来越低，导致衡量收入差距的基尼系数不断上升，贫富差距趋于扩大，劳动大众由于无法享有增长带来的福利成果而愤懑，使社会稳定受到威胁。区域之间、城乡之间、城市内部不同群体之间的差距越来越大。

再次，从宏观经济层面看，经济增长质量下降，集中表现为全要素生产率放缓和由此导致的潜在增长率下降。改革开放以来，中国的全要素生产率有了较大的提高，但是，由于以资本和劳动投入为主的粗放型经济增长方式没有得到根本性改变，根据经济学的要素投入报酬递减规律，以劳动和资本边际投入获得的边际收益逐渐减少，加上没有新技术创新的显著提升生产率，导致中国的全要素生产率增长明显放缓，根据清华大学白重恩教授的研究，中国1979—2007 年的全要素生产率年均增长率为 3.72%，而 2008—2012 年则下降到了 2.21%。

2. 经济危机发展形势倒逼经济发展方式转型

20 世纪 60 年代苏联意识到经济发展障碍并提出了"由粗放型增长转向集约型增长"的热烈讨论，在当时并没有引起中国的重视和产生很大的影响。一方面，因为当时中国仍处于经济建设的初期，很多基础建设和产业体系仍未构建起来，没有经济增长方式转型的迫切动力；另一方面，国内仍处于"以阶级斗争为纲"和"文化大革命"时期，无暇顾及经济发展，对于经济建设重视和实践探索不足。直到改革开放之后，我们才逐步认识到选择正确的经济增长模式的重要性，才在 1995 年正式把实现"经济增长方式从粗放型到集约型的转变"规定为"九五"（1996—2000 年）计划的一项基本要求。然而，"九五"期间的经济增长方式转型取得了一定成绩但是没有持久，"十五"期间对经济增长方式转型有所放松，提出了新的口号，即"坚持把发展作为主题""把结构调整作为主线"，要求"把调整产业结构与调整所有制结构、地区结构、城乡结构结合起来。坚持在发展中推进经济结构调整，在经济结构调整中保持快速发展"。在这一时期，中国开始了大规模投资建设的城市化运动以及大力发展重化产业，被理论和政策层面称为"中国已经进入了工业化后期的重化工业化阶段"。这一潮流其实是西方发达国家早期旧经济增长方式在新形势下的延续，是传统的工业化路线的延续，是采用政府主导的方式，用大规模投资拉动 GDP 高速增长的粗放型增长方式，而非以技术进步和效率提高为主导的现代经济增长方式。"十五"期间，由于改革的滞后，仍然存在着政府主导经济资源的配置方式，市场在资源配置中的基础性作用受到体制性障碍的制约，中国经济增长方式的转型没有取得明显的进展，导致粗放型经济增长引致的困难和矛盾有增无减。2008 年国际金融危机爆发，外部冲击给中国经济社会发展带来很大困难，中国经济运行中的新老矛盾交织在一起，威胁了中国经济的持续稳定发展。于是，在"十一五"的最后一年即 2010 年，举办了省部级主要领导干部加快转变经济发展方式专题研讨班，研究如何加快经济发展方式的转变。胡锦涛在该研讨班的开班讲话中指出，"加快经济发展方式的转变刻不容缓"。

因此，先行工业化国家的经济发展历史上经历过不同的发展阶段，各个阶段采取了不同的增长方式，以投资驱动为主的早期增长方式缺乏效率，必然带来严重社会后果。反观我国，以重化工业投资作为带动我国经济发展的经济模式，更是与我国的资源禀赋状况相冲突的，追求以技术进步和效率提升为主的集约型增长方式才是不二选择。

三、"高质量发展"是"金光大道"

党的十八大以来，中国经济由经济增长速度换挡期、经济结构调整阵痛期、前期刺激政策消化期的"三期叠加"阶段迈入了经济新常态阶段。经济新常态阶段的特征体现在经济增长速度由高速转向中高速发展、经济结构逐步优化、经济发展方式由要素投入驱动转向创新驱动。推动经济发展由中高速转向高质量发展具有重大的现实意义。中国经济高质量发展是微观、中观、宏观三个层面的统一。在微观层面，高质量发展就是要提高生产力效率、生产要素效率和全要素生产率，转变以要素投入量的扩大为主的发展方式。在中观层面，要重视国民经济结构方面的均衡和升级。包括产业结构、市场结构、区域结构等的升级，实现资源优化配置。在宏观层面，则是实现国民经济的整体均衡发展。

（一）推动高质量发展是引领经济新常态的必然要求

2017 年 12 月习近平总书记在党的十九大报告中作出了重大判断："我国经济已由高速增长阶段转向高质量发展阶段，正处在转变发展方式、优化经济结构、转换增长动力的攻关期，建设现代化经济体系是跨越关口的迫切要求和我国发展的战略目标。"[1] 推动高质量发展，是保持经济持续健康发展的必然要求，是适应我国社会主要矛盾变化和全面建成小康社会、全面建设社会主义现代化国家的必然要求，是遵循经济规律发展的必然要求。

1. 由高速增长转向中高速增长

习近平总书记指出，新常态下，我国经济发展的主要特点之一是增长速度要从高速转向中高速，不能简单以生产总值论英雄。近年来，我国经济发展面临速度换挡节点，国际国内关于中国经济出现"拐点"、会"硬着陆"的说法一时间甚嚣尘上，我们不少同志也对经济形势"怎么看"有一些困惑。在这种情况下，习近平总书记提出经济发展进入新常态的重大判断，让我们认识到，一味追求经济高增长的旧思维已经不合时宜，过分依赖"大水漫灌"式强刺激的做法已经越来越行不通，必须彻底抛弃用旧的思维逻辑和方式方法再现高增长的想法，通过转变经济发展方式，走出一条质量更高、效益更好、结构更优、优势充分释放的发展新路。从几年来的实践看，各地方各部门更加注重提高发展质量和效益，从过去主要看增长速度有多快转变为主要看质量和效益有多好，我国经济保持了中高速增长，过去 4 年经济年均增长 7.2%，在世界主要国家中名列前茅，经济总量稳居世界第二，经济增量对全球经济增长的贡献率超过 30%，居世界第一位。这让所谓中国经济"硬着陆""拐点论"的说法不攻自破。

2. 结构优化

一是产业结构优化。根据世界发达国家的经验，合理的产业结构呈现"三二一"比例特征。2015 年我国第三产业增加值占 GDP 比重达到 50%以上，首次超过第二产业，标志着中国产业结构更趋优化。2018 年第三产业增加值占比已达 52.2%，比上年提高 0.3 个百分点，第三产业对 GDP 增长的贡献率为 59.7%，比上年提高 0.1 个百分点。二是需求结构调整优化。消费基础作用进一步巩固。2018 年最终消费支出对国内生产总值增长的贡献率为 76.2%，比上年提高 18.6 个百分点，高于资本形成总额 43.8 个百分点。居民消费增幅

---

[1]　习近平：《决胜全面建成小康社会　夺取新时代中国特色社会主义伟大胜利——在中国共产党第十九次全国代表大会上的报告》，人民出版社 2017 年版，第 30 页。

加快。2018 年全国居民人均消费支出实际增长 6.2%，增速比上年加快 0.8 个百分点，农村居民人均消费支出实际增长 8.4%，快于城镇居民。居民消费升级提质。全国居民恩格尔系数为 28.4%，比上年下降 0.9 个百分点，同经济合作与发展组织（OECD）国家或发达国家 30%以下水平相当，全国居民人均消费支出中，服务性消费占比为 44.2%，比上年提高 1.6 个百分点。[1] 三是能源结构优化。2018 年万元 GDP 能耗比上年下降 3.1%，全年天然气、水电、核电、风电等清洁能源消费量占能源消费总量的比重比上年提高约 1.3 个百分点。能耗强度继续下降，2018 年万元 GDP 能耗比上年下降 3.1%，清洁能源消费量比重上升。全国 338 个地级及以上空气质量平均优良天数比例为 79.3%，比上年提高了 1.3 个百分点。PM2.5 的浓度为 39 微克 / 立方米，下降了 9.3%。[2]

3. 动能转化

新旧动能转化是中国经济高质量发展的重要体现之一。一是新产业、新业态、新模式正在成为服务业发展的新引擎。2017 年，全国"三新"经济（平台经济、数字经济等）增加值占 GDP 的比重为 15.7%，比上年提高 0.4 个百分点。新业态快速发展。2018 年 1—11 月，网上商品零售额同比增长 25.4%，高于社会消费品零售总额增速 16.4 个百分点。[3] 二是新供给较快增长。2018 年 1—11 月，战略性新兴服务业、科技服务业和高技术服务业营业收入同比分别增长 14.9%、15.0%和 13.4%，增速分别快于规模以上服务业 3.4 个、3.5 个和 1.9 个百分点。[4]

（二）推动中国经济高质量发展的主要路径

高质量发展要求转变经济发展方式，要通过持续的效率改进，以促进经

---

[1] 参见《国家统计局局长就 2018 年国民经济运行情况答记者问》，国家统计局网站，http://www.stats.gov.cn/tjsj/201901/t20190121_1645944.html，2019 年 1 月 21 日。

[2] 参见《国家统计局局长就 2018 年国民经济运行情况答记者问》，国家统计局网站，http://www.stats.gov.cn/tjsj/201901/t20190121_1645944.html，2019 年 1 月 21 日。

[3] 参见《2017 年我国"三新"经济增加值相当于 GDP 的比重为 15.7%》，国家统计局网站，http://www.stats.gov.cn/tjsj/zxfb/201811/t20181122_1635086.html，2018 年 1 月 22 日。

[4] 参见《2018 年经济运行保持在合理区间发展的主要预期目标较好完好》，国家统计局网站，http://www.stats.gov.cn/tjsj/zxfb/201901/t20190121_1645752.html，2019 年 1 月 21 日。

济发展方式转变、优化经济结构和转换增长动力为主要目标。

1. 推动高质量发展要从供给端入手提高全要素生产率

推动高质量发展，是当前和今后一个时期确定发展思路、制定经济政策、实施宏观调控的根本要求。党的十九大报告提出，推动经济发展质量变革、效率变革、动力变革，提高全要素生产率。这为高质量发展指明了方向和路径。提高全要素生产率主要从供给侧入手，从那些导致潜在增长率下降的因素着眼，从妨碍生产要素供给和全要素生产率提高的体制性障碍入手，在关键领域通过结构性改革挖掘新的增长动能，提高潜在增长率，这些举措才是真正推动中国经济高质量发展的关键。

2. 推动高质量发展要构建起符合高质量发展要求的评价体系

传统考核评价经济增长的方法已经无法适应高质量发展阶段的要求了，因此，要加快形成推动高质量发展的指标体系、政策体系、标准体系、统计体系、绩效评价、政绩考核。从具体层面而言，考核地方政府工作不能再以单一的 GDP 指标来论英雄了。可以从正外部性和负外部性两个维度设定具体指标。如从正外部性来看，可以用改革的相关指标，比如农民工市民化率和基本公共服务均等化水平；从负外部性来看，则可以采用包括金融和债务风险水平、环保指标、减贫指标等在内的相关指标，以此在发展目标上更加注重经济发展的质量效益、稳定性和可持续性。

3. 推动经济高质量发展的核心问题仍然是处理好政府和市场的关系

高质量发展任重道远，需要落实到具体工作之中。我们要按照党的十九大报告中所强调的，使市场在资源配置中起决定性作用，更好发挥政府作用，切实把市场和政府的优势都充分发挥出来。继续深化"放管服"改革，加大简政放权力度，充分发挥市场主体的能动性，加快完善社会主义市场经济体制，建立有利于提高经济发展质量和改善生态环境的体制机制，增强经济发展活力，推动形成全面开放新格局，更好地利用全球市场和资源。

（汪彬、张青 撰写）

第十四章

生态文明建设：从"人定胜天"走向"和谐共生"

新中国成立后，由于片面相信"人定胜天"，过度推进的重工业化与城镇化造成巨大生态环境破坏，人们为此付出了惨重的代价。面对加剧的资源环境问题，进入 21 世纪以来，我们党高度重视人与自然和谐发展，提出了发展循环经济，建设资源节约型、环境友好型社会的战略部署。党的十八大以来，我们把生态文明建设纳入了中国特色社会主义现代化建设总布局，进而开启了快速推进生态文明建设的新时代。

一、"人定胜天"具有盲目性

经历了鸦片战争后百年的屈辱史、战乱史，新中国成立宣告了中国人民站起来了。但是新中国几乎是建立在"一张白纸"上的，一切百废待兴。根据英国经济学家安格斯·麦迪森在《世界经济千年史》中的测算，中国在 1820 年的 GDP 总量为 2290 亿 1990 年国际元①，而 1950 年的 GDP 总量也只有 2399 亿 1990 年国际元，和清朝中期差不多。因此新中国成立后，我们便开始了快速工业化、城市化，在优先发展重工业的战略方针指导下，经济增长取得了一定的成就。由于新中国成立初期百废待兴，中国选择了着重发展重工业，作为恢复国力的最重要的手段。但是，重工业比轻工业与服务业的每单位产出要消耗更多的资源与能源。

新中国成立后，人们不愿更不敢承认社会主义中国也有环境污染，认为

---

① 1990 年国际元是麦迪森在研究中使用的一种可比较的衡量 GDP 的学术单位。

那都是西方资本主义国家的不治之症。谁要说中国有污染，谁就是给社会主义抹黑。环境保护的行动也就难以实行，甚至连"环境保护"这个词都没怎么听说过，认为环境保护就是打扫卫生这类事。以"环境保护"为检索词，检索《人民日报》1949 年 10 月至 1972 年 6 月 1 日的标题或文中含有该词的文献，没有命中目标文献。[①] 环境污染被认为是一个卫生问题，环境保护甚至和环境卫生工作等同。因此环境管理机构一直没有独立建立，环境管理工作由卫生部门负责。1956 年，国家建设委员会和卫生部联合颁发了《工业企业设计暂行卫生标准》，它是预防环境污染的一种非强制性技术规范；同年，卫生部、农业部、全国供销合作社联合发出了《关于严防农药中毒的联合通知》；1957 年，制定《关于注意处理工矿企业排出有毒废水、废气问题的通知》《爆炸物品管理规则》；1959 年，颁布了《生活饮用水卫生规程》《关于加强农药安全管理规定（草案）》和《放射性工作卫生防护暂行规定》；1960 年，卫生部和国家科学技术委员会发布了《放射性工作卫生防护暂行规定》《放射性同位素工作的卫生防护细则》；1961 年，制定《化学危险物品储存管理暂行办法》；1962 年北京工业卫生研究所在放射卫生研究室内设立了环境卫生（与劳动卫生相对应）研究组，研究解决核污染问题；同年，上海市在环境卫生管理局设置了废渣管理所和废水废气管理处；1964 年，制定了《放射性同位素工作卫生防护管理办法》《有机磷剧毒农药安全使用规程》；1965 年，制定《食品卫生管理试行条例》。

二、冒犯自然要付出代价

中国在经济增长过程中积累的生态环境问题造成了严重的负面影响，毁林开荒、滥砍滥伐、过度开采地下水资源等对自然环境的破坏以及工业生产污染等方面的问题开始凸显。工业"三废"未做处理而任意排放，导致官厅水库受到污染，破坏了水产资源，影响到工农业生产和人体健康。20 世纪 80 年代资源环境状况日益恶化，最典型的三大资源环境问题是淮河污染、酸雨、沙尘

[①]　翟亚柳：《中国环境保护事业的初创——兼述第一次全国环境保护会议及其历史贡献》，《中共党史研究》2012 年第 8 期。

暴。江河湖泊污水横流，蓝藻大面积暴发；城市里空气质量变差，呼吸道疾病急剧上升。由于我国经济结构没有彻底转型，我国的资源环境问题依然严峻，因冒犯自然而付出了惨重的代价。

自然资源不断减少，浪费严重。中国矿产资源储量居世界前列，其中钨矿、铝矿、煤矿、汞矿已探明储量居世界第一位。铅、镍、锰、铜、铁等矿产也占有重要地位。中国矿产资源虽然丰富，但是铬、铂、钾盐、金刚石等矿种还不能满足国内需要。一部分矿种富矿少、贫矿多。如全国铁矿的中、贫矿占 95% 以上，而富矿则不到 5%，富矿比例远低于苏联（约 20%）、巴西（90% 以上）、澳大利亚（100%）的富矿比例。此外，中国矿产资源还存在存量结构不合理、后备探明储量不足、资源开发利用效率低、浪费严重等问题。因此，尽管中国矿产资源绝对数量充足，但是由于以上种种原因，现有矿产存量远远不能满足经济社会快速发展的需要。中国境内的海洋、草地、河流、生物等其他自然资源与矿产面临着相似的情况：绝对数量不低，但人均占有不足；原有数量不少，但是由于经济发展、过度开发、战争破坏等因素使这些资源不断减少并且受到不同程度的破坏和污染；对这些资源的开发利用不当，缺少相应合理的管理体制，利用效率低。

耕地面积绝对数量增加，生态破坏极为严重。工业化的发展需要农业的反哺，但是新中国成立后中国几乎所有的耕地都处于缺氮的状态。[①] 而中国自身难以提供满足国内大量需求的氮肥，因此当时只能依靠增加劳动力投入或耕地数量才能提升农业产出，以期支持大规模工业化。增加劳动力投入的手段就是鼓励生育。1949 年，中国有人口 5.4 亿人，可耕地面积 0.98 亿公顷，人均耕地面积 18150 公顷。而到 1977 年，人口增加到 9.4 亿人，而可耕地面积仅为 0.99 亿公顷，人均耕地面积 10532 公顷，仅为 1949 年的 58%。[②] 增加耕地数量就需要向更边远的地区开荒并进一步破坏森林、草原和水环境，导致新中国成立后更大规模的生态破坏。新中国成立后，一方面政府号召"植树造林、绿化祖国"，加快山河绿化步伐，营造了大面积人工林；另一方面因耕地

---

① Jung-Chao Liu, *China's Fertilizer Economy*, Chicago, IL: Aldine Publishing Co., pp. 104–105.

② 白永秀主编：《中国经济改革 30 年：资源环境卷（1978—2008）》，重庆大学出版社 2008 年版，第 4 页。

扩大，木材需求增加，森林赤字有增无减。新中国成立以来，中国发生了两次大规模毁林事件：一次是"大跃进"时期，为大炼钢铁和大修工程毁坏了大面积林木；另一次是"文化大革命"时期，大批的知识青年下乡毁林开荒，使中国森林覆盖率大大降低。河南省大别山区的有些县，林木被砍伐殆尽。四川省境内长江上游的林区被毁林木达几十万亩，出现了加剧水土流失等一系列生态问题，带来了长期隐患。到1978年，中国森林覆盖率仅为12.7%，在当时世界大约160个国家和地区中居第116位，低于亚洲的森林覆盖率平均值（19%），更低于工业发达、人口密集的欧洲地区（29%），苏联、美国和日本等工业发达国家的森林覆盖率也都在20%以上。同期，由于中国人口数量庞大，人均拥有的森林面积仅居世界第121位；木材蓄积量居世界第5位，而人均木材蓄积量只有10立方米，远低于加拿大（825立方米）等国家。[1] 新中国成立后中国水土流失面积增加了31.8%，每年地表土流失量达50亿吨以上，相当于全国耕地每年剥去1厘米厚的肥土层，这反过来导致了土壤原来含有的氮、磷、钾大量损失，相当于数万吨化肥[2]。进行了大量的毁林开荒的活动，造田面积远远超过了基本建设占地和自然损毁土地面积，耕地面积绝对数量的增加一直持续到20世纪80年代初。

"三废"（工业排放的废水、废气、废渣）任意排放，环境污染严重。海水污染严重，近海渔业急剧萎缩，内陆水污染也很严重。长江沿岸有21个大中城市，直接把废水排入江中。经检查，长江自渡口以下，重庆、宜昌、武汉、九江、南京、上海各江段的水中，均含有过量的有毒物质。不少城市空气污浊，有害气体增多。有些工业区经常烟雾弥漫，如同"烟城""雾区"。工业废渣的危害也比较严重。辽宁省年排放废渣1.8亿余吨。鞍钢存渣已经达到1亿余吨，堆成了50米高、绵延几公里的渣山，每天用100辆车皮、20台机车、140个渣罐、上万名工人把废渣运往营口填海。[3]

---

[1]　中国林业科学研究院科技情报研究所：《我国是怎样由多林变为少林的——兼谈恢复森林的效益》，《新疆林业》1979年第6期。

[2]　颜世黄、赵旭东、祁兵：《环保浪潮与中国对策》，世界知识出版社1999年版，第148页。

[3]　曲格平、彭近新编：《环境觉醒：人类环境会议和中国第一次环境保护会议》，中国环境科学出版社2010年版，第317页。

作为地球村的重要成员，中国深深感受到冒犯自然就要付出代价。20 世纪 70 年代，中国首都北京市主要水源地——官厅水库污染泛滥就是一个典型例子。1971 年末，官厅水库开始发现漂有大量泡沫，水色浑黄有异味。1972 年 3 月，北京市场出售的在官厅水库打捞的鲜鱼有异味，食用之后人出现头痛、恶心、呕吐等中毒症状。库水有药味，食用后除有相似中毒症状外，由于饮水含氟高，导致患关节炎掉牙的多。卫生部门上报这些情况后，周恩来对此非常重视，要求立即查清事件原因。由国家计委和建委组成的调查组于 1972 年 4 月开始调查。根据大量调查事实和分析数据，确定"官厅水库的死鱼事件是由于上游工厂排放污水引起来的"。化验表明，水库水质有恶化趋势。随后周恩来总理做出批示，要求成立领导小组，开展污染治理，尽快改变被污染的现状。官厅水库污染治理工程在 1976 年末基本落下了帷幕。这是新中国进行的第一项大型水源污染治理工程，到 1975 年治理重点污染源 70 余项，水源污染基本得到控制，工程投资近 3000 万元，这在当时是一笔巨大投入。①

资源环境问题加剧。1992 年是转折性的一年，中国经济开始进入 20 年的飞速发展期，环境状况也迎来压力最大的时期。这一年，邓小平南方谈话后，中国掀起了新一轮的大规模经济建设，加之 20 世纪 80 年代乡镇企业的无序发展，导致的结果就是资源环境状况日益恶化。江河湖泊污水横流，蓝藻大面积暴发；城市里空气质量变差，呼吸道疾病急剧上升。1992—2002 年间，最典型的三大资源环境问题是淮河污染、酸雨、沙尘暴。我国也是采取相关措施进行治理。整体上看，当时资源保护与环境治理取得了巨大的成就，但遗憾的是，由于经济结构没有彻底转型，可持续发展战略难以真正完全贯彻落实，我国的资源环境问题依然严峻。

淮河遭受严重污染，淮河和沿岸人民在经济快速发展和城市化进程中经历着切肤之痛。淮河两岸的河南、江苏、安徽等地"癌症村"屡屡见诸报端。1994 年 7 月，发生了震惊中外的淮河特大污染事件。导致淮河流域严重污染的原因是从 20 世纪 80 年代开始，这一流域的工农业生产突飞猛进，乡镇企业

---

① 曲格平、彭近新编：《环境觉醒：人类环境会议和中国第一次环境保护会议》，中国环境科学出版社 2010 年版，第 4 页。

迅速增加。生活污水、工业污水、城镇垃圾，以及农田里的农药和化肥等，大多随着地沟、天雨泄入河道。盲目追求经济效益的发展方式，给整个淮河流域带来严重的生态灾难。①

我国在改革开放后就开始受到酸雨的侵蚀，20 世纪 90 年代后因酸雨而遭受的损失尤为严重。据粗略统计，截止到 1996 年，我国酸雨污染较为严重的 11 个南方省区，因森林木材蓄积量减少造成的直接经济损失就达 40 亿元。其中，四川的森林死亡面积占 5.7%，川贵两省按 2015 年 /15 年计算损失木材约 630 万立方米，直接经济损失 30 亿元。我国当时的生态环境已经较差，水土流失严重，自然灾害贫乏，有些像四川、安徽等地区的人们还出现了如四日市哮喘一样的地方公害性疾病。②

沙尘暴加剧。20 世纪 60 年代特大沙尘暴在我国发生过 8 次，70 年代发生过 13 次，80 年代发生过 14 次，而 90 年代则发生过 20 多次，并且波及的范围愈来愈广，造成的损失愈来愈重。2002 年 3 月 18—21 日，20 世纪 90 年代以来范围最大、强度最强、影响最严重、持续时间最长的沙尘天气袭击了我国北方 140 多万平方公里的大地，影响人口达 1.3 亿。③

三、建设资源节约型和环境友好型的"两型社会"

面对加剧的资源环境问题，胡锦涛同志从我国国情和当今时代特征出发，把科学发展观作为党和国家的指导思想，主张转变经济发展方式，大力发展循环经济，并把生态文明理念纳入党的报告中，在全社会积极倡导资源节约型和环境友好型社会的构建。建设资源节约型社会，科技创新是关键，结构调整是根本，加强监管是保障。建设环境友好型社会，完善的制度体系和法律法规体系是保障。胡锦涛同志的资源环境思想为社会主义生态文明思

---

① 刘晓星、刘俊超：《贯彻落实"水十条"：淮河变清　担子不轻?》，《中国环境报》2015 年 5 月 22 日。

② 张新民、柴发合、王淑兰、孙新章、韩梅：《中国酸雨研究现状》，《环境科学研究》2010 年第 5 期。

③ 甘顺发：《沙尘暴——大自然敲响的警钟》，《学苑教育》2013 年第 23 期。

想奠定了坚实的基础，也指导了当时生态文明体制的初步改革。

发展为党执政兴国的第一要务，但发展不能片面化，必须考虑到资源的消耗量和环境的可承受能力。面对加剧的资源环境问题，胡锦涛同志从我国国情和当今时代特征出发，明确提出科学发展观的先进理念，通过强调以人为本，全面、协调与可持续的发展思想，为促进我国社会经济与资源环境建设的和谐共进奠定了基础。作为一个全新的理论体系，科学发展观推讲了新世纪我国资源环境建设水平的不断提升。

除了经济领域的努力之外，资源环境的建设还需要树立更加宏观的视野，需要整个社会系统的共同努力。为此，在科学发展观的指导下，胡锦涛同志在社会类型的构建上又进一步提出了资源节约型与环境友好型社会的先进思想，并将其列为我国"十一五"规划的一项重要内容。在党的十七大报告中，胡锦涛同志指出："必须把建设资源节约型、环境友好型社会放在工业化、现代化发展战略的突出位置"①。积极促进资源节约型与环境友好型社会的构建，能够带动我国国民经济实现科学和可持续的发展，为解决我国的资源与环境问题奠定根基。胡锦涛同志认为："坚持节约资源和保护环境的基本国策，关系人民群众切身利益和中华民族生存发展，必须把建设资源节约型、环境友好型社会放在工业化、现代化发展战略的突出位置，落实到每个单位、每个家庭。"②资源节约型与环境友好型社会为我国资源环境建设水平的提升构筑社会基础。为此必须探索一条可持续发展的现代化道路。

党的十七大以来，胡锦涛同志在坚持以马克思主义为理论指导的前提下，在对人与自然关系的处理上实现了对前人观点的深化和总结，即从文明形态的高度，把生态文明理念纳入党的报告。创造性地将我国的资源环境建设提升到了全党理论的高度，既丰富了人类文明的理论，也彰显了中国共产党搞好资源环境保护和建设的坚定信心和决心。

建设资源节约型社会。由于资源具有有限性，随着资源的消耗，最终它将会制约经济的发展。粗放型增长方式要消耗大量的资源能源，可谓之"暴饮

---

① 胡锦涛：《高举中国特色社会主义伟大旗帜　为夺取全面建设小康社会新胜利而奋斗——在中国共产党第十七次全国代表大会上的报告》，人民出版社 2007 年版，第 24 页。

② 胡锦涛：《在中纪委第七次全体会议上的讲话》，《人民日报》2007 年 1 月 13 日。

暴食型经济成长"，就如"暴饮暴食"，不仅浪费食物、暴殄天物，终将消化不良、自损健康。面对加剧的资源环境问题，建设资源节约型社会非常重要。建设资源节约型社会，就是要在生产、建设、流通、消费等各个领域，在经济和社会发展各个方面，合理开发和充分利用各种资源，保护生态环境，实现科学发展。建设资源节约型社会是一项复杂的系统工程，涉及很多工作和很多方面，使用行政、法律、经济等各种手段无疑都是必要的。其中，科技创新是关键，结构调整是根本，加强监管是保障。

科技创新是建设资源节约型社会的关键。科学技术作为第一生产力，在建设资源节约型社会中具有无限潜力、处于核心地位、发挥关键作用。通过依靠科技进步和提高劳动者素质这两种途径来改变高消费、高投入的粗放型增长方式，而这两种途径最终都体现在科技创新上，只有加快科技的进步，改善传统的产业和生产工艺，让先进的科学技术和管理方式普遍推广，从根本上扭转粗放型的经济增长方式，实现节能、降耗、增效，才能从根本上建设资源节约型社会。

结构调整是建设资源节约型社会的根本。资源具有有限性，资源的约束会倒逼经济发展模式转向经济结构的调整，而经济结构优化升级又会减少资源的消耗，进而改善我国的环境质量。从粗放型增长转变为集约型增长的过程，经济结构的优化升级是最大的节约，蕴含着建设资源节约型社会的巨大潜力。因此，我们建设资源节约型社会，既要从点滴抓起、从身边做起，发挥节约的累积效应和长期效应，但也不能"只见树木，不见森林"，还要注重从整体入手、从宏观入手，牢牢抓住结构调整和增长方式转变这个建设资源节约型社会的根本，只有宏观和微观两个层面都管住，建设资源节约型社会才能取得扎扎实实的成效。

加强监管是建设资源节约型社会的保障。依法开展资源监测工作是使政策得到有力落实的基本保障，能有效地促进资源的高效利用。要加大能源利用的监测力度，依法加强对高耗能企业能源利用情况的监管，组织专业人员对企业进行节能专项检查，从而有效减少企业对环境的污染；要抓紧制定和完善促进资源节约使用、有效利用的法律法规，建立健全各项规章制度，弥补体制、机制以及法律法规等方面的诸多漏洞，坚持科学管理和严格管理，切实改变土地、水、能源等各种资源的浪费现象；建立严格监管所有污染物排放的环境保护管理制度，完善污染物排放许可证制度，禁止无证排污和超标准、超总量排污。违法排放污染物造成或可能造成严重污染的，要依法查封扣押排放污染物的设施设备；实行企事业单位污染物排放总量控制制度，适时调整主要污染物指标种类，纳入约束性指标；建立生态保护修复和污染防治区域联动机制。

建设环境友好型社会。环境友好型社会是一种人与自然和谐共生的社会形态。环境友好型社会主要是指人与自然和谐发展的社会，进而促进人与人的和谐、人与社会的和谐、环境与发展的和谐。其核心内涵是人类的生产和消费活动与自然生态系统协调可持续发展。要想建设好环境友好型社会，人们的生产、生活、消费等所有社会活动都要在不破坏环境的前提下进行，要以人与自然和谐相处为目标，以环境承载能力为基础，以遵循自然规律为核心，不能以破坏环境来满足我们人类的利益。同样，我们保护好了自然环境，自然环境所回馈给我们的好处也是巨大的。良好的自然环境，使我们居住得舒适放心，为我们的生产提供大量的自然资源。人与环境互相促进，才能构建出和谐的社会形态，实现可持续发展。

现阶段，我国关于建设环境友好型社会的体系仍存在许多缺陷与不足，现有的环境保护法已经不适用于当今的时代发展需要，使得社会组织和公众对于参与建设环境友好型社会的积极性大打折扣，环境友好型社会的建设需要完善的制度体系和法律法规体系来保障。第一，保障公民对环境问题的知情权、监督权和参与权；第二，增加对环保事业的投入，建立可靠的保护和治理环境污染的资金渠道，调动社会各方面资金投入环保工作；第三，倡导环境友好的绿色消费方式，在消费的过程中促进人与自然的和谐发展；第四，发展和应用环境友好的科学技术，大力推动科技体制创新；第五，构建环境友好的文化氛围，使环境友好型的理念在多个领域向公众渗透。

四、把生态文明建设纳入"总体布局"

中国特色社会主义从党的十八大开始进入新时代，这也标志着我国迈向社会主义生态文明新时代。党的十八大以来，以习近平同志为核心的党中央把生态文明建设作为统筹推进"五位一体"总体布局和协调推进"四个全面"战略布局的重要内容，谋划开展了一系列富有根本性、长远性、开创性的工作，推动我国生态环境保护从认识到实践发生历史性、转折性、全局性变化，推动美丽中国建设迈出重要步伐。

党的十八大把生态文明建设放在突出地位，把生态文明建设纳入中国特色社会主义事业总体布局。这标志着我国正式迈向社会主义生态文明新时代。党的十八届三中全会更进一步提出要全面深化生态文明体制改革，党的十八届四中全会又明确了生态文明体制改革的立法要求，《关于加快推进生态文明建设的意见》《生态文明体制改革总体方案》则为深化生态文明体制改革规划了任务、目标、具体措施及改革方案。党对生态文明认识的不断深化为体制改革提供了理论依据。

2012 年 11 月，党的十八大报告提出"建设生态文明，是关系人民福祉、关乎民族未来的长远大计。面对资源约束趋紧、环境污染严重、生态系统退化的严峻形势，必须树立尊重自然、顺应自然、保护自然的生态文明理念，把生态文明建设放在突出地位，融入经济建设、政治建设、文化建设、社会建设各方面和全过程，努力建设美丽中国，实现中华民族永续发展"。把生态文明作为建设中国特色社会主义的"五位一体"总体布局之一。

党的十八届三中全会指明了生态文明体制改革的方向。2013 年 11 月，党的十八届三中全会贯彻落实党的十八大关于全面深化改革的战略部署。全会通过的《中共中央关于全面深化改革若干重大问题的决定》具体部署了生态文明体制改革工作，指出"紧紧围绕建设美丽中国深化生态文明体制改革，加快建立生态文明制度，健全国土空间开发、资源节约利用、生态环境保护的体制机制，推动形成人与自然和谐发展现代化建设新格局"。

党的十八届四中全会构建了生态文明法律制度。2014 年 10 月，党的十八届四中全会贯彻落实党的十八大关于加快建设社会主义法治国家的战略部署。全会通过的《中共中央关于全面推进依法治国若干重大问题的决定》具体勾画了生态文明法律制度工作，指出："用严格的法律制度保护生态环境，加快建立有效约束开发行为和促进绿色发展、循环发展、低碳发展的生态文明法律制度，强化生产者环境保护的法律责任，大幅度提高违法成本。建立健全自然资源产权法律制度，完善国土空间开发保护方面的法律制度，制定完善生态补偿和土壤、水、大气污染防治及海洋生态环境保护等法律法规，促进生态文明建设。"[①]

《生态文明体制改革总体方案》推出体制改革"组合拳"。2015 年 9 月，中共中央政治局召开会议，审议通过了《生态文明体制改革总体方案》（以下简称《总体方案》）。《总体方案》主要内容可以用"6+6+8"概括，"6"是 6 大理念，即树立尊重自然、顺应自然、保护自然的理念，发展和保护相统一的理念，绿水青山就是金山银山的理念，自然价值和自然资本的理念，空间均衡的理念，山水林田湖是生命共同体的理念；再加一个"6"是 6 个原则，即坚持正确方向，坚持自然资源资产的公有性质，坚持城乡环境治理体系统一，坚持激励和约束并举，坚持主动作为和国际合作相结合，坚持鼓励试点先行和整体协调推进相结合；"8"就是 8 个支柱，即自然资源资产产权制度、国土空间开发保护制度、空间规划体系、资源总量管理和全面节约制度、资源有偿使用和生态补偿制度、环境治理体系、环境治理和生态保护的市场体系、生态文明绩效评价考核和责任追究制度。《总体方案》之外还有 6 个方面的配套政策，这一系列的政策构成了一整套生态文明体制改革的"组合拳"。这标志着我国生态文明体制改革进入了具体操作实施阶段。

党的十八届五中全会提出了绿色发展新理念。2015 年 11 月，党的十八届五中全会通过的《中共中央关于制定国民经济和社会发展第十三个五年规划的建议》进一步确立了生态文明建设在"十三五"经济社会发展中的战略地位，要求坚持节约资源和保护环境的基本国策，坚定走生产发展、生活富裕、生态良好的文明发展道路，并提出了与全面建成小康社会相适应、实现"生态环境质量总体改善"的目标，使绿色发展成为实现全面建成小康社会奋斗目标和推进现代化建设的重要引领之一。

党的十九大宣告中国生态文明建设进入新时代，把坚持人与自然和谐共生的理念作为习近平新时代中国特色社会主义思想的基本方略之一；把建设生态文明上升到中华民族永续发展的千年大计；增加"美丽"作为社会主义现代

[①] 《十八大以来重要文献选编》（中），中央文献出版社 2016 年版，第 164 页。

化强国的发展目标；把建设清洁美丽的世界作为构建人类命运共同体的重要内涵；提出解决新时代社会主要矛盾的重要途径——提供更多优质生态产品以满足人民日益增长的优美生态环境需要。党的十九大报告提出了我国新时代生态文明体制改革四大战略任务：推进绿色发展、着力解决突出环境问题、加大生态系统保护力度和改革生态环境监管体制。

推进绿色发展。党的十九大报告提出，从五个方面来大力推进绿色发展。一是加快建立绿色生产和消费的法律制度和政策导向，建立健全绿色低碳循环发展的经济体系。二是构建市场导向的绿色技术创新体系，发展绿色金融，壮大节能环保产业、清洁生产产业、清洁能源产业。三是推进能源生产和消费革命，构建清洁低碳、安全高效的能源体系。四是推进资源全面节约和循环利用，实施国家节水行动，降低能耗、物耗，实现生产系统和生活系统循环链接。五是倡导简约适度、绿色低碳的生活方式，反对奢侈浪费和不合理消费，开展创建节约型机关、绿色家庭、绿色学校、绿色社区和绿色出行等行动，建立节约低碳健康的绿色生产生活体系。

着力解决突出环境问题。党的十九大报告把污染防治作为新时代的三大攻坚战之一，提出了气、水、土壤、农村面源污染治理等领域，以及提高排污标准、信息披露、严惩重罚、治理体系构建等要求。在新时代的环境污染防治，要坚持全民共治、源头防治，持续实施大气污染防治行动，打赢蓝天保卫战。加快水污染防治，实施流域环境和近岸海域综合治理。强化土壤污染管控和修复，加强农业面源污染防治，开展农村人居环境整治行动。加强固体废弃物和垃圾处置。提高污染排放标准，强化排污者责任，健全环保信用评价、信息强制性披露、严惩重罚等制度。构建政府为主导、企业为主体、社会组织和公众共同参与的环境治理体系。

加大生态系统保护力度。党的十九大报告提出，必须贯彻山水林田湖草是生命共同体的理念，加快推进生态保护修复，实施重要生态系统保护和修复重大工程，优化生态安全屏障体系，构建生态廊道和生物多样性保护网络，提升生态系统质量和稳定性。完成生态保护红线、永久基本农田、城镇开发边界三条控制线划定工作。开展国土绿化行动，推进荒漠化、石漠化、水土流失综合治理，强化湿地保护和恢复，加强地质灾害防治。完善天然林保护制度，扩大退耕还林还草。严格保护耕地，扩大轮作休耕试点，健全耕地草原森林河流湖泊休养生息制度，建立市场化、多元化生态补偿机制。

改革生态环境监管体制。党的十九大报告提出，要加强对生态文明建设的总体设计和组织领导，设立国有自然资源资产管理和自然生态监管机构，完善生态环境管理制度，统一行使全民所有自然资源资产所有者职责，统一行使所有国土空间用途管制和生态保护修复职责，统一行使监管城乡各类污染排放和行政执法职责。构建国土空间开发保护制度，完善主体功能区配套政策，建立以国家公园为主体的自然保护地体系。坚决制止和惩处破坏生态环境行为。

习近平生态文明思想有着丰富的内涵，可以概括总结为六个方面：[1] 坚持人与自然和谐共生、绿水青山就是金山银山、用最严格的制度保护生态环境、良好生态环境是最普惠的民生福祉、山水林田湖草是生命共同体、共谋全球生态文明建设。

坚持人与自然和谐共生。习近平同志指出："生态文明是人类社会进步的重大成果。人类经历了原始文明、农业文明、工业文明，生态文明是工业文明发展到一定阶段的产物，是实现人与自然和谐发展的新要求。历史地看，生态兴则文明兴，生态衰则文明衰。"[2] 人与自然和谐共生是指人与自然是生命共同体，两者之间保持一种可持续发展的良好状态。人类尊重自然、顺应自然、保护自然，自然则滋养人类、哺育人类、启迪人类。

绿水青山就是金山银山。习近平同志在浙江工作期间提出了绿水青山就是金山银山的论断（以下简称"两山论"）："绿水青山可以源源不断地带来金山银山，绿水青山本身就是金山银山，我们种的常青树就是摇钱树，生态优势变成生态经济优势，形成了一种浑然一体、和谐统一的关系"[3]。"两山论"深刻揭示了发展与保护的本质关系，更新了关于自然资源的传统认识，打破了简单把发展与保护对立起来的思维束缚，指明了实现发展和保护内在统一、相互

① 参见习近平：《推动我国生态文明建设迈上新台阶》，《求是》2019 年第 3 期。

② 中共中央文献研究室：《习近平关于社会主义生态文明建设论述摘编》，中央文献出版社 2017 年版，第 164 页。

③ 习近平：《干在实处　走在前列——推进浙江新发展的思考与实践》，中共中央党校出版社 2006 年版，第 198 页。

促进和协调共生的方法论。

用最严格的制度保护生态环境。习近平同志指出："保护生态环境必须依靠制度、依靠法治。只有实行最严格的制度、最严密的法治，才能为生态文明建设提供可靠保障。"①"在生态环境保护问题上，就是要不能越雷池一步，否则就应该受到惩罚。"②构建产权清晰、多元参与、激励约束并重、系统完整的生态文明制度体系，建立有效约束开发行为和促进绿色发展、循环发展、低碳发展的生态文明法律体系，发挥制度和法治的引导、规制等功能，为生态文明建设提供体制机制保障。

良好生态环境是最普惠的民生福祉。习近平同志指出："环境就是民生，青山就是美丽，蓝天也是幸福。"③"像保护眼睛一样保护生态环境，像对待生命一样对待生态环境"④。"良好生态环境是最公平的公共产品，是最普惠的民生福祉。"⑤坚持以人民为中心的发展思想，坚决打好生态环境保护攻坚战，增加优质生态产品供给，让良好生态环境成为提升人民群众获得感、幸福感的增长点。

山水林田湖草是生命共同体。要统筹兼顾、整体施策、多措并举，全方位、全地域、全过程开展生态文明建设。综合治理的核心是要把市场这只"看不见的手"与政府这只"看得见的手"的作用结合起来，在生态文明领域，实现市场在资源配置中起决定性作用，政府更好地发挥作用。

共谋全球生态文明建设。习近平同志指出："坚持绿色低碳，建设一个清洁美丽的世界。人与自然共生共存，伤害自然最终将伤及人类。空气、水、土壤、蓝天等自然资源用之不觉、失之难续。工业化创造了前所未有的物质财富，也产生了难以弥补的生态创伤。我们不能吃祖宗饭、断子孙路，用破

① 中共中央文献研究室编：《习近平关于全面建成小康社会论述摘编》，中央文献出版社 2016 年版，第 168—169 页。
② 中共中央文献研究室编：《习近平关于全面建成小康社会论述摘编》，中央文献出版社 2016 年版，第 167 页。
③ 《习近平谈治国理政》第二卷，外文出版社 2017 年版，第 209 页。
④ 《习近平谈治国理政》第二卷，外文出版社 2017 年版，第 209 页。
⑤ 中共中央文献研究室编：《习近平关于全面建成小康社会论述摘编》，中央文献出版社 2016 年版，第 163 页。

坏性方式搞发展。绿水青山就是金山银山。我们应该遵循天人合一、道法自然的理念，寻求永续发展之路。"① 各国人民应同心协力，构建人类命运共同体，建设清洁美丽的世界，保护好人类赖以生存的地球家园。

五、绿色产业是经济发展的新增长点

党的十九大高度重视生态文明建设，强调必须坚定不移贯彻绿色发展理念。通过发展绿色产业加快培育新的经济增长点，实现绿色跨越式发展，并通过中国石油践行绿色发展的案例举例。只有大力推进绿色发展，才能保障经济和社会的可持续发展，才能筑牢和谐发展的环境基础。

"绿色发展"是联合国计划开发组在 2002 年发表的一个文件中第一次提出来的。绿色发展是在生态环境容量和资源承载力约束条件下，将生态环境保护作为可持续发展支柱的新型发展模式。绿色发展包含四层意思，即生态健康、环境绿化、社会公平、人民幸福。绿色发展是一种全新的发展理念，其基本目标不仅在于发展，而且还要在发展的基础上更加注重环境保护、资源节约、可持续等长远发展所需。党的十八届五中全会提出了绿色发展新理念。

通过科技创新推动绿色发展。绿色发展需要绿色技术支撑，科技创新是重要的驱动源泉。应当结合深化科技体制改革，建立符合生态文明建设领域科研活动特点的管理制度和运行机制，建立面向人才、研发、产品、市场的全方位绿色创新支撑体系。开展资源环境领域关键技术和前沿技术攻关，让创新驱动在绿色转型中成为持久的推动力。

通过发展绿色产业加快培育新的经济增长点。按照"十三五"规划建议推动绿色产业集聚，延长产业链，提升价值链。大力发展节能环保产业，以推广节能环保产品拉动消费需求，以增强节能环保工程技术能力拉动投资增长，形成新的绿色支柱产业。充分发挥市场的激励作用，多渠道引导社会资金投入，推动新能源和可再生能源产业发展。应当因地制宜、实事求是地结合扶贫工作，在"老、少、边、穷"地区积极发展有机农业、生态农业、林业经济等，

① 《习近平谈治国理政》第二卷，外文出版社 2017 年版，第 544 页。

推进绿色现代服务业和生态旅游等生态产业加快发展。

通过调整优化产业结构推进生产方式绿色化。调整优化产业结构是绿色发展的重要环节。加快传统产业升级换代步伐，形成循环、低碳的新型产业结构，推动战略性新兴产业和先进制造业健康发展，发展壮大服务业。实现生产方式"绿色化"需要着重三个方面的工作：第一，进一步调整政府职能，加强市场机制在生产方式"绿色化"中的作用；第二，建立人才培养和研发的科技支撑体系，为生产方式"绿色化"提供持久的创新动力；第三，加快绿色金融体系建设步伐，从税收优惠、商业贷款优惠以及引导风险投资等方面拓宽融资渠道，切实缓解中小型绿色企业的资金约束问题。

绿色是人民美好生活的底色，绿色发展是实现人民美好生活的根本保障。只有以绿色发展的成就实现居民对美好生活的向往，才能使人民群众在享受绿色福利和生态福祉中促进经济社会持续健康发展和人的自由而全面发展，从而最大限度地体现出发展应有的经济价值与社会价值、自然价值与人文价值、代内价值与代际价值、民族价值与全球价值的辩证统一。走绿色经济之路、倡导绿色经济理念、传播绿色文明、发展绿色产业、弘扬绿色文化、振兴绿色经济、推广绿色生活，将是中国实现跨越式发展的必由之路。随着一种新经济发展方式的产生，我国区域之间的差距也在逐渐缩小。而这种经济正是"跨越式发展经济"，它具有以下几个鲜明特点：高速度，国民经济保持较快的增长速度，表现在量上首先要有很大的提高，这是跨越式发展的本质性要求；超常规，在较短时间内完成由较低生产形态向高级生产形态转变，使生产力水平迅速提高；高效益，以减少投入、节约资源、降低成本为前提，迅速增加产出，通常以投入产出比来衡量；可持续，注重经济与社会的协调发展和全面进步，重视对国土资源和生态环境的合理开发和永续利用，实现经济发展、资源利用、环境保护的良性循环。

实现绿色跨越式发展首先就要在速度上下功夫，但不同于当前以GDP为中心的粗放型的、重量不重质的发展方式，在保护生态环境的基础上，加快绿色产业发展步伐，扩大优质产业发展规模，夯实绿色发展企业理念，形成绿色发展企业文化，做到保护环境与发展经济齐头并进，在保质保量的基础上实现绿色跨越式发展。其次，绿色发展要打破以往的发展模式，设计科学合理的环境规制与创新政策组合，引导和激发企业进行绿色技术创新与扩散，是绿色发展转型能否成功的关键。将发展方式由粗放型向集约型发生质的转变，转变发展思路，优化发展方式，增强科技创新，加强环境监管，尽快实现经济向绿色发展转型升级。再次，绿色发展不能为了"绿色"而放弃发展，它只是给经济发展设立了一个"底线"，因此企业要提高发展效率，提高生产资料的使用效率。最后，绿色跨越式发展的一个基础就是可持续发展，就是要协调经济增长与生态环境保护间的关系。不可持续的发展是得不偿失的，牺牲现有资源，获取短期利益，发展不是长久的，但其造成的不良影响却是长期存在的。例如，20 世纪 30 年代到 60 年代主要发达国家发生了一起起重化工业严重污染环境的事件，其中最"臭名昭著"的便是"八大公害事件"。绿色发展是一个系统工程，既需要政党和政府坚持绿色执政和绿色行政，也需要企业承担社会责任，更需要全社会倡导生态文化和生态理性，坚持绿色生活方式、绿色消费方式和绿色行为方式。

绿色发展理念是坚持人民主体地位和实现以人民为中心发展思想的重大体现，其核心价值追求是保障人居环境的权益，让良好生态环境成为人民生活质量的增长点。习近平同志说："我们的人民热爱生活，期盼有更好的教育、更稳定的工作、更满意的收入、更可靠的社会保障、更高水平的医疗卫生服务、更舒适的居住条件、更优美的环境，期盼着孩子们能成长得更好、工作得更好、生活得更好。人民对美好生活的向往，就是我们的奋斗目标。"[1]

绿色是永续发展的必要条件和人民对美好生活追求的重要体现。中国石油通过发展非常规天然气、船舶气代油保护绿水青山、研发应用地热发电、漠大线生态保护以及减排二氧化碳等来践行绿色发展。

发展非常规天然气。中国石油将页岩气作为实现效益增长的重要接替业务，在四川盆地积极开展页岩气开发先导试验，推进国家级页岩气示范区建设，加快四川盆地页岩气的规模开发。在页岩气的开发中，中国石油注重清洁集约作业，建立完善的 HSE 管理体系（健康、安全和环境"三位一体"的管理体系），应用随钻处理技术，及时收集并处理钻井废弃物；优化水资源利用，

---

[1] 《人民对美好生活的向往就是我们的奋斗目标》，《人民日报》2012 年 11 月 16 日。

压裂返排液重复利用率达到90%以上；探索无水压裂技术，节约水资源；节约土地使用，采用平台井场作业技术比单井井场节约用地70%以上。华北油田通过积极开展技术攻关，探索形成了包括煤层气二维地震精细构造解释、富集区评价与井位部署等在内的国内领先的技术工艺体系，解决了高阶煤层吸附能力强、含气量高，渗透率和解吸压力低的技术难题。经过5年的努力，华北油田在山西沁水盆地南部探明国内首个千亿立方米储量规模整装煤层气田，并建成8亿立方米产能的煤层气开发先导试验基地，生产的煤层气通过西气东输管网实现外输供气。

船舶气代油保护绿水青山。以气代油技术在水运领域的应用可有效保护水资源环境，对国家天然气终端销售和LNG（液化天然气）装备制造业务的快速发展具有积极的推动作用。中国石油在钻机动力、气体发电和船舶动力领域进行以气代油试验应用，取得显著替代与环保效果的基础上，成立了水运以气代油工作领导小组，提出以船舶动力以气代油新技术的示范应用为核心的气代油示范工程，加快建设山东微山湖及长江航运气代油示范工程、安徽芜湖及江西赣江水运以气代油示范工程。促进实现水运污染减排、绿色环保的目标。2011—2014年，全国LNG燃料动力船舶实际改造和新建（含在建）数量为79艘（中国石油约占50%），其中改造船舶为57艘，新建（含在建）船舶为22为艘。

研发应用地热发电。由中国石油华北油田参与的国家"863"计划"中低温地热发电关键技术研究与示范"科研项目，是中国石油首个列入国家"863"计划的地热科研项目，对于推进绿色、国际、可持续中国石油建设具有重要意义。截至2013年，华北油田留北潜山地热电站已初具规模。基于华北油田示范场地提供的冷热源条件，这个项口将完成500千瓦发电机组现场调试。

漠大线生态保护。中俄原油管道漠河—大庆管道建设途经高寒冻土区、原始森林区、自然保护区和黑龙江、嫩江等敏感水系。中国石油在管道建设过程中高度重视对土壤、植被的保护，积极恢复地貌，加强对野生动物的保护。2014年5月，中俄原油管道漠大线通过国家环境保护部现场检查，并得到现场专家的认可。国家环境保护部环境工程评估中心的调查结果表明，100%的受调查单位和居民对漠大线环境保护工作表示满意。

减排二氧化碳。中国石油牵头完成的国家"863"计划"二氧化碳驱油提高石油采收率与封存关键技术研究"项目通过国家验收。2013 年，吉林油田二氧化碳驱油开发试验稳步推进，已建成 3 个不同类型试验区，5 年埋存二氧化碳 43 万吨，原油单井产量较水驱提高 30%—60%。西气东输投产以来，为提高环境效益发挥了重要作用。据测算，西气东输一线、二线、三线每年 700 多亿立方米的天然气折合 9309 万吨标准煤，减少二氧化碳排放 1.07 亿吨。《2012 上海市环境状况公报》指出，上海市当年环境空气质量优良率达到 93.7%。

生态文明建设既是我国作为最大发展中国家在可持续发展方面的有效实践，也是为全球环境治理提供的中国理念、中国方案和中国贡献。国际社会应该携手同行，解决好工业文明带来的矛盾，共谋全球生态文明建设之路。各国人民同心协力，构建人类命运共同体，建设清洁美丽的世界，保护好人类赖以生存的地球家园。

（郭兆晖 撰写）

第十五章

创新能力：从"技术靠外援"走向"自主创新"

历史和现实都表明，科技强则国家强。我国在近现代之所以落后，很重要的原因就是没有赶上科技创新和产业革命的机遇。习近平总书记指出："一个国家是否强大不能单就经济总量大小而定，一个民族是否强盛也不能单凭人口规模、领土幅员多寡而定。近代史上，我国落后挨打的根子之一就是科技落后。"①新中国成立之后，在几代中央领导集体的英明决策部署和全国人民的共同努力下，我国的科技创新经历了从自力更生、技术引进到自主创新的发展之路，取得了举世瞩目成就。

一、技术靠外援：一切技术难题都需要苏联专家

毛泽东多次强调，一切从中国的实际出发，走中国自己的建设道路，主要依靠中国人民自己的智慧和力量，独立自主，自力更生，艰苦奋斗，勇攀高峰，同时亦注意争取外援，加强国际经济技术的交流。毛泽东认为"就自然科学本身来说，是没有阶级性的"。毛泽东指出，社会主义革命的目的是解放生产力。经济建设是科学，要老老实实学习。不仅要向苏联学习，也要向美国学习。1964 年 1 月 7 日他在听取工业交通会议情况时提出，有些东西不会造，要向别国学。甚至说："在一定时候，可以让日本人来中国办工厂、开矿，向他们学技术。"但这一计划因为西方国家对中国经济的封锁而搁置。

---

① 中共中央文献研究室编：《习近平关于社会主义经济建设论述摘编》，中央文献出版社 2017 年版，第 126 页。

　　大量的研究表明，技术后发国家可以通过引进先发国家的先进技术来实现自身创新能力的积累。技术引进在提高我国科技水平和加速社会经济发展方面，发挥了不可替代的作用。我国在自力更生的基础上先后从国外引进了大量的先进技术、设备和管理经验。第一个五年计划时期，我国引进苏联援助的"156 项"重点工程，包括 106 个民用工业企业项目和 44 个军工项目。这 156 个项目主要分布在 17 个省（区），大部分在东北和中西部，实际建成 150 个项目，涵盖了几乎所有的工业门类。成套引进机器设备、工艺和产品设计，使得我国在原材料、能源、机械、电工等工业领域较快形成了一定的生产能力，为一穷二白的我国奠定了门类齐全的工业基础。长春第一汽车制造厂、洛阳第一拖拉机厂、第一重型机器厂、西电公司、兰州炼油化工厂、武钢、包钢等一大批工业企业，还包括包头一机、二机（生产坦克），哈飞、沈飞（生产歼击机、直升机）等大批工业企业都是在这批援建项目中创建的。这些企业后来都成为本行业的排头兵和工业"母鸡"，为后来其他工业企业输送了大批技术骨干，也为中国国防工业奠定了基础。①

　　这个时期，苏联应我国政府的邀请派遣了大批既具有科学知识和实践经验又具有高度国际主义精神的专家来华工作。在第一个五年计划期间，就派来 3000 多名专家，承担了上述工程的援建工作。到 1959 年年底，苏联政府共派来 7000 多名专家。这些专家分布在工业、农业、水利、林业、交通、邮电、建筑、地质、科技和文化等国民经济各个部门。② 他们帮助我国进行了许多重点工业项目的勘测和设计工作，帮助企业掌握工业新产品的生产技术，参加安装和调试技术设备等等，他们对中国的经济建设作出了不可磨灭的贡献。在这十年中，约有 10000 名俄国专家在中国工作，他们勘探和调查地质状况，选择厂址，提供技术数据，训练中国技术人员。自 1954 年两国签订科技合作协定到 1958 年年底，苏联无偿向我国提供了 1100 套工业企业及其他建设项目的资料、3500 套制造机械设备的图纸、950 套技术资料和 2950 个各种技术说明书。这些技术资料涉及的范围包括冶金、矿山、选矿、地球物理测量、化工设备、

① 张国宝：《新中国工业的三大里程碑：苏联援建、三线建设及大规模技术引进》，《发展》2014年第 9 期。
② 孔寒冰：《中苏关系及其对中国社会发展的影响》，中国国际广播出版社 2004 年版，第 144 页。

机器制造、煤气管道、洗煤厂、化工制品的生产工艺，等等。这些不仅帮助我国缩短了设计时间，节约了投资，而且也使得我国掌握了当时比较先进的新技术，极大地促进了我国的经济建设。[①]

据曾经担任国防部五院一分院 211 厂副总工程师的辜仲华回忆，专家手把手地教工人焊接是常有的事。在苏联专家的精心指导下，200 多名修飞机的铆工、80 多名工艺工装设计人员改学高温钎焊、氩弧焊等焊接技术，变身为制造导弹的焊工。后来这批人都成为厂里的技术骨干。如果没有苏联专家的援助，"1059"（东风一号）的仿制起码还要推后两到三年。[②]

20 世纪 60 年代初，由于中苏关系恶化，加上美国等国家对我国的技术封锁尚未解除，我国引进技术出现困难。这时候我国主要是从日本和西欧一些国家陆续引进了维尼龙、石油化工、冶金、矿山、电子和精密仪器等方面的技术和成套设备。

20 世纪 70 年代初，国际关系出现了新的趋势，1971 年我国恢复了在联合国的合法权利，美国总统尼克松访华。1972 年中美发表联合公报，中日关系正常化。这时迎来了新中国历史上的第二次大规模成套技术设备引进工作。由于预定计划是引进 43 亿美元的成套技术设备，所以这个计划也被称为"43 方案"。引进的项目包括彩电生产设备（1 套）、一米七轧机生产线（1 套）、大化纤成套设备（4 套）、年产 30 万吨合成氨能力的化肥设备（13 套）、年产 30 万吨乙烯的石油化工设备（2 套）、年产 1300 万吨的综合采煤机、核电站（1 套）、发电机组（225 万千瓦）以及军用斯贝发动机，等等。这次大规模的技术引进不仅初步了解了西方国家，而且学习了西方先进技术、先进工艺和先进设备，同时也接触到了先进管理理念和管理方法。这些项目虽然没有全部实施，但是实施的项目都很好地与国内既有的技术实现了配套，形成了较大的生产能力，迅速提高了人民的生活水平，并为改革开放之后国民经济的发展奠定了基础。

---

① 孔寒冰：《中苏关系及其对中国社会发展的影响》，中国国际广播出版社 2004 年版，第 143—144 页。

② 《1059：东方破晓开天地》，《中国航天报》2016 年 8 月 3 日。

二、"两弹一星"靠的是自力更生

以毛泽东同志为核心的党的第一代中央领导集体，在全面深入地把握世界科学技术发展趋势和认真分析我国科学技术落后状况的基础上，提出了建国初期我国科技发展战略。

新中国成立之初，百废待兴。作为世界上最大的发展中国家，要屹立于世界民族之林，这需要强大的物质基础，需要强大的科学技术做支撑。1949年11月，中共中央就成立了中国科学院，并相继又在各产业部门和地方成立了一大批科研机构。1956年，又成立了国家科学规划委员会和国家技术委员会（1958年两个委员会合并为中华人民共和国科学技术委员会，简称"国科委"），从国家体制上加强了对全国科研机构的管理与协调，并形成了国防工业、产业部门、地方政府、高等院校、中国科学院五大科研体系。1949年，全国专门从事科学研究的知识分子不超过500人，各种新技术的研究几乎全是空白。到50年代中期，全国科学技术人员已增加到40多万人，比1947年增加了8倍；科研机构发展到840多个，比1947年增加了20倍。从而奠定了我国科技发展的基础。①

毛泽东主席总结了历史经验教训，他指出，从19世纪40年代到20世纪40年代的一百年间，几乎所有的帝国主义国家都侵略过中国，除了抗日战争以外，其他战争均以中国失败告终。究其原因，一是社会制度腐败，二是经济技术落后。在我国社会主义建设已经建立的情况下，需要努力改变经济技术落后的状况。"如果不在今后几十年内，争取彻底改变我国经济和技术远远落后于帝国主义国家的状况，挨打是不可避免的。"② 毛泽东在1954年6月14日中央人民政府委员会第三十次会议上指出："现在我们能造什么？能造桌子椅子，能造茶碗茶壶，能种粮食，还能磨成面粉，还能造纸，但是，一辆汽车、一架

---

① 张昀京：《铸剑九十年　锋刃正凛然——中国共产党科技思想及政策回眸》，《科技潮》2011年第7期。

② 《毛泽东文集》第八卷，人民出版社1999年版，第340页。

飞机、一辆坦克、一辆拖拉机都不能造。"① 在科学技术如此落后的基础上，我们又如何搞经济建设、发展科技事业呢？ 1956 年是我国现代科学技术发展史上具有里程碑式意义的一年。1956 年 1 月 14 日党中央召集了讨论知识分子问题的会议，在会上周恩来总理做了《关于知识分子问题的报告》，党中央发出了"向科学进军"的伟大号召。为了认真落实"向科学进军"的号召，报告指出，不能浪费时间，要尽快确定科学发展的远景计划，要调集一批科学力量（包括需要派遣出国的科学人员的名单、需要聘请的苏联专家的人数、需要由其他岗位调到科学研究岗位的人数和主要人员名单等），要在全国高等学校扩大科学研究工作和扩大培养科学力量，等等。随后，我国先后制定出发展科学技术的《1956—1967 年科学技术发展远景规划纲要》（简称"12 年科技规划"）和《1963—1972 年科学技术发展规划纲要》（简称"10 年科技规划"）。科技事业进入了一个有计划的蓬勃发展新阶段。两个规划的实施催生了以"两弹一星"为代表的一大批科技成果，发展了原子能、电子学、计算机等新兴学科，促进了一系列新兴工业部门和产业的诞生，提升了国家实力。

1963 年 12 月，毛泽东在听取十年科学技术规划汇报时明确指出，"科学技术这一仗，一定要打，而且必须打好。过去我们打的是上层建筑的仗，是建立人民政府、人民军队。建立这些上层建筑干什么呢？就是要搞生产。搞上层建筑、搞生产关系的目的就是解放生产力。现在生产关系是改变了，就要提高生产力。不搞科学技术，生产力无法提高。"② 尽管毛泽东在这里没有直接提出"科学技术是生产力"的论断，但是他依靠科学技术发展生产力的思想是很明确的。

这个时期，虽然我国的科技发展重点向国防和尖端科技倾斜，但同时也注重与现实生产力的结合。例如 1958 年制定的农业"八字宪法"（土、肥、水、种、密、保、工、管）是现代农业科学理论和传统农业实践经验的结合，是对农业综合技术的高度总结，准确地指明了我国农业生产力的着力点；工业领域推广的"鞍钢宪法"更是一场将科学技术与生产实践相结合、科技人员与工农

① 《毛泽东文集》第六卷，人民出版社 1999 年版，第 329 页。
② 《毛泽东文集》第八卷，人民出版社 1999 年版，第 351 页。

群众相结合的社会活动。其主要内容总结为"两参一改三结合"，即干部参加劳动，工人参加管理；改革不合理的规章制度；工程技术人员、管理者和工人在生产实践和技术革新中相结合。现在看来，当时的这些思想和做法依然有很强的现实意义。

早在第二次世界大战期间就以空气动力学和超音速飞行的科学成就享有盛誉的钱学森，冲破美国百般阻挠，于 1955 年回到了祖国，为祖国的国防建设和科学技术事业作出了重要贡献。一位美国记者在《中国导弹之父——钱学森》中写道："正是因为有了钱学森，中国才在 1970 年成功地发射了第一颗人造卫星。现在，由他负责研究的火箭，正使中国成为同苏联、美国一样能把核弹头发射到世界上任何一个地方的国家。"[①] 以钱学森为院长的导弹研究院成立后，任新民、屠守锷、梁守槃、庄逢甘、蔡金涛、黄纬禄、吴朔平、姚桐斌、梁思礼等专家先后从全国各地调来，形成了我国发展导弹技术的第一批骨干力量。

早在 1956 年的秋天，苏联就有了撤回在华专家的念头。1956 年 10 月 11 日，国务院召开常务会议，讨论苏联援助我国第二个五年计划项目谈判的情况。周恩来明确提出我们要"自力更生"。中国为什么要搞原子弹？毛泽东说："在今天的世界上，我们要不受人家欺负，就不能没有这个东西"，"没有那个东西，人家就说你不算数"。1960 年 7 月 16 日，苏联突然照会中国，要把苏联专家和顾问从中国召回，而且不等中国答复，就通知在华工作的全部专家于 7 月 28 日至 9 月 1 日期间离境。就在苏联专家撤走后的第 17 天，我国用国产液体燃料成功地发射了一枚苏制导弹；1960 年 11 月 5 日我国自己制造的"东风一号"导弹成功发射。

1961 年 7 月 16 日，中共中央发布了《关于加强原子能工业建设若干问题的决定》。该决定中指出我们要自力更生，缩短战线，集中力量发展原子能技术和原子能工业。那是一段极其艰苦的岁月。当时最先进的运算工具是一台乌拉尔计算机，对原子弹的物理过程进行大量的模拟计算分析主要靠手摇计算机和计算尺甚至算盘计算。全国各族人民都勒紧裤腰带，将各种物资调配到国防科研单位和实验基地，要让科学家、技术工人、军队的干部战士吃饱，不能让

---

① 李斌：《"向苏联老大哥学习"运动纪实》，东方出版社 2014 年版，第 220 页。

他们饿着肚子研制原子弹。集中力量办大事的社会主义优越性得到了充分体现。1964 年春天，托举原子弹的百米铁塔在罗布泊拔地而起；10 月 16 日 15 时一声巨响，我国自力更生按内爆原理设计的原子弹爆炸成功。1967 年 6 月 17 日 8 时我国第一颗氢弹空爆试验成功。1970 年 4 月 24 日 21 时我国第一颗人造卫星发射成功。

需要特别注意的是，我国坚持自力更生，但绝不是不吸收世界优秀成果，也绝不是闭门造车。一是前期苏联的支持；二是不断吸取当时的外部成果，不是封闭的产物；三是参与者的素质非常高，受表彰的 23 位功勋科学家中 21 位有海外留学经历，其中 16 人拥有博士学位。他们与当时世界科技最前沿的距离很近，他们熟悉最前沿技术。

三、改革开放开启"科学的春天"

1977 年 9 月 18 日，国家科学技术委员会重新建立。1977 年恢复了高等学校招生考试制度。这一年从 570 万考生中通过统一考试录取了 27.3 万名新生。1978 年又恢复了研究生招生。1978 年 3 月，全国科学大会在北京隆重召开。邓小平在会上提出了"科学技术是第一生产力"，"知识分子是工人阶级的一部分"等重要论断，澄清了长期束缚科学技术发展的重大理论是非问题，把自"文化大革命"以来禁锢中国科学家和知识分子的桎梏打破，迎来了科学的春天。

1988 年 9 月 5 日，邓小平在同捷克斯洛伐克总统胡萨克的谈话中说："马克思说过，科学技术是生产力，事实证明这话讲得很对。依我看，科学技术是第一生产力。"[1]邓小平的这一科学论断，精辟地论述了科学技术在经济社会发展中的作用。1992 年春，他在南方谈话中再次强调："我说科学技术是第一生产力。近一二十年来，世界科学技术发展得多快啊！高科技领域的一个突破，带动一批产业的发展。我们自己这几年，离开科学技术能增长得这么快吗？要提倡科学，靠科学才有希望。"[2]

---

[1] 《邓小平文选》第三卷，人民出版社 1993 年版，第 274 页。
[2] 《邓小平文选》第三卷，人民出版社 1993 年版，第 377—378 页。

1981 年，《中华人民共和国专利法》（以下简称《专利法》）数易其稿，但仍无法出台。而法律不能出台的背后，是观念和理论的交锋。那个时候有很多部门反对《专利法》出台，因为当时我国有不少产品都是仿冒的，如果有了专利，就没办法生产了。而且从理论上讲，很多人认为专利制度不应该存在于社会主义制度当中，因为它是建立在私有制的基础上，给专利人垄断的权力。甚至还有人在讨论技术落后的国家能不能有专利制度。[①] 为了更好地利用外资，引进国外先进的技术、设备和管理，加快自身经济发展，1984 年 3 月，全国人大常委会通过了《专利法》。[②]

1983 年，美国提出旨在全面促进美国高技术发展的战略防御倡议，即"星球大战计划"。此后，在星球大战计划的影响下，日本出台了科技振兴基本国策，西欧 17 国联合签署了"尤里卡计划"，苏联等国也相继推出各自的高技术发展计划。在这一国际背景之下，1986 年 3 月，王大珩、王淦昌、杨嘉墀和陈芳允 4 位科学家联名上书邓小平，提出《关于跟踪研究外国战略性高技术发展的建议》。该建议得到了邓小平同志的充分肯定。在国务院组织专家调研论证的基础上，制定了我国《国家高技术研究发展计划纲要》，由于计划的倡议和中央领导人的首肯都是在 1986 年 3 月，所以这个计划也称为"863 计划"。"863 计划"的实施，使得我国在高性能计算、移动通信、高速信息网络、深海机器人、天地观测系统、海洋观测和探测、新一代反应堆、杂交水稻、抗虫棉、基因组学等领域在世界上有了一席之地。同时，在生物工程药物、基因芯片、通信设备、高性能计算机、人工晶体等领域形成了一批具有中国知识产权、能够支撑产业发展的经济增长点。对于提升我国自主创新能力、提高国家综合实力、增强民族自信心等方面"863 计划"发挥了重要作用，也造就了一批高技术发展人才。

1987 年 12 月，由中共中央办公厅调研室牵头组成联合调查组，对中关村电子一条街 148 家民营科技企业进行了深入调查，肯定了电子一条街的发展方向，提出了建立中关村科技工业园区的建议。1988 年 8 月 5 日北京新技术产

---

① 《赵嘉祥：我审理了中国第一个专利无效案》，人民网，2009 年 2 月 19 日。

② 申长雨：《中国依法严格保护知识产权》，《中国知识产权报》2018 年 10 月 17 日。

业开发试验区在中关村正式成立，这是我国第一个国家级高新技术产业开发试验区。当时中关村地区是我国最大的智力密集区，集中了近 200 所高等学校和科研院所。充分利用这一优势发展高新技术产业，极大地带动了全国各地高新技术产业的发展。

为推动基础研究和部分应用研究，中国科学院 89 位院士（学部委员）致函党中央、国务院，建议设立面向全国的自然科学基金，得到了党中央、国务院的首肯。国家自然科学基金委员会于 1986 年 2 月正式成立。30 多年来国家自然科学基金委员会创造性地学习和借鉴了西方发达国家科学基金的管理模式，制定了一整套的科学基金管理办法，极大地改善了我国基础研究的资助环境，促进了我国基础研究总体水平的提升并已取得了一批在国内外具有领先水平的研究成果。

四、用"市场"换不来"核心技术"

1992 年，"创新"一词出现在了党的十四大报告中。报告强调在全党提倡解放思想、改革创新的精神；强调建立和完善科技与经济有效结合的机制，加速科技成果的商品化向现实生产力转化；不断完善保护知识产权的制度；认真抓好引进先进技术的消化、吸收和创新。在 1995 年 5 月 26 日召开的科学技术大会上，江泽民做了题为《实施科教兴国战略》的报告。他强调，创新是一个民族进步的灵魂，是国家兴旺发达的不竭动力。如果自主创新能力上不去，一味靠技术引进，就永远难以摆脱技术落后的局面。一个没有创新能力的民族，难以屹立于世界先进民族之林。

改革开放以来，我国利用"以市场换技术"的策略实现了经济快速增长，外资利用的增加以及国外先进技术的引进无疑极大地推动了我国市场经济的发展。但是有一个问题日益凸显：我们似乎陷入了"引进—落后—再引进—还是落后"的陷阱。国内很多企业尽管让出了市场，甚至让渡了部分所有权，但并没有换来创新能力，也没有形成自己的核心技术，甚至很多领域的技术创新能力在衰退。我国的汽车产业发展曾经有一个著名的"三段式"策略：第一步通过合资引进国外先进技术；第二步实现零部件国产化；第三步实现自主开发。

但实际上在前两步过程中，合资企业只是引进了外国企业现成的产品设计，并没有产品的研发活动，这种以"市场换技术"的合资模式并没有为中国企业带来技术开发能力。[①] 我国在 1970 年就开始研发自己的大型喷气式客机，仅仅比欧盟的空中客车项目晚两年多。1980 年我国的运–10 首飞，也只比 A300 晚 8 年。但 1983 年运–10 下马，我国自主研发的大型干线客机功亏一篑。之后，我国开始尝试国家合作，先后与麦道、空客合作，但都没有太大进展。国际合作没有带来技术，也没有带来产业的发展。直到 2007 年大型飞机研制重大科技专项立项，才迎来了我国大飞机技术和产业的创新发展。[②]

国际科技合作从来都是"珍珠换玛瑙"的游戏，绝不是恩赐与施舍。例如，由美国主导的国际空间站计划有 16 个国家参与，对我国却始终关闭合作的大门。但在我国成功实施载人航天工程之后，有关国家便向我国提出开展合作的意愿。[③] 由此我们就能深刻地认识到，只有基于自主创新的技术引进合作模式才能推动创新能力的提升。

五、提高自主创新能力，建设创新型国家

1997 年亚洲金融危机之后，中央密切关注世界科技体制的发展变化，顺应世界科技发展的潮流，及时提出了建设国家创新体系的战略任务。1997 年年底，中科院向党中央、国务院呈送了《迎接知识经济时代，建设国家创新体系》的研究报告，受到中央领导同志的高度重视。1998 年 2 月 4 日，江泽民对报告作了重要批示，希望中国科学院"搞些试点，先走一步。真正搞出我们自己的创新体系"[④]。江泽民指出，"建设国家创新体系，通过营造良好的环境，推进知识创新、技术创新和体制创新，提高全社会创新意识和国家创新能力。"[⑤]

---

① 梅永红主编：《自主创新高端访谈》，知识产权出版社 2010 年版，第 166 页。
② 梁国勇：《中国经济 2040：全球变局与中国道路》，中国人民大学出版社 2017 年版，第 334 页。
③ 梅永红主编：《自主创新高端访谈》，知识产权出版社 2010 年版，第 75 页。
④ 《江泽民在中国科学院"迎接知识经济时代，建设国家创新体系"研究报告上的批示》，《中国科学院院刊》1998 年第 5 期。
⑤ 江泽民：《论科学技术》，中央文献出版社 2001 年版，第 207 页。

党的十六大之后，国家中长期科技规划工作全面启动。2003 年 6 月 23 日规划领导小组主持召开了一次战略规划研究论坛。在这次论坛上，经济学家与科技界专家们围绕"技术引进"还是"自主创新"发生了争论。① 后来的发展实践证明，技术引进十分必要，但自主创新是科技进步必由之路和战略选择。即使是引进的技术，也要重视消化吸收再创新。很多技术是买不来、换不来、讨不来的。20 世纪八九十年代，我国的技术引进中，硬件成套设备的引进占了很大一部分，技术许可和技术咨询服务等软件技术引进的合同数量很小，反映出我国企业普遍存在技术依赖。再加上消化吸收严重不足，使得我国自主创新能力不足，产业普遍处于产业链条低端，核心技术、关键技术缺失，竞争力弱。面对核心技术、关键技术受制于人的局面，2005 年制定的《国家中长期科学和技术发展规划纲要（2006—2020 年）》明确指出，要提高自主创新能力，建设创新型国家，并设定了 2020 年跻身创新型国家行列的战略目标。在该纲要中，明确了"自主创新、重点跨越、支撑发展、引领未来"的科技工作指导方针，部署了重要的基础研究领域和交叉领域的研究任务，批准设立了包括核高基、集成电路装备、移动宽带通信、大飞机、载人航天与探月工程等在内的16 个重大科技专项，并出台了一系列配套措施为任务的实施提供保障。2007年召开的党的十七大明确指出，提高自主创新能力，建设创新型国家，是国家发展战略的核心。

2008 年我国第一条高速铁路——京津城际铁路建成通车。截至 2018 年年底，我国高速铁路的运营里程已达到 2.9 万公里，占世界总里程的三分之二。高铁已经成为我国一张亮丽的名片，它的发展充分展示了我国的自主创新能力。2004 年，我国从日本、德国和法国引进高铁技术，但一直到 2006 年都没有实质性突破。② 2006 年之后国家调整战略，从引进战略转向包含引进消化吸收再创新、集成创新和原始创新在内的自主创新战略。2008 年，原铁道部和科技部组织了 25 所高校、11 家科研院所、51 家国家重点实验室和工程研究中心开展协作，共同支撑起 CRH380 系列动车组自主创新工作。2014 年，高铁

---

① 赵忆宁：《"技术引进"与"自主创新"的论争》，《瞭望新闻周刊》2003 年第 27 期。
② 《高铁该归功于引进还是自主创新?》，《中关村》2017 年第 10 期。

控制系统和牵引系统研制成功，2015 年全新一代的中国标准动车组横空出世，标志着具有中国特色的自主知识产权和世界先进水平的高铁技术体系基本形成，我国高铁技术研发进入自主创新的中国范式。2017 年 9 月，由我国自主研发、具有完全知识产权的"复兴号"动车组开始运营，标志着我国高铁事业进入领跑世界的新时代。

六、新时代进入创新型国家行列

按照全球创新指数排名，我国已经跻身世界创新 25 强。科技与经济融合加快，2018 年我国科技进步贡献率达到了 58.5%，战略性新兴产业、高技术产业增加值均超过规模以上工业增加值，创新发展成效显著。但创新能力不强，科技发展水平总体不高，科技对经济社会发展的支撑能力不足，仍然是我国这个经济大国的"阿喀琉斯之踵"。2018 年 4 月 16 日，美国商务部公布了对中兴通讯的制裁，禁止美国公司 7 年内与中兴开展任何业务，包括软件、技术、芯片等，理由是中兴违反了美国限制向伊朗出售美国技术的制裁条款。"中兴事件"成为在中美贸易摩擦中美国打击我国芯片产业的切入口。2019 年 5 月，美国总统特朗普签署了一项总统令，宣布美国进入国家紧急状态，以给予美国商务部更大的权力去禁止美国企业使用华为这种会"威胁美国国家安全"的公司的设备。同时，美国商务部还将华为列入了威胁美国国家安全的"实体清单"中，从而禁止华为从美国企业那里购买技术或配件。"中兴事件"和"华为事件"充分证明了"关键核心技术是要不来、买不来、讨不来的"，核心技术必须掌握在自己手里，国家的强大，一定要以全球视野谋划和推动创新，提高自主创新能力。

近年来，我国投入基础研究的经费年增长速度都在 10% 以上，2018 年我国全社会研发经费中基础研究的占比达到了 6%；当前我国国际论文发表数量稳居世界第二位，被引用次数升至第三位；500 米口径球面射电望远镜等大科学装置建设取得重要进展，暗物质探测卫星"悟空"成功升空；"天河二号"超级计算机的计算能力和数据传输功能应用于天气预报、生物医药、工程仿真、智慧城市管理等方面，取得了显著效益；国家在重大领域正在组建一批综合性的国家实验室，将进一步优化国家科研基地布局，为关键核心技术的攻关奠定坚实基础。

企业技术创新主体地位在不断夯实。当前我国研发投入的 78% 左右是由企业投入的。载人航天、"蛟龙号"载人潜水器、特高压输电、第三代核电、大型客机 C919、"复兴号"高速列车等，企业已经成为技术创新的主体，进一步强化企业技术创新主体地位的政策措施正在落实，生产要素的市场化改革，倒逼企业创新，反映稀缺性和环境影响的资源价格机制和税收体系正在形成；努力消除行业垄断和市场分割的公平的市场准入规则正在落实；以研发投入税前抵扣为代表的普惠性的创新支持政策体系为各类创新主体注入了催化剂；将创新投入和创新效益纳入了国有企业业绩考核体系以及容错机制的构建，极大地加快了国有企业做强做优做大的步伐；完善产权保护制度和依法保护产权给民营企业家吃了"定心丸"，激发了他们的创新创业活力和积极性。民营企业已经成为驱动创新发展的生力军。

创新人才潜能正在不断释放。向用人主体放权，为人才松绑，让各方面人才各得其所、尽展其长的体制机制正在形成。国有企业引进高层次、高技能人才发生的人才专项投入视为当期利润，高层次人才的收入分配、横向课题收入、科技成果转化奖励、科研经费绩效奖励等不纳入绩效工资总量，把科技成果处置权、收益权下放给项目承担单位等一系列具体政策，职务科技成果混合所有制改革和科研项目经费包干制的推进，赋予创新团队更大的人财物支配权和技术路线决策权，将最大限度地释放人才潜能，推动创新驱动发展。

（陈宇学　撰写）

第十六章

交通设施：从"发展梗阻"走向"畅通天下"

在百年前的《建国方略》里，孙中山先生构想了这样的宏伟蓝图：要修建约 16 万公里的铁路、160 万公里的公路，开凿并整修全国水道和运河，建设 3 个世界级大港，发展内河交通和水利，发展电力事业。在他看来，只有这样才能振兴中华。百年之后，中国人民创造出的许多成就，已经远远超出了孙中山先生的设想。无论是基础设施建设的规模，还是基础设施建设的水平，我国都在世界上名列前茅。从新中国成立初期的"自行车王国"到现在超过 2 亿辆的汽车保有量、从 0 公里的高速公路到现在的 14 万公里高速公路、从为数不多的绿皮火车到现在的"复兴号"高速列车，我国的基础设施建设成就斐然。

一、交通设施落后是近代中国经济发展的"梗阻"

自古以来，交通问题就是老百姓关注的重点问题，尤其是近代以来，世界主要国家都已经进入了火车、汽车、铁路时代，我国却仍然在前工业化社会止步不前。从 1840 年到新中国成立前夕的一百余年，我国修建的铁路屈指可数、通铁路的城市也寥寥无几，修建的铁路里程也远远低于其他国家。以日本为例，日本自 1872 年开始修建第一条铁路——京滨铁路开始，到 1905 年就已经建成超过 7700 公里的铁路，每年平均修建 233 公里的铁路。而反观当时的中国，虽然 1881 年也修建了第一条由清政府主张兴建的官办铁路——唐胥铁路，但是直到 1905 年，算上所有西方国家在中国修建的铁路，我国的铁路总里程也仅仅只有 2755 公里，远远低于日本。缓慢的基础设施建设速度大大影响了近代中国的经济发展甚至影响了中国近代历史的走向。

以在中国近代史上赫赫有名的川汉铁路为例，1904 年年初，川汉铁路总公司在成都成立。预定路线自成都，经重庆、宜昌，达汉口，全长 3000 公里。修建川汉铁路所需的大量资金，主要靠"田亩加赋"的办法筹集，由于四川群众对这条铁路期望极大，全川 7000 万人无论贫富，纷纷踊跃出资建设，人人都成了川汉铁路"原始股民"。然而，遗憾的是，即使这段铁路的筑路工人最多时超过 4 万人、即使是 7000 万四川人民日夜盼望，这条铁路的进展却非常缓慢，直到 1911 年 5 月，才修成了 17.5 公里。随后，清政府欲将铁路收归国有，引发了四川的保路运动，直接引发武昌起义，清政府灭亡。而在后面的民国时期，国民党政府从 30 年代也开始筹建川汉铁路的成渝段，但直到 1942 年，成渝铁路工程仍然只完成了 39%，这条路修了停，停了修，历时 30 多年毫无起色。四川人民盼望已久的这条铁路仍然遥遥无期。这种建设速度对整个国家内部的经济、交通、物流、信息、要素的一体化发展具有巨大的阻碍作用。而这种局面在 1949 年之前的中国，是没有办法得到解决的。

二、新中国把交通设施建设作为"先行官"

与 1949 年前的统治者不同，中国共产党深深知道发达的基础设施对于满足老百姓生活生产需求、对于促进国内市场一体化发展、对于稳定 960 多万平方公里国土空间、对于紧密联系 56 个民族的人民具有无与伦比的重要性。也正是在这种思路的指导下，我国迅速变成了令全球瞩目的基建大国。从 1949 年开始，在中国 960 多万平方公里的土地上，无数个交通难点陆陆续续地被攻克，密集而又畅通的交通网络就像人体经脉血管一样，为整个国家的一体化和高速发展奠定了雄厚基础，可以从如下三个案例中了解中国交通基础设施建设发展的水平。

第一个例子是川汉铁路，这条在清朝和民国政府统治时期屡经磨难的铁路，在几十年的时间里进展缓慢甚至几乎停滞。而 1949 年新中国成立后，为改善运输条件，恢复四川乃至整个西南地区国民经济，以刘伯承、邓小平为首的西南军政委员在中共中央、中央人民政府政务院的支持下，决定完成成渝铁路建设工作，仅仅用了两年时间，成渝铁路全线通车，这是新中国成立后修建的第一条干线铁路，它的建成在一定程度上完成了四川人民近半个世纪的铁路梦想，对四川的经济社会发展具有重要的历史意义，毛泽东亲笔题词："庆贺成渝铁路通车，继续努力修筑天成路"。在这条铁路通车的基础上，我国又于1968—1979 年修建了襄渝铁路、2010 年建成了创造我国铁路史上诸多"之最"的宜万铁路①、2012 年开通了汉宜快速铁路。而自 2012 年以来，四川的对外铁路联结进一步加速，2014 年通车的沪汉蓉快速铁路使得成都能够与中部地区和长三角地区直接相连；2017 年首条穿越秦岭山脉连接西南、西北地区的高速铁路——西成高铁正式运行，使得成都能够与北京直接相连；2018 年通车的成贵高铁使得成都可以通过成贵高铁、贵广高铁直接与珠三角地区相通。蜀道已经不再"难"，通过现在四通八达的"蜀道"，四川人民可以很容易地在几个小时之内到达全国各个主要大城市。

第二个例子是跨江和跨海大桥。相比于铁路建设，在长江甚至大海上造桥的难度更大。长江在我国古代历史中被视为天堑，越过这些大江大河往往只能依靠船只甚至是等到枯水期以及结冰期。根据历史档案显示，在武汉修建第一座长江大桥的设想最早由湖广总督张之洞提出，用以沟通南北铁路。②1912年 5 月，中国铁路工程师詹天佑被北洋政府聘为粤汉铁路会办。詹天佑在进行粤汉铁路复勘定线的过程中，考虑到将来粤汉铁路与京汉铁路会跨江接轨，为此在规划武昌火车站时也预留了与京汉铁路接轨出岔的位置。此后，武汉长江大桥经过多轮规划，但是由于融资困难以及技术难度大，武汉长江大桥始终没有开工。

1949 年新中国成立后，中国人民政治协商会议第一届全体会议就通过建造长江大桥的议案，1955 年 9 月 1 日正式动工，1957 年 9 月 25 日，武汉长江大桥全部完工，并于当天下午举行试通车仪式。面对这一"奇迹"，毛主席在畅游长江时，也不禁豪迈地写下"一桥飞架南北，天堑变通途"的雄伟诗句。

---

① "宜万铁路"开创了我国铁路史上多项"之最"：沿线山高谷深，集西南山区铁路艰险之大成，是我国"施工难度最大"的山区铁路。全线共有隧道、桥梁 400 余座，占线路总长的 74%，为世界之最。平均每公里造价 6000 多万元，两倍于青藏铁路，成为我国同级单公里造价最高的铁路。总里程 377 公里，修建耗时 7 年，年均进度仅 50 多公里，是我国单公里修建时间最长的铁路。

② 蒋太旭、陈丽芳：《张之洞：最早提出建设武汉长江大桥》，《长江日报》2011 年 3 月 20 日。

武汉长江大桥是万里长江上的第一座大桥，也是新中国成立后在长江上修建的第一座公铁两用桥，被称为"万里长江第一桥"。自从武汉长江大桥通车后，长江上的大桥数量开始迅猛增长，第二座长江大桥——重庆白沙沱长江大桥于1959年12月10日建成通车；第三座长江大桥——南京长江大桥于1968年12月29日建成通车。截止到2019年，长江上共有100座大桥（含江底隧道），在建40座大桥(隧道)。其中，重庆48座、湖北37座、江苏21座、四川18座、安徽11座。当我国人民用勤劳智慧攻克了长江天险后，开始把目光转向比长江更为困难的大海，希望在大海上建起桥梁。

我国第一座跨海大桥直到21世纪才出现，2002年开工、2005年通车的东海大桥是我国第一座真正意义上的跨海大桥，全长约32.5公里，是上海市跨越杭州湾北部海域通往洋山深水港的跨海长桥。随后，中国又先后建成了于2003年开工、2008年通车的杭州湾跨海大桥，于2007年开工、2011年通车的胶州湾跨海大桥，于2009年开工、2018年通车的港珠澳大桥。其中，与当年武汉长江大桥需要依靠苏联专家的技术援助不同，2018年通车的港珠澳大桥技术完全依靠自主创新，各种建设创下多项世界之最，比如目前世界上的海底隧道，普遍采取浮在海床上的技术，没有深埋在海床下的先例。港珠澳大桥的沉管隧道工程，是世界首例。就如同习近平总书记在港珠澳大桥通车仪式上强调的：港珠澳大桥的建设创下多项世界之最，非常了不起，体现了一个国家逢山开路、遇水架桥的奋斗精神，体现了我国综合国力、自主创新能力，体现了勇创世界一流的民族志气。这是一座圆梦桥、同心桥、自信桥、复兴桥。

因此，从长江到大海、从天堑到通途、从依靠外援到自主创新，中国的基础设施建设攻克了一个又一个的难关、取得了一个又一个的成就、创造了一个又一个的奇迹。

第三个例子是通向世界屋脊的铁路和公路。被称之为世界屋脊的青藏高原不仅是中国最高的地区，也是世界海拔最高的地区，还是被认为修路最为困难甚至根本不可能的地区。青藏高原西南紧倚喜马拉雅山脉，西部的喀喇昆仑山紧连帕米尔高原，这使得青藏高原的西、南两界，成为世界上最突兀、最明晰的自然边界；青藏高原北部的昆仑山脉处在更深的内陆，边界作用比喜马拉雅更强烈，更何况在昆仑山的东北，阿尔金山和祁连山两座大山脉又给高原加上了一道"隔离保险"，只有东边的横断山区稍显柔软，没有那么刚硬，但又以"横断东西交通"而得名，并闻名于世。为了进出这个四面闭合之地，历史上一代又一代人付出了巨大努力寻找路线，但是直到新中国成立后，进入西藏仍然非常困难。公元 641 年，文成公主从唐都城长安出发，一路向西，走走停停，经过甘肃、青海、日月山最后到达拉萨，一共花了半年多的时间，而这条进藏线路直到新中国成立前仍然是进藏的主要线路。当时西方权威专家曾放言：有昆仑山在就修不了青藏铁路，有永久冻土层在火车就到不了拉萨。

1950 年，为了改变西藏落后的交通基础设施从而满足藏族人民群众的需求以及加强西藏与内陆的联系，党中央先后开工建设了青藏公路、川藏公路、滇藏公路、新藏公路等多条线路，为修筑青藏公路、川藏公路，3000 多名建设者因高原病献出了宝贵生命。然而，困难与危险没有吓住伟大的中国人民，在公路已经无法满足西藏发展需求的情况下，我们又准备建设进藏铁路，20 世纪 50 年代，新中国曾经动工修建了从西宁到格尔木的铁路，但是由于施工难度太大，加之技术条件的限制，被迫停止。青藏铁路第一期西宁至格尔木段仅 814 公里，这段并不长的铁路建建停停，直到 1984 年才交付使用，历时将近 30 年。但是，中国的修路队伍克服了永久冻土、高寒缺氧、生态脆弱"三大难题"的严峻挑战，完成了在国外专家看来不可能完成的任务，在青藏高原上修成了第一条天路。而 2014 年和 2018 年川藏铁路的开工建设也意味着西藏全面进入了铁路时代，青藏高原正在向全国乃至全世界展示她神秘而美丽的容貌。

西藏是中国省际交通网络体系中连接难度最大的地区，而地处中印边界的林芝市墨脱县又是西藏自治区最难被连接的县。由于极端恶劣的自然条件，墨脱是全国最后一个通公路的县，正所谓"进藏难，进墨脱更难"。墨脱境内每年的有感地震多达数十次，2 级以下的无感地震几乎天天发生。1950 年，这里就发生了里氏 8.5 级强烈地震，能量比汶川地震还要高一倍，震中人口死亡率达到了 90％以上。频繁的地震和密集的断裂带使得这里的地质环境破碎不堪，而墨脱特殊的气候条件则加剧了这种破碎。在墨脱，每年的 5—9 月是雨季，3000—4000 毫米的降水在这几个月集中倾泻下来。相比起来，中国著名的湿润地区长三角，年降水量也只有 1500 毫米左右。丰富的降水不仅会造成洪水灾害，而且会导致岩石裂隙、土体中水位剧烈升高，排泄不畅，进而产生较大的动水压力使土体抗剪强度降低，发生大范围的崩塌。在雨水的冲刷下，墨脱几乎每天都在发生着大大小小的山体滑坡。几百万年不间断的滑坡使得这里的地表布满了滑坡堆积体。这些土石混杂、高度风化的堆积体十分松散，厚度与硬度也极不稳定，在上面修路，质量难以控制。由于季节性降水，这些吸水性很强的土体会随着季节变化时而饱水，时而干燥，修好的路面就会发生难以避免的不均匀沉降，造成破碎，进而无法通车。

正是因为这些因素导致墨脱公路成为中国最难修的公路。这条县级公路仅仅 117 公里，从 1965 年开始构筑，竟修了近 50 年，这 50 年来，历经 5 次大修、数次小修，经常是修了断、断了修。直到 2013 年才正式通车，而且只是间歇通车即每年只通车 9 个月，2018 年才真正实现整年通车。随着墨脱公路的开通，墨脱县界内的顶级峡谷景观和雪山景观开始向世界展示自己惊心动魄的美丽与壮观。如其境内的雅鲁藏布大峡谷，是世界上最深、最长的大峡谷，是地球上最雄奇壮观的大峡谷景观，被《中国国家地理》评为中国最美十大峡谷之首。而海拔 7782 米的南迦巴瓦峰被誉为西藏最美雪山，同样入选《中国国家地理》最美十大名山。

上述三个案例充分表明党中央坚持以共同富裕为根本目标，始终牢记为人民服务的根本宗旨，不惜一切代价让全国人民都能够享受到畅通便捷的交通基础设施，也正是因为这种无与伦比的重视，我国在基础设施领域取得了举世瞩目的成就。

三、高速公路总里程超过美国

中国古代的修路技术很早就领先世界，欧洲有句流传很广的话叫"条条大道通罗马"，这条宽度 5 米左右的大道让欧洲人自豪了 1000 多年。而在罗马帝国之前的 200 年，中国的秦始皇就修建了一条全长 700 多公里的"古代高速公路"——秦直道，这是世界上第一条高速公路，从当时的国都咸阳翻山越岭直达内蒙古的包头，只需要 3 天 3 夜，从此匈奴人"不敢南下而牧马，士不敢弯弓而报怨"，远遁大漠戈壁深处，数十年不敢露头。秦直道全长 700 多公里，据考古工作者的考察，秦直道最宽处 61 米，最窄处 12 米。比著名的罗马大道宽 3—10 倍，长 10 倍，在秦始皇修完秦直道 200 多年后，罗马帝国才修了 5 米左右宽的罗马大道。

然而到了近代，中国的修路技术已经跟不上工业时代的需求，同时又由于常年战乱，新中国成立初期，全国没有一条高速公路，普通公路里程也只有 8 万公里，公路等级均不到二级。到 1978 年，全国公路通车里程达 89 万公里，是新中国成立初期的 11 倍，但既无一级公路，更无高速公路，每百平方公里的公路密度只有 9.27 公里，公路交通成为国民经济发展的"瓶颈"。

改革开放之后，伴随着国民经济快速发展和对外开放的不断扩大，国家持续加大公路基础设施建设投资力度，公路总里程迅猛增长，公路运输网络通达度显著提高。到 2017 年年末，全国公路总里程达到 485.95 万公里，是 1949 年的 222.9 倍、是 1978 年的 5.4 倍；公路密度达到 50.62 公里 / 百平方公里，每百平方公里公路密度提高了 41.45 公里。

而自 1988 年我国第一条高速公路——沪嘉公路建成通车以来，高速公路更是呈现蓬勃发展的态势，实现从无到有再到覆盖成网的跨越式发展。1999 年高速公路里程突破 1 万公里，2002 年突破 2 万公里，2004 年突破 3 万公里，2005 年突破 4 万公里，2007 年突破 5 万公里，2008 年突破 6 万公里，2010 年超过 7 万公里，2012 年超过 9 万公里，2013 年超过 10 万公里，到 2018 年年末，高速公路总里程超过 14 万公里，远高于 1988 年的 147 公里，年均增长 27%，总里程居世界第一位，覆盖 99% 的 20 万人以上人口城市及地级行政中心。[1]

值得一提的是，2012 年中国的高速公路里程首次超过了美国，要知道，美国的第一条高速公路修建于 1937 年，而中国第一条高速公路修建于 1984 年，换言之，中国仅仅用了 28 年时间就修建了比美国 75 年时间修建的更长的高速公路，更惊人的是直到今天，我国仍然保持每年 5000—10000 公里的高速公路修建速度，很多省份都已经实现县县通高速的发展目标。截至 2018 年，已经实现该目标的省份达到 8 个，分别是北京、天津、上海、宁夏、江西、福建、

---

[1]　国家统计局："改革开放 40 年经济社会发展成就系列报告"之十三《交通运输网络跨越式发展　邮电通信能力显著提升》。

江苏、贵州。其中，最让人叹为观止的是贵州省，作为"地无三尺平"的西部省份，贵州修路成本远远高于其他地区，但是在党中央的高度重视和贵州省的全力执行下，我们硬是通过把贵州建成"桥梁博物馆"来实现了贵州省县县通高速的发展目标。

四、高速铁路成为中国亮丽"名牌"

改革开放之后，中国经济社会快速发展与铁路客运能力增长缓慢的矛盾一度长期存在。到 2000 年，即便经过之前的三次大提速，中国铁路客运平均时速也仅为 60.3 公里，人均铁路乘车率仅为 0.8 次，不仅远低于日本（43 次）、德国（19 次）等国家，甚至低于印度（5 次）和俄罗斯（3.8 次）等国家（王雄，2016）[1]。铁路运输已经成为 21 世纪中国经济进一步发展面临的主要瓶颈。

面对这种局面，经过 30 年研究、20 年开发、10 年运营，高铁以卓越的技术赶超成就，使中国铁路运输供求矛盾大为改观，成为改革开放 40 年来中国产业创新发展的典范。自 2008 年 8 月 1 日京津城际铁路开通至今，短短十年时间，中国的高铁从零起步，十年后已经建成 29000 公里的高铁运输网络，占世界高铁里程比重超过三分之二，位居世界第一且远远高于世界第二，"四纵四横"高铁网基本成型，"八纵八横"提上日程，同时也是世界上唯一高铁成网运行的国家。到 2020 年，高速铁路营业里程达到 3 万公里，覆盖 80% 以上的大城市，基本建成京津冀、长三角、珠三角、长江中游、中原、成渝、山东半岛城市群城际铁路网，2018 年，"复兴号"动车组已覆盖 23 个省区市和香港特别行政区。截止到 2019 年，中国高铁动车组已累计运输旅客突破 90 亿人次，成为中国铁路旅客运输的主渠道。仅 2018 年一年就发送 20.01 亿人次。高铁已经成为中国人中远距离出行的主要方式。在享誉海内外的中国"新四大发明"中，中国高铁已经成为一张熠熠闪光的名片，每年无数的外国友人来中国体验高铁的速度和平稳性，并对此赞不绝口。中国的高铁标准已经吸引了世

---

① 贺俊、吕铁、黄阳华、江鸿：《技术赶超的激励结构与能力积累：中国高铁经验及其政策启示》，《管理世界》2018 年第 10 期。

界上很多国家的注意力，很多国家开始与中国商讨合作共建高铁。高铁俨然变成了我国外交的一张烫金名片。

高铁在极大地便利人们出行的同时，也为沿途城市的经济生活圈注入生机活力，因便捷的高铁网而形成的以北京为中心的京津冀经济圈、以上海为中心的长三角经济圈、以广州和深圳为中心的珠三角经济圈等为促进区域资源共享、产业合理布局和经济协调发展发挥了重要带动作用。

五、城市轨道交通"四通八达"

新中国成立初期，我国城市居民的交通很不方便。当时全国的道路建设很不健全，城市与城市之间没有便利的交通要道，坑洼不平的土路仍在各交通要道中占有很大比例。除了道路的不便外，交通工具的落后也是导致交通不便的重要原因，那时大城市的交通也很不方便。相比而言，电车、汽车比较多见，黄包车、自行车是比较普遍的代步工具，世界上第一条地铁诞生于英国，1843 年设计、1853 年开始建造、1863 年开始运营，我国的第一条地铁是北京的地铁 1 号线，1961 年才开始建造、1969 年完工，全长 23.6 公里，设 17 座车站。随后的 1979 年 10 月，香港石硖尾—观塘线正式通车，成为中国第 2 个拥有地铁的城市，1984 年 12 月，天津地铁 1 号线建成通车，成为中国第 3 个拥有地铁的城市；上海地铁 1 号线于 1993 年 5 月 28 日正式运营，使上海成为中国第 4 个开通运营地铁的城市。随后，中国的城市地铁开始呈爆发式增长（如表16–1 所示）。

表 16–1　2019 年我国城市地铁开通情况

序号	城市	线数（条）	车站数（个）	地铁里程（公里）
1	上海	17	395	673.13
2	北京	21	364	600.64
3	广州	15	244	456.24
4	南京	10	174	377.54
5	重庆	8	180	313.55

续表

序号	城市	线数（条）	车站数（个）	地铁里程（公里）
6	武汉	10	206	304.31
7	深圳	8	198	286.03
8	成都	6	171	225.58
9	天津	6	154	222.22
10	青岛	4	82	171.25
11	大连	4	70	157.88
12	西安	4	94	126.55
13	苏州	3	98	120.53
14	杭州	3	84	117.29
15	长春	5	92	100.17
16	郑州	3	57	93.56
17	昆明	4	60	88.76
18	宁波	2	51	74.52
19	长沙	3	46	68.68
20	沈阳	2	48	59.68
21	无锡	2	45	56.16
22	南宁	2	43	53.10
23	合肥	2	47	52.34
24	南昌	2	41	48.47
25	东莞	1	15	37.80
26	贵阳	1	24	35.11
27	石家庄	2	26	30.30
28	厦门	1	24	30.30
29	福州	1	21	24.89
30	哈尔滨	2	21	22.92
31	佛山	1	15	21.46
32	乌鲁木齐	1	12	16.80

注：1. 包括地铁、轻轨、单轨、磁悬浮、旅客自动输送系统（APM）。

　　2. 截止到 2019 年 1 月。

　　3. 换乘车站重复统计。

可以发现，我国目前已经有 32 个城市修建了地铁，还有数十个城市正在申请修建地铁，我国目前已经是世界上地铁里程最长、地铁线路最多的国家，在全世界地铁里程排名前五的城市中，中国占据四席，仅英国伦敦以 420 公里的里程位居第四。

六、电网、管网、光纤网"各领风骚"

除了路和桥外，我国的电网、管网、光纤网建设也在全球独领风骚。

电网方面，截至 2018 年年底，当全世界发电量增速仅为 3.7% 时，中国却以 8.4% 的迅猛增速领跑，全球全年发电量达到 71118 亿千瓦时，几乎是以"一己之力"，生产了全球超过四分之一的电量，平均每 2 秒生产的电力就足以满足一个中国人一辈子的电力需求。不仅如此，放眼全球 233 个国家和地区，中国还是第一个也是唯一一个拥有近 14 亿人口，却依然能做到全民通电的国家。而之所以能够做到这一点，与我国强大的电网基础设施建设是分不开的。

国家电网有限公司注册资金 8295 亿元，全口径用工总量 166.7 万人。公司经营区域覆盖 26 个省（自治区、直辖市），覆盖国土面积的 88% 以上，供电人口超过 11 亿人的国家电网有限公司以建设运营电网为核心业务，是关系国民经济命脉和国家能源安全的特大型国有重点骨干企业，承担着保障更安全、更经济、更清洁、可持续的电力供应的基本使命。虽然中国有百余家央企，但是国家电网有限公司无疑是其中的佼佼者，它不仅仅依靠国内的市场，在国际市场上也极具竞争力。

也许有人会认为，这是由于国家电网有限公司天然垄断的结果。但是我们看到，剔除主营业务收入，从品牌价值来看，根据世界品牌实验室基于财务数据、品牌强度和消费者行为分析发布的 2017 年《中国 500 最具价值品牌分析报告》，国家电网以 3298.87 亿元的品牌价值荣登本年度最具价值品牌榜首。这些成绩的背后，是数据说话的实力，专利数量央企第一，截至 2018 年，国家电网累计拥有专利 73350 项，专利申请量、授权量和累计拥有量连续 7 年排名央企第一；获中国专利奖 91 项，其中，金奖 7 项；科技成果丰硕。特高压交流和直流输电技术分别荣获 2012 年度、2017 年度国家科技进步奖特等奖。

在 2018 年《财富》世界 500 强排行榜中，国家电网以营业收入 315198.6 百万美元、利润 9571.3 百万美元，斩获排行榜第二名。在"2018 中国企业 500 强"排行榜中，国家电网、中国石化和中国石油分别以 23581 亿元、22097 亿元和 22034 亿元营收稳居前三。国家电网营收超两万亿元人民币，再次蝉联冠军。世界知识产权组织（World Intellectual Property Organization，简称"WIPO"）的一份报告显示，根据 2018 年世界知识产权指标，日本佳能在 2013 年至 2015 年间申请了 24006 项专利，排名第一，其次是三星电子（21836 项专利），中国国家电网排名第三（21635 项专利），华为排名第七（14605 项专利）。在世界品牌实验室（World Brand Lab）独家编制的 2018 年度（第十五届）"世界品牌 500 强"排行榜中，亚马逊、谷歌、苹果排名前三，中国有 38 个品牌入选，其中，国家电网名列品牌榜第 30 位，与去年相比上升两位，保持中国品牌第一名的好成绩。2019 年 1 月 8 日，一年一度的国家科学技术奖励大会成功召开。国家电网有限公司 6 个牵头项目、4 个参与项目获得 2018 年度国家科学技术奖励，获奖数量达到历史最多。截至目前，公司已累计获得国家科学技术奖 79 项，其中，特等奖 2 项、一等奖 8 项、二等奖 69 项。

管网方面，管道都埋在地下，一般老百姓看不见、摸不着，但它是石油、天然气运输的主通道之一，全国 100% 的天然气、90% 以上的石油通过长输管道源源不断地输向炼油厂、化工厂及海运码头。党的十九大报告在规划中国未来蓝图时提出，"加强水利、铁路、公路、水运、航空、管道、电网、信息、物流等基础设施网络建设"。这是党中央第一次从国家经济发展的高度，明确将油气管道与铁路、公路等线性工程一同纳入基础设施网络建设，对引导油气管道加快建设和发展具有重要意义。截至 2017 年年底，中国境内在役油气管道总里程累计约 13.31 万公里，其中大然气管道约 7.72 万公里、原油管道约 2.87 万公里、成品油管道约 2.72 万公里。管道建设加速向网络化方向发展。是 2008 年全国输油（气）管道里程为 5.83 万公里的 2.28 倍，是 1978 年的 11 倍。目前，我国已经形成了东北、华北、中原、华东和西北广大地区四通八达、输配有序的石油、天然气管网运输体系。"八五"计划以来，我国的长输管道建设有了新突破，油气长输管道以每年 400 余公里的建设速度递增，相继建成了一批长输管道，东北、华北、华东管网进一步完善。长输管道建设不仅在陆地上有所发展，而且也向海洋、沙漠中延伸。

西气东输工程于 2002 年 7 月 4 日开工建设，2004 年 12 月 30 日全线供气。它西起新疆轮南，经过戈壁沙漠、黄土高原、太行山脉，穿越黄河、淮河、长江，途经 9 个省、自治区、直辖市，最后到达上海，全长约 4000 公里。该工程是目前我国管径最大、管壁最厚、压力等级最高、技术难度最大的管道工程，创造了世界管道建设史上的高速度。它的建成和运营，开通了横贯东西的一条能源大动脉，标志着我国天然气管道建设整体水平上了一个新台阶，对于推进西部大开发、加快中西部地区发展具有重大作用。目前，我国已基本形成了以西气东输系统、陕京管道系统、中缅天然气管道、"涩宁兰"工程、川气东送、中贵联络线、秦沈线、永唐秦、冀宁联络线等干线管道为基本骨架，川渝、环渤海、长三角、珠三角、中南、陕晋等区域管网接入，横跨东西、纵贯南北、连通海外的全国天然气输送管网；构建了以中哈管道、西部原油管道、兰成线、长呼线、中俄原油管道、东北管网、东黄双线、鲁宁线、仪长沿江管道双线、甬沪宁、日东线、中缅等原油管道为基本骨架，覆盖油田、炼厂、港口和储备库的原油输送管网；建成了以北疆管网、乌兰线、兰成渝、兰郑长、茂昆线、港枣线、洛郑驻、石太线、鲁皖、江苏成品油、云南成品油、金嘉湖、镇杭、甬绍金衢、甬台温、九昌樟、珠三角等管道为代表，连通炼油厂与市场的成品油管网。

光纤网方面，宽带网络是国家最为重要的基础设施之一，随着技术的进步，全社会信息化进程的加快，宽带不仅已经发展成为信息化的基础性资源，其影响早已超越了传统信息通信行业，成为社会政治、经济、文化、金融等活动的基石，对全社会生产率的提高，创造新的就业机会等具有重大影响。在光纤网建设的推动下，近年来，我国互联网基础设施建设取得了长足的发展，已经成为世界第一大互联网国家，2018 年，我国网民规模为 8.29 亿户，手机网民规模达 8.17 亿户；网络购物用户规模达 6.10 亿户，手机网络购物用户规模达 5.92 亿户；网上外卖用户规模达 4.06 亿户，手机网上外卖用户规模 3.97 亿户；网约出租车用户规模达 3.30 亿户；网络支付用户规模达 6.00 亿户；即时通信用户规模达 7.92 亿户；在线旅行预订用户规模达 4.10 亿户；网络音乐用户规模达 5.76 亿户；网络游戏用户规模达 4.84 亿户；在线教育用户规模达 2.01

亿户。① 这一组组数据都表明我国已经毫无疑问地成为世界第一大互联网国家。而支撑起这一切的就是我国高速推进的光纤网建设。

在"宽带中国"战略的实施下，我国的光纤网络迅速铺开，截止到 2018 年年底，接入网络基本实现全光纤化，移动宽带用户（3G 和 4G 用户）总数达 13.1 亿户，4G 用户总数达 11.7 亿户，全年净增 1.69 亿户，三家基础电信企业的固定互联网宽带接入用户总数达 4.07 亿户，全年净增 5884 万户。其中，光纤接入（FTTH/O）用户总数达 3.68 亿户，占固定互联网宽带接入用户总数的 90.4%，较上年年末提高 6.1 个百分点。宽带用户持续向高速率迁移，100 每秒百万比特（Mbps）及以上接入速率的固定互联网宽带接入用户总数达 2.86 亿户，占固定宽带用户总数的 70.3%，占比较上年年末提高 31.4 个百分点。在这种快速建设的背景下，互联网已经成为国人触手可得的公共产品，在某些地方互联网已经成为助力脱贫攻坚的高速列车，很多贫困地区都是依靠互联网技术成功实现了脱贫，网络扶贫已成为脱贫攻坚的利器。

而 2000 年以来，我国光纤需求增速经历了两轮周期，分别对应 3G 与 4G 时代，与我国运营商资本开支周期基本吻合，时间周期是 2002—2010 年和 2010 年至今，每轮时间为 8—10 年，其间包含 2—3 轮小周期波动。第一轮前期主要对应我国骨干网和城域网等通信基础设施建设，后期对应 2009—2011 年的电信联通光纤到户（FTTH）和 3G 网络建设；第二轮对应 2014—2016 年的中国移动 4G 网络建设。其中光纤需求周期的高点分别出现在 2000 年和 2009 年，与 8—10 年的周期间隔一致。根据 5G 技术的应用情况，可以预见的是，接下来我国光纤网建设会继续加快速度。

（蔡之兵　撰写）

---

① 中国互联网络信息中心（CNNIC）：第 43 次《中国互联网络发展统计报告》，见 http://www.cac.gov.cn/2019–02/28/c_1124175677.htm。

第十七章

开放经济：从"单向贸易"走向"全面开放"

新中国成立 70 年来，我们从"关西方开东方"的"一边倒"政策，到"多边外交"，再走向"全面开放"，在主动融入国际分工体系中，成长为全球第二大经济体，世界第一货物贸易大国。

一、关西方开东方"一边倒"的对外政策

1949 年 6 月 30 日，毛泽东在《论人民民主专政》一文中，明确提出了"一边倒"的政策，郑重宣布新中国倒向社会主义阵营一边。这一政策的提出及实施，奠定了 20 世纪 50 年代新中国外交的基本格局，在中国共产党及中华人民共和国的历史上产生了重要的影响。

（一）"两个平行市场"理论："一边倒"政策依据

1952 年，斯大林在其《苏联社会主义经济问题》一书中提出了"两个平行市场"的论断，认为存在资本主义和社会主义两个完全独立、彼此隔绝的世界，社会主义国家能够实现自给自足、自我发展，资本主义国家必然走向灭亡。① 这一论断对社会主义国家产生了极其深远的影响，也是当时中国采取"一边倒"政策的重要理论来源。同时，考虑到苏联在社会主义阵营中的领导地位及其自身发展的优势，以及新中国成立急需苏联支持等多种因素，自 1950 年开始，中苏先后签订了《中苏友好同盟互助条约》《关于贷款给中华人民共和

---

① 张祥云：《重评斯大林"两个平行市场"理论》，《理论学刊》1993 年第 3 期。

国的协定》等多个事项，明确了中苏之间的平等、友好发展的关系，明确和丰富了新中国"一边倒"的政策内涵，基本确立了"一边倒"的外交政策。

(二)"一边倒"政策：打破了美国的外交孤立

新中国成立之初，采用"一边倒"的外交政策，打破了美国的外交孤立，在国际外交中获得了一定的地位。同时，在苏联的积极作用下，政治、经济和文化等各方面取得了显著成效。

打破美国孤立，国际地位得到显著提升。首先废除了国民党在联合国的合法席位，恢复新中国的代表权，在安理会控诉美国对台湾的侵略事实。同时，1954年周恩来总理出席日内瓦会议，是新中国首次以世界五大国之一的身份出席重大国际问题会议，尤其是促成了印度支那的和平，改善了中英关系，架起了中美沟通的桥梁，意义重大。到20世纪50年代后期，随着国际贸易的增多，德国、英国、法国以及日本等资本主义国家也开始与中国开展贸易往来，中国的国际影响力持续提升。

国家安全得到了有效巩固。新中国成立后，国民党始终企图反攻大陆，国家安全受到了一定的威胁。1950年中国从苏联贷款获得了60个步兵师的装备，并于1953年筹建了79家兵工厂，1954年在由苏联赠送和售于飞机支持下中国共组建28个空军师、5个独立飞行团，1955年苏联将大连、旅顺海军基地移交中国，并有偿提供1个机械化师和5个步兵师的装备，稳步提高了中国武器装备同发达国家之家的距离，进一步提升了中国国土安全的防卫能力。

社会政治、经济文化快速发展。1950年苏联给中国提供了第一笔3亿美元的低息贷款(约占当年中央财政投资的14.3%)，整个50年代共提供了13笔，共计66亿卢布，长期的低息给新中国的建设提供了有效的金融支持。1954年，赫鲁晓夫访问中国，将中国经贸合作提升到了一个新的历史阶段。中苏贸易额由1949年的2633万美元上升至1955年的17.89亿美元，增长幅度达到68%，交易额占中国全部进出口贸易额的47.8%，苏联成为中国的第一大贸易伙伴。[1] 值得注意的是，1957年中国第一个"五年计划"超额完成，GDP以

---

[1] 《中国外贸统计年鉴》，对外经济贸易出版社1984年版，第899页。

每年 11.3% 的增速上升，并且逐步建立起了较为完整的工业和国防工业体系，为后续经济发展奠定了良好的基础。毛泽东在 1956 年谈到"一边倒"时则作了如下的评价："中国同苏联靠拢在一起，这个方针是正确的。"

（三）"一边倒"政策：经济建设采取苏联模式

在复杂的国际环境中，"一边倒"政策对新中国的成长发展发挥了重要作用，尤其是在国际地位提升以及社会经济基础设施建设等方面，发挥了突出作用，是值得肯定的。但是，"一边倒"政策也存在一些弊端。[①] 一是过度依赖苏联经验，导致盲目迷信苏联，产生了盲目照抄照搬苏联经验的教条主义现象，各行各业、政治经济文化等各方面建设均以苏联模式为主，没有很好地结合中国发展的实际，在后期产生了一定的负面影响。二是"一边倒"政策过度依赖苏联，导致苏联在中国政治经济发展过程中存在一定的掣肘，难以实现独立自主发展。三是"一边倒"政策导致经贸合作仅限于社会主义阵营国家，与资本主义国家的贸易往来逐步缩小，也使得中国在国际的政治交往空间逐步压缩，难以加入国际非政府经贸组织，难以融入全球化的经济发展浪潮。

二、"冷战"中谋求"多边外交"

自 1954 年中国参加关于朝鲜问题和印度支那问题的日内瓦国际会议以来，中国的国际地位得到了稳步提升。伴随"一边倒"政策弊端的出现，中国逐步开始多边外交策略。在整个"冷战"时期，通过"多边外交"，有效地传播了中国处理国际关系及国际事务的理念，促进了中国政治经济发展，同时，维护了广大发展中国家的权益，有力推动了国际关系的民主化。

（一）"多边外交"的初步尝试：日内瓦和万隆会议

在确立了"一边倒"政策后，中国的外交受到了极大的约束，"一边倒"

---

② 陶季邑：《近十年美国学术界关于毛泽东"一边倒"外交思想研究述评》，《毛泽东邓小平理论研究》2005 年第 5 期。

政策的弊端也逐渐显现，尤其是"两个平行市场"理论越来越与现实发生背离。中国作为一个独立自主的国家并未放弃"多边外交"的方向，逐步在世界亮出自己的名片，并通过多种方式向世界贡献自己的力量。1954年，以周恩来总理为团长的中国代表团首次参加国际重大会议——日内瓦会议，并在会议上明确提出了"和平共处五项基本原则"。这是中国转变外交思路，开始进行"多边外交"的初步尝试，但也就是这一次倡议，中国在解决朝鲜问题、恢复印度支那和平问题上贡献了自己的力量，展示了一个社会主义大国应有的形象和格局，让世界各国初步认识了正在成长的社会主义大国。在1955年的印度尼西亚万隆的亚非会议上，中国进一步地提出"求同存异"的方针，这次会议开启了中国和阿拉伯国家合作的大门。更为重要的是，就是在这少有的两次会议上，中国提出"求同存异"与"和平共处五项基本原则"，确立未来中国对外交往的基本方向。

（二）"多边外交"新征程：获得常任理事国合法席位

自1950年美国否决中国恢复联合国常任理事国合法席位后，为了恢复这一席位中国做出了巨大的努力。在1970年第25届联合国大会上，51票对47票支持恢复中国联合国合法席位的表决首次获得胜利，被美国操纵的表决器不灵了。随后，1971年7月美国总统尼克松在公开讲话中首次使用了中华人民共和国的称谓，并将中国列入世界的五极之一，中国恢复合法席位取得了新进展。1971年10月26日，这是中国外交历史上值得纪念的日子，第26届联合国大会上正式通过了中国重新获得联合国常任理事国合法席位，标志着中国"多边外交"进入了一个新的历史时期。也正是恢复了联合国常任理事国合法席位，中国先后加入了非殖民化委员会、海底委员会、气象组织和卫生组织以及联合国下属的环境规划署、工业发展署、贸发组织、粮农组织等重要机构，并与拉美禁止核武器条约、欧共体、国际奥委会、亚洲运动联合会等国际组织恢复了合作关系，开启了中国外交历史新征程。

（三）"多边外交"全面化：以经济建设为中心

1978年党的十一届三中全会明确将党的工作重心转移到经济建设上来，

并提出改革开放的大政方针。1986 年第六届全国人民代表大会第四次会议明确了中国独立自主和平外交政策,首次在《政府工作报告》中将"多边外交"列入外交政策的重要内容之一。政府高度重视"多边外交"政策,由于已明确未来以经济发展为主要目标,故"多边外交"以经济多边外交为主。正是在以经济建设为中心的理念指导下,中国先后恢复或加入了世界银行、国际货币基金组织、国际农业发展基金、国际开发协会及世界知识产权组织,到 1989 年中国参加的国际组织接近 50 个,基本达到发达国家参与国际组织数量的 70% 左右,广泛地参与国际组织为中国改革开放发展提供了强有力的支持,中国社会经济发展实力稳步提升。

三、在向世界学习中扩大开放

自"冷战"结束,尤其是 1991 年苏联解体后,世界政治经济格局发生了深刻的变化,由单极向多极化方向发展,经济全球化、区域一体化进程稳步加深,世界各国之间的联系日渐紧密,中国秉持改革开放政策,坚持多边外交,在向世界学习中扩大对外开放,社会经济综合实力显著增强。

(一)改革开放的窗口:蛇口工业区[①]

1978 年 5 月,党的十一届三中全会胜利召开。同年,安徽凤阳小岗村开展生产责任承包制,拉开了中国农村改革的序幕,开启了中国改革开放的新征程。突出表现在中国政府重新认识发达国家和地区在现代化建设过程中的先进经验,开始全方位学习国外先进经验。1978 年国家计委和外经贸部向中央呈报《港澳经济考察报告》,1979 年招商局代交通部和广东省革委会起草《关于我驻香港招商局在广东宝安建立工业区的报告》,蛇口工业区初步建立,并形成中国向世界学习的重要窗口。一是充分借鉴菲律宾、新加坡以及中国香港等发达地区的管理经验,蛇口工业区率先实行政府适度放权,设立市级管理机

---

① 郝志景:《改革开放初期中国对国外经验的模仿学习——深圳蛇口工业区的实践及启示》,《上海党史与党建》2018 年第 11 期。

构——蛇口管理局，拥有项目审批权、人事权、进出口物质审批权等十大自主权力，减轻体制机制对蛇口工业区发展的束缚。二是借鉴美国、日本以及中国香港地区的管理经验，形成"公正、廉洁、热情、高效"八字执政方针，并且为蛇口工业区内企业办事提供"一站式"服务，是中国政府最早提供"一站式"服务的地区，极大地提高了企业经验效率。三是充分借鉴美、英、日等发达国家的经验，注重现代化人才的开发和培养，引进发达地区的专业人才，并进行人才培训，掌握世界经济发展动向，学习世界先进管理经验，为蛇口工业区提供充足的人才资源。

（二）第一位洋厂长：老格里希

1984年，武汉被确立为中国城市经济体制改革的试点城市。1985年1月，来武汉考察仅3个月，65岁的德国专家格里希由武汉柴油机厂技术顾问直接升任厂长，成为中国第一个担任国有企业高管的外国专家，这在改革开放初期还是一件令人振奋的事，充分展示了勤劳的中国人向世界学习的巨大勇气[①]。在任职的两年里，格里希提出了多达26万字的国有企业重组改革方案，系统提出了厂长负责制、岗位责任制、产品名牌制，而且他自己还身先士卒，"游标卡尺、吸铁石、白手套"是他必备的三件宝。基于他在国外的先进管理经验，对武汉柴油机厂进行了大胆的改革，取得了显著的成效。企业的柴油清洁度由5600毫克降到了100毫克以内，主轴承盖废品率从50%降到3%以内，废品率由30%降至10%以内，产品寿命由3000小时增加至8000小时，年出口5000台，先后向东南亚7个国家出口，年创汇达到百万美元，在当时是一个不小的数目，企业被他盘活了。正是老格里希的杰出贡献，胡耀邦对其高度评价，朱镕基称誉中国改革开放第一位"洋厂长"为"质量先生"。2005年，武汉外事办将格里希铜像竖立在汉正街工业园，以表达对这位国企改革的"洋厂长"的敬意。

（三）"乌云下的白衣骑士"：万向集团

1969年万向集团成立，以经营农机修配为主要生产经营业务。在20世纪

---

① 贾新光：《想起了老格里希》，《汽车与配件》2001年第37期。

80 年代，万向集团的创始人鲁冠球提出了"抓质量求生存，靠信誉闯天下"的理念，在商品紧缺的时代主动回收次品，暂时的缺失换来了现代化大型企业应有的基本素养。1978 年改革开放，给了万向人"闯"的勇气，他们更加向往与世界接轨。而对于万向人而言，与世界接轨的最佳途径就是去"汽车王国"的美国学习。1994 年，万向美国公司成立。当时，正值美国舍勒公司濒临倒闭的时候，万向集团以 42 万美元的低价收购了该公司，1995 年万向集团在美国销售收入就高达 350 万美元，1996 年则增加到 1000 万美元。1997 年万向集团与美国通用集团达成协议，成为第一个进入美国一流主机配套市场的中国乡镇企业，并于 1999 年进入美国福特配套企业。2000 年，万向集团用 280 万美元收购了在美国纳斯达克上市的国际联合飞机公司（UAI），又一次开创了乡镇企业并购美国公司的先例，随后万向集团相继收购了洛克福特、A123 Systems 及菲斯克等美国公司，逐步整合了国际品牌，并掌握了高端技术，成为一个创汇几十亿美元，营业收入过千亿美元，在全球 10 个国家拥有 22 家公司，40 余家工厂的全球性大型企业，向世界展示了中国企业家勇于改革实践的智慧和担当[1]。

四、从经济特区到自由贸易区

自 1978 年党的十一届三中全会确立改革开放以来，在经过 40 多年的风风雨雨，中国经济实力得到了快速提升，逐步实现了从站起来、富起来到强起来的转变。这一伟大成就的实现历程，从某种意义上讲，就是从传统经济特区向现代化自由贸易区演进的制度变迁史，诠释了中国改革开放路径与目标的演绎逻辑。

（一）创办经济特区："摸着石头过河"

改革开放初期，传统计划经济体制的束缚无处不在，人口多，生产力水平低，区域经济发展既不充分也不平衡，尤其是缺乏技术支持与资金支持。

---

[1] 徐子尧、牟德富：《技术创新驱动型并购研究——以万向集团跨国并购为例》，《时代金融》2017 年第 29 期。

为了解决这一问题，1979 年，邓小平同志对在深圳、珠海以及汕头兴办出口加工区的意见表示赞同，并说："还是叫特区好，陕甘宁开始就叫特区嘛！中央没有钱，可以给些政策，你们自己去搞，杀出一条血路来。"① 确立了创办"经济特区"② 的伟大决策。在无任何对外开放经验的情况下，我国一步一步"摸着石头过河"③，大胆尝试、敢于试错，开启了对外开放新征程。1980年，第五届全国人大常委会正式批准设立深圳、珠海、汕头、厦门为经济特区，定位于"关税优惠、吸引外资、引进技术"。后续，中央又进一步开放了16 个沿海开放城市、5 个沿海经济区和 1 个海南省经济特区④。在经济特区建设中，市场化改革措施取得了预期效果，极大促进了经济发展的不断提升。以深圳特区为例，深圳市进出口总额也从 1980 年的 0.175 亿美元增长至 1990 年的 157.01 亿美元，翻了 897 倍。毫无疑问，"摸着石头过河"的理念，对我国大胆解放思想、积极稳妥地推进改革起到了巨大的指导作用；而经济特区作为中国改革开放的"窗口"和"试验田"，"利他"的设区背景决定其目标旨在如何突破传统计划经济体制的束缚，探寻有利于经济与社会发展的社会主义市场经济新体制。⑤

---

② 中共中央文献研究室编：《邓小平年谱（一九七五——一九九七）》（上），中央文献出版社 2004 年版，第 510 页。

③ 1979 年 4 月，邓小平首次提出要开办"出口特区"，后于 1980 年 3 月，"出口特区"改名为"经济特区"。经济特区是实行特殊、灵活的经济政策与经济管制，以外向型经济为发展目标，以减免关税等优惠措施为手段，通过创造良好的投资环境，鼓励外商投资，引进先进技术和科学管理方法，以达到促进特区所在国经济技术发展的目的。

① 1980 年 12 月在中央工作会议上，陈云提出："我们要改革，但是步子要稳……随时总结经验，也就是要'摸着石头过河'……"（《陈云文选》第三卷，人民出版社 1995 年版，第 279页）。邓小平对陈云提出的"摸着石头过河"说完全赞同。邓小平提出的"要坚决地试，大胆地闯""杀出一条血路来"都体现了这种思想。

② 1984 年 5 月，中共中央和国务院决定，进一步开放天津、上海、大连、秦皇岛、烟台、青岛、连云港、南通、宁波、温州、福州、广州、湛江和北海 14 个沿海港口城市，与营口市（1985 年）、威海市（1988 年）统称为首批沿海开放城市。此后又将长江三角洲、珠江三角洲和闽南厦漳泉三角地区以及辽东半岛、胶东半岛开辟为沿海经济开放区。并于 1988 年 4月，正式将海南省设立为经济特区。沿海开放城市，从地理位置、自然资源到经济基础以及技术管理等，都具有良好的条件和优势。

⑤ 罗清和、朱诗怡：《从经济特区到自由贸易区：中国改革开放路径与目标的演绎逻辑》，《深圳大学学报（人文社会科学版)》2018 年第 1 期。

（二）设立贸易保税区：扩大改革开放成果

1992 年春天，邓小平同志视察南方，肯定了经济特区的发展成果，确立了社会主义市场经济的体制改革。但是，随着中国对外贸易量不断增加，原先的过境、海关线的"两线合一"模式难以适应对外开放的需要。一方面，依赖原材料进口而产品外销的出口加工企业，为节省资金与时间成本，产生了向海外转移的趋势；另一方面，由十入境即入关，国际转运货物需要缴纳关税，导致外国货船不愿经停中国。对此，1990 年上海外高桥保税区率先成立，后于1992 年 10 月升格为国家级新区，定位于"出口加工、保税仓储、转口贸易"三大功能，对于不以进入中国市场为目的的货物，不收取关税，极大促进了出口加工工业和转口贸易的发展。此后，由于外高桥保税区的运转顺利，其经验开始在全国范围内复制推广，出现了侧重不同功能的变体保税。这些区域统称为"海关特殊监管区域"[①]，主要包括保税区、出口加工区、保税物流园区、保税港区、综合保税区、跨境工业园区。截至 2013 年年底，我国已经成立了海关特殊监管区域共计 113 个。[②] 在此期间，贸易量呈几何级增长，终端市场繁荣发展，从 1990 年到 2013 年，我国的进出口贸易金额从 1154 亿美元增长至 4.2 万亿美元，暴涨了近 36 倍。

（三）发展自由贸易区：功能多样化升级

随着上海港吞吐量成为世界第一，新时期下的"保税区"功能显得过于单一，难以适应新的发展需求：一是境外加工企业为追求更低生产、运输成本，希望在境内设立加工组装厂；二是物流中心有成为贸易中心的天然趋势，在保税区内进行多边贸易的需求随之产生；三是经营、贸易活动的资金需要更便捷地跨境流通。对此，党的十七大把自由贸易区建设上升为国家战略，党的十八大提出要加快实施自由贸易区战略。国务院于 2013 年 8 月 22 日正式批准设立中国自由贸易区，同年 9 月成立上海自由贸易区，并先后开创了"先进区、后

---

① 在保税区内，并非真正意义上的境内关外，只是海关在这些区域的监管弱化了。

② 截至 2013 年年底，成立的 113 个六大类海关特殊监管区域内：保税区 12 个，出口加工区 47 个，保税物流园区 5 个、保税港区 14 个、综合保税区 33 个、跨境工业园区 2 个。

报关""仓储货物按状态分类监管""单一窗口""负面清单""金改40条"等新制度，以及推广至全国的"证照分离"改革试点"批次进出集中申报"智能卡口通关等多项创新。截至2017年年底，我国已经先后设立了三个批次的自由贸易区①，形成了"1+3+7"的从沿海至内陆的自由贸易试验区梯度发展新格局。现阶段，仅占国土面积两万分之一的自由贸易试验区却吸引了全国十分之一的外资，并取得了114项可复制性试点经验推广到全国。自由贸易区是在我国进入全面深化改革大背景下成立的，设区目标是在"自利"基础上达到"互利"，在全球化经济竞争中主动展开的一场攻守兼备的试验，可谓经济特区的"升级版"。值得关注的是，新格局下的自由贸易试验区对外资的引进，相比于内资吸引，相对较少，外资最高占比也低于35%，内资却占据主导优势地位。自由贸易试验区的政策环境有力地吸引了内资企业的大规模流入，表明自由贸易试验区旨在深化市场经济改革的制度创新、市场经济环境等优势得以体现，对内具有巨大的吸盘效应。

（四）建设自由贸易港：扩大开放，对标国际

自上海自贸区2013年成立以来，我国自贸区建设在制度创新方面取得了很大成绩，但是在对外开放程度上，较国际最高水平还存在很大差距。为了更好地与全球市场、规则接轨，党的十九大报告中明确提出"赋予自由贸易试验区更大改革自主权，探索建设自由贸易港"。2018年4月，党中央决定支持海南全岛建设自由贸易试验区，支持海南逐步探索、稳步推进中国特色自由贸易港建设，分步骤、分阶段建立自由贸易港政策和制度体系。"自由港"建设是上海在2017年2月率先提出的设想，在这样的背景下，上海政府也已开始筹备打造"自由港"的建设。早在2009年，国家就提出力争到2020年把上海打造成为国际经济、金融、贸易、航运中心。从2010年以来，上海就超过新加坡，连续7年蝉联世界第一大港。若上海"自由港"建设获批，将会加大其对外国企业的吸引力，助力上海从转运中心升级为贸易、金融中心。目前全球大

---

③ 2013年8月，国务院正式批准设立中国（上海）自由贸易试验区，9月29日正式挂牌成立。2015年，增设广东、天津、福建3个自由贸易试验区。2017年4月，正式设立辽宁、浙江、河南、湖北、重庆、四川、陕西七地为第三批自由贸易试验区。

约 80 多个自贸港，对于中国大陆来说，新加坡和中国香港是其"自由港"建设的两个重要参照标准。未来"自由港"建设也将致力于：一是货物通关便利化，将会实现"海关后撤"，即"境内关外"，实施更高标准的"一线放开""二线安全高效管住"贸易监管制度；二是企业设立自由化，将会简化与优化"负面清单"，放开更多行业的外资准入限制；三是资金进出畅通化，将会进一步扩大金融业对外开放力度，加强贸易、投融资、汇兑的自由度与便利化。

五、从加入世界贸易组织到参与全球经济治理

自 2001 年正式加入世界贸易组织（WTO）以来，中国的对外开放迈入了新的发展阶段，也逐步融入全球和地区多边体制体系。从历史来看，我国在全球经济治理中逐步实现了从"西方孤立"到"被动跟随"再到"主动参与"，以及现阶段"创新引领"的三步关键性转变。

（一）从"西方孤立"向"被动跟随"转变（1990 年之前）

第二次世界大战后，美国主导建立的布雷顿森林体系成为全球经济治理的主要体系，七国集团把持着全球经济命脉，此时的全球经济治理呈现出明显的西方"霸权治理"的特点。[1] 受到意识形态、国际组织合法席位问题以及抗美援朝战争等原因，中国被西方国家排斥在全球经济治理体系之外。直到 20 世纪 60 年代，中苏关系破裂以及中美邦交逐步缓和与正常化，成为中国参与全球经济治理的重要转机。在此推动下，1971 年中国正式恢复了在联合国的合法席位，随后与美国、欧洲多国、日本等西方国家一一建交，同西方国家阵营建立了沟通关系。在此基础上，1980 年，中国先后恢复了在国际货币基金组织、世界银行中的合法席位，开启了参与全球经济治理的历程，实现了从"西方孤立"向"被动跟随"的转变。值得关注的是，这一时期，中国参与全球经济治理仅仅停留于表面，缺乏实质性的话语权。这一点从中国在 IMF 与

---

[1] 贺鉴、王璐：《中国参与全球经济治理：从"被治理"、被动参与到积极重塑》，《中国海洋大学学报（社会科学版）》2018 年第 3 期。

世界银行的占比仅为2.77%与2.2%的投票权就可以看出来。此时的国际货币基金组织与世界银行实际上是由以美国为首的西方发达国家所控制，沦为其控制全球经济的重要工具，而发展中国家处于被动参与的劣势地位。有鉴于此，中国在此阶段处于"被动跟随"以美国为首的西方发达国家的全球经济治理体系。

（二）从"被动跟随"向"主动参与"转变（1990—2013年）

20世纪90年代以来，中国改革开放步伐不断加快，国家综合实力不断提升，在国际舞台中的地位也逐渐凸显。这一阶段，中国开始主动参与国际经济事务，通过参与国际组织在全球经济治理体系中发挥作用。1991年中国正式加入亚洲太平洋经济合作组织，也是首次加入区域性国际经济组织，标志着中国开启主动参与全球经济治理。在亚太经合组织中，中国的着眼点在于推动经济联动、开放经济、创新增长点与技术合作四个方面，进一步推动地区经济一体化。此后，中国在经过长达15年[①]的"复关""入世"谈判，于2001年9月正式成为世界贸易组织成员，标志着中国正式融入全球价值链的国际贸易分工。中国积极支持世界贸易组织的三大机制，即规则谈判机制、贸易政策审议机制、争端解决机制，维护多边贸易机制，促进全球贸易自由化、便利化发展。同时，在全球各区域合作蓬勃发展的背景下，中国也于2001年2月首次以创始者的身份，同菲、澳、日等国家发起了"博鳌亚洲论坛"[②]，为推动亚洲地区实现区域合作、贸易发展以及经济治理，进行了大胆尝试。在博鳌亚洲论坛中，中国主要通过管理机构、议题设置和绝对比重的会员的三种方式积极参与区域经济治理，为亚洲地区经济合作与发展作出了积极贡献。

另外，由于受到2008年全球金融危机爆发与持续性蔓延，在G7集团主

---

① 1982年12月，外经贸部会同有关部门向国务院提出我国应申请恢复关贸总协定的席位。1983年1月，国务院回复同意。1986年7月10日，我国正式提出恢复关贸总协定缔约国地位申请。

② 菲律宾前总统拉莫斯、澳大利亚前总理霍克和日本前首相细川护熙倡议成立一个类似"达沃斯世界经济论坛"的"亚洲论坛"。1999年10月8日，时任国家副主席的胡锦涛在北京会见了拉莫斯和霍克，表示认真研究和积极考虑"亚洲论坛"设想，并呼吁亚洲国家积极参与，得到大多数国家的积极响应。

导下的国际金融体系的缺陷不断显现的情况下，以金砖国家为代表的新兴经济体进行的应急储备基金、金砖国家新开发银行等经济发展的金融创新支持，成为现行金融体系的重要补充部分。[①] 中国作为金砖五国的中坚力量，一方面通过大量投资应急储备基金，防范了各国短期资金流动压力，加强了全球金融稳定；另一方面，通过金砖国家新开发银行，向国际市场投放贷款，支持发展中国家的基础设施建设，促进消除贫困，刺激全球经济增长。同时，中国也通过二十国集团（G20）峰会积极参与全球经济治理。一方面，通过资金支持缓解世界经济赤字；另一方面，针对制约世界经济增长的深层次问题，提出了中国方案，如包容与联动式发展、构建开放透明的贸易投资治理格局、绿色低碳的全球能源治理格局、绿色金融、倡议构建多边投资规则框架等。

（三）从"主动参与"向"创新引领"转变（2013 年至今）

2008 年全球金融危机为中国积极重塑全球经济治理提供了关键性契机。尤其是自 2010 年起中国成为世界第二大经济体之后，在地区经济与全球经济治理中扮演着极其重要的角色。目前来看，中国与美国、欧洲事实上成为全球经济治理的三大主要经济体，三方的一举一动都深刻影响着全球经济治理体系的发展方向。总体来看，中国的影响力与重要性不断上升，尤其是美国近年来所采取的单边主义、贸易霸凌主义、民粹主义浪潮的兴起以及一系列的国际"退群"行动等，均揭示了美国逐渐推卸全球经济治理的领导责任。在此背景下，中国分别于 2012 年和 2013 年提出"人类命运共同体"和"一带一路"倡议，为全球经济治理提供了中国方案与中国理念，标志着中国在全球经济治理中的参与从区域化、碎片化向全球化、全面化的转变，迈入"创新引领"全球经济治理的征程。一方面，迈向人类命运共同体，这一意识超越种族、文化、国家与意识形态的界限，为思考人类未来提供了全新的视角，为推动世界和平发展给出了一个理性可行的行动方案。另一方面，与西方霸权主义的经济治理模式相比，"一带一路"倡议秉持着以"平等、互利、开放、包容"为核心的

---

① 李鞍钢、刘长敏：《金砖国家推动的国际金融体系改革及其权力结构取向——基于现实建构主义的分析》，《太平洋学报》2015 年第 3 期。

全球经济治理观、以"共商、共建、共享"为核心的新型治理模式。"一带一路"倡议得到了沿线 100 多个国家和地区的支持，并且中国已与 70 多个国家和组织签署了《谅解备忘录》①，甚至签署了多份跨区域合作协议，如中巴经济走廊、中蒙俄经济走廊等协议，并继续提出中俄"冰上丝绸之路"、中缅经济走廊等倡议。同时，为更好地服务"一带一路"沿线的国家发展，中国发起设立了完全由发展中国家掌握话语权的"亚洲基础设施投资银行"（2013 年 10 月）与"丝路基金"（2014 年 12 月）。进入新时代的中国，对世界经济的贡献开始由量变转向质变，对全球治理的贡献将由硬实力向软实力转变，包括全球治理的理论创新、制度创新和实践创新。同时，中国将进一步发挥负责任大国作用，力所能及为全球提供更多公共产品，完善全球治理体系，贡献中国智慧和中国方案，与各国人民一道，推动人类命运共同体建设，共同创造人类繁荣和美好未来。②

六、"引进来"与"走出去"

从"引进来"到"走出去"，中国对外开放经历了一定的演变进程，不同阶段也蕴含着不同的含义。新时代，要推动"引进来"与"走出去"迈上新台阶。

（一）初步探索：技术设备"引进来"

党的十一届三中全会指出"积极发展同世界各国平等互利的经济合作，努力采用世界先进技术和先进设备"，即"引进来"的是技术与设备。仅 1978 年，中国同西方发达国家就先后签订了 22 个成套引进项目的合同，比如上海宝山钢铁厂引进整套设备，江西贵溪冶炼厂引进日本住友公司供应的"东予式"闪速炼铜炉等设备③。尤其是借助"三资"企业（即国有独资企业、中外合资企

---

① 需强调的是，目前与中国签署共建"一带一路"谅解备忘录的国家也在向新的区域扩展。如 2017 年 11 月 18 日，中国与摩洛哥签署谅解备忘录，此为首个签署谅解备忘录的马格里布国家。

② 陈凤英：《十九大报告诠释全球治理之中国方案——中国对全球治理的贡献与作用》，《当代世界》2017 年第 12 期。

③ 马平：《一件不能忘却的往事》，《信息日报》2000 年 11 月 1 日。

业和中外合作企业)，"引进来"不只局限于技术与设备，还有少量的外资和管理经验。

1984 年，党中央、国务院决定开放沿海港口城市，这些城市以市场化方式发展外向型经济，赋予他们更多引进技术设备的空间。党的十三大报告指出"正确选择进出口战略和利用外资战略，进一步扩展同世界各国包括发达国家和发展中国家的经济技术合作与贸易交流"，1988 年党中央决定实施沿海地区经济发展战略，允许珠江三角洲、长江三角洲、闽南三角地区和海南岛实行更灵活的政策，大力发展"三来一补"(即来料加工、来件装配、来样加工、补偿贸易)①。后来又开放一系列城市，这都是以引进技术和设备为抓手的重要举措。

(二) 深化融合：技术管理"引进来"与商品劳务"走出去"相结合

在不断扩大和深化对外开放的同时，中央认识到不能只是"引进来"技术设备，还需要更多引进西方先进的管理经验，并需要让中国的商品和劳务"走出去"，开始实施"引进来"和"走出去"相结合的对外开放新战略。早在改革开放前，我国就以对外工程承包和劳务输出的形式进行对外援助工作，这是"走出去"的雏形。党的十四大报告指出"对外开放的地域要扩大，形成多层次、多渠道、全方位开放的格局""利用外资的领域要拓宽""积极开拓国际市场，促进对外贸易多元化，发展外向型经济"，同时要"积极扩大我国企业的对外投资和跨国经营"，这里就有了"走出去"的萌芽。1993 年，党的十四届三中全会将"开拓国际市场""利用国外资源"细化，提出"充分利用国际国内两个市场、两种资源""赋予具备条件的生产和科技企业对外经营权，发展一批国际化、实业化、集团化的综合贸易公司"。② 这是"走出去"战略的初步设想。

1997 年，江泽民同志在接见全国外资工作会议代表时正式提出"走出去"战略，他提到"在此，我想再讲一个重要问题，就是我们不仅要积极吸引外国企业到中国投资办厂，也要积极引导和组织国内有实力的企业走出去，到国外

---

① 《十三大以来重要文献选编》(上)，人民出版社 1991 年版，第 84 页。
② 李树强等：《我国"走出去"战略的形成及其重要意义》，《吉林农业》2010 年第 1 期。

去投资办厂，利用当地的市场和资源。视野要放开一些，既要看到欧美市场，也要看到广大发展中国家的市场。发展中国家的生产力水平比发达国家低，对产品和技术的要求相对也低一些，但市场十分广阔。在努力扩大商品出口的同时，必须下大气力研究和部署如何走出去搞经济技术合作。'引进来'和'走出去'，是我们对外开放基本国策两个紧密联系、相互促进的方面，缺一不可。这个指导思想一定要明确"。① 当时的"走出去"，更多依靠组织和支持一批国有大中型骨干企业，目的地主要包括非洲、中亚、中东、东欧、南美等，因为这些发展中国家拥有丰富的资源和广阔的市场。党的十六大报告明确提出"坚持'引进来'和'走出去'相结合，全面提高对外开放水平"，这意味着"引进来"与"走出去"相结合战略得到了确认与深化。

（三）转型升级：技术资本"引进来"与商品资本"走出去"

党的十八届三中全会指出，"必须推动对内对外开放相互促进、'引进来'和'走出去'更好结合，促进国际国内要素有序自由流动、资源高效配置、市场深度融合"，要求放宽投资准入、加快自由贸易区建设、扩大内陆沿边开放，这标志着我国开始推动更高层次的"引进来"与"走出去"战略。在这个阶段，从大幅降低进口商品关税，到实行多元贸易便利，再到加快改善营商环境②，一方面扩大有效供给，更好满足人民消费需求；另一方面则是引入更多技术和外资，主动引导供给体系优化升级。根据国家统计局的数据，1984年以来我国吸引外商投资额为20287亿美元，成为全球第二大外资流入地。同时，"一带一路"倡议是实施更高层次"走出去"战略的新窗口③。1950年，我国商品出口总额不到6亿美元，直到1978年也不过100亿美元。但随着改革开放的不断深化，

① 江泽民：《江泽民文选》第二卷，人民出版社2006年版，第92页。
② 世界银行发布的《2019年营商环境报告》指出，中国营商环境较之前一年大幅提升，从第78位跃升至第46位，在反映营商环境的10个主要指标中，"开办企业""获得电力""纳税"等指标改善显著。
③ 2019年4月举办的第二届"一带一路"国际合作高峰论坛成果丰硕，包括中方打出的举措或发起的合作倡议、在高峰论坛期间或前夕签署的多双边合作文件、在高峰论坛框架下建立的多边合作平台、投资类项目及项目清单、融资类项目、中外地方政府和企业开展的合作项目，共6大类283项。

1994 年破 1000 亿美元大关，加入 WTO 使我国出口快速增加，2002 年便达到 3256 亿美元。特别是 2012 年以来，我国商品出口更是跨过 2000 亿美元大关。2006 年我国对外直接投资流量只有 212 亿美元，2013 年突破 1000 亿美元，最高将近 2000 亿美元（2016 年）。

七、"一带一路"倡议推动建立全面开放新格局

2013 年 9—10 月，习近平同志提出要建设"丝绸之路经济带"和"21 世纪海上丝绸之路"的合作倡议，"丝绸之路经济带"和"21 世纪海上丝绸之路"简称"一带一路"倡议。这是首次由我国独立自主提出的全球合作倡议，具有广泛而深远的影响，也标志着我国正以"一带一路"倡议推动建立全面开放新格局。

（一）寻求落地支撑：推进"一带一路"倡议内外衔接

除了 2013 年 9—10 月习近平同志提出"丝绸之路经济带"和"21 世纪海上丝绸之路"，"一带一路"倡议的发展过程有几个重要的落地支撑。[1]

上升为国家倡议。党的十八届三中全会提出"建立开发性金融机构，加快同周边国家和区域基础设施互联互通建设，推进丝绸之路经济带、海上丝绸之路建设，形成全方位开放新格局"。后来，"一带一路"倡议几乎出现在了所有的党中央、国务院的重要文件与制度规划中。

成立支持机构。2014 年 12 月 29 日，资金规模为 400 亿美元的丝路基金正式成立，旨在为"一带一路"框架内的经贸合作和多边互联互通提供融资支持，投资期限较长。2015 年 2 月，推进"一带一路"建设工作领导小组成立，办公室设于国家发展和改革委，下设综合组、丝绸之路组、海上丝绸之路组和对外合作组四个组，后来商务部设立欧亚司，香港特区政府设立"一带一路"督导委员会及专项办公室，以及国家发展和改革委员会同外交部等 13 个部门设立"一带一路"PPP 工作机制，都是支持"一带一路"倡议的重要机构。

---

[1] 《10 大事件见证"一带一路"发展历程》，《两岸关系》2017 年第 6 期。

2015 年 12 月，亚洲基础设施投资银行成立，旨在为亚洲基础设施和"一带一路"建设提供资金支持。

对内规划设计。2015 年 3 月，国家发改委、外交部、商务部联合发布了《推动共建丝绸之路经济带和 21 世纪海上丝绸之路的愿景与行动》，全面推进政策沟通、设施联通、贸易畅通、资金融通、民心相通五个方面。国务院、教育部、工信部等部门相继发布《"十三五"国家科技创新规划》《推进共建"一带一路"教育行动》《促进中小企业国际化发展五年行动计划（2016—2020 年）》等文件。2015 年 11 月，全国 31 个省、自治区、直辖市和新疆生产建设兵团"一带一路"建设实施方案衔接工作基本完成。

对外战略衔接。2015 年 11 月，中央全面深化改革领导小组第十八次会议指出，坚持将加快实施自由贸易区战略与推进共建"一带一路"和国家对外战略紧密衔接，衔接目标包括哈萨克斯坦"光明之路"、俄罗斯"欧亚经济联盟"、蒙古国"草原之路"、欧盟"容克计划"、英国"北方经济中心"、韩国"欧亚倡议"、越南"两廊一圈"、澳大利亚北部大开发、东盟互联互通总体规划、波兰"琥珀之路"等。2016 年 4 月，签署《中华人民共和国外交部与联合国亚洲及太平洋经济社会委员会关于推进地区互联互通和"一带一路"倡议的意向书》。2016 年 11 月，第 71 届联合国大会协商一致通过第 A/71/9 号决议、欢迎"一带一路"等经济合作倡议，这说明成功地进行了对外战略衔接。

（二）扩大"朋友圈"：推动"五通"合作

"一带一路"倡议旨在实现沿线国家政策沟通、设施联通、贸易畅通、资金融通和民心相通的"五通发展"，这是"一带一路"倡议的主要内容。其中，政策沟通是"一带一路"倡议的基础，民心相通是"一带一路"倡议的保障，而设施联通、贸易畅通和资金融通则是"一带一路"倡议的经济抓手。

设施联通。中欧班列改变传统物流方式。自 2011 年 3 月首次开行，中欧班列成为中国与"一带一路"沿线国家设施联通的重要纽带。截至 2018 年 6 月底，中欧班列累计开行已突破 9000 列，运输网络覆盖亚欧大陆主要区域。基础设施建设承载幸福梦想。在埃塞俄比亚首都亚的斯亚贝巴，中企建设运营的城市轻轨成为当地最受欢迎的出行方式；在肯尼亚，480 公里的蒙内铁路促进了肯尼亚国家发展和非洲工业化进程。此外，还有正在开工的中巴经济走廊白沙瓦至卡拉奇高速公路项目、中俄黑河公路桥等重大基础设施项目，正在建设或已竣工的汉班托塔港二期工程、科伦坡港口城项目，以及与东盟签订首个区域性的航空运输协定，并与俄罗斯、亚美尼亚、印度尼西亚、柬埔寨、孟加拉国、以色列、蒙古、马来西亚、埃及等国家扩大航权安排，更多惠及所在国民众。

贸易畅通。贸易往来促进各国经济繁荣。2018 年中国与"一带一路"沿线国家货物贸易进出口总额达到 1.3 万亿美元，同比增长 16.3%，高于同期中国外贸增速 3.7 个百分点，占外贸总值的 27.4%。其中，中国对沿线国家出口 7047.3 亿美元，同比增长 10.9%；自沿线国家进口 5630.7 亿美元，同比增长 23.9%[1]。中国与"一带一路"国家经贸合作的重要性越发凸显。合作平台推动形成大市场。中国河口—越南老街跨境经济合作区、中国磨憨—老挝磨丁跨境经济合作区、中哈霍尔果斯国际边境合作中心等，已然成为国际产能与装备制造合作的重要平台。推进"一带一路"建设的自由贸易区网络正在形成。我国已经与巴基斯坦、新加坡等 13 个"一带一路"沿线国家签署或升级了 5 个贸易协定，还与欧亚经济联盟签署经贸合作协定，与俄罗斯完成欧亚经济伙伴关系协定的联合可行性研究。

资金融通。双向投资释放巨大潜力。2018 年中国企业对"一带一路"沿线国家非金融类直接投资达到 156.4 亿美元，同比增长 8.9%，占同期总额的 13%。在沿线国家对外承包工程完成营业额 893.3 亿美元，同比增长 4.4%，占同期总额的 52%。"一带一路"沿线国家对华直接投资 60.8 亿美元，同比增长 11.9%。[2] 投资联动效应凸显。越来越多的企业参与"一带一路"建设，他们通过直接投资、融资收购、设立分公司、技术输出等方式，在装备制造、化工机械、电力、信息技术等诸多重要领域成为"中国制造"走向世界的典型代表。

（三）惠及海内外：建立全面开放新格局

中国特色社会主义进入新时代，开放型经济的基础和条件发生深刻变化，

---

① 高峰：《商务部召开例行新闻发布会》，商务部官网，2019 年 1 月 24 日。
② 高峰：《商务部召开例行新闻发布会》，商务部官网，2019 年 1 月 24 日。

中国与世界的互动关系也发生了历史性演变。"一带一路"倡议创造性地适应了这些变化与演变，是建立全面开放新格局的总抓手。

形成陆海内外联动、东西双向互济的开放格局。过去，我国的对外开放多为点状、块状发展，而"一带一路"倡议将京津冀一体化、长三角一体化（长三角经济圈和长江经济带）、珠三角一体化（珠三角和粤港澳大湾区）、东中西地区自由贸易区以及各省区市重点经济发展区域有机衔接，形成以点连线、由点带面、线廊互动的发展格局。"一带一路"是建立全面开放新格局的总抓手，需要坚持"走出去"和"引进来"并重，遵循共商共建共享原则，形成陆海内外联动、东西双向互济的开放格局。

打造互联互通的全球伙伴网络。"一带一路"的核心是互联互通，习近平同志在首届"一带一路"国际合作高峰论坛开幕式主旨演讲中提出，"我们要着力推动陆上、海上、天上、网上四位一体的联通，聚焦关键通道、关键城市、关键项目，联结陆上公路、铁路道路网络和海上港口网络"，同时也要促进政策、规则、标准"三位一体"的联通，为互联互通提供机制保障。在第二届"一带一路"国际合作高峰论坛开幕式主旨演讲中讲道："建设高质量、可持续、抗风险、价格合理、包容可及的基础设施，有利于各国充分发挥资源禀赋，更好融入全球供应链、产业链、价值链，实现联动发展"。

打造中国与世界的利益共同体、责任共同体、命运共同体。"一花独放不是春，百花齐放春满园。""一带一路"倡议首先是共谋发展和繁荣，打造利益共同体，这要求协调中国利益与沿线国家利益，兼顾经济、政治、安全与文化利益；其次是风险共担与治理，打造责任共同体。人类面临的全球性问题需要各国加强沟通配合，建立责任共同体，而"一带一路"倡议恰恰是落实责任共同体的载体；还有就是共迎挑战与共生共存，打造命运共同体。当今世界早已是"你中有我，我中有你"的命运共同体，"一带一路"倡议有利于帮助各国找到符合自身国情发展的道路，并在国家间形成积极的相互依赖，使之成为命运共同体。

（董小君　撰写）

第十八章

国际影响：从"舞台边缘"走向"舞台中央"

新中国成立后，我们在中国共产党的坚强领导下，坚定地走社会主义道路，在较短的时间内建立了独立完整的工业体系。改革开放以后，中国经济的高速发展，进而成为世界第二大经济体，第一制造业大国、世界第一货物贸易大国，尤其是党的十八大以来，我们提出"一带一路"和构建人类命运共同体倡议，积极推动全球治理体系变革，不断为世界和平发展贡献中国方案，从而真正走进了世界舞台中央。

一、抗美援朝战争的胜利让世界认识了新中国

世界舞台，是一个近现代的历史概念，是一个工业革命与市场经济开拓和发展的经济政治舞台。工业革命和资本主义市场经济，第一次让世界连接成一个世界舞台。为了寻求市场，工业革命和资本主义市场经济让世界各个角落完全融入了世界舞台。在这个舞台上，发源于西欧的工业革命和市场经济，让西欧国家尤其是英国站立于世界舞台的中心。而亚非拉等经济落后的地区和国家，却成为世界舞台的道具和玩偶，德国、日本、沙俄等国家处于世界舞台的边缘。随着德国、日本经济的崛起，逐步走向世界舞台中央，与英法等国发生了舞台中央主导权的争执和冲突，由此导致第一次、第二次世界大战。世界舞台第一幕剧，以英法衰落、德日战败、沙俄革命和美国崛起宣告结束。在世界舞台的第一幕剧中，以清朝政府为代表的旧中国，只是世界舞台的一个道具和玩偶。在第一次世界大战中，北洋政府作为战胜国之一，虽登上世界舞台，但没有改变舞台道具和玩偶的本质。第二次世界大战，国民党政府代表的中国，

在国共合作的基础上，打败了日本侵略者，让中国第一次登上了世界舞台的中心。中国成为联合国五大创始国之一。以国民党政府为代表的旧中国虽然登上了世界舞台中心，但是中国依然不能以一个完全自由、自主独立的民族国家屹立于世界民族之林。

新中国成立后，虽然在政治上第一次独立地登上世界舞台。但由于西方资本主义国家的围堵封锁，我们不得不采取向苏联"一边倒"的外交政策，模仿苏联的计划经济体制。加之经济上的积贫积弱和体量有限，新中国不可能走进由西方资本主义主导的世界舞台中央。1950 年，经购买力平价转换后，按 1990 年国际美元计算，全球 105 个经济体 GDP 总量按 1990 年国际美元合计为 52111.78 亿美元。中国为 1896.18 亿美元，占比 3.6%，排在世界第七。美国为 14559.16 亿美元，占全球的比重为 27.9%。中国人均 GDP 347 美元，排名第 104 位，居倒数第二位。美国人均 GDP 9561 美元，排名第四位。1950 年，中国的 GDP 仅仅是美国的 18%。此时，中国的 GDP 仅占世界总量的 4.5%，人均 GDP 相当于美国的 3.6%。据美国国会研究服务中心（The Congressional Research Service）的一份报告，《24/7 华尔街》对美国历史上成本最高的战争进行了回顾。美国在朝鲜战场上消耗战争经费 3410 亿美元。也就是说，美国在朝鲜战场上的消耗支出相当于中国 1950 年 GDP 的约两倍。

就是在这样一个完全不对等的情势下，中国和以美国为首的联合国军队在朝鲜战场上打了个平手。这一战争结局，震撼了世界，改变了世界政治经济格局，确立了中国真正的世界大国地位。大国地位，是在战争中确立起来的。而支撑战争和大国地位的基础是经济，尤其是以现代制造业为代表的工业化水平。或者说，战争和大国地位就是工业化水平的竞争格局和发展水平的能力和力量对比。抗美援朝战争期间，在 1952 年，中国现代制造业达到 4.3%，加上现代运输业和商业占到 7.1%，这是保障抗美援朝战争中志愿军前线的后勤供应，也是大国对抗的国民经济与物质基础。让这一物质基础，在对抗五倍于自己 GDP，战争支出两倍于自己 GDP，发挥了近乎极限能力的物质基础，就是社会主义经济制度和新民主主义经济体系，尤其是人民当家做主的自由幸福生活追求的愿望和自由。

《大国的兴衰》一书的作者认为，经济总量本身并无太大意义，"数亿农民的物质产量可以使 500 万工人的产量相形失色，但由于他们生产的大部分都被消费了，所以远不可能形成剩余财富或决定性的军事打击力量。英国在 1850 年是强大的，它强就强在拥有现代的、创造财富的工业和由此产生的一切利益"。

清末八国联军入侵、庚子赔款之后，中国 GDP 仍居世界第二位。民国期间，从 GDP 看，中国依然是世界经济大国。但是，列强并未视中国为大国。

甚至在 1913 年，遭受了八国联军侵华、庚子赔款和日俄在中国东北进行的战争破坏之后，中国的 GDP 仍居世界第二位。1950 年，在经历了多年战乱的破坏之后，中国的 GDP 仍然居世界第七位。可见，在民国时期，从经济总量来看，中国仍然是世界经济大国。然而，当时的列强并没把中国看作大国。正如鲁迅先生一针见血地写道："倘是狮子，夸说怎样肥大是不妨事的，如果是一头猪或一只羊，肥大倒不是好兆头。"

1919 年，在第一次世界大战后的巴黎和会上，列强把德国在山东的特权全部转让给日本，根本无视中国作为战胜国的合理要求。第一次世界大战后的《巴黎和约》，就说明了中国不被认为是一个大国，虽然是战胜国。第二次世界大战虽然确立中国的大国基础，成为联合国五大常任理事国之一，但是并没有确立中国的大国地位。中国在整个 19 世纪和 20 世纪上半叶都不被看作大国，中国一直是世界列强手中任意摆布的玩偶和任其宰割的猎物。直到 1950 年抗美援朝战争以后才重新被视为大国。1969 年的中苏珍宝岛之战，更是确立了中国在世界舞台上的大国地位。当时世界的两大霸权强国，都折戟在中国的地缘政治上。中国的大国气魄，照亮世界舞台，也照亮中国，使中国以真正大国自信走向世界舞台。

清朝到近代以来的闭关锁国，拒绝现代化，愚昧民众政策，使得中国落后于世界的发展进程，成为西方人眼中的"泥足巨人""沉睡的狮子"；列强凌辱，侵略掠夺，也使得灾难深重的中国处于世界边缘。1919 年的巴黎和会，就是一个真实的写照。国家边缘化了，但是人民觉醒了。"中国的人民可以杀戮而不可以低头！国亡了！同胞起来呀！"在被列强边缘化、半殖民化的过程中，中国人民觉醒了，开启了中国人民书写中国历史和世界历史的一幕。教育救国、实业救国、制度救国，既是救国的过程，也是国家经济现代化的过程，更是人民追求自由的过程。抗日战争的胜利，正是国家经济现代化和人民自主自由发展的胜利。学习借鉴吸收一切人类文明发展成果，尤其是西方发达国家的先进成果，坚持开放政策，坚持人民自主自由，是中国抗战胜利的基石，也是抗美援朝战争胜利的基石，更是中国大国屹立世界舞台的基石。

科学、开放、人民自由，是任何一个国家走向世界舞台，成为大国的基石。历史是人民创造的，世界舞台也是人民演绎的，中国走向世界舞台，成为世界舞台上的大国，正是中国人民走向现代化、科学、民主、开放、自由的结果和过程。

总结中国近现代历史，决定中国成为世界舞台大国地位的，是中国拥有了现代先进生产力，具有现代化的工业经济体系，解放了人民创造力和人民追求幸福生活和自由的活力。一句话，是人民，是中国人民，确立了中国在世界舞台上的大国地位。

二、"一五"计划的成功实施使中国获得了大国自信

1949 年 9 月 21 日，毛泽东同志在中国人民政治协商会议第一届全体会议上的开幕词中庄严宣告："占人类总数四分之一的中国人从此站立起来了，我们的民族将再也不是一个被人侮辱的民族了！"同年 10 月 1 日，中华人民共和国成立。新中国成立后，废除了一切不平等条约，取消了帝国主义在华特权，开启了中国在世界舞台上独立自主，与世界各国平等尊重的崭新篇章。从此，中华民族屹立于世界民族之林。

新中国诞生后，政治上获得独立的中华民族，只有建立独立的工业体系和国民经济体系，才能巩固新民主主义革命胜利的成果。毛泽东指出，"新民主主义社会的基础是机器，而不是手工"。工业和机器大生产代表的现代化工业体系是中华民族独立的坚实基础。"在新民主主义的政治条件获得之后，中国人民及其政府必须采取切实的步骤，在若干年内逐步地建立重工业和轻工业，使中国由农业国变为工业国。"毛泽东创造性地提出："工业化道路的问题，主要是指重工业、轻工业和农业的发展关系问题。我国的经济建设是以重

工业为中心，这一点必须肯定。但是同时必须充分注意发展农业和轻工业。"①
后来，他又提出"要重工业，又要人民"，"发展工业必须和发展农业同时并
举"，"以农业为基础，以工业为主导"的思想②。他还形象地说：国民经济的
两个拳头，一个屁股。基础工业是一个拳头，国防工业是一个拳头，农业是
屁股。③ 在建立独立自主的工业体系方面，中国同苏联有过争论，苏联及东欧
一些国家曾要求中国不要搞完整的工业体系，而是通过社会主义阵营内的国际
分工解决问题。毛泽东不同意这种受制于人的主张。面对中国这样的大国经
济，他认为，革命和建设都要靠自己。④ 毛泽东将工业体系的建立作为工业化
的标准之一。他说："没有完备的工业体系怎么能说有了社会主义工业化的巩
固基础呢?"⑤ 根据毛泽东的思想，新中国在十分艰难的条件下勇敢地走上了建
立独立自主的工业体系的道路。

从 1953 年至 1957 年的第一个五年计划，也称"一五"计划，是新中国
开始的独立工业体系和国民经济体系的创立和建设时期。第一个五年计划的主
要任务有两点：一是集中力量进行工业化建设；二是加快推进各经济领域的社
会主义改造。在工业化建设方面，"一五"期间，集中主要力量，进行以苏联
帮助中国设计的 156 个建设项目为中心、由限额以上的 694 个建设项目组成的
工业建设。通过对重工业和轻工业进行技术改造，用现代化的生产技术装备农
业，生产现代化的武器以加强国防建设，不断增加农业和工业消费品的生产，
形成独立工业体系和国民经济体系，保证人民生活水平的不断提高。通过走高
积累、优先发展重工业的苏联工业化发展模式，"一五"计划使中国在较短时
期内快速建立起全面工业化的基础，将中国由自给自足的农业国转变为现代化
的工业国。

在社会主义改造方面，根据 1953 年中国共产党过渡时期的总路线，通过
对农业、手工业、私营工商业社会主义三大改造，把私有制纳入了计划轨道，

---

① 《毛泽东文集》第七卷，人民出版社 1999 年版，第 240—241 页。
② 《中国共产党第八届中央委员会第十次全体会议公报》，《人民日报》1963 年 1 月 1 日。
③ 《当代中国的计划工作》办公室编：《中华人民共和国国民经济和社会发展计划大事辑要
　 （1949—1985）》，红旗出版社 1987 年版，第 217 页。
④ 《毛泽东文集》第八卷，人民出版社 1999 年版，第 338 页。
⑤ 赵文绪主编：《毛泽东经济思想体系概论》，华中理工大学出版社 1994 年版，第 178 页。

支持和保证国家工业化建设。"一五"期间，农村实现了农业合作化，在农业领域建立了社会主义制度；城市通过公私合营和国家资本主义实现了资本主义工商业社会主义改造。到1956年，除了部分少数民族地区外，全国的资本主义工商业基本实现了公私合营，完成了社会主义改造。为了满足重工业的快速发展，农业与工商业的社会主义改造被人为加速。社会主义改造的迅速完成虽然在短期内建立了社会主义国家的经济基础，但是遗留下了许多问题，深刻地影响了中国经济的整体发展。除了工业化与社会主义改造之外，"一五"时期计划经济体制也得到了完全确立。国家开始干预国民经济运行的方方面面，市场的作用开始被削弱。

　　1956年年底，完成了三大改造，标志着社会主义制度在中国的确立。到1957年年底，随着"一五"计划项目的部分建成投产，中国过去没有的一些工业，包括飞机、汽车、发电设备、重型机器、新式机床、精密仪表、电解铝、无缝钢管、合金钢、塑料、无线电等制造业，从无到有地建设起来，初步形成了独立的工业体系和国民经济体系。1957年工农业总产值达到1241亿元，比1952年增长67.8%。1957年的国民收入比1952年增长53%。1957年工业总产值超过原计划21%，比1952年增长128.5%。原定五年计划工业总产值平均每年增长14.7%，实际达到18%。1957年农业总产值完成原计划101%，比1952年增长25%，平均每年增长4.5%。到1957年年底，全国铁路通车里程达到29862公里，比1952年增加22%。五年内，新建铁路33条，恢复铁路3条，新建、修复铁路干线、复线、支线共约1万公里。宝成铁路、鹰厦铁路、武汉长江大桥，都先后建成。到1957年年底，全国公路通车里程达到25万多公里，比1952年增加1倍。川藏、青藏、新藏公路相继通车。1957年全国职工的平均工资达到637元，比1952年增长42.8%，农民的收入比1952年增加近30%。人民平均消费水平，1957年达到102元，比1952年的76元提高34.2%。文教、卫生、科学、艺术事业也有很大发展。第一个五年计划的超额完成，奠定了我国社会主义工业化的初步基础。[①]

　　"一五"计划的完成，使中国初步建成独立的工业化体系和国民经济体系，

---

① "一五"计划，中华人民共和国国史网，2009年8月21日。《政府工作报告》(1959年)。

成为一个具有现代化工业基础的国家，确立了中国初步实现工业、农业、国防和科学技术现代化的社会主义大国。从此，中国以一个现代化国家的崭新姿态，迈进现代世界舞台，获得和确立了大国自信。

三、重返联合国并成为常任理事国使中国在世界舞台有了"话语权"

新中国成立后的独立崭新姿态，深刻改变了世界政治格局，也开启和鼓舞了殖民地国家民族独立的历史剧幕。但是，以美国为首的西方国家拒绝承认新中国，妄图用政治上孤立、经济上封锁和军事上包围等手段，将新中国扼杀在摇篮里。

第二次世界大战后，非洲民族解放运动进入新高潮，争取民族国家独立斗争席卷整个非洲。深受新老殖民主义剥削、掠夺，以及国际不平等产业分工影响，非洲国家主要以资源、原材料出口为主，经济结构单一，具有对外的极大依赖性，这些产业特点对争取民族独立和巩固独立成果极为不利。新中国除了从政治、军事和道义上支持非洲国家的民族国家独立运动，而且还在自身经济十分困难的情况下向非洲提供了大量真诚、无私的经济和社会援助，以帮助非洲朋友巩固政权独立。1956—1977 年，中国向非洲提供了超过 24.76 亿美元的经济援助，占中国对外援助的 58%。1956 年 11 月 10 日，中国政府向埃及无偿援助 2000 万瑞士法郎，中国红十字会向埃及红十字会捐赠 10 万元人民币医药物资，拉开了中国对非洲的援助。为了支持阿尔及利亚民族独立解放斗争，中国向阿尔及利亚临时政府无偿提供价值 7000 多万元人民币的物资、军火和现汇援助，还对阿尔及利亚军官提供来中国的培训。1959 年，中国向刚刚独立的几内亚无偿援助 1500 吨大米，同时也在几内亚总统杜尔访华期间，签署了两国经济技术合作协定，也是中国同非洲国家签订的第一个经济技术合作协定。1960 年，中国对外援助总额为 0.576 亿美元，其中非洲国家为 0.25 亿美元；1961 年，中国对外援助总额为 1.672 亿美元，其中非洲国家为 0.392 亿美元；1964 年，在中国对外援助的 0.904 亿美元中，对非洲的援助增加到了 0.74 亿美元。1965—1969 年，中国对非洲援助基本保持在年均 0.2 亿美元的水平，主要集中在坦桑尼亚、赞比亚、几内亚等国家。1963 年，应阿尔及利亚要求，中国派出由 24 名优秀医务人员组成的首支医疗队赴阿尔及利亚，拉开了中国同第三世界国家以医疗队为主要形式的卫生合作和援助序幕。到 1970 年，中国先后向阿尔及利亚等 8 个国家派出了援外医疗队。

1971 年 10 月 25 日，在第 26 届联合国大会上，通过了"两阿提案"，新中国代表中国恢复了在联合国及安理会的一切合法权利，大大提高了中国的国际地位。"两阿提案"的其中一个国家就是阿尔及利亚。在 76 票赞成票中，非洲国家占了 26 票，毛泽东形象地说，"我们是被黑人朋友抬进去的。无论如何，我们都不应该忘记广大第三世界国家在这一问题上给予中国的巨大支持"。

20 世纪六七十年代，在美苏争霸的国际政治格局下，毛泽东大胆敏锐地提出了"三个世界"的划分，指出中国和广大亚非拉国家共同构成第三世界的发展中国家。因此，在经济上，第三世界国家相互支持、相互合作。以坦赞铁路为代表的中国对第三世界国家的合作援助，充分显示了中国回归世界舞台中心地位，以大国新姿态平衡和推动世界舞台的幕剧和主题。

至于后来中国加入世界贸易组织，在国际机构多次挫败以美国为首的西方国家反华人权提案等重大问题上，来自非洲的赞成票更是发挥了重要的作用。这些都与我们对非洲的援助和第三世界发展中国家合作发展的友谊分不开，也与中国有着独立自主的工业化体系和国民经济体系分不开。

我国第一枚原子弹在 1964 年成功引爆，消息一经传播，世界上的发达国家都非常震撼。正如时任法国总统戴高乐所说："中国一夜之间改变了自己的地位。"

重返联合国，使得中国回归世界舞台中心。援助非洲，第三世界相互合作支持，是中国作为大国平衡和稳定世界舞台的积极行动，也是中国回归世界舞台中心的积极作为和努力。中国在世界舞台有了自己的"话语权"。

四、"中国经济发展奇迹"夯实了中国走向舞台中央物质基础

1958 年的"大跃进"和 1967—1977 年的"文革"，让中国经济和社会一直处于动荡和崩溃边缘。中国作为一个大国，作为处于世界舞台中心的联合国

常任理事国，在这长达 20 多年的时间，自我逐渐滑落到世界舞台的边缘。

1978 年开启的改革开放，尤其是 1992 年邓小平南方谈话和中共十四届三中全会确立的社会主义市场经济发展道路，使中国经济实现了持续高速增长和经济腾飞。中国经济以奇迹般的增长和发展迈进世界经济舞台，尤其是 2000 年加入 WTO 之后，中国经济真正融入了世界经济舞台。1978—2018 年中国经济长达 40 年的高速增长，迅速实现工业化和城市化，成为世界制造工厂，产生了人类经济史上最伟大的"中国奇迹"。

根据世界银行和国家统计局的年度数据计算，中国 GDP 过去 40 年增长了 224 倍。1978 年，中国 GDP 为 3679 亿元，在全球排名第 12 位。到 2017 年，中国 GDP 达 827122 亿元，全球排名第二位，替代日本成为仅次于美国的世界第二大经济体。其间 GDP 增长了 224 倍。2006 年，突破 20 万亿元，超过英国，成为第四位；实现了"赶英超美"的"赶英"目标。从 2006 年开始，经济总量以每两年 10 万亿元的增量上升着。2010 年，突破 40 万亿元，超过日本，成为第二位；从 2010 年到 2017 年，用了七年时间，GDP 翻了一番，突破 80 万亿元。人均 GDP 跃升至 8800 美元，跨入上中等收入国家行列。1978 年到 2017 年这 40 年的年均经济增长率是 9.6%，居民人均收入年增长率是 7.4%，对外贸易额年均增长 14.5%。中国目前是世界第一大工业国、第一大货物贸易国、第一大外汇储备国。40 年来，中国创造了人类经济发展史上的伟大奇迹。

改革开放 40 年，中国由一个落后的以农业为主的工业国成长为世界第一制造大国。在世界 500 多种主要工业产品中，有 220 多种产品产量居世界第一位。

从国家统计局数据来看，1978 年中国人均 GDP 仅 381 元，1987 年突破千元，2003 年跨过万元大关，2017 年跃升至近 6 万元。1978 年到 2016 年，按 2010 年的贫困线标准（不变价格人均 2300 元人民币），农村贫困人口从 1978 年占到 97.5%，到 2016 年这个比例下降到了 7.3%，90%以上的农村人口脱贫了。

1979 年 1 月 1 日，邓小平登上美国《时代》周刊封面。其封面标题是 "Visions of a New China（一个崭新中国的憧憬）"，其中用 48 页系列文章介绍了年度人物邓小平和打开大门的中国。时隔 38 年，2017 年 11 月 13 日，美国《时代》周刊封面上，用中文和英文两种语言书写"中国赢了（China Won）"。封面文章作者布雷默说："在可预见的未来，中国经济可能仍将保持强劲和稳定，中国的国际影响力将持续增长。"在这背后，是中国在世界经济中不断提升的分量和对全球经济增长的持续贡献。

1978 年，中国的经济总量仅名列世界第十位；2010 年超过日本，居世界第二位，成为仅次于美国的世界第二大经济体。到 2017 年，经济总量占世界的份额由 1978 年的 1.8% 提高至 15.3%。

2008 年美国金融危机爆发以来，中国成为带动世界经济复苏的主要动力。国家统计局数据显示，2008 年至 2012 年，中国对世界经济增长的年均贡献率超过 20%。2012 年至 2017 年，中国对世界经济增长的贡献率更是超过 30%，成为世界经济增长的第一引擎。

"中国奇迹"，让"东方睡狮"苏醒，让"泥足巨人"穿上钢铁巨靴和互联网的 IT 穿戴，让整个世界板块整合成为一个市场经济与增长繁荣的大舞台。

"中国奇迹"，既是中华民族的复兴，更是世界舞台中央坐标的迁移。自近代英国工业革命以来，世界舞台的中央坐标，第一次由西方向东方迁移，由欧洲向亚洲迁移，由大西洋向太平洋迁移。

40 年改革开放的"中国奇迹"，让中国由世界舞台边缘，迈进世界舞台中央，扭转了世界舞台的中央坐标，使世界成为一个人类命运共同体，同时让人类共享世界发展成果。

五、为世界提供公共产品，让新中国在世界舞台上的影响力空前扩大

世界舞台，自工业革命与资本主义市场经济以来，先后经历了以殖民地扩张为代表的宗主与附属的中心与外围发展方案，以产业梯度转移为代表的发达与欠发达的发展方案，这两种方案都带有强烈的以强凌弱以及不平等的色彩。2013 年 9 月中国提出的"一带一路"倡议，主张以共商、共建、共享为原则，平等、互利、共赢构建人类命运共同体。"大道之行，天下为公。""各美其美，美人之美，美美与共，天下大同。""一带一路"建设，就是世界经济小康发展

规划，是世界经济共同富裕，实现大同的中国构想和愿景，是中国贡献世界舞台发展的中国方案。

"中国奇迹"扭转了世界舞台中央坐标，世界舞台中央移向东方，转向中国。中国文化与精神也走向世界舞台中央。"己所不欲，勿施于人。""己欲立而立人，己欲达而达人。""丝绸之路"历史文化内涵和共享精神贡献了世界舞台中国精神和中国文明。"一带一路"倡议的提出，正是中国贡献给世界舞台的中国方案。

自"一带一路"倡议提出至今，已有 100 多个国家和国际组织积极支持和参与，74 个国家和国际组织同中国签署合作协议，与 30 多个参与国签订产能合作协议。中国对"一带一路"沿线国家投资累计超过 500 亿美元。

亚洲基础设施投资银行已经为"一带一路"建设参与国的 9 个项目提供 17 亿美元贷款，"丝路基金"投资达 40 亿美元。中国企业已经在 20 多个国家建立 56 个经贸合作区，为相关国家创造近 11 亿美元税收和 18 万个就业岗位……

一系列合作协议和成果，让世界认识到"一带一路"建设既是中国深化改革、扩大开放的重要举措，也是中国为世界经济开出的"良方"。

2016 年 11 月，第 71 届联合国大会通过决议，以共商、共建、共享为原则，以和平合作、开放包容、互学互鉴、互利共赢的丝绸之路精神为指引，以打造命运共同体和利益共同体为合作目标的"一带一路"倡议被首次写入，得到 193 个会员国一致赞同。3 个月后，联合国社会发展委员会第 55 届会议协商一致通过决议，首次写入"构建人类命运共同体"理念。

2017 年 9 月 11 日，"一带一路"建设的"三共原则"被纳入"联合国与全球经济治理"决议。中国理念已转化为国际共识。开放合作精神，既是"中国奇迹"的支撑，也是全世界、全人类共同利益的追求。

托克维尔曾经这样写道，"小国的目标是国民自由、富足、幸福地生活；而大国命中注定要创造伟大和永恒，同时承担责任与痛苦"。"一带一路"就是中国作为负责任的大国，是中华文明作为永续绵延、永不息止的人类文明，再次为世界舞台所创建的伟大杰作和永恒制度。

"一带一路"建设，将推动新的全球治理体系建设，是世界一体化的"全球大桥"。"君子之交，和而不同。""一带一路"倡议和建设，充分体现了中国文化的魅力、中华文明的博大胸怀。中国不是要在舞台中央做乐队指挥，而是要做合唱的成员，同其他国家唱好合唱，携手共建人类命运共同体。

"一带一路"建设，既是全球经济文化文明的互通，更是人心精神幸福的互联，既是既有国际经济游戏规则的拓展和充实，更是新的经济文明游戏规则的建构、发现和发明。"一带一路"建设不是中国一家的独奏，而是沿线国家的合唱。

作为全球第二大经济体、世界第一大贸易国、拉动全球经济增长第一引擎，今日的中国正前所未有地走近世界舞台的中心，也前所未有地接近实现中华民族伟大复兴的梦想。

面对世界经济格局的深刻调整，习近平总书记提出"一带一路"这一极具时代价值和历史深意的伟大倡议，从理念构想到人心聚合，从顶层设计到行动规划，都灌输了坚定开放的理念，以创新、包容、协调发展作为新路径，力求构建一个蕴含不同文明、实现全人类共同发展的富强之路。

党的十八大以来，习近平提出的"命运共同体"[1]理念，强调"一带一路"建设要"把我国发展同沿线国家发展结合起来，把中国梦同沿线各国人民的梦想结合起来，赋予古代丝绸之路以全新的时代内涵"。[2]

"一带一路"四年的建设成果超出预期，经济走廊建设稳步推进，互联互通网络逐步成型，贸易投资大幅增长，重要项目合作稳步实施，习近平擘画的"区域大合作"[3]正在逐步形成。

印度德里大学经济学教授拉尔表示，当前世界经济持续低迷，中国以"一带一路"建设为契机，开展跨国互联互通，提高贸易和投资合作水平，实现世界经济再平衡。

俄罗斯财政部财政研究所首席研究员萨文斯基表示，中国在自身发展的同时，始终注重惠及周边国家。现在世界人民已经看到"一带一路"是一个开放、公平、务实的平台，让沿线国家享受到发展的福利。

---

[1] 《十八大以来重要文献选编》（中），中央文献出版社 2016 年版，第 694 页。
[2] 《习近平谈治国理政》第二卷，外文出版社 2017 年版，第 501 页。
[3] 《习近平谈治国理政》，外文出版社 2014 年版，第 289 页。

德国国际合作机构新兴市场可持续发展对话倡议全球项目主任唐达宁称，"一带一路"为全球治理提供了新的血液，是一种提倡包容、平衡发展的新路径，确保符合各国利益。

联合国开发计划署全球伙伴关系小组政策顾问阿莱娜·帕基奥尼认为，我们要确保"一带一路"倡议作出的贡献能够直接使得利益相关方从中受益。能够帮助我们来抗击贫困、减少贫困，提升更多国家的福祉。

2017 年 5 月，习近平在"一带一路"国际合作高峰论坛圆桌峰会上明确指出："我们正走在一条充满希望的道路上。我相信，只要我们相向而行，心连心，不后退，不停步，我们终能迎来路路相连、美美与共的那一天。我相信，我们的事业会像古丝绸之路一样流传久远、泽被后代。"[1] 因此，"一带一路"正成为中国积极参与全球治理的公共产品，也是中华文明贡献给世界舞台的中国方案。"一带一路"建设使中国在世界舞台上的影响力空前扩大。

（惠双民 撰写）

---

[1] 习近平：《在"一带一路"国际合作高峰论坛欢迎宴会上的祝酒辞》，2017 年 5 月 14 日，人民网，http://world.people.com.cn/n1/2017/0515/c1002–29274876.html。

主要参考文献

1.《毛泽东文集》第六、七、八卷，人民出版社 1999 年版。

2.《邓小平文选》第二、三卷，人民出版社 1994、1993 年版。

3.《江泽民文选》第二、三卷，人民出版社 2006 年版。

4.《胡锦涛文选》第二、三卷，人民出版社 2016 年版。

5.《刘少奇选集》上、下卷，人民出版社 1981、1985 年版。

6.《习近平关于社会主义经济建设论述摘编》，中央文献出版社 2017 年版。

7.《习近平谈治国理政》第一、二卷，外文出版社 2018、2017 年版。

8. 习近平：《决胜全面建成小康社会　夺取新时代中国特色社会主义伟大胜利——在中国共产党第十九次全国代表大会上的报告》，人民出版社 2017 年版。

9. 薄一波：《若干重大决策与事件的回顾》（上、中、下），中共党史出版社 2008 年版。

10. 苏星：《新中国经济史》，中共中央党校出版社 1999 年版。

11. 中共中央党史研究室：《中国共产党的九十年》（上、中、下），中共党史出版社 2016 年版。

12. 程连升：《筚路蓝缕——计划经济在中国》，中共党史出版社 2016 年版。

13. 国家统计局：《波澜壮阔四十载　民族复兴展新篇》，央广网，2018 年 8 月 28 日。

14. 韩保江：《中国奇迹与中国发展模式》，四川出版集团、四川人民出版社 2008 年版。

15. 韩保江主编：《中国经济体制改革发展史（40 年）》，河北出版传媒集团、河北人民出版社 2018 年版。

16. 中共中央文献研究室编：《邓小平年谱（一九七五——一九九七）》（上），中央文献出版社 2004 年版。

17. 中共中央文献研究室编：《邓小平年谱（一九七五——一九九七）》（下），中央文献出版社 2004 年版。

18. 中共中央党史研究室：《中国共产党历史》（第二卷·1949—1978）上册，中共党史出版社 2011 年版。

19. 柳随年、吴群敢主编：《中国社会主义经济简史（一九四九——一九八三）》，黑龙江人民出版社 1985 年版。

20. 项怀诚主编：《中国财政通史》，中国财政经济出版社 2006 年版。

21.《当代中国》丛书编辑部：《当代中国财政》（上、下），中国社会科学出版社 1988 年版。

22.《当代中国》丛书编辑部：《当代中国的基本建设》，中国社会科学出版社 1989 年版。

23. 贾康、刘薇：《构建现代治理基础——中国财税体制改革 40 年》，广东经济出版社 2017 年版。

24. 张金锁、康凯编：《区域经济学》，天津大学出版社 1998 年版。

25.［美］艾伯特·赫希曼：《经济发展战略》，经济科学出版社 1991 年版。

26. 国家统计局工业交通物资统计司编：《中国工业经济统计资料（1949—1984)》，中国统计出版社 1985 年版。

27. 董志凯、武力：《中华人民共和国经济史（1953—1957)》，社会科学文献出版社 2011 年版。

28. 郭德宏：《历史的跨越——中华人民共和国国民经济和社会发展"一五"计划至"十一五"规划要览（1953—2010)》，中共党史出版社 2006 年版。

29. 刘国光主编：《中国十个五年计划研究报告》，人民出版社 2006 年版。

30. 中共中央文献研究室编：《毛泽东年谱（一九四九——一九七六)》第五卷，中央文献出版社 2013 年版。

31. 刘再兴主编：《中国生产力总体布局研究》，中国物价出版社 1995 年版。

32. 赵德馨主编：《中华人民共和国经济史（1967—1984)》，河南人民出版社 1989 年版。

33. 陆大道、薛凤旋等：《1997 中国区域发展报告》，商务印书馆 1997 年版。

34. 董志凯：《共和国经济风云回眸》，中国社会科学出版社 2009 年版。

35. 曲格平、彭近新主编：《环境觉醒——人类环境会议和中国第一次环境保护会议》，中国环境科学出版社 2010 年版。

36.［美］马立博：《中国环境史：从史前到现代》，关永强、高丽洁译，中国人民大学出版社 2015 年版。

37. 汪海波：《我国工业发展 50 年的历程和成就》，《中国工业经济》1999 年第 9 期。

38. 张国宝：《新中国工业的三大里程碑：苏联援建、三线建设及大规模技术引进》，《发展》2014 年第 9 期。

39. 邓宏图、徐宝亮、邹洋：《中国工业化的经济逻辑：从重工业优先到比较优势战略》，《经济研究》2018 年第 11 期。

40. 陈佳贵、黄群慧：《工业发展、国情变化与经济现代化战略——中国成为工业大国的国情分析》，《中国社会科学》2005 年第 4 期。

41. 高培勇：《财税体制改革 40 年的经验与启示》，《人民日报》2018 年 8 月 30 日。

42. 鸿雁：《西部大开发的"前世""今生"》，《中国商界》2018 年 10 月 15 日。

43. 李冬：《推进东北振兴的回顾与展望》，《现代交际》2019 年第 4 期。

44. 姜威：《东北全面振兴的战略意义、路径选择与未来展望》，《北方论丛》2019 年第 1 期。

45. 张祥云：《重评斯大林"两个平行市场"理论》，《理论学刊》1993 年第 3 期。

46. 陶季邑：《近十年美国学术界关于毛泽东"一边倒"外交思想研究述评》，《毛泽东邓小平理论研究》2005 年第 5 期。

47. 郝志景：《改革开放初期中国对国外经验的模仿学习——深圳蛇口工业区的实践及启示》，《上海党史与党建》2018 年第 11 期。

48. 徐子尧、牟德富：《技术创新驱动型并购研究——以万向集团跨国并购为例》，《时代金融》2017 年第 29 期。

49. 贺鉴、王璐：《中国参与全球经济治理：从"被治理"、被动参与到积极重塑》，《中国海洋大学学报（社会科学版）》2018 年第 3 期。

50. 李鞍钢、刘长敏：《金砖国家推动的国际金融体系改革及其权力结构取向——基于现实建构主义的分析》，《太平洋学报》2015 年第 3 期。

51. 陈凤英：《十九大报告诠释全球治理之中国方案——中国对全球治理的贡献与作用》，《当代世界》2017 年第 12 期。

52. 习近平：《理直气壮做强做优做大国有企业》，新华社，2016 年 7 月 4 日，见 http://www.xinhuanet.com//politics/2016-07/04/c_1119162333.htm。

后 记

　　2018 年 9 月，中共中央党校经济学教研部与国家行政学院经济学教研部实现了真正意义上的"合并"，成立了新的中共中央党校（国家行政学院）经济学教研部，重新设立了部办公室、政治经济学教研室、财政金融教研室、区域经济教研室、城乡经济教研室、企业经济与管理教研室、产业经济与经济学说史教研室、政府经济管理教研室等内设机构，人员混合重组，实现了深度融合。对于这次具有划时代意义的"两部合并"，部班子研究决定，以中共中央党校（国家行政学院）经济学教研部的名义，写一本代表新经济学教研部教研人员学术水准的专著，以志纪念。

　　要写一本书，写一个什么题目？老师们提了很多建议。有人建议编写一本中国特色社会主义政治经济学权威教材，也有人建议编写一本建设现代化经济体系的著作。正就写些什么题目犹豫之时，人民出版社编辑曹春和我联络，希望约请我部写一本纪念新中国成立 70 年经济发展成就的书，书名就叫《赶上时代——新中国 70 年经济发展轨迹》。我欣然答应了这个约稿。这不仅彻底解决了我们的选题之难，而且通过撰写此书，可以让我们的教员最先接受爱国主义教育，进一步增强我们的制度自信、道路自信、理论自信和文化自信。对于此书，中共中央党校（国家行政学院）副校（院）长王东京同志，人民出版社总编辑辛广伟同志都非常关心，两位领导还就提纲撰写和内容写作专门给我们提了详细的意见。

　　写成就类的书难，要写得让读者好读、爱读更不容易。我们从综合国力、人民生活、经济体制、基本经济制度、市场体系、分配制度、财政体制、金融体系、宏观经济管理、城乡经济、区域经济、产业体系、发展方式、生态文明建设、创新能力、交通设施、开放经济、国际影响等 18 个维度，全景展示新中国成立 70 年的经济巨变和伟大成就，史论结合，透彻地向读者讲述了 70 年来中国经济发生巨变的历史契机、演进过程和根本原因，讲清了"其然"，也讲清了"其所以然"，尤其是系统总结了新中国成立 70 年取得经济发展伟大成就的基本经验。因此，本书虽然重点讲的是 70 年中国经济发展的伟大成就，但实际上可以看成是一本 70 年中国经济发展简史。

在本书付梓之际，我要特别感谢人民出版社辛广伟、曹春两位同志，没有他们的信任、鼓励和催促，就没有本书。尤其要真诚感谢研究新中国成立 70 年来不同时期中国经济发展情况和成就的学者们，是他们提供的研究史料为我们撰写本书提供了研究依据和学术支撑。书中难免存在疏漏或不足，敬请同行和读者指正！

韩保江

2019 年 7 月 19 日

于大有庄 100 号

责任编辑：曹　春　李琳娜

封面设计：汪　莹

图书在版编目（CIP）数据

赶上时代：新中国 70 年经济发展轨迹 / 中共中央党校（国家行政学院）
　经济学教研部 著 . —北京：人民出版社，2019.10

ISBN 978 - 7 - 01 - 021371 - 2

I.①赶…　II.①中…　III.①中国经济 - 经济发展 - 研究 -1949-2019

　IV.① F124

中国版本图书馆 CIP 数据核字（2019）第 211239 号

赶上时代

GANSHANG SHIDAI

——新中国 70 年经济发展轨迹

中共中央党校（国家行政学院）经济学教研部　著

人民出版社 出版发行

（100706　北京市东城区隆福寺街 99 号）

北京汇林印务有限公司印刷　新华书店经销

2019 年 10 月第 1 版　2019 年 10 月北京第 1 次印刷

开本：710 毫米 ×1000 毫米 1/16　印张：24

字数：392 千字

ISBN 978 - 7 - 01 - 021371 - 2　定价：98.00 元

邮购地址 100706　北京市东城区隆福寺街 99 号

人民东方图书销售中心　电话（010）65250042　65289539